Sueña

Español sin barreras | Curso intermedio breve

José A. Blanco
C. Cecilia Tocaimaza-Hatch

Boston, Massachusetts

On the cover:
Itzurun beach, Zumaia, Spain

Publisher: José A. Blanco
Editorial Development: Judith Bach, Deborah Coffey, María Victoria Echeverri, Jo Hanna Kurth
Project Management: Sally Giangrande, Faith Ryan
Rights Management: Jorgensen Fernandez, Ashley Poreda
Technology Production: Egle Gutiérrez, Paola Ríos Schaaf
Design: Radoslav Mateev, Sara Montoya, Gabriel Noreña, Andrés Vanegas
Production: Oscar Díez, Sebastián Díez Pérez

© 2019 by Vista Higher Learning, Inc. All rights reserved.

No part of this work may be reproduced or distributed in any form or by any means, electronic or mechanical, including photocopying and recording, or by any information storage or retrieval system without prior written permission from Vista Higher Learning, 500 Boylston Street, Suite 620, Boston, MA 02116-3736.

Student Text ISBN (Perfectbound): 978-1-68005-716-4
Student Text ISBN (Loose-Leaf): 978-1-68005-717-1

Instructor's Annotated Edition ISBN: 978-1-68005-718-8

Library of Congress Control Number: 2017949821

4 5 6 7 8 9 WC 23 22 21 20

Bienvenidos a

SUEÑA, an exciting intermediate Spanish program designed to provide you with an active and rewarding learning experience as you continue to strengthen your language skills and develop cultural competency.

Here are some of the key features you will find in **SUEÑA**:

- A cultural focus integrated throughout the entire lesson

- Authentic **Flash Cultura** video, **Cultura en pantalla** TV clips, and dramatic short films by contemporary Hispanic filmmakers that carefully tie in the lesson theme and grammar structures

- A fresh, magazine-like design and lesson organization that both support and facilitate language learning

- A highly structured, easy-to-navigate design, based on spreads of two facing pages

- An abundance of illustrations, photos, charts, and graphs, all specifically chosen or created to help you learn

- An emphasis on authentic language and practical vocabulary for communicating in real-life situations

- Abundant guided and communicative activities

- Clear and well-organized grammar explanations that highlight the most important concepts in intermediate Spanish

- Short and comprehensible literary and cultural readings that recognize and celebrate the diversity of the Spanish-speaking world

- A built-in **Manual de gramática** for reference, review, and additional practice

- A complete set of print and technology program components to equip you with the materials you need to make learning Spanish easier

CONTENIDO

	PARA EMPEZAR	CORTOMETRAJE	SUEÑA
Lección 1 Sentir y vivir	**Las relaciones personales** ...4 los estados civiles los estados emocionales las personalidades las relaciones los sentimientos	*Café para llevar* (13 min).....6 España 2014 Directora: Patricia Font	Estados Unidos ....12 GALERÍA DE CREADORES: Julia Álvarez, Carmen Lomas Garza, Narciso Rodríguez, Robert Rodríguez ....14 FLASH CULTURA: Las relaciones personales..................17
Lección 2 Vivir en la ciudad	**En la ciudad** ....42 las actividades la gente las indicaciones los lugares	*Adiós mamá* (8 min).......44 México 1997 Director: Ariel Gordon	México.....................50 GALERÍA DE CREADORES: Gael García Bernal, Frida Kahlo, Elena Poniatowska, Diego Rivera..52 FLASH CULTURA: El metro del D.F......................55
Lección 3 Un mundo conectado	**Los medios de comunicación**............82 el cine y la televisión los medios la prensa los profesionales de los medios	*Desconexión* (19 min).......84 Bolivia 2011 Director: Yecid Benavides	El Caribe: Cuba, Puerto Rico y la República Dominicana ....90 GALERÍA DE CREADORES: Julia de Burgos, Rosario Ferré, Wifredo Lam, Óscar de la Renta..92 FLASH CULTURA: El cine mexicano 95
Lección 4 Generaciones en movimiento	**En familia** ....122 las etapas de la vida las generaciones los parientes la personalidad la vida familiar	*Sin palabras* (13 min)......124 España 2010 Directora: Bel Armenteros	Centroamérica: Costa Rica, El Salvador, Guatemala, Honduras, Nicaragua y Panamá..........130 GALERÍA DE CREADORES: Gioconda Belli, Armando Morales, Camilo Minero...............132 FLASH CULTURA: De compras en Barcelona................135

CONTENIDO

ESTRUCTURAS	MANUAL DE GRAMÁTICA Optional Sequence	CULTURA	LITERATURA
1.1 The present tense......18 1.2 **Ser** and **estar**.........22 1.3 **Gustar** and similar verbs..26	1.4 Nouns and articles.....382 1.5 Adjectives............384	*Corriente latina*............31 **Cultura en pantalla:** Hispanos e inmigración en los Estados Unidos	*Poema 20*................35 Pablo Neruda, Chile poesía
2.1 The preterite...........56 2.2 The imperfect..........60 2.3 The preterite vs. the imperfect.............64	2.4 Progressive forms......386 2.5 Telling time...........388	*Juchitán: La ciudad de las mujeres*...............69 **Cultura en pantalla:** Mujeres triquis de Oaxaca	*Una lucha muy personal*.....73 Mercè Sarrias, España obra de teatro
3.1 The subjunctive in noun clauses...............96 3.2 Object pronouns......102 3.3 Commands...........106	3.4 Possessive adjectives and pronouns.........390 3.5 Demonstrative adjectives and pronouns.........392	*Ritmos del Caribe*.........111 **Cultura en pantalla:** Festival de merengue en la República Dominicana	*La desesperación de las letras*...............115 Ginés S. Cutillas, España cuento
4.1 The subjunctive in adjective clauses......136 4.2 Reflexive verbs........140 4.3 **Por** and **para**..........144	4.4 *To become:* **hacerse, ponerse, volverse,** and **llegar a ser**..........394	*Sonia Sotomayor: la niña que soñaba*..............149 **Cultura en pantalla:** Sonia Sotomayor habla sobre su condición latina	*El eclipse*................153 Augusto Monterroso, Guatemala cuento

CONTENIDO

	PARA EMPEZAR	CORTOMETRAJE	SUEÑA
Lección 1 Sentir y vivir	Las relaciones personales ...4 　los estados civiles 　los estados emocionales 　las personalidades 　las relaciones 　los sentimientos	*Café para llevar* (13 min) .....6 España 2014 Directora: Patricia Font	Estados Unidos ....12 GALERÍA DE CREADORES: Julia Álvarez, Carmen Lomas Garza, Narciso Rodríguez, Robert Rodríguez ....14 FLASH CULTURA: Las relaciones personales...................17
Lección 2 Vivir en la ciudad	En la ciudad ....42 　las actividades 　la gente 　las indicaciones 　los lugares	*Adiós mamá* (8 min) ....44 México 1997 Director: Ariel Gordon	México......................50 GALERÍA DE CREADORES: Gael García Bernal, Frida Kahlo, Elena Poniatowska, Diego Rivera. .52 FLASH CULTURA: El metro del D.F......................55
Lección 3 Un mundo conectado	Los medios de comunicación............82 　el cine y la televisión 　los medios 　la prensa 　los profesionales de los medios	*Desconexión* (19 min) ....84 Bolivia 2011 Director: Yecid Benavides	El Caribe: Cuba, Puerto Rico y la República Dominicana ....90 GALERÍA DE CREADORES: Julia de Burgos, Rosario Ferré, Wifredo Lam, Óscar de la Renta. .92 FLASH CULTURA: El cine mexicano 95
Lección 4 Generaciones en movimiento	En familia ....122 　las etapas de la vida 　las generaciones 　los parientes 　la personalidad 　la vida familiar	*Sin palabras* (13 min)......124 España 2010 Directora: Bel Armenteros	Centroamérica: Costa Rica, El Salvador, Guatemala, Honduras, Nicaragua y Panamá..........130 GALERÍA DE CREADORES: Gioconda Belli, Armando Morales, Mauricio Puente ....132 FLASH CULTURA: De compras en Barcelona...............135

CONTENIDO

ESTRUCTURAS	MANUAL DE GRAMÁTICA Optional Sequence	CULTURA	LITERATURA
5.1 The future ....174 5.2 The conditional ....178 5.3 Relative pronouns......182	5.4 Qué vs. cuál ....396 5.5 The neuter lo..........398	*La selva amazónica: biodiversidad curativa*......187 **Cultura en pantalla:** Plantas medicinales	*La Luna*.................191 Jaime Sabines, México poesía
6.1 The subjunctive in adverbial clauses ......212 6.2 The past subjunctive....216 6.3 Comparatives and superlatives...........220	6.4 Adverbs..............400 6.5 Diminutives and augmentatives 402	*Chile: dictadura y democracia*..............225 **Cultura en pantalla:** Chile y la Operación Cóndor	*Pájaros prohibidos* ....229 Eduardo Galeano, Uruguay cuento

Icons

Familiarize yourself with these icons that appear throughout **SUEÑA**.

 Content on the Supersite: audio, video, and presentations

 Activity on the Supersite

 Pair activity

 Group activity

 Partner Chat activity

Additional practice on the Supersite, not included in the textbook, is indicated with this icon feature:

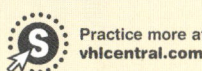 Practice more at vhlcentral.com.

SUPERSITE

Each section of the textbook comes with resources and activities on the **SUEÑA** Supersite, many of which are auto-graded with immediate feedback. Plus, the Supersite is iPad®-friendly*, so it can be accessed on the go! Visit **vhlcentral.com** to explore this wealth of exciting resources.

PARA EMPEZAR
- Audio of the **Vocabulary** with recording activity for oral practice
- Textbook and extra practice activities
- Partner Chat and Virtual Chat activities for increased oral practice

CORTOMETRAJE
- Streaming video of the short film with instructor-controlled options for subtitles
- Pre- and post-viewing activities
- Partner Chat and Virtual Chat activities for increased oral practice

SUEÑA
- Main **SUEÑA** cultural reading
- Streaming video of **Flash Cultura** cultural video
- Auto-graded textbook and extra practice activities
- Virtual Chat activity for increased oral practice

ESTRUCTURAS
- Textbook grammar presentations
- Animated grammar tutorials
- Textbook and extra practice activities
- Partner Chat activities for increased oral practice
- **Repaso** self-test

CULTURA
- Audio-synced reading of the main **CULTURA** text
- Textbook and extra practice activities
- Partner Chat and Virtual Chat activities for increased oral practice
- Streaming video of **Cultura en pantalla** TV clips

LITERATURA
- Audio-synced reading of the literary text
- Textbook and extra practice activities
- Partner Chat and Virtual Chat activities for increased oral practice
- **Plan de redacción** composition activity

VOCABULARIO
- Vocabulary list with audio
- Vocabulary Tools: customizable word lists, flashcards with audio

MANUAL DE GRAMÁTICA
- Textbook grammar presentations
- Practice activities with immediate feedback

Plus! Also found on the Supersite:
- Lab audio MP3 files
- Forums for oral assignments, group presentations, and projects
- Live Chat tool for video chat, audio chat, and instant messaging without leaving your browser
- Communication center for instructor notifications and feedback
- A single gradebook for all Supersite activities
- WebSAM online Student Activities Manual (Workbook, Lab Manual)
- **vText** online, interactive student edition with access to Supersite activities, audio, and video.

Supersite features vary by access level.
*Students must use a computer for audio recording and select presentations.

Program Components

Student Edition vText
This virtual, interactive student edition provides a digital text, plus links to Supersite activities and media.

Student Activities Manual (SAM)
The **Student Activities Manual** consists of two parts: the **Workbook** and the **Lab Manual**.

- **Workbook**
  The **Workbook** activities provide additional practice of the vocabulary and grammar for each textbook lesson. They also reinforce the content of the **Sueña** section.

- **Lab Manual**
  The **Lab Manual** activities focus on building your pronunciation and listening comprehension skills in Spanish. They provide additional practice of the vocabulary and grammar of each lesson. They also revisit the **Literatura** reading with dramatic recordings and activities.

WebSAM
Completely integrated with the **SUEÑA** Supersite, the **WebSAM** provides access to online **Workbook** and **Lab Manual** activities with instant feedback and grading for select activities. The complete audio program is accessible online in the **Lab Manual** and features record-submit functionality for select activities. The MP3 files can be downloaded from the **SUEÑA** Supersite and can be played on your computer, portable MP3 player, or mobile device.

SUEÑA, Fourth Edition, Supersite
Included with the purchase of every new student edition, the passcode to the Supersite (**vhlcentral.com**) gives you access to a wide variety of interactive activities for each section of every lesson of the student text, including auto-graded activities for extra practice with vocabulary, grammar, video, and cultural content; reference tools; the **Cultura en pantalla** TV clips; the short films, **Flash Cultura** videos; News and Cultural Updates; the Lab Program MP3 files, and more.

SUEÑA at-a-glance

CONTENIDO

outlines the content and themes of each lesson.

Lesson opener The first two pages introduce you to the lesson theme. Dynamic photos and brief descriptions of the theme's film, culture topics, and readings serve as a springboard for class discussion.

Lesson overview A lesson outline prepares you for the linguistic and cultural topics you will study in the lesson.

Supersite

Supersite resources are available for every section of the lesson at **vhlcentral.com**. Icons show you which textbook activities are also available online, and where additional practice activities are available. The description next to the (S) icon indicates what additional resources are available for each section: videos, audio recordings, readings and presentations, and more!

Supersite features vary by access level.

x

PARA EMPEZAR

practices the lesson vocabulary with thematic activities.

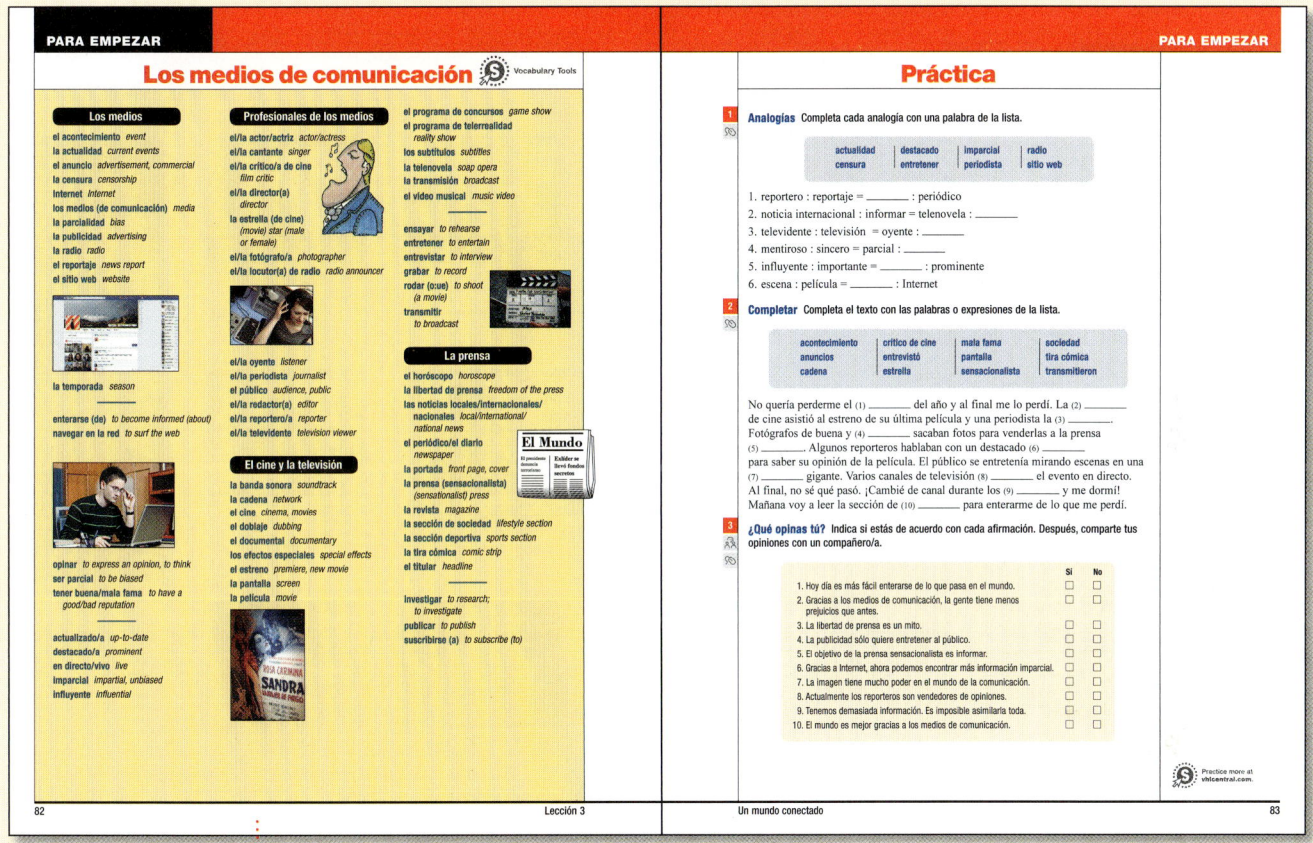

Vocabulary Easy-to-study thematic lists present useful vocabulary.

Photos and illustrations Dynamic, full-color photos and art illustrate selected vocabulary terms.

Práctica This set of activities practices vocabulary in diverse formats and engaging contexts.

Supersite

- Audio recordings of all vocabulary items
- All textbook activities including Partner Chat activities
- Additional online-only Virtual Chat activities and practice activities

Supersite features vary by access level.

SUEÑA at-a-glance

CORTOMETRAJE

features award-winning short films by contemporary Hispanic filmmakers.

Films Compelling short films from three different countries let you see and hear Spanish in its authentic contexts. Films are thematically linked to the lessons.

Escenas Video stills with captions from the film prepare you for the film and introduce some of the expressions you will encounter.

Notas culturales These sidebars with cultural information related to the **Cortometraje** help you understand the cultural context and background surrounding the film.

Supersite

- Streaming video of short films with instructor-controlled subtitle options

Supersite features vary by access level.

SUEÑA at-a-glance

PREPARACIÓN and ANÁLISIS

provide pre- and post-viewing support for each film.

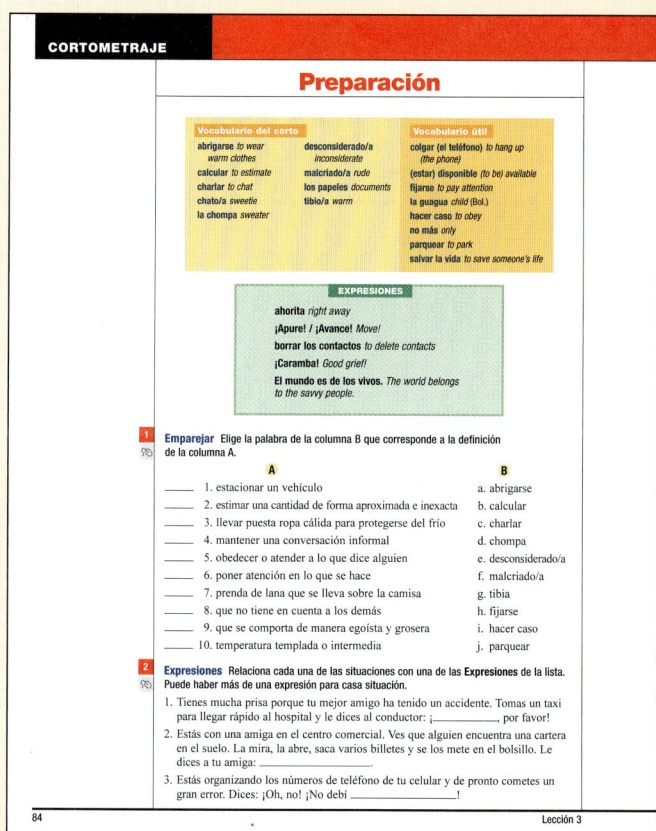

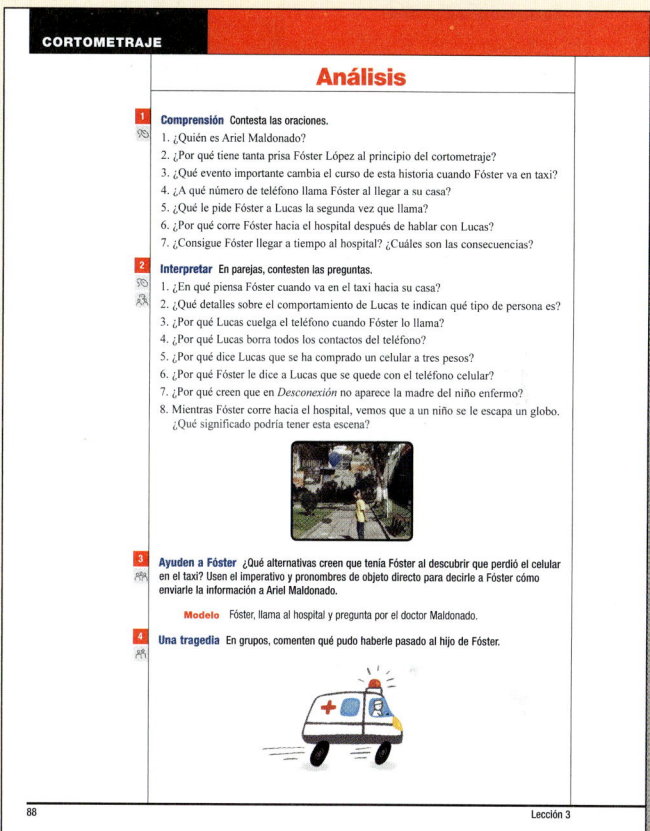

Preparación Pre-viewing activities set the stage for the film by providing vocabulary support, background information, and opportunities to anticipate the film content.

Análisis Post-viewing activities check your comprehension and allow you to explore broader themes from the film in relation to your own life.

Supersite

- All textbook activities including Partner Chat activities
- Additional online-only Virtual Chat and practice activities

Supersite features vary by access level.

xiii

SUEÑA at-a-glance

SUEÑA

simulates a voyage to the featured country or region.

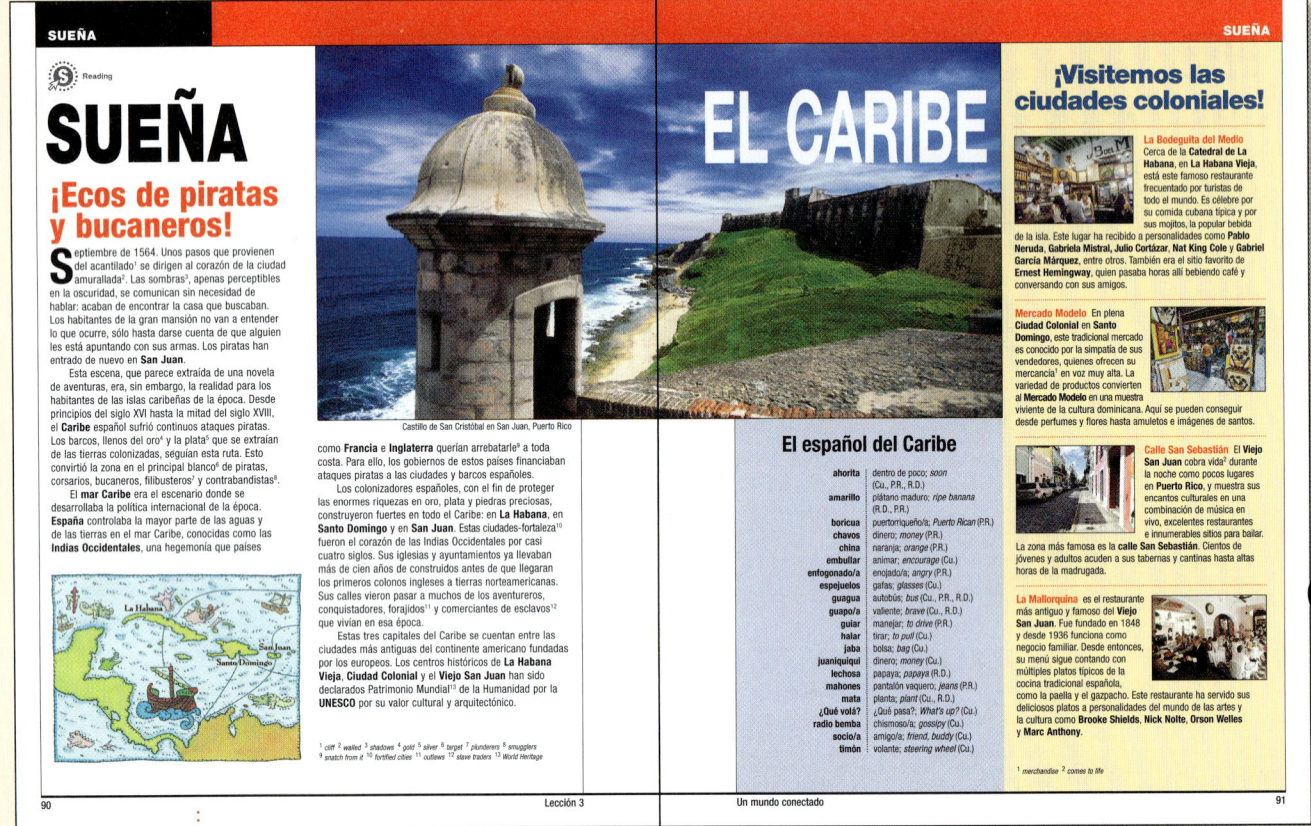

Magazine-like design Each reading is presented in the attention-grabbing visual style you would expect from a magazine.

Readings Dynamic readings draw your attention to culturally significant locations, traditions, and monuments of the country or region.

El español de... Terms and expressions specific to the country or region are highlighted in easy-to-reference lists.

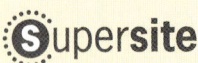

- All reading selections

Supersite features vary by access level.

SUEÑA at-a-glance

GALERÍA DE CREADORES
profiles important cultural and artistic figures from the region.

Profiles and dramatic images Brief descriptions provide a synopsis of the featured person's life and cultural importance. Colorful photos show you their faces and artistic creations.

Activities ¿Qué aprendiste? activities check your comprehension of the **Sueña** and **Galería de creadores** readings and lead you to further exploration.

Supersite

- All reading selections
- Textbook activities and online-only Virtual Chat and comprehension activities

Supersite features vary by access level.

XV

SUEÑA at-a-glance

FLASH CULTURA

features mini-interviews with Spanish speakers.

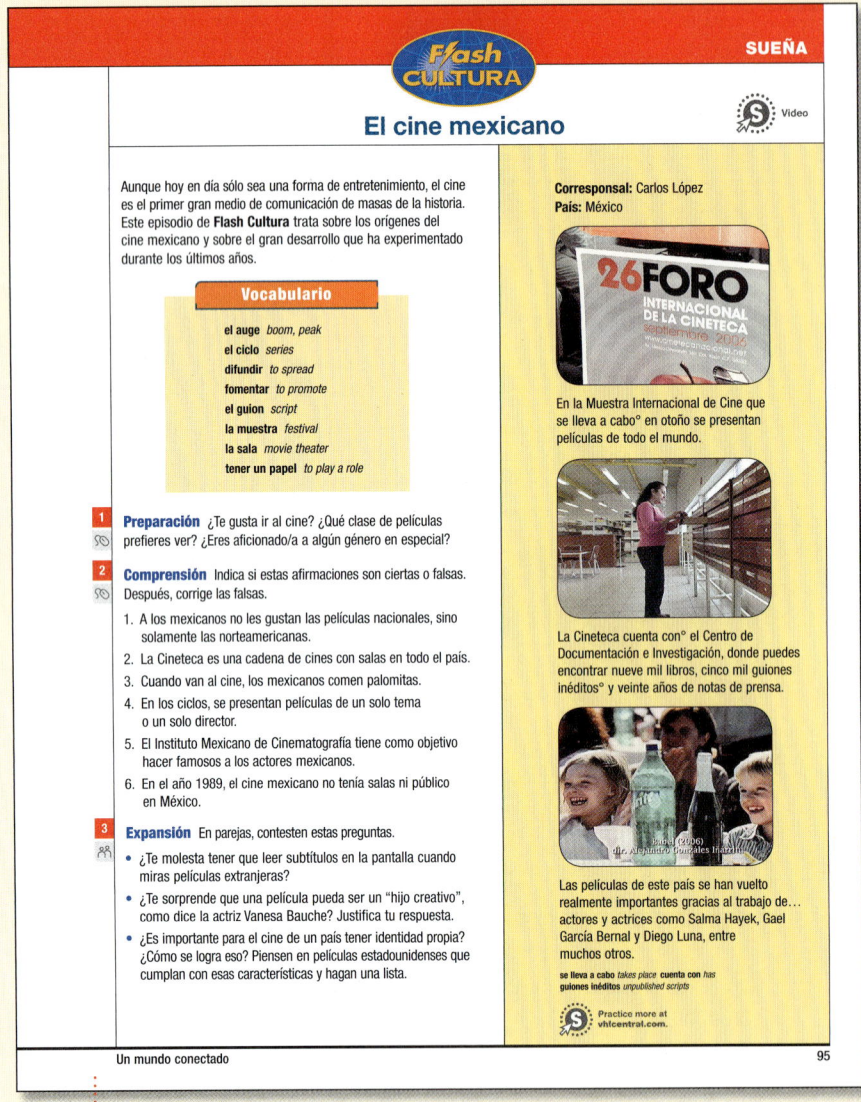

Flash Cultura Each lesson features a video shot in the form of a news broadcast.

Activities Video stills and **Preparación** activities provide visual and linguistic cues to help prepare you for watching the video. **Comprensión** and **Expansión** activities help you get the most out of it.

Supersite

- Streaming **Flash Cultura** video with instructor-controlled subtitle options

Supersite features vary by access level.

SUEÑA at-a-glance

ESTRUCTURAS

presents key intermediate grammar topics with detailed visual support.

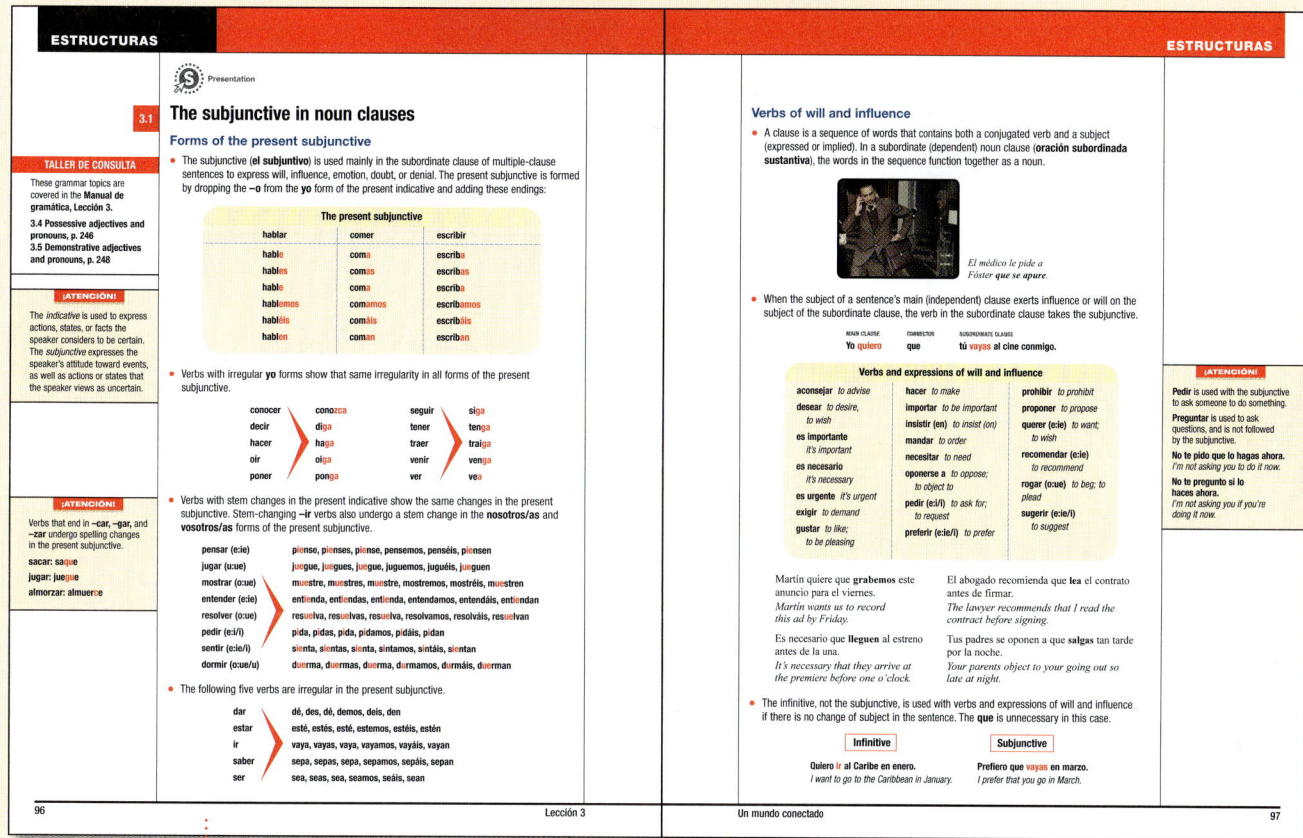

Integration of Cortometraje Photos with quotes or captions from the lesson's short film show the new grammar structures in meaningful contexts.

Charts and diagrams Colorful, easy-to-understand charts and diagrams highlight key grammar structures and related vocabulary.

Grammar explanations Explanations are written in clear, easy-to-understand language for reference both in and out of class.

Atención These sidebars expand on the current grammar point and call attention to possible sources of confusion.

Taller de consulta These sidebars reference relevant grammar points presented actively in **Estructuras**, and refer you to the supplemental **Manual de gramática** found at the end of the book.

Supersite

- Grammar presentations
- Animated grammar tutorials

Supersite features vary by access level.

xvii

SUEÑA at-a-glance

ESTRUCTURAS

progresses from directed to communicative practice.

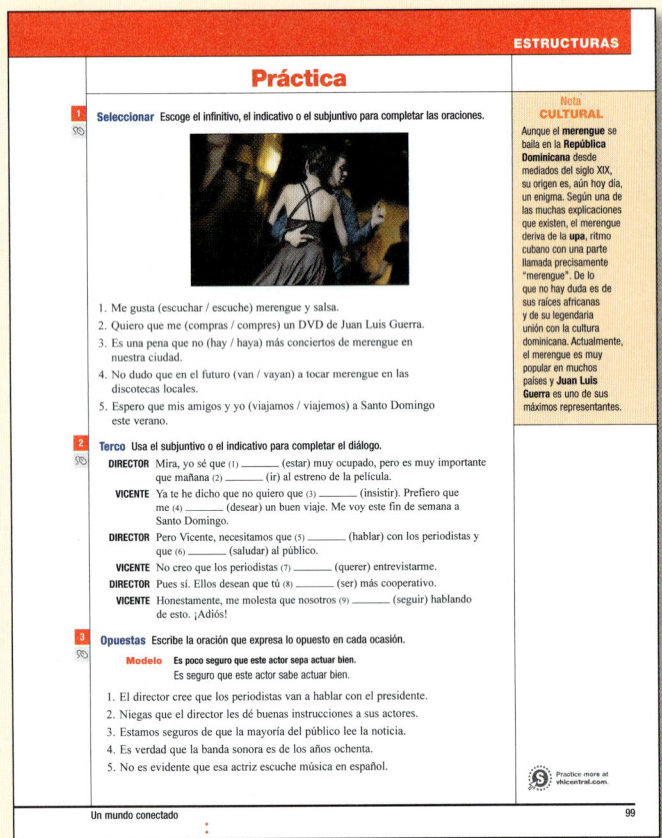

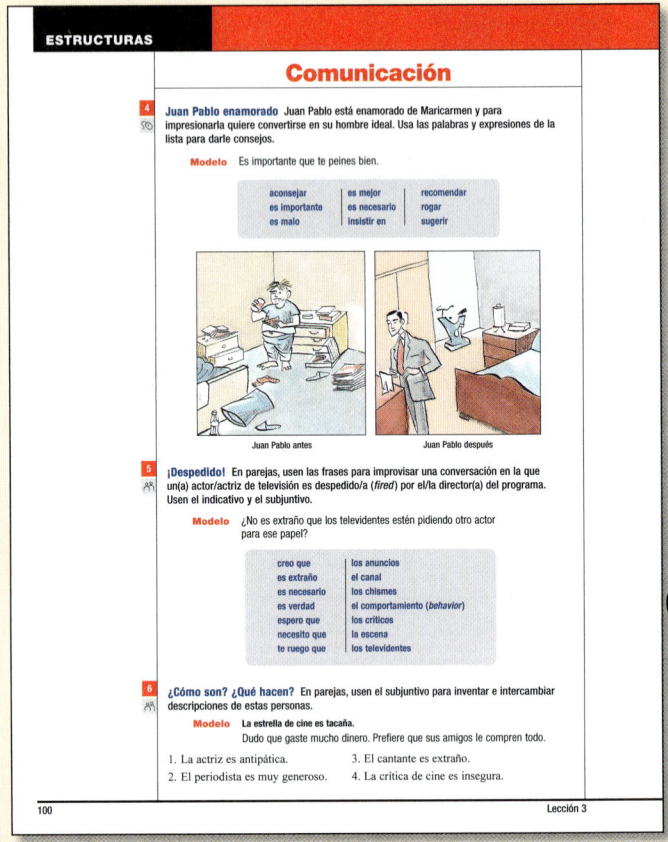

Práctica Directed exercises support you as you begin working with the grammar structures, helping you master the forms you need for personalized communication.

Comunicación Open-ended, communicative activities help you internalize the grammar point in a range of contexts involving pair and group work.

Manual de gramática Practice for grammar points related to those taught in **Estructuras** are included for review and/or enrichment at the end of the book.

Supersite

- All textbook activities including Partner Chat activities
- Additional online-only practice activities
- **Manual de gramática** with corresponding activities

Supersite features vary by access level.

SÍNTESIS

brings together the lesson grammar and vocabulary themes.

Reading Theme-related readings, realia, and charts reinforce the grammar structures and lesson vocabulary in engaging formats.

Activities This section integrates the three grammar points of the lesson, providing built-in, consistent review and recycling as you progress through the text.

- **Repaso** self-tests

Supersite features vary by access level.

SUEÑA at-a-glance

CULTURA

features a dynamic cultural reading.

Readings Brief, comprehensible readings present you with additional cultural information related to the lesson theme.

Design Readings are carefully laid out with line numbers, marginal glosses, pull quotes, and box features to help make each piece easy to navigate.

Photos Vibrant, dynamic photos visually illustrate the reading.

Cultura en pantalla TV clips related to the culture readings can be found online.

Supersite

- Audio-sync technology for the cultural reading that highlights text as it is being read
- All textbook activities including one Partner Chat activity
- Additional online-only Virtual Chat activity
- Streaming video of **Cultura en pantalla** TV clips and online-only comprehension activities

Supersite features vary by access level.

SUEÑA at-a-glance

LITERATURA

showcases literary readings by well-known writers from across the Spanish-speaking world.

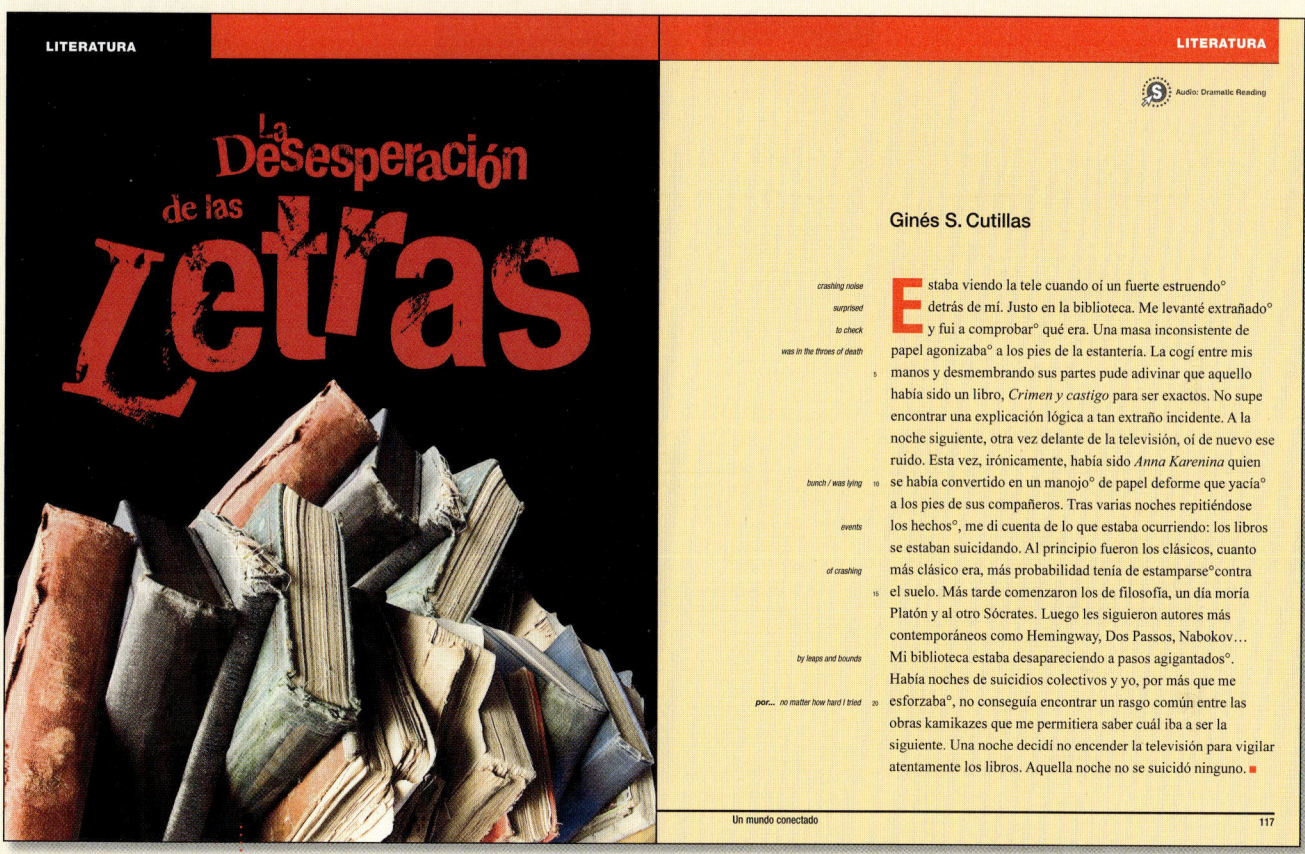

Literatura Comprehensible and compelling, these readings present new avenues for using the lesson's grammar and vocabulary.

Design Each reading is presented in the attention-grabbing visual style you would expect from a magazine, along with glosses of unfamiliar words.

Supersite

- Audio-sync technology for the literary reading that highlights text as it is being read

Supersite features vary by access level.

SUEÑA at-a-glance

PREPARACIÓN and ANÁLISIS

activities provide in-depth pre- and post-reading support for each selection in Literatura and Cultura.

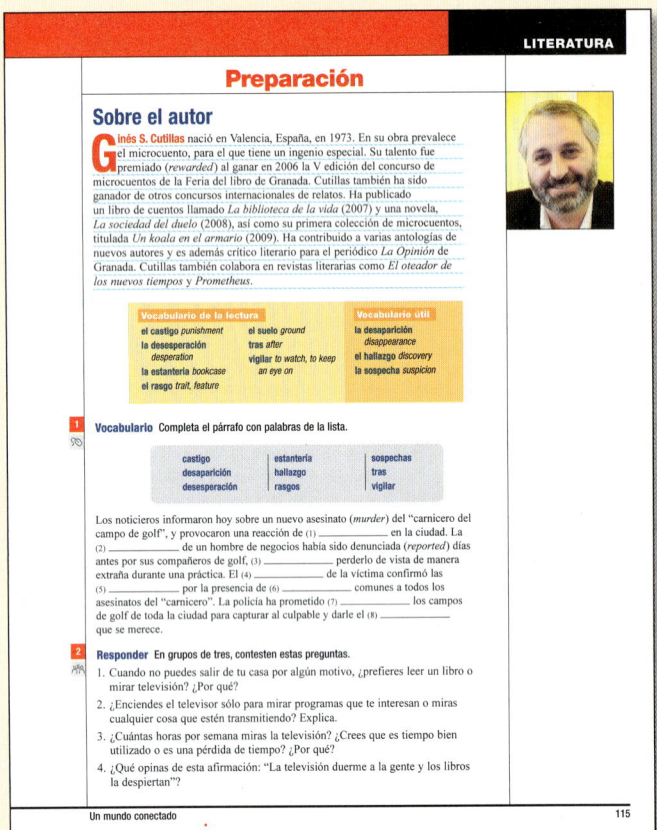

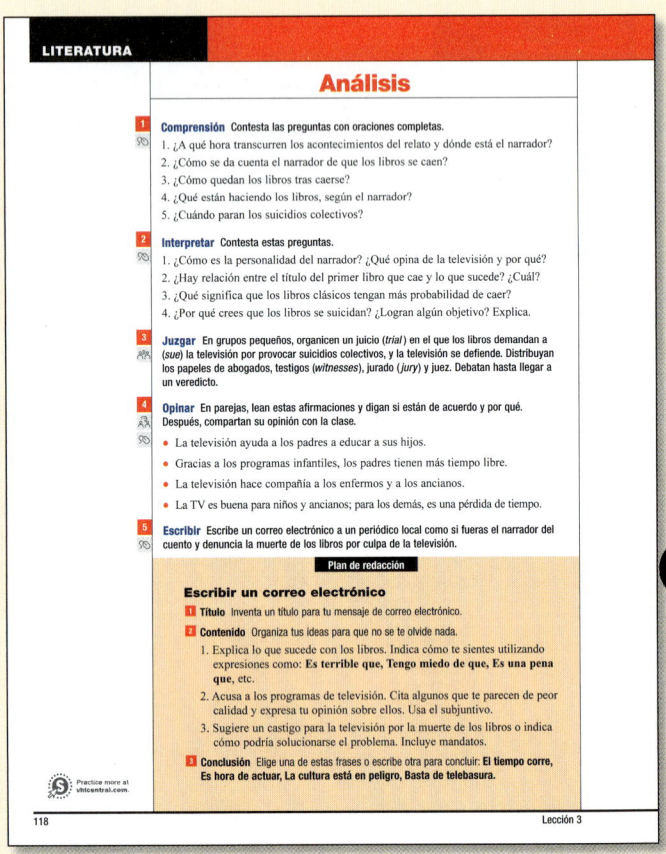

Preparación Vocabulary presentation and practice, author biographies, and pre-reading discussion activities prepare you for the reading.

Análisis Post-reading activities check your understanding and guide you to discuss the topic of the reading, express your opinions, and explore how it relates to your own experiences.

Plan de redacción A guided writing assignment concludes every **Literatura** section.

Supersite

- All textbook activities including one Partner Chat activity
- Additional online-only Virtual Chat and comprehension activities
- Composition engine for **Plan de redacción** writing activity
- **Sobre el autor** reading

Supersite features vary by access level.

VOCABULARIO

summarizes the active vocabulary in each lesson.

Vocabulario All the lesson's active vocabulary is grouped in easy-to-study thematic lists and tied to the lesson section in which it was presented.

Supersite

- Audio for all vocabulary items
- Vocabulary Tools: customizable word lists, flashcards with audio

Supersite features vary by access level.

SUEÑA at-a-glance

xxiii

FILM COLLECTION

SUEÑA Film Collection

The **SUEÑA** Film Collection features dramatic short films by Hispanic filmmakers. These films are a central feature of the lesson, providing opportunities to review and recycle vocabulary from **Para empezar**, and previewing and contextualizing the grammar from **Estructuras**. The films are available for viewing on the Supersite.

LECCIÓN 1
NEW! Café para llevar
(España; 13 minutos)

A man and a woman run into each other long after they broke up. Will their love be rekindled?

LECCIÓN 4
NEW! Sin palabras
(España; 13 minutos)

Forced to spend a week with his grandfather, David has to learn how to navigate the generation gap.

LECCIÓN 2
Adiós mamá
(México; 8 minutos)

In this award-winning short film, a man is grocery shopping alone on an ordinary day when a chance meeting makes him the focus of an elderly woman's existential conflict.

LECCIÓN 5
Raíz
(España; 17 minutos)

An older couple joyfully awaits the visit of the son they haven't seen in some time.

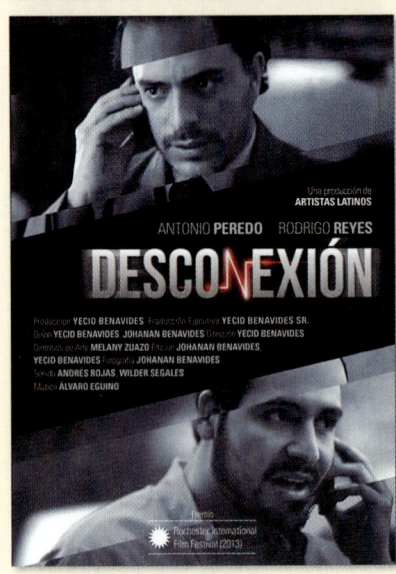

LECCIÓN 3
NEW! Desconexión
(Bolivia; 19 minutos)

A desperate man is in a race against the clock. Can he save his nearest and dearest?

LECCIÓN 6
Hiyab
(España; 8 minutos)

Fátima's teacher is concerned that her wearing a headscarf will make the student stand out at her new school. How far will she go to fit in?

FLASH CULTURA

The overwhelmingly popular **Flash Cultura** video provides an entertaining and authentic complement to the **Sueña** section of each lesson. Correspondents from various Spanish-speaking countries report on aspects of life in their countries, conducting street interviews with residents along the way. These episodes draw attention to similarities and differences between Spanish-speaking countries and the U.S., while highlighting fascinating aspects of the target culture. These videos are available for viewing on the Supersite.

LECCIÓN 1
Las relaciones personales
(España)

LECCIÓN 2
El metro del D.F.
(México)

LECCIÓN 3
El cine mexicano
(México)

LECCIÓN 4
De compras en Barcelona
(España)

LECCIÓN 5
Un bosque tropical
(Puerto Rico)

LECCIÓN 6
Puerto Rico: ¿nación o estado?
(Puerto Rico)

Cultura en pantalla

This online-only component features authentic TV clips related to the **Cultura** reading in each **SUEÑA** lesson. The clips, many new to the Fourth Edition, are available for viewing on the Supersite.

Online-only activities support each TV clip.

LECCIÓN 1
Estados Unidos
Hispanos e inmigración en los Estados Unidos

LECCIÓN 2
México
Mujeres triquis de Oaxaca

LECCIÓN 3
El Caribe
Festival de merengue en la República Dominicana

LECCIÓN 4
Puerto Rico
Sonia Sotomayor habla sobre su condición de latina

LECCIÓN 5
Paraguay
Plantas medicinales

LECCIÓN 6
Chile
Chile y la Operación Cóndor

ACKNOWLEDGMENTS

Reviewers

On behalf of its writers and editors, Vista Higher Learning expresses its sincere appreciation to the many instructors nationwide who reviewed **SUEÑA**. Their insights, ideas, and detailed comments were invaluable to the final product.

John Guzman Aguilar
University of New Mexico, NM

Collin Ashmore
Washington College, MD

Elizabeth Bell
Ball State University, IN

Kristee K. Boehm
St. Norbert College, WI

Heather C. Cisneros
Frostburg State University, MD

Danion L. Doman
Truman State University, MO

Audrey Garcia
Kennesaw State University, GA

Ines M. Garcia
American River College, CA

Marian Giraldez Elizo
University of New Mexico, NM

Olga Godoy
Georgia Southwestern State University, GA

Dr. Diana Gonzalez
Northwestern College, IA

Richard A. Heath
Kirkwood Community College, IA

Dr. Natalia Jackovkis
Xavier University, OH

Piet J. Koene
Northwestern College, IA

Assen Kokalov
Purdue University North Central, IN

Iana Konstantinova
Southern Virginia University, VA

Dr. Verónica G. León
Southern Methodist University, TX

Alejandra Lopez
California State University, Fresno, CA

John S. Marchese
Valparaiso University, IN

Anne McCormick, PhD
Berkeley City College, CA

Dr. Denise G. Mills
Daemen College, NY

Dr. Margaret L. Morris
South Carolina State University, SC

Lucía Osa-Melero
Duquesne University, PA

Joel T. Postema
Westminster College, PA

Karry Putzy
Solon High School, IA

Eva Rodríguez González
University of New Mexico, NM

Denise Saldivar
Diablo Valley College, CA

Dr. Rosemary Sands
St. Norbert College, WI

Cristina Sparks-Early
Northern Virginia Community College
Manassas, VA

Mariana Stoyanova
Georgia College & State University, GA

Andrea Van Vorhis
Owens Community College, OH

Ingrid Watson-Miller
Norfolk State University, VA

Helga Winkler
Moorpark College, CA

Milagros Zapata Swerdlow
Westminster College, PA

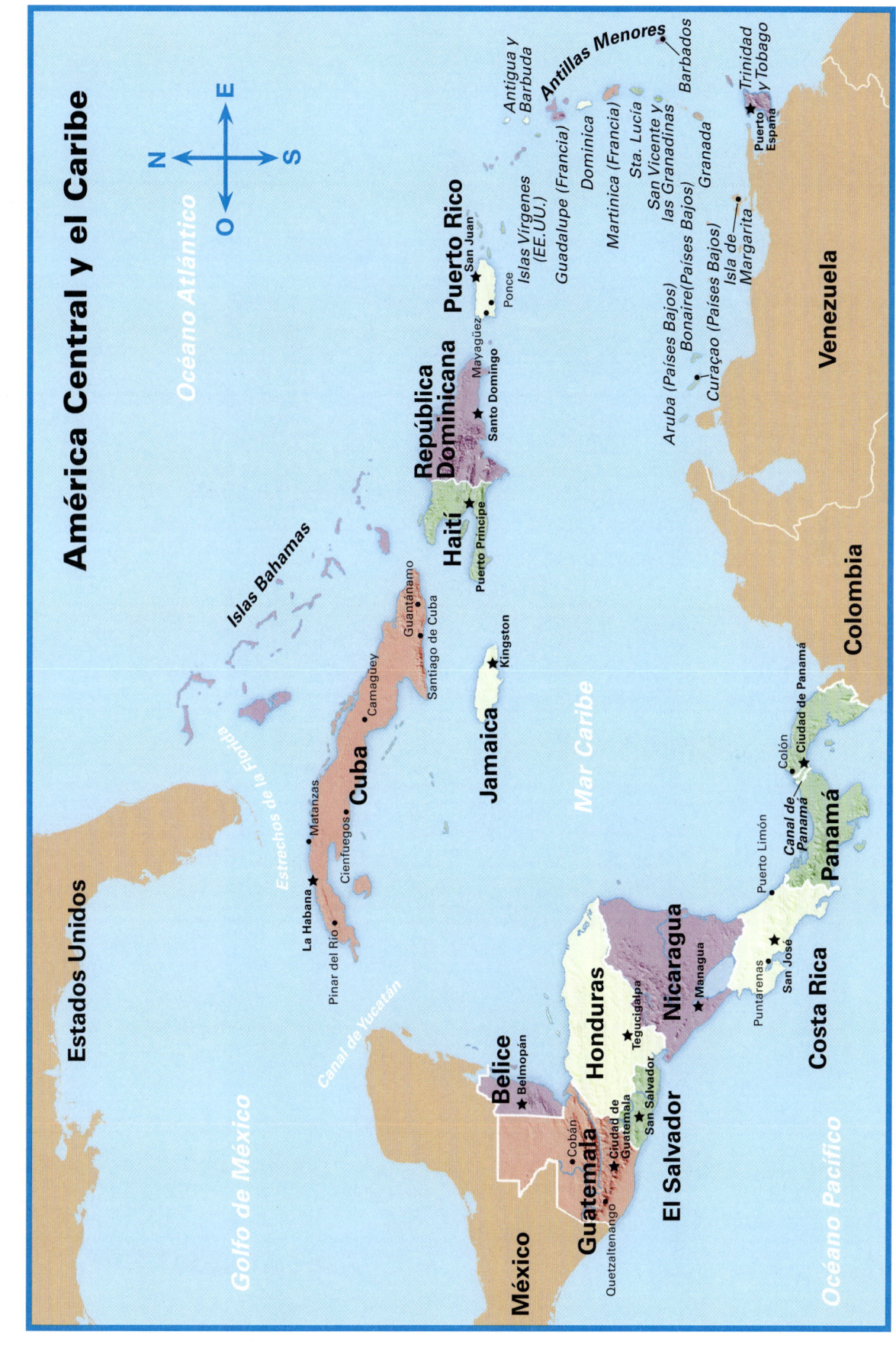

FOURTH EDITION

Sueña

Español sin barreras | Curso intermedio breve

LECCIÓN 1

Sentir y vivir

El deseo de vivir y el instinto de supervivencia son razón suficiente para seguir adelante. Ésta es una de las cualidades que compartimos los seres humanos independientemente de nuestras circunstancias, nuestros sueños o nuestros objetivos. Gracias a esa motivación nos lanzamos, enamorados, ilusionados, indecisos, a vivir sin tenerle miedo al futuro.

CONTENIDO

6 CORTOMETRAJE
En el cortometraje *Café para llevar*, la directora española **Patricia Font** relata cómo a veces el amor y la vida toman caminos diferentes.

12 SUEÑA
Conoce algunos aspectos sobre la importancia del español en los **Estados Unidos**. Encuentra también personalidades y creadores latinos. Además, descubrirás cómo se viven las **relaciones de pareja** en otras partes del mundo.

31 CULTURA
Corriente latina te presenta las nuevas tendencias de la inmigración hispana en los Estados Unidos. Descubrirás por qué tener un círculo de familiares y amigos es vital para las personas recién llegadas a otro país. Además, aprenderás sobre **Hispanos e inmigración en los Estados Unidos** en el videoclip **Cultura en pantalla**.

35 LITERATURA
Poema 20, del escritor chileno **Pablo Neruda**, revela una experiencia amorosa que nos invita a reflexionar: ¿es en realidad el olvido más duradero y doloroso que el amor?

Destino: ESTADOS UNIDOS

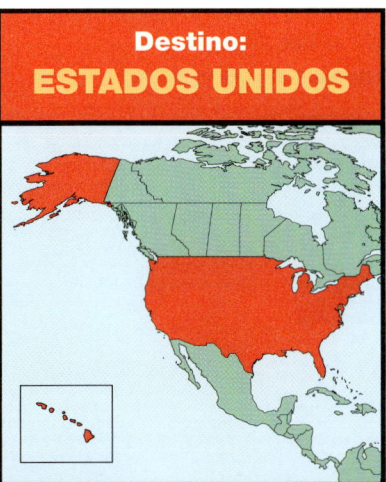

4 PARA EMPEZAR

18 ESTRUCTURAS
- 1.1 **The present tense (regular, irregular, and stem-changing verbs)**
- 1.2 **Ser** and **estar**
- 1.3 **Gustar** and similar verbs

39 VOCABULARIO

Sentir y vivir

PARA EMPEZAR

Las relaciones personales

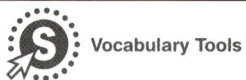 Vocabulary Tools

Las relaciones

el alma gemela soul mate
la amistad friendship

el ánimo spirit; mood
el chisme gossip
la cita (a ciegas) (blind) date
el compromiso commitment; engagement
el deseo desire
el divorcio divorce
la (in)fidelidad (un)faithfulness
el matrimonio marriage
la pareja couple
el riesgo risk

compartir to share
confiar (en) to trust (in)
contar (o:ue) con to rely on, to count on
coquetear to flirt
dejar a alguien to leave someone
dejar plantado/a to stand (someone) up
discutir to argue

engañar to cheat; to deceive
ligar to flirt; to hook up
merecer to deserve
romper (con) to break up (with)
salir (con) to go out (with)

Los sentimientos

enamorarse (de) to fall in love (with)
enojarse to get angry
estar harto/a to be fed up (with); to be sick (of)
llevarse bien/mal/fatal to get along well/badly/terribly
odiar to hate
ponerse pesado/a to become annoying
querer(se) (e:ie) to love (each other); to want
sentir(se) (e:ie) to feel
soñar (o:ue) con to dream about

tener celos (de) to be jealous (of)
tener vergüenza (de) to be ashamed (of)

Los estados emocionales

agobiado/a overwhelmed
ansioso/a anxious
celoso/a jealous

deprimido/a depressed
disgustado/a upset
emocionado/a excited
enojado/a angry, mad
pasajero/a fleeting
preocupado/a (por) worried (about)

Los estados civiles

casarse (con) to get married (to)
divorciarse (de) to get a divorce (from)

casado/a married
divorciado/a divorced

separado/a separated
soltero/a single
viudo/a widowed

Las personalidades

cariñoso/a affectionate

cuidadoso/a careful
falso/a insincere
genial wonderful
gracioso/a funny
inolvidable unforgettable
inseguro/a insecure
maduro/a mature
mentiroso/a lying
orgulloso/a proud
seguro/a secure; confident
sensible sensitive
tacaño/a cheap; stingy
tempestuoso/a impulsive; stormy

tímido/a shy
tranquilo/a calm

Práctica

1. Definiciones Completa las oraciones con el adjetivo correcto.

1. Miente para mantener las apariencias. Es ____.
2. Murió su mujer y vive solo. Es ____.
3. No le gusta gastar su dinero. Es ____.
4. Se siente mal y está triste. Está ____.
5. No vive con su esposa. Está ____.
6. Tiene pánico al examen de mañana. Está ____.

a. tacaño
b. falso
c. deprimido
d. viudo
e. ansioso
f. gracioso
g. separado

2. Identificar Indica la palabra que no pertenece al grupo.

1. deprimido • tranquilo • preocupado • enojado
2. ligar • discutir • enamorarse • coquetear
3. pareja • compromiso • ánimo • matrimonio
4. casado • disgustado • viudo • soltero
5. inseguro • fabuloso • maravilloso • genial
6. almas gemelas • pareja • chisme • matrimonio

3. ¿Cómo eres? Trabaja con un(a) compañero/a.

A. Contesta las preguntas del test.

	Sí	A veces	No
1. ¿Te pones nervioso/a cuando estás con otras personas?			
2. ¿Te incomoda expresar tus emociones?			
3. ¿Te parece difícil iniciar una conversación?			
4. ¿Te ponen nervioso/a las citas a ciegas?			
5. ¿Te sientes inseguro/a cuando te critican?			
6. ¿Tienes vergüenza de hablar en público?			
7. ¿Piensas mucho antes de tomar una decisión?			
8. ¿Piensas que, si eres muy simpático/a, las personas pueden creer que eres falso/a?			
9. ¿Piensas que coquetear es inmaduro?			
10. ¿Te llevas bien con las personas muy tímidas?			

Clave

Sí = 0 puntos
A veces = 1 punto
No = 2 puntos

Resultados

0 a 3 Eres muy introvertido/a.
4 a 7 Tiendes a ser introvertido/a.
8 a 11 No eres ni introvertido/a ni extrovertido/a.
12 a 16 Tiendes a ser extrovertido/a.
17 a 20 Eres muy extrovertido/a.

B. Ahora suma (*add up*) los puntos. ¿Cuál es el resultado? ¿Estás de acuerdo? Comenta tu resultado y tu opinión con tu compañero/a.

Practice more at vhlcentral.com.

CORTOMETRAJE

Preparación

Vocabulario del corto
enhorabuena *congratulations*
la época *season*
la imprenta *printer*
liado/a (inf.) *busy*
un rato *a while*
tener prisa *to be in a hurry*
el/la trotamundos *globetrotter*

Vocabulario útil
arrepentirse *to regret*
el/la prometido/a *fiancé(e)*
reprochar *to blame*
la reseña *review*
el rompimiento *breakup*

EXPRESIONES

café para llevar *coffee to go*
de vez en cuando *every once in a while*
echar de menos *to miss someone*
estar embarazada *to be pregnant*
ponerte en mi lugar *to put yourself in my place*
¡Quién lo iba a decir! *Who would have thought!*
se me da bien… *I am good at…*
Te lo mereces. *You deserve it.*
tener la culpa *to be at fault*

1 Definiciones Empareja cada definición con la palabra correcta.

_____ 1. temporada   a. época
_____ 2. viajero   b. enhorabuena
_____ 3. felicitaciones   c. liado
_____ 4. ocupado   d. reseña
_____ 5. comentario   e. trotamundos

2 Diálogo Ana acaba de llegar a casa de Eva. Completa el diálogo con palabras y expresiones del vocabulario.

EVA ¿Dónde estabas? Llevo (1) _____ llamándote.
ANA Perdona, estoy (2) _____ buscando vestidos de novia.
EVA ¿Vas a casarte? (3) _____ ¿Y te vas a Texas con Andrés?
ANA Sí, a Texas. (4) _____, con lo poco que me gusta el calor.
ANA ¡Ay, qué lejos, te voy a (5) _____!
EVA ¡Me alegro por ti, Ana! Y además (6) _____, Andrés es genial.
ANA Sí, y le encanta viajar. Él es todo un (7) _____. Por cierto, necesito ropa adecuada para el calor.
EVA ¿Te ayudo a buscar? A mí (8) _____ vestir a los demás.
ANA Bueno, tengo que ir a la (9) _____ a encargar las invitaciones.
EVA Ah, pues debes (10) _____, la imprenta cierra a las ocho.

CORTOMETRAJE

3 Sentimientos En parejas, observen los fotogramas y comenten los sentimientos que expresan los rostros de estos dos personajes.

Modelo **Columna 1:**
ELLA: Parece graciosa y contenta.
ÉL: Parece estar feliz.

4 La pareja imperfecta En parejas, escojan uno de los atributos y contrasten cómo sería su pareja ideal según las cualidades seleccionadas.

Modelo Prefiero una pareja tacaña a una falsa.

¿sensible o seguro?   ¿tímido o cariñoso?
¿generoso o gracioso? ¿orgulloso o tranquilo?
¿falso o tacaño?   ¿mentiroso o tempestuoso?

5 Dilemas de la vida En parejas, lean las situaciones y comenten qué harían en cada una de ellas.

Modelo No me importa si a mi familia no le cae bien mi novia. Es mi novia, no la novia de ellos.

- Te enamoras de una persona, pero por alguna razón, a tu familia no le cae bien.
- Tienes pareja, pero te enamoras de otra persona que vive a miles de millas de distancia.
- Eres feliz en tu comunidad con tus familiares y amigos. Tu pareja se va a vivir en otro país y te pide que vayas con él/ella.
- Tú pareja y tú se quieren mucho pero tiene planes diferente para el futuro.
- Después de muchos años de estar con tu pareja te das cuenta de que ya no es igual y no te sientes enamorado/a.

6 Relaciones personales En parejas, respondan las preguntas.

1. ¿Creen que es posible seguir siendo sólo amigos/as de sus exnovios/as? ¿Por qué?
2. ¿Cuáles creen que son las razones por las que rompen las parejas?
3. ¿Creen que las relaciones de pareja son fáciles o difíciles? ¿Por qué?
4. ¿Creen que las parejas son más felices antes de casarse o después? ¿Por qué?

Sentir y vivir

CORTOMETRAJE

CAFÉ para LLEVAR

ALEXANDRA JIMÉNEZ · DANIEL GRAO

UN CORTOMETRAJE DE PATRICIA FONT

Mejor cortometraje de ficción
Premios Goya (2015)
Ganador

Producción ESCAC FILMS Producción ejecutiva SERGI CASAMITJANA Guion PATRICIA FONT
Dirección de arte NOEMÍ MAROTO Edición JAUME MARTÍ Fotografía DAVID VALLDEPÉREZ
Música THE TREES Sonido GERARD TÀRREGA, AGOST ALUSTIZA
Actores ALEXANDRA JIMÉNEZ, DANIEL GRAO, ALBA JOSÉ

ESCENAS

CORTOMETRAJE

ARGUMENTO *Alicia y Javi se encuentran dos años después de haber terminado su relación.*

1

JAVI Sí, ya me han dicho que te casas. Enhorabuena.
ALICIA Gracias. Me voy corriendo que tengo mucha prisa.

2

JAVI ¿Por qué no te tomas ese café conmigo?
ALICIA Bueno.

3

JAVI Bueno, estuve un año dando vueltas por el mundo y cuando volví a mi casa no tenía nada. Necesitaba trabajar.
ALICIA ¡Pues quién lo iba a decir!
JAVI Eso no es todo. He dejado de fumar.

4

ALICIA ¿Y de dónde es?
JAVI De Buenos Aires.
ALICIA ¿Pero se ha venido a vivir aquí, por ti?
JAVI Sí.

5

(*Alma saluda desde la ventana.*)
ALMA Hola.

6

JAVI Alicia...
(*Javi y Alicia se abrazan.*)

Nota CULTURAL

El día de San Jordi

Barcelona es la capital de la región de España conocida como Cataluña. El 23 de abril se celebra en esta ciudad el día de San Jordi (Sant Jordi, en catalán), una tradición que se remonta° al siglo XV y que consiste en regalar una rosa roja a la mujer amada°. Por su parte, a principios del siglo XX, el rey Alfonso XIII declaró el 7 de octubre como el Día del Libro Español. Años después, los editores de Cataluña decidieron unir amor y literatura, declarando San Jordi como el Día del Libro Catalán. Desde entonces es costumbre en Cataluña que el 23 de abril se regale una rosa roja, un libro... ¡y un pastel!

se remonta *dates back* **amada** *beloved*

Sentir y vivir

CORTOMETRAJE

Análisis

1 Comprensión Contesta cada pregunta con una oración completa.

1. ¿Por qué se conocen Javi y Alicia?
2. ¿Qué tiene tan ocupada a Alicia?
3. ¿En qué trabaja Javi?
4. ¿Qué ha pasado en la vida laboral de Alicia?
5. ¿Qué le ha pasado a la madre de Alicia?
6. ¿Quién es Marcos?
7. ¿Qué hizo Javi después de separarse de Alicia?
8. ¿Dónde conoció Javi a Alma?
9. ¿De dónde es la novia de Javi?
10. Javi le dice a Alicia que tiene algo que contarle, ¿qué es?

2 ¿Qué pensarán? En parejas, basándose en lo que saben de los personajes, relacionen cada uno de estos pensamientos con uno de ellos.

1. "¿Pero por qué me toma de la mano? ¡Ya no somos novios!" _____
2. "¡Lo he hecho todo mal! Trabajo con mi padre y perdí a la mujer de mi vida". _____
3. "Tiene el cabello bonito esa española". _____
4. "Ojalá pudiera volver al pasado". _____
5. "Decía que no quería tener hijos. No entiendo nada. Me voy". _____
6. "Ella tuvo su oportunidad, pero ahora él está conmigo!" _____
7. "Marcos es un hombre afortunado. ¡Cómo lo envidio!" _____
8. "¡Él quería ser libre y míralo!, trabajando con su papá en la imprenta". _____

Alicia

Alma

Javi

3 Interpretar En parejas, contesten las preguntas.

1. ¿Qué crees que siente Javi cuando se encuentra con Alicia en la cafetería? ¿Y Alicia?
2. ¿Por qué Alicia duda cuando Javi la invita a tomarse un café con él?
3. ¿De qué hablan primero Javi y Alicia? ¿Por qué?
4. ¿Por qué decide Alicia tomarse el café con Javi?
5. ¿Cómo crees que ha cambiado Javi desde que él y Alicia fueron novios?
6. ¿Qué esperaba Alicia de Javi cuando eran novios? ¿Qué deseaba él?
7. ¿Cómo imaginaba Javi que iba a ser su vida? ¿Lo consiguió?
8. ¿Qué crees que opina Alicia de que Javi trabaje con su padre? ¿Por qué?
9. ¿Qué piensas que siente Alicia cuando ve entrar a Alma? ¿Por qué?
10. ¿Cómo interpretarías la frase final "no entiendo por qué no puedo tener dalias el día de mi boda; me da igual que no sea la época"?

Lección 1

4 ¿Qué piensas? En parejas, respondan las preguntas.

1. ¿Cómo crees que se sintió Javi cuando se vieron Alma y Alicia?
2. ¿Qué pensó Alma al ver a Alicia y a Javi juntos?
3. ¿Qué les deseó Alicia a Javi y a Alma? ¿Por qué?

5 Reproches En parejas, comenten sobre el rompimiento de Alicia y Javi. Respondan las preguntas.

1. ¿Quién creen que tuvo la culpa de que rompieran Alicia y Javi? ¿Por qué?
2. ¿Cuál de los dos personajes crees que tomó las mejores decisiones en su vida? ¿Por qué?
3. ¿Quién crees que se reprochó más la pérdida del otro? ¿Alicia o Javi? ¿Por qué?
4. ¿Crees que Alicia hace lo correcto casándose con Marcos? ¿Por qué?

6 Puntos de vista En parejas, lean estas dos reseñas ficticias de la película. Elijan una y defiéndanla.

A
"En *Café para llevar*, Javi representa al típico hombre inmaduro que toma las decisiones equivocadas en su juventud y luego mira atrás con melancolía. Alicia, sin embargo, es madura y trabajadora. La película es real como la vida misma". Juana de Mier, *El faro de Cartagena*

B
"*Café para llevar* es otro ejemplo de cómo las mujeres tratan de controlar la vida de los hombres. Primero, Alicia intenta que Javi abandone sus sueños; luego, tiene que trabajar con su padre para mantener a su nueva familia. ¡Pobre Javi!" – Miño Meilán, *La voz de Santiago*

7 Volver a empezar En parejas, elijan una de estas situaciones e improvisen un diálogo. Utilicen seis palabras o expresiones de la lista. Después, represéntenlo delante de la clase.

de vez en cuando	la imprenta	¡Quién lo iba a decir!
echar de menos	liado/a	se me da bien
enhorabuena	para llevar	te lo mereces
la época	ponerte en mi lugar	tener la culpa
la horterada	(tener) prisa	el/la trotamundos

A
Después de romper con su novia de muchos años, tu mejor amigo se va a Santiago de Chile. Lleva dos meses de relación con una chica que conoció en este lugar pero se da cuenta de que cometió un error porque extraña mucho a su exnovia y quiere regresar con ella.

B
Llega el día de la boda y tu mejor amiga va a decirle a su novio que no puede casarse con él porque todavía está enamorada de su exnovio.

Sentir y vivir

SUEÑA

SUEÑA

Cuando se presentó como candidato para gobernador de **California**, **Arnold Schwarzenegger** se despidió de los reporteros con una de sus famosas frases de la película *Terminator 2: Judgment Day*: *"¡Hasta la vista, baby!"*. Miles y miles de niños pequeños repiten frases en español que aprendieron de *Dora, la exploradora*. Éstos no son ejemplos aislados. Hoy día, en todo el territorio de los **Estados Unidos**, personas de todas las edades, profesiones y razas utilizan frases en español, a veces sin saber de qué idioma vienen o qué significan. Seguramente tú también has escuchado con frecuencia frases como: *"Hola"*, *"Mi casa es su casa"*, *"Vamos"*, *"Adiós, amigo"* y muchas otras expresiones de boca de personas que no saben español.

ESTADOS

¡EL ESPAÑOL ESTÁ DE MODA!

¿A qué se debe la creciente popularidad del español en los Estados Unidos? La respuesta es sencilla[1]: a la progresiva influencia de este idioma en la cultura y en la vida diaria de este país. Hoy, en los Estados Unidos viven más de 53 millones de hispanohablantes que utilizan el español a diario. Se estima que para el año 2060 la población latina llegará a casi 120 millones. Además del hecho[2] de que el número de latinos ha aumentado, hay que señalar que la población latina se ha extendido cada vez más por todo el país: podemos encontrar comunidades de hispanohablantes desde Florida hasta Alaska y desde Hawái hasta Maine. Actualmente, por lo menos una de cada seis personas en los Estados Unidos es de origen hispano.

Los efectos del rápido crecimiento de la población latina son palpables en la cotidianidad[3] de todos los habitantes de los Estados Unidos. ¿Cuántas veces el cajero automático[4] te dio la opción de escoger entre inglés y español? ¿Cuántas veces llamaste a un contestador automático[5] de atención al cliente y te dieron la opción de seguir el menú en español? ¿Has notado los anuncios[6] en español en aeropuertos, estaciones de tren, hospitales y otros lugares públicos?

Ya son millones los estadounidenses que están aprendiendo español en instituciones educativas de todo el país. En la actualidad[7], el 70% de los estudiantes de secundaria eligen español como segunda lengua y más de 790.000 estudiantes universitarios se matriculan[8] todos los años en cursos de español. De hecho, el español es el idioma más solicitado[9] en los departamentos de lenguas extranjeras. No cabe duda de que el español es el idioma extranjero de mayor impacto en la cultura estadounidense actual, lo cual se refleja constantemente en la calle, en el cine, en Internet y en los medios de comunicación en general.

Signos vitales

Los **Estados Unidos** es el quinto país con mayor población hispanohablante en el mundo. Algunos argumentan que la cantidad de hispanohablantes podría reducirse a medida que el inglés se convierte en el primer idioma de hijos y nietos de inmigrantes. Sin embargo, algunas estadísticas, como las del US Census Bureau, contradicen este argumento. Según ellas, el número de hispanohablantes se mantiene vivo, e incluso aumenta, gracias a la constante inmigración.

[1] *simple* [2] *fact* [3] *everyday life* [4] *ATM* [5] *answering machine* [6] *announcements* [7] *At present* [8] *enroll* [9] *in demand; popular*

El español en los Estados Unidos

Expresiones del español de uso común en inglés

Adiós, amigo.	Goodbye, my friend.
fiesta	party, celebration
gracias	thank you
Hasta la vista.	See you later.
Mi casa es su casa.	My house is your house.
número uno	the best (lit. number one)
plaza	plaza; shopping mall
pronto	now; quick
salsa	sauce; Latin music
sombrero	hat
Vamos.	Let's go.

Influencia del inglés en el español

Muchas palabras de uso común en español, especialmente palabras relacionadas con tecnología, están adaptadas del inglés.

chatear	to chat (online)
clic	click
computadora	computer
escáner	scanner
esnob	snob
flirtear	to flirt
gol	goal (in sports)

Latinos en los Estados Unidos

Jorge Ramos nació en la Ciudad de México el 16 de marzo de 1958. Desde noviembre de 1986, es el conductor[1] titular del **Noticiero Univisión** en los Estados Unidos. Es el personaje de la televisión estadounidense en español que más tiempo ha estado en el aire en un mismo programa o noticiero. Además de presentador, Ramos es columnista y autor.

America Ferrera nació en los Estados Unidos el 18 de abril de 1984, pero sus padres son de **Honduras**. Comenzó a actuar desde muy pequeña en la escuela, y luego pasó al cine y a la televisión. En 2007 ganó los premios **Globo de Oro**, **EMMY** y **Alma** por su papel de Betty Suárez en la serie *Ugly Betty*. Es la voz en inglés de Astrid en la saga *How to Train Your Dragon*, que llegará a su tercera entrega en el 2018.

César Pelli, arquitecto argentino graduado de la **Universidad de Tucumán** en 1949. Viajó a los Estados Unidos en 1952 para realizar una maestría en Arquitectura en la Universidad de Illinois y luego se radicó[2] en este país. En 1977 creó su propia firma y ese mismo año fue nombrado decano[3] de la **Escuela de Arquitectura de Yale**, puesto que mantuvo hasta 1984. De su trabajo podemos mencionar el **World Financial Center** en **Nueva York**, las **Torres Petronas** en **Kuala Lumpur**, **Malasia** y la **terminal norte del aeropuerto Ronald Reagan National** de **Washington, D.C.**

Susana Martínez, abogada y política estadounidense, nacida el 14 de julio de 1959. A finales del año 2010 fue elegida gobernadora del estado de **Nuevo México**, lo que la convirtió en la primera mujer en gobernar este estado y también en la primera gobernadora de origen hispano en la historia de los Estados Unidos. En noviembre de 2014 fue reelegida para continuar en el cargo por un segundo período. Es la sucesora de Bill Richardson, otro político de descendencia hispana, quien gobernó el mismo estado hasta diciembre de 2010.

[1] anchor [2] settled [3] dean

SUEÑA

GALERÍA DE CREADORES

LITERATURA Julia Álvarez
La escritora Julia Álvarez nació en Nueva York, pero pasó su niñez en la República Dominicana. Su familia se exilió en los Estados Unidos cuando Julia tenía diez años. Algunos de los temas de sus libros son sus experiencias derivadas de la dictadura en su país, su proceso de adaptación a una cultura desconocida y la importancia de la identidad. Es autora de ¡Yo!, A cafecito story, En el tiempo de las mariposas, De cómo las muchachas García perdieron el acento, En el nombre de Salomé, Para salvar el mundo, entre otras obras. También escribió la serie Tía Lola para lectores más jóvenes.

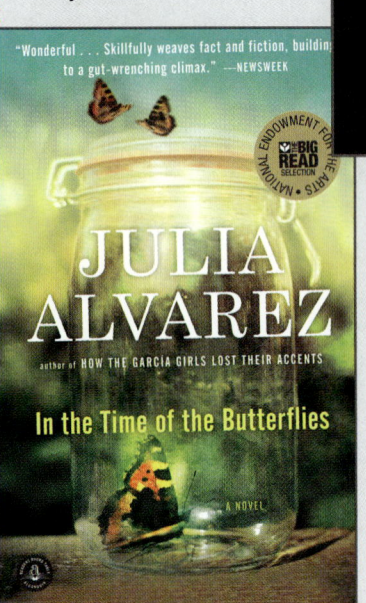

DISEÑO Y MODA Narciso Rodríguez
En 1996, Narciso Rodríguez causó sensación con el vestido de novia (wedding gown) que diseñó (designed) especialmente para Carolyn Bessette, quien lo lució (wore) el día de su boda con John F. Kennedy, Jr. En el mundo de la moda (fashion), este elegante y sencillo traje fue uno de los diseños más comentados de la década. Desde entonces, el diseñador de ascendencia cubana ha tenido por clientes a Salma Hayek, Sarah Jessica Parker, Anna Paquin, Michelle Obama y Charlize Theron. Las características de sus creaciones son la simplicidad, el uso de materiales ligeros (lightweight) y la influencia latina.

SUEÑA

PINTURA **Carmen Lomas Garza**
Esta artista chicana pinta escenas de la vida cotidiana mexicano-americana inspiradas en recuerdos (*memories*) y experiencias de su niñez en Kingsville, Texas. El objetivo de su arte es mostrar el valor y la humanidad de su cultura. Celebraciones, historias familiares, rituales, preparación de comidas, mitos, tradiciones, juegos, remedios caseros (*home remedies*) y sueños forman parte de ese paisaje cotidiano. *Earache Treatment* es el título de este cuadro (*painting*). Aquí vemos una práctica antigua, pero todavía muy común entre muchas familias latinoamericanas y chicanas para curar el dolor de oído (*earache*).

CINE **Robert Rodríguez**
En veinte días y con sólo siete mil dólares, Robert Rodríguez filmó *El mariachi*, la película que ganó el Premio (*Award*) del Público del Festival de Cine de Sundance de 1993. Las aventuras de *El mariachi* continuaron con *Desperado* y *Once Upon a Time in Mexico*, películas en las cuales actuaron sus amigos Antonio Banderas, Quentin Tarantino y Johnny Depp. El joven tejano forma parte del grupo de directores que han ganado más de $100 millones por película, gracias al éxito (*success*) de su serie *Spy Kids*. Es autor, productor y director de la película *Machete Kills* (2013), secuela de *Machete* (2010), y de la serie *From Dusk till Dawn*.

Sentir y vivir

¿Qué aprendiste?

1 Cierto o falso Indica si estas afirmaciones son ciertas o falsas. Corrige las falsas.

1. El español es el segundo idioma más solicitado en las universidades, después del francés.
2. Muchos niños aprenden frases en español gracias a los dibujos animados.
3. Es difícil encontrar compañías que ofrecen atención al cliente en español.
4. America Ferrera ganó el Globo de Oro por hacer la voz de Astrid en *How to Train Your Dragon*.
5. Hoy por hoy, el español es el idioma extranjero de mayor impacto en la cultura estadounidense.
6. El español es el idioma elegido como segunda lengua por el 70% de los estudiantes universitarios en los Estados Unidos.

2 Preguntas Contesta las preguntas.

1. ¿Quién popularizó en los Estados Unidos la frase "Hasta la vista, baby"?
2. ¿Cuántos millones de latinos se calcula que habrá para el año 2060 en los Estados Unidos?
3. ¿En qué lugares es común encontrar mensajes o avisos bilingües?
4. ¿Quién fue la primera estadounidense de origen hispano en ser elegida gobernadora de un estado?
5. ¿Qué artista de la Galería te interesa más? ¿Por qué?

3 Identificar En parejas, cada uno elija un personaje de la sección **Latinos en los Estados Unidos** sin decir a quien escogieron. Después, hagan a su compañero tres de estas preguntas para tratar de identificar el personaje.

1. ¿Qué edad aproximada tiene el personaje que escogiste?
2. ¿En qué parte de la industria del espectáculo se mueve el personaje? ¿En el cine?, ¿en el teatro?, ¿en la música?, ¿en la televisión?, ¿en ninguno de ellos?
3. ¿Tu personaje nació en los Estados Unidos o en algún país de Latinoamérica? Si nació en Latinoamérica, ¿puedes decir en cuál país?
4. ¿Por qué el personaje latino que escogiste es tan reconocido en los Estados Unidos? ¿Ha ganado algún premio? ¿Cuál?
5. ¿Consideras que el papel del personaje es importante y reconocido en los Estados Unidos?

Practice more at vhlcentral.com.

PROYECTO

En los EE.UU.

¿Qué sabes de la cultura latina en los EE.UU.? Escoge un tema e investiga toda la información que necesites en la biblioteca o en Internet para preparar un folleto promocional.

a. una comunidad latina
b. una celebración hispana
c. un lugar para el arte y la cultura latinoamericanos

- Escribe la información que consideras importante e incluye fotos.
- Presenta tu folleto a la clase. Explica por qué escogiste ese tema.

Las relaciones personales

¿No es ideal utilizar el tiempo libre para encontrarse con amigos, familiares, parejas…? Los lugares donde puedes reunirte a hablar o a comer se vuelven especiales porque forman parte del placer de compartir el tiempo con tu gente. En este episodio de **Flash Cultura**, te llevamos a visitar los lugares de encuentro de Madrid.

Corresponsal: Miguel Ángel Lagasca
País: España

Vocabulario

el amor a primera vista love at first sight
el callejón alley
la campanada tolling of the bell
datar de to date from
el pasacalles marching parade
el pendiente earring
el punto de encuentro meeting point
la uva grape

1 Preparación Cuando tienes tiempo libre, ¿te reúnes con tus amigos? ¿Cuáles son los lugares donde te encuentras habitualmente con ellos? ¿En qué momentos del día y de la semana pueden verse? ¿Por qué?

2 Comprensión Indica si estas afirmaciones son ciertas o falsas. Después, en parejas, corrijan las falsas.

1. Es tradición tomar doce uvas el 31 de diciembre mientras suena el famoso reloj de la Puerta del Sol en el corazón de Madrid.
2. La Plaza Mayor es la plaza más conocida y se encuentra en el Madrid Moderno.
3. En la confluencia actual de las calles Toledo y Atocha, se celebraban antiguamente partidos de fútbol.
4. El barrio de La Latina se caracteriza por callejones estrechos, plazoletas, cafés y bares de ambiente muy dinámico.
5. Ninguno de los entrevistados cree en el amor a primera vista.
6. En El Rastro puedes comprar ropa, pendientes, cuadros, etc.

3 Expansión En parejas, contesten estas preguntas.

- Imagina que estás en Madrid. ¿Cuál de los lugares mostrados prefieres para comer algo o pasear? ¿Por qué?
- ¿Estás de acuerdo con las personas que creen en el amor a primera vista o con las que no creen? Justifica tu respuesta.
- ¿Te gustan los domingos en Madrid: levantarse tarde, comer en un bar de La Latina con amigos y pasear por El Rastro? ¿Cómo son tus domingos?

(En la Plaza Mayor) los niños juegan, las madres conversan°, los padres hablan de fútbol y política, los jóvenes se juntan, las parejas se miran a los ojos y los turistas admiran el espectáculo°.

La Latina, así como la Plaza Mayor y Puerta del Sol, pertenecen al llamado Madrid Antiguo.

Siempre los celos son una parte importante de la relación, sobre todo cuando se está empezando.

conversan chat **espectáculo** show

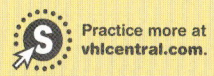

Practice more at vhlcentral.com.

ESTRUCTURAS

1.1 The present tense

Regular –ar, –er, –ir verbs

- The present tense (**el presente**) of regular verbs is formed by dropping the infinitive ending **–ar, –er,** or **–ir** and adding personal endings.

The present tense of regular verbs			
	habl**ar**	beb**er**	viv**ir**
yo	habl**o**	beb**o**	viv**o**
tú	habl**as**	beb**es**	viv**es**
Ud./él/ella	habl**a**	beb**e**	viv**e**
nosotros/as	habl**amos**	beb**emos**	viv**imos**
vosotros/as	habl**áis**	beb**éis**	viv**ís**
Uds./ellos/ellas	habl**an**	beb**en**	viv**en**

- The present tense is used to express actions or situations that are going on at the present time and to express general truths.

¿Por qué **rompes** conmigo? Porque no te **amo**.
Why are you breaking up with me? *Because I don't love you.*

- The present tense is also used to express habitual actions or actions that will take place in the near future.

Mis padres me **escriben** con frecuencia. Mañana les **mando** una carta larga.
My parents write to me often. *Tomorrow I'm sending them a long letter.*

Stem-changing verbs

- Some verbs have stem changes in the present tense. In many **–ar** and **–er** verbs, **e** changes to **ie** and **o** changes to **ue**. In some **–ir** verbs, **e** changes to **i**. The **nosotros/as** and **vosotros/as** forms never have stem changes in the present tense.

Stem-changing verbs		
e → ie	o → ue	e → i
pensar *to think*	**poder** *to be able to, can*	**pedir** *to ask for*
p**ie**nso	p**ue**do	p**i**do
p**ie**nsas	p**ue**des	p**i**des
p**ie**nsa	p**ue**de	p**i**de
pensamos	podemos	pedimos
pensáis	podéis	pedís
p**ie**nsan	p**ue**den	p**i**den

TALLER DE CONSULTA

These grammar topics are covered in the **Manual de gramática, Lección 1**.

1.4 Nouns and articles, p. 238
1.5 Adjectives, p. 240

For more stem-changing verbs, see the **Verb conjugation tables,** pp. 290–291.

¡ATENCIÓN!

Subject pronouns are normally omitted in Spanish. They are used to emphasize or clarify the subject.

—¿**Viven en California?**
Do they live in California?

—**Sí, ella vive en Los Ángeles, y él vive en San Francisco.**
Yes, she lives in Los Angeles, and he lives in San Francisco.

¡ATENCIÓN!

Jugar changes its stem vowel from **u** to **ue**. **Construir, destruir, incluir,** and **influir** add a **y** before the personal endings. As with other stem-changing verbs, the **nosotros/as** and **vosotros/as** forms do not change.

jugar
*j**ue**go, j**ue**gas, j**ue**ga, jugamos, jugáis, j**ue**gan*

incluir
*inclu**y**o, inclu**y**es, inclu**y**e, incluimos, incluís, inclu**y**en*

ESTRUCTURAS

Irregular *yo* forms

- Many **–er** and **–ir** verbs have irregular **yo** forms in the present tense. Verbs ending in **–cer** or **–cir** change to **–zco** in the **yo** form; those ending in **–ger** or **–gir** change to **–jo**. Several verbs have irregular **–go** endings, and a few have individual irregularities.

Ending in *–go*

caer *to fall*	yo cai**go**
distinguir *to distinguish*	yo distin**go**
hacer *to do, to make*	yo ha**go**
poner *to put, to place*	yo pon**go**
salir *to leave, to go out*	yo sal**go**
traer *to bring*	yo trai**go**
valer *to be worth*	yo val**go**

Ending in *–zco*

conducir *to drive*	yo condu**zco**
conocer *to know*	yo cono**zco**
crecer *to grow*	yo cre**zco**
obedecer *to obey*	yo obede**zco**
parecer *to seem*	yo pare**zco**
producir *to produce*	yo produ**zco**
traducir *to translate*	yo tradu**zco**

Ending in *–jo*

dirigir *to direct, manage*	yo diri**jo**
escoger *to choose*	yo esco**jo**
exigir *to demand*	yo exi**jo**
proteger *to protect*	yo prote**jo**

Other verbs

caber *to fit*	yo **quepo**
saber *to know*	yo **sé**
ver *to see*	yo **veo**

> **¡ATENCIÓN!**
>
> Some verbs with irregular **yo** forms have stem changes as well.
>
> conseguir (e:i) → cons**igo**
> corregir (e:i) → corr**ijo**
> elegir (e:i) → el**ijo**
> seguir (e:i) → s**igo**
> torcer (o:ue) → tuer**zo**

- Verbs with prefixes follow the same patterns.

reconocer *to recognize*	yo recono**zco**	oponer *to oppose*	yo opon**go**
deshacer *to undo*	yo desha**go**	proponer *to propose*	yo propon**go**
rehacer *to remake, redo*	yo reha**go**	suponer *to suppose*	yo supon**go**
aparecer *to appear*	yo apare**zco**	atraer *to attract*	yo atrai**go**
desaparecer *to disappear*	yo desapare**zco**	contraer *to contract*	yo contrai**go**
componer *to make up*	yo compon**go**	distraer *to distract*	yo distrai**go**

Irregular verbs

- Other commonly used verbs in Spanish are irregular in the present tense or combine a stem-change with an irregular **yo** form or other spelling change.

dar *to give*	decir *to say*	estar *to be*	ir *to go*	oír *to hear*	ser *to be*	tener *to have*	venir *to come*
doy	digo	estoy	voy	oigo	soy	tengo	vengo
das	dices	estás	vas	oyes	eres	tienes	vienes
da	dice	está	va	oye	es	tiene	viene
damos	decimos	estamos	vamos	oímos	somos	tenemos	venimos
dais	decís	estáis	vais	oís	sois	tenéis	venís
dan	dicen	están	van	oyen	son	tienen	vienen

Sentir y vivir

ESTRUCTURAS

Práctica

1 **Un apartamento infernal** Beto no se siente bien en su apartamento. Completa el párrafo con las palabras de la lista.

caber	hacer	oír	tener
estar	ir	ser	ver

Mi apartamento (1) _____ en el quinto piso. El edificio no (2) _____ ascensor y, para llegar al apartamento, (3) _____ que subir por la escalera. El apartamento es tan pequeño que mis cosas no (4) _____. Las paredes (*walls*) (5) _____ muy delgadas. A todas horas (6) _____ la radio o la televisión de algún vecino. El apartamento siempre (7) _____ oscuro y no puedo (8) _____ cuando (9) _____ la tarea. ¡(10) _____ a buscar otro apartamento!

2 **¿Qué haces?** Haz preguntas basadas en estas opciones y contéstalas con una explicación.

Modelo vivir / en la residencia estudiantil
—¿Vives en la residencia estudiantil?
—No, vivo en un apartamento con mis dos mejores amigos, Pablo y Julián.

1. salir / con amigos todas las noches
2. decir / mentiras
3. conducir / estar cansado
4. tener / miedo de ser antipático/a con los amigos
5. dar / consejos sobre asuntos personales
6. venir / a clase tarde con frecuencia

3 **¿Qué hacen los amigos?** Escribe cinco oraciones completas usando los sujetos y los verbos de las columnas.

Modelo Tú traduces el libro.

Sujetos	Verbos	
yo	compartir	exigir
tú	creer	pensar
un(a) buen(a) amigo/a	deber	poner
nosotros/as	desear	traducir
los/las malos/as amigos/as		

1. _____
2. _____
3. _____
4. _____
5. _____

Practice more at vhlcentral.com.

Lección 1

Comunicación

4 En el café Carola está en el Nuyorican Poets Café con unos amigos. En parejas, escriban ocho oraciones en las que Carola describe lo que hace cada persona. Usen algunos verbos de la lista.

beber	estar	oír	ser
decir	hablar	pedir	traer

> **Nota CULTURAL**
>
> El **Nuyorican Poets Café**, fundado en 1973 por el profesor **Miguel Algarín**, es un espacio multicultural ubicado en Manhattan dedicado a presentar el trabajo de poetas, músicos y artistas visuales. También exhibe obras de teatro y películas. Este foro apoya y promueve el arte que no tiene presencia en los medios comerciales.

5 Sueños cumplidos Un nuevo *reality show* tiene como objetivo cumplir los sueños de los participantes.

A. En parejas, lean los sueños de algunos posibles participantes y preparen una lista de preguntas que el/la presentador(a) o el público puede hacerle a cada uno. Usen verbos en presente y el vocabulario de la lección.

María, 21 años
Sus padres la adoptaron cuando era niña. Cuando cumplió los veintiún años, sus padres le contaron que tiene una hermana melliza (*twin*). María quiere conocerla.

Pedro, 35 años
Vive en los Estados Unidos desde los cuatro años. No ve a sus abuelos desde entonces. Se acerca el cumpleaños número noventa de su abuela.

Francisco, 50 años
A los diez y ocho años, Francisco emigró a los Estados Unidos. Su hermana, Sofía, emigró a España. Se hablan por teléfono pero hace treinta y dos años que no se ven.

B. Elijan al primer participante del programa e improvisen la primera entrevista. Uno/a de ustedes es el/la presentador(a) y el/la otro/a es el/la participante.

Sentir y vivir 21

ESTRUCTURAS

1.2 Ser and estar

Presentation

—Sí, bueno, es que **estoy** preparando mi boda.

—Oh, pues sí que **es** difícil de creer, sí.

¡ATENCIÓN!

Ser and **estar** both mean *to be*, but they are not interchangeable. **Ser** is used to express the idea of permanence, such as inherent or unchanging qualities and characteristics. **Estar** is used to express temporality, including qualities or conditions that change with time.

Uses of *ser*

Nationality and place of origin	Mis padres **son** argentinos, pero yo **soy** de Florida.
Profession or occupation	El Sr. López **es** periodista.
Characteristics of people, animals, and things	El clima de Miami **es** caluroso.
Generalizations	Las relaciones personales **son** complejas.
Possession	La guitarra **es** del tío Guillermo.
Material of composition	El suéter **es** de pura lana.
Time, date, or season	**Son** las doce de la mañana.
Where or when an event takes place	La fiesta **es** en el apartamento de Carlos; **es** el sábado a las nueve de la noche.

Uses of *estar*

Location or spatial relationships	La clínica **está** en la próxima calle.
Health	Hoy **estoy** enfermo. ¿Cómo **estás** tú?
Physical states and conditions	Todas las ventanas **están** limpias.
Emotional states	¿**Está** Marisa contenta con Javier?
Certain weather expressions	¿**Está** nublado o **está** despejado hoy en Miami?
Ongoing actions (progressive tenses)	Paula **está** escribiendo invitaciones para su boda.
Results of actions (past participles)	La tienda **está** cerrada.

ESTRUCTURAS

Ser and estar with adjectives

- **Ser** is used with adjectives to describe inherent, expected qualities. **Estar** is used to describe temporary or variable qualities, or a change in appearance or condition.

    La casa **es** muy pequeña.
    The house is very small.

    ¡**Están** tan enojados!
    They're so angry!

- With most descriptive adjectives, either **ser** or **estar** can be used, but the meaning of each statement is different.

    Julio **es alto**.
    Julio is tall. (that is, a tall person)

    ¡Ay, qué **alta estás**, Adriana!
    How tall you're getting, Adriana!

    Dolores **es alegre**.
    Dolores is cheerful. (that is, a cheerful person)

    El jefe **está alegre** hoy. ¿Qué le pasa?
    The boss is cheerful today. What's up with him?

    Juan Carlos **es** un hombre **guapo**.
    Juan Carlos is a handsome man.

    ¡Manuel, **estás** tan **guapo**!
    Manuel, you look so handsome!

- Some adjectives have two different meanings depending on whether they are used with **ser** or **estar**.

ser + [adjective]	estar + [adjective]
Laura **es aburrida**. *Laura is boring.*	Laura **está aburrida**. *Laura is bored.*
Ese chico **es listo**. *That boy is smart.*	**Estoy listo** para todo. *I'm ready for anything.*
No **soy rico**, pero vivo bien. *I'm not rich, but I live well.*	¡El pan **está** tan **rico**! *The bread is delicious!*
La actriz **es mala**. *The actress is bad.*	La actriz **está mala**. *The actress is ill.*
El coche **es seguro**. *The car is safe.*	Creo que puedo ir pero **no estoy seguro**. *I think I can go but I'm not sure.*
Los aguacates **son verdes**. *Avocados are green.*	Esta banana **está verde**. *This banana is not ripe.*
Javier **es** muy **vivo**. *Javier is very sharp.*	¿Todavía **está vivo** el autor? *Is the author still living?*
Pedro **es** un hombre **libre**. *Pedro is a free man.*	Esta noche no **estoy libre**. ¡Lo siento! *Tonight I am not available. Sorry!*

TALLER DE CONSULTA

Remember that adjectives must agree in gender and number with the person(s) or thing(s) that they modify. See **Manual de gramática, 1.4 p. 238**, and **1.5 p. 240**.

¡ATENCIÓN!

Estar, not **ser**, is used with **muerto/a**.

Bécquer, el autor de las *Rimas*, **está muerto**.
Bécquer, the author of Rimas, *is dead.*

Sentir y vivir

23

ESTRUCTURAS

Práctica

1 **La boda de Emilio y Jimena** Completa cada oración de la primera columna con la terminación más lógica de la segunda columna.

1. La boda es _____
2. La iglesia está _____
3. El cielo está _____
4. La madre de Emilio está _____
5. El padre de Jimena está _____
6. Todos los invitados están _____
7. El mariachi que toca en la boda es _____
8. En mi opinión, las bodas son _____

a. de San Antonio, Texas.
b. deprimido por los gastos.
c. en la calle Zarzamora.
d. esperando a que entren la novia (*bride*) y su padre.
e. contenta con la novia.
f. a las tres de la tarde.
g. muy divertidas.
h. totalmente despejado.

Nota CULTURAL
En **San Antonio**, **Texas** hay una presencia mexicana muy importante. En **Market Square** se venden productos auténticos de **México** como cerámica, comida y artesanías (*handicrafts*).

2 **La luna de miel** Completa el párrafo con las formas apropiadas de **ser** y **estar**.

Nota CULTURAL
La **Pequeña Habana** es un barrio de **Miami** donde viven muchas personas de ascendencia cubana. La **Calle Ocho** es el corazón de la zona. En ella se pueden encontrar tabaquerías, restaurantes de comida típica cubana y tiendas de productos tradicionales.

Emilio y Jimena van a pasar su luna de miel en Miami, Florida. Miami (1) _____ una ciudad preciosa. (2) _____ en la costa este de Florida y tiene playas muy bonitas. El clima (3) _____ tropical. Jimena y Emilio (4) _____ interesados en visitar la Pequeña Habana. Jimena (5) _____ fanática de la música cubana. Y Emilio (6) _____ muy entusiasmado por conocer el parque Máximo Gómez, donde las personas van a jugar dominó. Los dos (7) _____ aficionados a la comida caribeña. Quieren ir a todos los restaurantes que (8) _____ en la Calle Ocho. Cada día van a probar un plato diferente. Algunos de los platos que piensan probar (9) _____ el congrí, los tostones y el bistec palomilla. Después de pasar una semana en Miami, la pareja va a (10) _____ cansada pero muy contenta.

Practice more at vhlcentral.com.

Comunicación

3 Entrevistas

A. En parejas, usen la lista como guía para entrevistarse. Usen **ser** o **estar** en las preguntas y respuestas.

- origen
- nacionalidad
- personalidad
- personalidad de los padres
- salud
- estudios actuales
- sentimientos actuales
- lugar donde vive/trabaja
- actividades actuales

B. Cambien de pareja y cuéntenle a su compañero/a lo que descubrieron (*found out*) sobre el compañero/a entrevistado/a.

4 ¿Dónde estamos? En parejas, elijan una ciudad en la que supuestamente están de viaje. Sus compañeros deberán adivinar de qué ciudad se trata. Pueden elegir una de las ciudades de las fotos u otra ciudad importante.

Buenos Aires, Argentina    *Quito, Ecuador*    *Madrid, España*

Lima, Perú    *San José, Costa Rica*    *México, D.F., México*

- Hagan cinco afirmaciones usando **ser** o **estar** para dar pistas (*clues*) a sus compañeros. Sean creativos.

- Si las pistas no son suficientes, sus compañeros pueden hacer preguntas con **ser** o **estar**, cuya respuesta sea **sí** o **no**.

- Algunos temas para las afirmaciones o las preguntas pueden ser: ubicación, comida, características de la ciudad, actividades, sentimientos de los viajeros, personajes representativos del lugar, etc.

Sentir y vivir   25

ESTRUCTURAS

1.3 *Gustar* and similar verbs

*—Hombre, cuando te hacen sentir culpable por hacer lo que te **gusta**, pues...*

Using the verb *gustar*

TALLER DE CONSULTA

See **3.2, p. 102** for object pronouns.

- Though **gustar** is translated as *to like* in English, its literal meaning is *to please*. **Gustar** is preceded by an indirect object pronoun indicating *the person who is pleased*. It is followed by a noun indicating *the thing or person that pleases*.

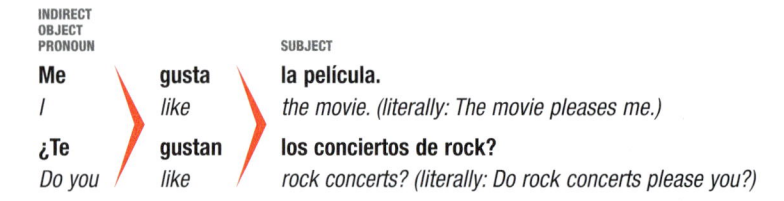

INDIRECT OBJECT PRONOUN		SUBJECT
Me	**gusta**	**la película.**
I	*like*	*the movie. (literally: The movie pleases me.)*
¿Te	**gustan**	**los conciertos de rock?**
Do you	*like*	*rock concerts? (literally: Do rock concerts please you?)*

- Because *the thing or person that pleases* is the subject, **gustar** agrees in person and number with it. Most commonly the subject is third person singular or plural.

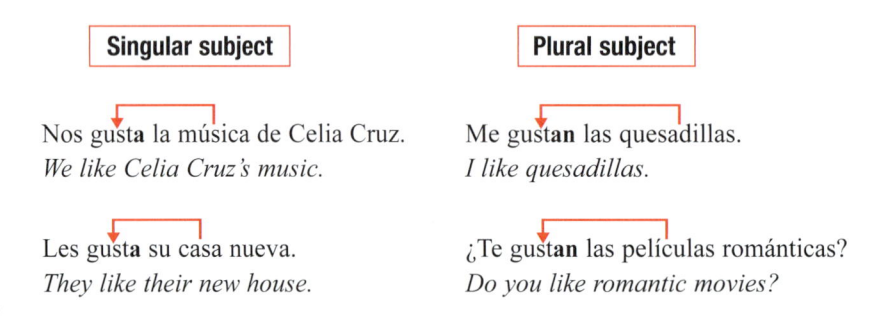

Singular subject

Nos gus**ta** la música de Celia Cruz.
We like Celia Cruz's music.

Les gus**ta** su casa nueva.
They like their new house.

Plural subject

Me gus**tan** las quesadillas.
I like quesadillas.

¿Te gus**tan** las películas románticas?
Do you like romantic movies?

- When **gustar** is followed by one or more verbs in the infinitive, the singular form of **gustar** is always used.

No nos **gusta** llegar tarde.
We don't like to arrive late.

Les **gusta** cantar y bailar.
They like to sing and dance.

- **Gustar** is often used in the conditional (**gustaría**) to soften a request.

Me **gustaría** un refresco, por favor.
I would like a soda, please.

¿Te **gustaría** ir a una cita con mi amigo?
Would you like to go on a date with my friend?

Verbs like *gustar*

- Many verbs follow the same pattern as **gustar**.

aburrir *to bore*	**hacer falta** *to miss; to need*
caer bien/mal *to (not) get along well with*	**importar** *to be important to; to matter*
disgustar *to upset*	**interesar** *to be interesting to; to interest*
doler *to hurt; to ache*	**molestar** *to bother; to annoy*
encantar *to like very much*	**preocupar** *to worry*
faltar *to lack; to need*	**quedar** *to be left over; to fit (clothing)*
fascinar *to fascinate*	**sorprender** *to surprise*

Me fascina el cine francés.
I love French movies.

¿**Te molesta** si voy contigo?
Will it bother you if I come along?

A Sandra **le disgusta** esa situación.
That situation upsets Sandra.

Me duelen sus mentiras.
Her lies hurt me.

- The construction **a** + [*prepositional pronoun*] or **a** + [*noun*] can be used to emphasize who is pleased, bothered, etc.

A ella no le gusta bailar, pero **a él** sí.
She doesn't like to dance, but he does.

A Felipe le molesta ir de compras.
Shopping bothers Felipe.

- **Faltar** expresses what someone or something lacks and **quedar** expresses what someone or something has left. **Quedar** is also used to talk about how clothing fits or looks on someone.

Le falta dinero.
He's short of money.

Le falta sal a la comida.
The food needs some salt.

A la impresora no **le queda** papel.
The printer is out of paper.

Esa falda **te queda** bien.
That skirt fits you well.

TALLER DE CONSULTA

See **3.2, p. 103,** for prepositional pronouns.

DISCOTECA PALADIO
¿Qué te hace falta en la vida?

Sentir y vivir

ESTRUCTURAS

Práctica

1 Completar Completa la conversación con la forma correcta de los verbos entre paréntesis.

MIGUEL Mira, César, a mí (1) _____ (encantar) vivir contigo, pero la verdad es que (2) _____ (preocupar) algunas cosas.

CÉSAR De acuerdo. A mí también (3) _____ (molestar) algunas cosas de ti.

MIGUEL Bueno, para empezar (4) _____ (disgustar) que pongas la música tan alta cuando vienen tus amigos. Tus amigos (5) _____ (caer) muy bien, pero a veces hacen mucho ruido y no me dejan dormir.

CÉSAR Sí, claro, lo entiendo. Pues mira, Miguel, a mí (6) _____ (preocupar) que no laves los platos después de comer. Además, tampoco sacas la basura.

MIGUEL Es verdad. Pues... vamos a intentar cambiar estas cosas. ¿Te parece?

CÉSAR (7) _____ (gustar) la idea. Yo bajo la música cuando vengan mis amigos y tú lavas los platos y sacas la basura más a menudo. ¿De acuerdo?

2 Preguntar En parejas, túrnense para hacerse preguntas sobre estas personas.

Modelo fascinar / a tu padre
—¿Qué crees que le fascina a tu padre?
—Pues, no sé. Creo que le fascina dormir.

1. preocupar / al presidente
2. encantar / a tu hermano/a
3. gustar hacer los fines de semana / a ti
4. importar / a tus padres
5. interesar / a tu profesor(a) de español
6. aburrir / a tu novio/a y a ti
7. molestar / a tu mejor amigo/a
8. faltar / a ustedes

3 ¿Qué te gustaría hacer el fin de semana? En parejas, pregúntense si les gustaría hacer las actividades relacionadas con las fotos. Utilicen los verbos **aburrir, disgustar, encantar, fascinar, interesar** y **molestar**. Sigan el modelo:

Modelo —¿Te molestaría ir al parque de atracciones?
—No, me encantaría.

Practice more at vhlcentral.com.

Lección 1

Comunicación

4 **¿Te gusta?** En parejas, pregúntense si les gustan o no estas personas y actividades. Utilicen verbos similares a **gustar**.

> Benicio del Toro
> Sofía Vergara
> los discos de Christina Aguilera
> dormir los fines de semana
> hacer bromas
>
> ir a discotecas
> las películas de misterio
> las películas extranjeras
> practicar algún deporte
> salir con tus amigos

5 **¿Cómo son?** Elige uno de los personajes de la lista. Luego escribe cuatro oraciones usando los verbos indicados. Dile a tu compañero/a lo que escribiste sin decirle el nombre del personaje. Él/Ella tiene que adivinar de quién se trata. Túrnense para describir por lo menos seis personajes.

Modelo —Le gusta mucho cantar. Le preocupan los problemas sociales y ambientales. No le caen bien los *papparazzi*. Es muy rico.
—¡Es Bono!

- América Ferrera
- Barack Obama
- Tom Cruise
- Eva Longoria
- Jessica Alba
- David Beckham
- Usain Bolt
- Javier Bardem
- Steve Carell

> aburrir   encantar   hacer falta   molestar
> caer bien/mal faltar   importar   preocupar
> disgustar   fascinar   interesar   quedar

6 **Veinte datos** Haz preguntas a por lo menos diez de tus compañeros para completar la tabla. Debes crear los últimos cinco datos de la tabla usando los verbos sugeridos. Luego, comenta con la clase las tres respuestas que más te sorprendieron.

Encuentra a alguien que/a quien...	Nombre	Encuentra a alguien que/a quien...	Nombre
le gusta el francés		le molesta levantarse temprano	
le encanta nadar		ama ir a la playa	
le disgusta tener mascotas (*pets*)		le gusta chatear por Internet	
no le gusta manejar		odia viajar en avión	
ama los helados		le interesa la política	
le encanta la música clásica		(encantar) _____	
no le gusta el deporte		(caer bien) _____	
le gusta comprar cosas por Internet		(molestar) _____	
le fascina ir a conciertos de rock		(preocupar) _____	
no le interesa viajar		(sorprender) _____	

Sentir y vivir

ESTRUCTURAS

Síntesis

Un consejo sentimental

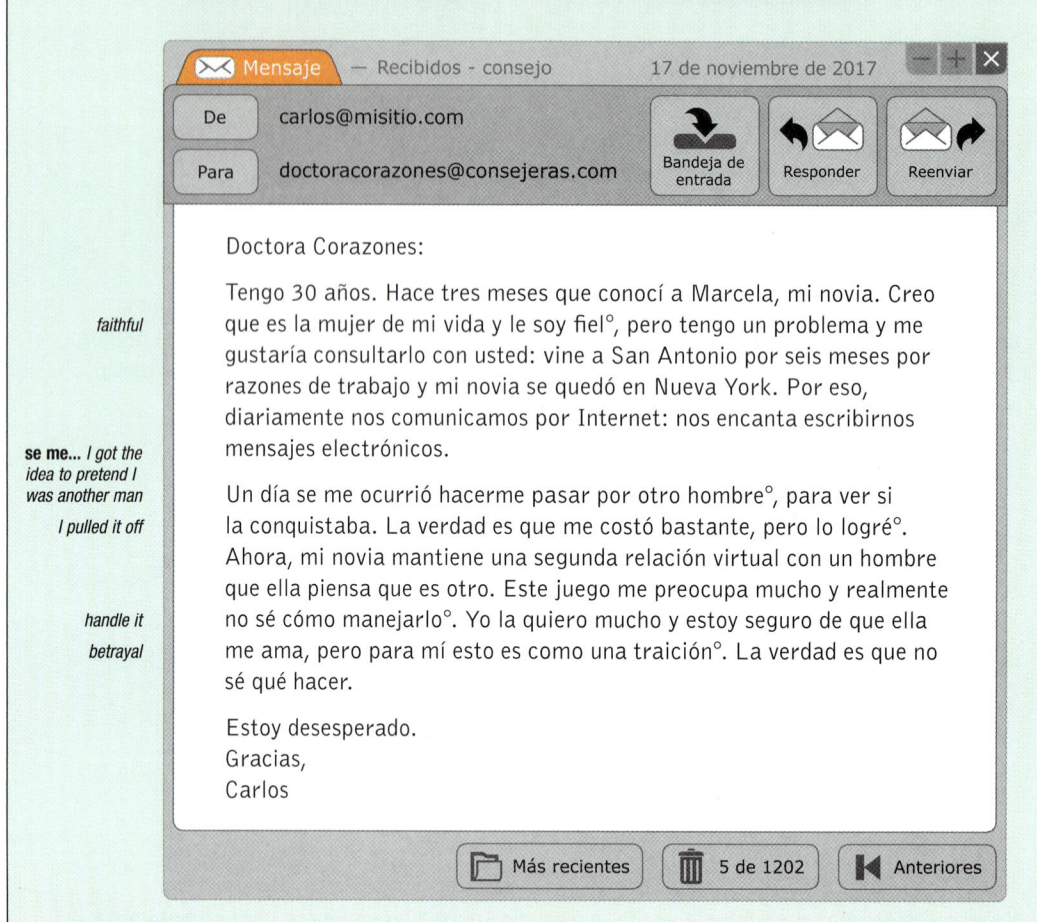

Mensaje — Recibidos - consejo   17 de noviembre de 2017

De: carlos@misitio.com
Para: doctoracorazones@consejeras.com

Doctora Corazones:

Tengo 30 años. Hace tres meses que conocí a Marcela, mi novia. Creo que es la mujer de mi vida y le soy fiel°, pero tengo un problema y me gustaría consultarlo con usted: vine a San Antonio por seis meses por razones de trabajo y mi novia se quedó en Nueva York. Por eso, diariamente nos comunicamos por Internet: nos encanta escribirnos mensajes electrónicos.

Un día se me ocurrió hacerme pasar por otro hombre°, para ver si la conquistaba. La verdad es que me costó bastante, pero lo logré°. Ahora, mi novia mantiene una segunda relación virtual con un hombre que ella piensa que es otro. Este juego me preocupa mucho y realmente no sé cómo manejarlo°. Yo la quiero mucho y estoy seguro de que ella me ama, pero para mí esto es como una traición°. La verdad es que no sé qué hacer.

Estoy desesperado.
Gracias,
Carlos

° faithful
° se me... I got the idea to pretend I was another man
° I pulled it off
° handle it
° betrayal

5 de 1202

---

1. La carta Trabajen en grupos pequeños. Lean la carta dirigida a la doctora Corazones, consejera sentimental, y luego contesten las preguntas.

1. ¿Por qué Carlos y su novia se comunican por Internet?
2. ¿Qué hizo Carlos?
3. ¿Cuál es el resultado?
4. ¿Cómo se siente él ahora?

2. Comentar Con el grupo, comenten el problema de Carlos y propongan una solución. Elijan a un miembro del grupo para presentar la solución a la clase.

3. La solución Con toda la clase, escuchen y comenten las soluciones propuestas por los grupos, pensando en las siguientes preguntas. Entre todos, deben proponer una solución al problema de Carlos.

1. ¿Cómo reaccionan los grupos ante el problema de Carlos?
2. ¿Propone cada grupo una solución distinta?
3. ¿Cuál es la mejor solución?

CULTURA

Preparación

Vocabulario de la lectura	Vocabulario útil
ayudarse *to help one another*	**abandonar** *to leave*
la calidad de vida *standard of living*	**cuidar** *to take care of*
los familiares *relatives*	**emigrar** *to emigrate*
fortalecerse *to grow stronger*	**el/la inmigrante** *immigrant*
por su cuenta *on his/her own*	**el lazo** *bond, tie*
la red de apoyo *support network*	**mudarse** *to move*
la voluntad *will*	**la patria** *home country*

1 Vocabulario Completa el diálogo utilizando palabras y expresiones de la lista.

abandonar	ciudad	por su cuenta
ayudarse	familiares	red de apoyo
calidad de vida	lazo	voluntad

LUISA Mañana vamos a tener una gran fiesta y van a venir todos mis (1) _____: mis tíos, mis primos y mis abuelos.

CATI Pero ¿de qué fiesta estás hablando? No tenía ni idea.

LUISA Es la despedida de mi primo Carlos. Se va a vivir a Chicago. Dice que allí va a mejorar su (2) _____.

CATI ¿Qué me dices? ¿Conoce a alguien en Chicago? ¿Tiene una (3) _____?

LUISA Sí, tenemos allí unos primos. La familia está para (4) _____.

CATI Es cierto, aunque desgraciadamente hay veces en que cada uno va (5) _____. Esperemos que no sea el caso.

2 La inmigración En parejas, contesten las preguntas.

1. ¿Por qué la gente decide emigrar? Comenta por lo menos tres razones.
2. ¿Alguien de tu familia inmigró a los Estados Unidos o a otro país? ¿Por qué decidió hacerlo?
3. De estar forzado/a a abandonar tu patria, ¿adónde irías? ¿Por qué?
4. ¿Cómo crees que cambiaría tu vida al vivir en otro país?

3 Encuesta Indica si estás de acuerdo con estas afirmaciones o si no lo estás. Cuando termines, comparte tu opinión sobre cada afirmación con la clase.

	Sí	No
1. Es importante vivir siempre cerca de los familiares.	☐	☐
2. Es bueno mantener las tradiciones y costumbres de nuestras familias.	☐	☐
3. Es necesario ser económicamente independiente de los padres.	☐	☐
4. Es bueno que los familiares se ayuden mutuamente.	☐	☐
5. Se aprende mucho más de la vida cuando uno se muda a otra ciudad o a otro país para estudiar o trabajar.	☐	☐

Sentir y vivir

CULTURA

CORRIENTE
Latina

Cultura en pantalla

Visita vhlcentral.com y encuentra más información sobre Hispanos e inmigración en los Estados Unidos.

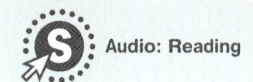

CULTURA

Audio: Reading

Las tendencias de la inmigración hispana han variado de manera considerable en los últimos años. El perfil del inmigrante ha cambiado y con mayor frecuencia el latino llega a los Estados Unidos con un nivel de estudios más alto y mejor preparado para ejercer° trabajos bien remunerados°.

También está cambiando el destino que elige para empezar su nueva vida. Si antes se establecía en las grandes ciudades y en los estados del suroeste°, ahora busca oportunidades en pueblos y ciudades del centro y norte del país.

La distribución de la inmigración se debe en parte a la disponibilidad° de trabajo y en parte a que los inmigrantes que llegan necesitan una red de apoyo. Muchos de ellos no pueden recurrir° a la ayuda que ofrecen los estados por su desconocimiento del inglés y de la cultura estadounidense. Los familiares y amigos son los responsables de ayudar a los miembros de su círculo y les facilitan casa y trabajo hasta que se puedan establecer por su cuenta. De esa forma, se han producido y se siguen produciendo grandes concentraciones de hispanos del mismo país de origen en áreas donde su presencia antes era escasa° o inexistente.

Un ejemplo de esto es Central Falls, en el estado de Rhode Island. Hoy, más de la mitad de sus habitantes° son de origen colombiano, específicamente del departamento° de Antioquia. Todo empezó en 1964, cuando el antioqueño° Pedro Cano llegó a Central Falls. Vino con la ilusión de tener una vida mejor y con la voluntad de trabajar duro° para cumplir sus sueños. Una vez establecido e integrado a la comunidad, fue acogiendo° a sus familiares y a personas conocidas que huían° de la difícil situación socioeconómica y política colombiana. En los Estados Unidos iban encontrando el apoyo que necesitaban y podían, de esa forma, mejorar su calidad de vida a la vez que mantenían sus tradiciones y costumbres.

El nacimiento de estos microcosmos también está cambiando el paisaje urbano. Una visita a Central Falls lleva al viajero a un mundo nuevo: las tiendas especializadas en música hispana, los restaurantes de comida colombiana y los establecimientos para realizar giros° de dinero a otros países conviven mano a mano con los símbolos de la cultura estadounidense. ■

° to carry out
° well-paid
° southwest
° availability
° rely on
° scarce
° inhabitants
° state, province
° from Antioquia
° hard
° taking in
° were fleeing
° remittances

> **Pedro Cano vino con la ilusión de tener una vida mejor y con la voluntad de trabajar duro para conseguir sus ideales.**

EE.UU. latino

17,4% Porcentaje de población hispana en los EE.UU.

8 Número de estados en los que viven más de 1.000.000 de hispanos.

54% Porcentaje de la población hispana de los EE.UU. que vive en los estados de California, Texas y Florida.

120.000.000 Número de hispanos en los EE.UU. proyectado para el año 2060.

Sentir y vivir

CULTURA

Análisis

1 Comprensión Elige la opción correcta.

1. El perfil del inmigrante hispano _____.
   a. es el mismo   b. ha cambiado   c. es diferente al de otros inmigrantes

2. Existe una razón principal por la que los inmigrantes latinos no recurren a la ayuda de los estados y es _____.
   a. el desconocimiento del inglés y de la cultura estadounidense
   b. la búsqueda de oportunidades en el centro y en el norte del país
   c. las concentraciones de hispanos en nuevos lugares

3. Pedro Cano vino a los EE.UU. con la ilusión de _____.
   a. establecer una comunidad colombiana
   b. ahorrar para después volver a su país
   c. mejorar su calidad de vida

4. Muchos de los colombianos que viven en Central Falls, Rhode Island, emigraron por _____.
   a. la situación política y económica de su patria
   b. las oportunidades de trabajo en Central Falls
   c. la posibilidad de mantener sus tradiciones y su cultura

2 Micrófono abierto En parejas, escriban una entrevista imaginaria a un(a) hispano/a que lleva veinte años viviendo en los Estados Unidos. Uno/a de ustedes es el/la periodista y el/la otro/a es el/la inmigrante. Consideren estas preguntas y añadan otras.

- ¿Por qué decidió venir a los Estados Unidos?
- ¿Cómo es su vida aquí?
- ¿Cómo era su vida antes de venir?
- ¿Cuántos años tenía cuando llegó aquí?
- ¿Dónde está su familia?
- ¿Piensa regresar algún día a su país de origen?

3 Carta En grupos de tres, imaginen que son inmigrantes y que acaban de llegar a los Estados Unidos o Canadá. Escriban una carta a su familia incluyendo la información que responde a las preguntas. Cuando terminen, lean la carta delante de la clase.

- ¿Dónde están?
- ¿Cómo es la ciudad?
- ¿Qué les fascina de la ciudad? ¿Qué les molesta?
- ¿Están emocionados/as o disgustados/as con el nuevo lugar?

> 6 de septiembre
> Queridos padres:
> ¡Estamos en...! ¿Pueden creerlo?
> Es una ciudad interesante, con...

Practice more at vhlcentral.com.

LITERATURA

Preparación

Sobre el autor

Ya de muy joven, el chileno **Pablo Neruda** (1904–1973) mostraba inclinación por la poesía. En 1924, a sus veinte años, publicó el libro que lo lanzó (*launched*) a la fama: *Veinte poemas de amor y una canción desesperada*. Además de poeta, fue diplomático y político. El amor fue sólo uno de los temas de su extensa obra: también escribió poesía surrealista y poesía de temática histórica y política. Su *Canto general* lleva a los lectores a un viaje por la historia de América Latina desde los tiempos precolombinos hasta el siglo XX. En 1971, recibió el Premio Nobel de Literatura.

Vocabulario de la lectura
- **el alma** soul
- **besar** to kiss
- **contentarse** to be contented/satisfied (with)
- **el corazón** heart
- **el olvido** forgetfulness, oblivion

Vocabulario útil
- **el/la amado/a** beloved, sweetheart
- **amar(se)** to love (each other)
- **los celos** jealousy
- **enamorado/a** in love
- **el sentimiento** feeling

1 Vocabulario Completa este párrafo sobre una nueva película romántica usando palabras del vocabulario.

Amor sin fronteras es más que una película de amor. En la primera escena, Francisco le dice a Fernanda que él está (1) _____ de ella. La joven, sin embargo, no comparte el (2) _____, ya que ama en secreto a Javier, el hermano de Francisco, que emigró a Texas hace dos años. Francisco la (3) _____ y la abraza, pero confunde su frialdad con timidez. Sin embargo, cuando Francisco le ofrece llevarla a Texas con él, Fernanda no puede contener la emoción. Es su oportunidad de volver a ver a Javier. La historia de estas dos (4) _____ confundidas se complica cuando, una vez en Texas, Francisco descubre que su (5) _____ en realidad ama a su hermano y lo invaden los (6) _____.

2 Preparación En parejas, contesten las preguntas.
1. ¿Han estado enamorados/as alguna vez?
2. ¿Les gusta leer poesía?
3. ¿Han escrito alguna vez una carta o un poema de amor?
4. ¿Se consideran románticos/as?
5. ¿Comparten sus sentimientos por escrito? ¿A través de qué medio?
6. ¿Creen que el romanticismo es necesario en el amor?
7. ¿Cuál es su historia de amor favorita? ¿Por qué?
8. ¿Qué consejo le darían a alguien que tiene un amor imposible?
9. ¿Qué medio de comunicación usarían para una declaración de amor? ¿Qué palabras/imágenes/sonidos usarían? ¿Por qué?
10. ¿Han visto películas que tratan sobre hacer películas o han leído libros en los que el narrador habla sobre personajes que a su vez escriben libros? Den ejemplos.

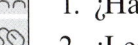

Sentir y vivir

LITERATURA

POEMA 20

Pablo Neruda

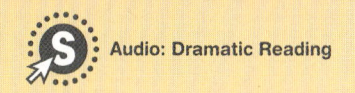

Puedo escribir los versos más tristes esta noche.

Escribir, por ejemplo: "La noche está estrellada°,   *starry*
y tiritan°, azules, los astros°, a lo lejos°".   *blink, tremble / stars / in the distance*

El viento de la noche gira° en el cielo y canta.   *turns*

5   Puedo escribir los versos más tristes esta noche.
Yo la quise, y a veces ella también me quiso.

En las noches como ésta la tuve entre mis brazos.
La besé tantas veces bajo el cielo infinito.

Ella me quiso, a veces yo también la quería.
10   Cómo no haber amado sus grandes ojos fijos°.   *fixed*

Puedo escribir los versos más tristes esta noche.
Pensar que no la tengo. Sentir que la he perdido.

Oír la noche inmensa, más inmensa sin ella.
Y el verso cae al alma como al pasto el rocío°.   **como al...** *like the dew on the grass*

15   Qué importa que mi amor no pudiera guardarla°.   *keep, protect*
La noche está estrellada y ella no está conmigo.

Eso es todo. A lo lejos alguien canta. A lo lejos.
Mi alma no se contenta con haberla perdido.

Como para acercarla° mi mirada la busca.   *to bring closer*
20   Mi corazón la busca, y ella no está conmigo.

La misma noche que hace blanquear° los mismos árboles.   *to whiten*
Nosotros, los de entonces, ya no somos los mismos.

Ya no la quiero, es cierto, pero cuánto la quise.
Mi voz° buscaba el viento para tocar su oído.   *voice*

25   De otro. Será de otro. Como antes de mis besos.
Su voz, su cuerpo claro. Sus ojos infinitos.

Ya no la quiero, es cierto, pero tal vez la quiero.
Es tan corto el amor, y es tan largo el olvido.

Porque en noches como ésta la tuve entre mis brazos,
30   mi alma no se contenta con haberla perdido.

Aunque éste sea el último dolor que ella me causa,
y éstos sean los últimos versos que yo le escribo. ■

LITERATURA

Análisis

1 Comprensión Contesta las preguntas con oraciones completas.
1. ¿Quién habla en este poema?
2. ¿De quién habla el poeta?
3. ¿Cuál es el tema del poema?
4. ¿Sigue enamorado el poeta? Explica tu respuesta.

2 Interpretar Contesta las preguntas con oraciones completas.
1. ¿Cómo se siente el poeta? Da algún ejemplo del poema.
2. ¿Es importante que sea de noche? Razona tu respuesta.
3. ¿Cómo interpretas este verso: "Ya no la quiero, es cierto, pero tal vez la quiero."?
4. Explica el significado de estos versos y su importancia en el poema. ¿Por qué escribe el poeta un verso entre comillas?

> Puedo escribir los versos más tristes esta noche.
> Escribir, por ejemplo: "La noche está estrellada,
> y tiritan, azules, los astros, a lo lejos".
> El viento de la noche gira en el cielo y canta.

3 Metaficción En grupos de tres, lean esta definición y busquen ejemplos de metaficción en el poema de Neruda. ¿Qué efecto tiene este recurso en el poema?

> **La metaficción consiste en reflexionar dentro de una obra de ficción sobre la misma obra.**

4 Escribir Escribe una carta dirigida a un(a) amigo/a, a tu novio/a o a un(a) desconocido/a (*stranger*) expresando lo que sientes por él o ella. Sigue el **Plan de redacción**.

Plan de redacción

Escribir una carta

1 Encabezamiento Piensa a quién quieres dirigirle la carta: ¿a un(a) amigo/a? ¿a tu pareja? ¿a alguien que no te conoce? ¿a una estrella de cine? Elige un saludo apropiado: **Estimado/a**, **Querido/a**, **Amado/a**, **Amor mío**, **Vida mía**.

2 Contenido Organiza las ideas que quieres expresar en un esquema (*outline*) y después escribe la carta. Utiliza estas preguntas como guía.
1. ¿Sabe esta persona lo que sientes? ¿Es la primera vez que se lo dices?
2. ¿Cómo te sientes?
3. ¿Por qué te gusta esta persona?
4. ¿Crees que tus sentimientos son correspondidos?
5. ¿Cómo quieres que sea tu relación en el futuro?

3 Firma Termina la carta con una frase de despedida (*farewell*) adecuada. Aquí tienes unos ejemplos: **Un abrazo**, **Besos**, **Te quiero**, **Te amo**, **Tu eterno/a enamorado/a**.

Practice more at vhlcentral.com.

Las relaciones personales

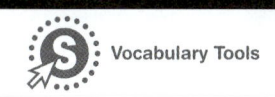

Las relaciones

el alma gemela soul mate
la amistad friendship
el ánimo spirit; mood
el chisme gossip
la cita (a ciegas) (blind) date
el compromiso commitment; engagement
el deseo desire
el divorcio divorce
la (in)fidelidad (un)faithfulness
el matrimonio marriage
la pareja couple
el riesgo risk

compartir to share
confiar (en) to trust (in)
contar (o:ue) con to rely on, to count on
coquetear to flirt
dejar a alguien to leave someone
dejar plantado/a to stand (someone) up
discutir to argue
engañar to cheat; to deceive
ligar to flirt; to hook up
merecer to deserve
romper (con) to break up (with)
salir (con) to go out (with)

Los sentimientos

enamorarse (de) to fall in love (with)
enojarse to get angry
estar harto/a to be fed up (with); to be sick (of)
llevarse bien/mal/fatal to get along well/badly/terribly
odiar to hate
ponerse pesado/a to become annoying
querer(se) (e:ie) to love (each other); to want
sentir(se) (e:ie) to feel
soñar (o:ue) con to dream about
tener celos (de) to be jealous (of)
tener vergüenza (de) to be ashamed (of)

Los estados emocionales

agobiado/a overwhelmed
ansioso/a anxious
celoso/a jealous
deprimido/a depressed
disgustado/a upset
emocionado/a excited
enojado/a angry, mad
pasajero/a fleeting
preocupado/a (por) worried (about)

Los estados civiles

casarse (con) to get married (to)
divorciarse (de) to get a divorce (from)

casado/a married
divorciado/a divorced
separado/a separated
soltero/a single
viudo/a widowed

Las personalidades

cariñoso/a affectionate
cuidadoso/a careful
falso/a insincere
genial wonderful
gracioso/a funny
inolvidable unforgettable
inseguro/a insecure
maduro/a mature
mentiroso/a lying
orgulloso/a proud
seguro/a secure; confident
sensible sensitive
tacaño/a cheap; stingy
tempestuoso/a impulsive; stormy
tímido/a shy
tranquilo/a calm

Cortometraje

la época season
la imprenta printer's
liado/a busy
el/la prometido/a fiancé(e)
un rato a while
la reseña review
el rompimiento breakup
el/la trotamundos globetrotter

arrepentirse to regret
echar de menos to miss someone

ponerte en mi (tu/su) lugar to put yourself in my(his/her/their) place
reprochar to blame
tener la culpa to be at fault
(tener) prisa to be in a hurry

café para llevar coffee to go
de vez en cuando every once in a while
enhorabuena congratulations
me parece una horterada I think it's really tacky
¡Quién lo iba a decir! Who would have thought!
se me da bien… I am good at…
te lo mereces you deserve it

Cultura

la calidad de vida standard of living
los familiares relatives
el/la inmigrante immigrant
el lazo bond, tie
la patria home country
la red de apoyo support network
la voluntad will

abandonar to leave
ayudarse to help one another
cuidar to take care
emigrar to emigrate
fortalecerse to grow stronger
mudarse to move

por su cuenta on his/her own

Literatura

el alma soul
el/la amado/a loved one, sweetheart
los celos jealousy
el corazón heart
el olvido forgetfulness, oblivion
el sentimiento feeling

amar(se) to love (each other)
besar to kiss
contentarse con to be contented/satisfied with

enamorado/a in love

LECCIÓN 2

Vivir en la ciudad

Movimiento, comunicación, convivencia. Estos elementos definen la vida en la gran ciudad, donde el espacio es limitado y hay que ser flexible y tolerante. En **Madrid**, **Buenos Aires**, **Bogotá** o **Lima**, conviven culturas diversas que dan vida a esos espacios de convivencia. En esta lección te invitamos a conocer la historia y la cultura de **México**, el país hispanohablante más grande del mundo.

CONTENIDO

44 CORTOMETRAJE
Adiós mamá, cortometraje del director mexicano **Ariel Gordon**, cuenta la historia de un hombre que está de compras en el supermercado. En la fila para pagar, una señora le pide algo que ningún supermercado vende.

50 SUEÑA
¿Te gusta viajar? Aquí vas a encontrar la información que debes saber antes de hacer un viaje a **México**. También vas a ir por la red de túneles de uno de los sistemas de transporte más grandes del mundo: el metro de **Ciudad de México**.

69 CULTURA
En el artículo *Juchitán: La ciudad de las mujeres* vas a leer sobre la organización social de esta ciudad, considerada por muchos un matriarcado. Además, en el videoclip **Cultura en pantalla** podrás conocer a las **Mujeres triquis de Oaxaca** y su rol en la sociedad actual.

73 LITERATURA
En la obra de teatro *Una lucha muy personal*, la dramaturga española **Mercè Sarrias** explora la tensión entre las normas y los principios.

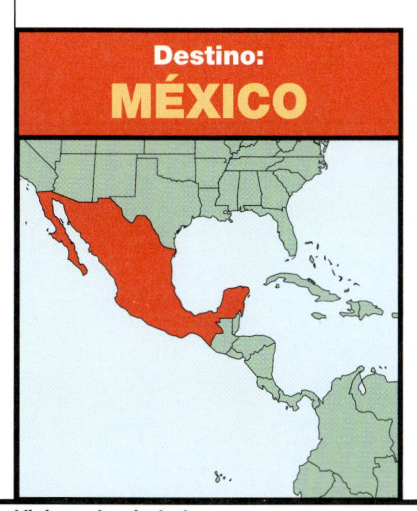

Destino: MÉXICO

42 PARA EMPEZAR
56 ESTRUCTURAS
- 2.1 The preterite
- 2.2 The imperfect
- 2.3 The preterite vs. the imperfect

79 VOCABULARIO

Vivir en la ciudad

PARA EMPEZAR

En la ciudad

Vocabulary Tools

Lugares

las afueras suburbs
los alrededores the outskirts
el ayuntamiento city hall
el barrio neighborhood
el centro comercial (shopping) mall
el cine movie theater

la ciudad city
la comisaría police station
la discoteca dance club
el edificio building
la estación (de trenes/de autobuses) (train/bus) station
la estación de bomberos fire station
la estación de policía police station
el estacionamiento parking lot
el estadio stadium
el metro subway
el museo museum
la parada (de metro/de autobús) (subway/bus) stop
la plaza square
el rascacielos skyscraper

el suburbio suburb
la vivienda housing; home

Indicaciones

la acera sidewalk
la avenida avenue

la calle street
la cuadra city block
la dirección address
la esquina corner
el letrero sign, billboard
el puente bridge
el semáforo traffic light
el tráfico traffic
el transporte público public transportation

cruzar to cross
doblar to turn
estar perdido/a to be lost
indicar el camino to give directions
parar to stop
preguntar el camino to ask for directions

Gente

el/la alcalde(sa) mayor
el/la ciudadano/a citizen
el/la conductor(a) driver
la gente people
el/la pasajero/a passenger
el peatón/la peatona pedestrian
el policía/la (mujer) policía policeman/woman

Actividades

la vida nocturna nightlife

bajar to go down; to get off (a bus)
construir to build
conversar to talk
convivir to live together; to coexist
dar un paseo to take a stroll
dar una vuelta to take a walk/ride
dar una vuelta en bicicleta/carro/motocicleta to take a bike/car/motorcycle ride
disfrutar (de) to enjoy
hacer diligencias to run errands
pasarlo/la bien/mal to have a good/bad time
poblar to settle; to populate
quedar to be located; to arrange to meet
quedarse to stay
recorrer to travel (around a city)
relajarse to relax
residir to reside
subir to go up; to get on (a bus)

Para describir

atrasado/a late, behind schedule
cotidiano/a everyday
inesperado/a unexpected
lleno/a full
ruidoso/a noisy
vacío/a empty

Lección 2

Práctica

1 **¿Qué significa?** Empareja cada palabra con su definición.

____ 1. no saber cómo llegar a un lugar   a. puente
____ 2. construcción que conecta   b. residir
        dos lugares   c. relajarse
____ 3. persona que toma el metro   d. letrero
____ 4. todos los días   e. pasajero
____ 5. reducir la tensión que   f. cotidiano
        uno tiene   g. estar perdido
____ 6. vivir (en un apartamento)   h. ruidoso
____ 7. pasarlo bien   i. disfrutar
____ 8. anuncio escrito   j. la cuadra

2 **Titulares** Completa estos titulares (*headlines*) con las palabras o expresiones de la lista.

alrededores	discoteca	hace diligencias
ciudadanos	estacionamientos	suburbio
construyen	está perdida	tráfico

1. Encuentran tesoro (*treasure*) escondido en un _____ de la ciudad
2. Hombre muere en un accidente de _____
3. Pareja baila sin parar 24 horas en una _____
4. Los _____ creen que el transporte público debe ser barato
5. _____ rascacielos de más de cien pisos
6. Una familia de turistas _____ en el metro; nadie los ayuda
7. No hay suficiente espacio en los _____ para tantos automóviles

3 **La ciudad** Indica si estás de acuerdo con estas afirmaciones. Después, compara tus opiniones con las de un(a) compañero/a y explica por qué piensas así. ¿Tienen las mismas preferencias?

	Sí	No
1. Vivir en el centro de la ciudad es mejor que vivir en las afueras.	☐	☐
2. Nunca se debe hablar con desconocidos (*strangers*).	☐	☐
3. Es mejor convivir con alguien que vivir solo.	☐	☐
4. Es mejor vivir en una calle pequeña que en una avenida.	☐	☐
5. Se deben eliminar los parques para construir más edificios.	☐	☐
6. En una ciudad es más cómodo manejar que tomar transporte público.	☐	☐

4 **En el ayuntamiento** Imagina que eres el/la alcalde(sa) de una ciudad. ¿Cómo puedes mejorar la vida de los ciudadanos? ¿Qué cambios quieres hacer? Compara tus ideas con las de tus compañeros/as.

Practice more at vhlcentral.com.

Vivir en la ciudad

CORTOMETRAJE

Preparación

Vocabulario del corto
- **afligirse** *to get upset*
- **borracho/a** *drunk*
- **el choque** *crash*
- **las facciones** *features*
- **parecerse** *to look like*
- **repentino/a** *sudden*

Vocabulario útil
- **el/la cajero/a** *cashier*
- **el/la desconocido/a** *stranger*
- **la fila** *line*
- **ingenuo/a** *naïve*
- **valorar** *to value*

EXPRESIONES
- **Pero... si sólo es/son...** *But... it's only...*
- **¿Sabe(s)?** *You know?*
- **¿Y a mí, qué?** *What do I care?*

1 Vocabulario Completa el artículo con el vocabulario que acabas de aprender.

Robo en supermercado

Ayer un (1) _____ robó en el supermercado ESTRELLA. El hombre entró en la tienda a las nueve de la noche y esperó en la (2) _____ cinco minutos. Después, empezó a hablar del tiempo con la (3) _____. De repente, las luces se apagaron (*went out*) y él se fue con el dinero de la caja. Salió del estacionamiento tan rápido que tuvo un (4) _____ con otro carro. Se fue corriendo, pero la policía lo encontró. Había tomado tequila y estaba (5) _____. Cuando dijeron que lo iban a llevar a la cárcel (*jail*), dijo: "¿(6) _____?" y saltó al río. No se sabe si está vivo. Este hombre (7) _____ mucho a Simon Cowell. Según la gente, tiene las (8) _____ idénticas.

2 Preguntas En parejas, contesten las preguntas.

1. ¿Hablan con desconocidos en algunas ocasiones? ¿Les gusta hacerlo?
2. Den ejemplos de dos o tres lugares donde es más fácil o frecuente hablar con gente que no conocen.
3. Según el título del cortometraje, *Adiós mamá,* ¿de qué creen que va a tratar la historia?
4. ¿Les parece sencillo comenzar una conversación con un(a) desconocido(a)? ¿Tienen alguna técnica para romper el hielo?
5. ¿Alguna vez les sucedió algo interesante o divertido en un supermercado? ¿Qué sucedió?

CORTOMETRAJE

3 Fotogramas En parejas, observen los fotogramas e imaginen lo que va a ocurrir en el cortometraje. Después, compartan sus ideas.

4 ¿Eres ingenuo? En parejas, hagan el test de personalidad.

A. Marquen sus respuestas para saber si son ingenuos/as.

TEST DE PERSONALIDAD

1. **Tu compañero/a de apartamento tiene que ir a una conferencia durante el fin de semana y te vas a quedar solo/a.**
   a. Organizas una gran fiesta. Seguro que no lo va a descubrir.
   b. Invitas a unos amigos y se lo cuentas a tu compañero/a cuando regresa.
   c. Limpias la casa. Él/Ella está trabajando y tú debes hacer lo mismo.

2. **¿Con qué afirmación te identificas?**
   a. Debes creer en la gente y pensar bien de todos.
   b. Hay que esperar a conocer a las personas para tener una opinión de ellas.
   c. Todo el mundo es muy egoísta. Hay que tener cuidado.

3. **Un(a) desconocido/a te manda un mensaje de texto y quiere verte para tomar un café por la tarde.**
   a. ¿Quién será? ¡Qué emoción! ¿Será el/la chico/a tan guapo/a de la clase?
   b. Borras el mensaje inmediatamente. ¡Qué manera de perder el tiempo!
   c. ¡Caramba, seguro que es Amalia para pedir dinero! ¡Siempre igual!

4. **¿Con qué personaje de ficción te identificas?**
   a. El Hombre Araña
   b. Darth Vader
   c. Bart Simpson

5. **Un(a) amigo/a te cuenta que el fin de semana pasado estuvo cenando con tu actor/actriz favorito/a.**
   a. No le crees y le preguntas a todo el mundo si es verdad.
   b. Estás muy contento/a y le pides que te cuente todo.
   c. Le cuentas que el fin de semana pasado tú estuviste en Buenos Aires.

6. **Si les preguntamos a tus mejores amigos/as cuál es tu mejor cualidad, ¿qué contestarán?**
   a. Sin duda, eres la mejor persona del grupo.
   b. Eres inteligente como Einstein.
   c. Eres muy divertido/a y aventurero/a.

B. Ahora, intercambien (*exchange*) sus respuestas y díganle a su compañero/a si creen que es ingenuo/a y por qué.

Vivir en la ciudad

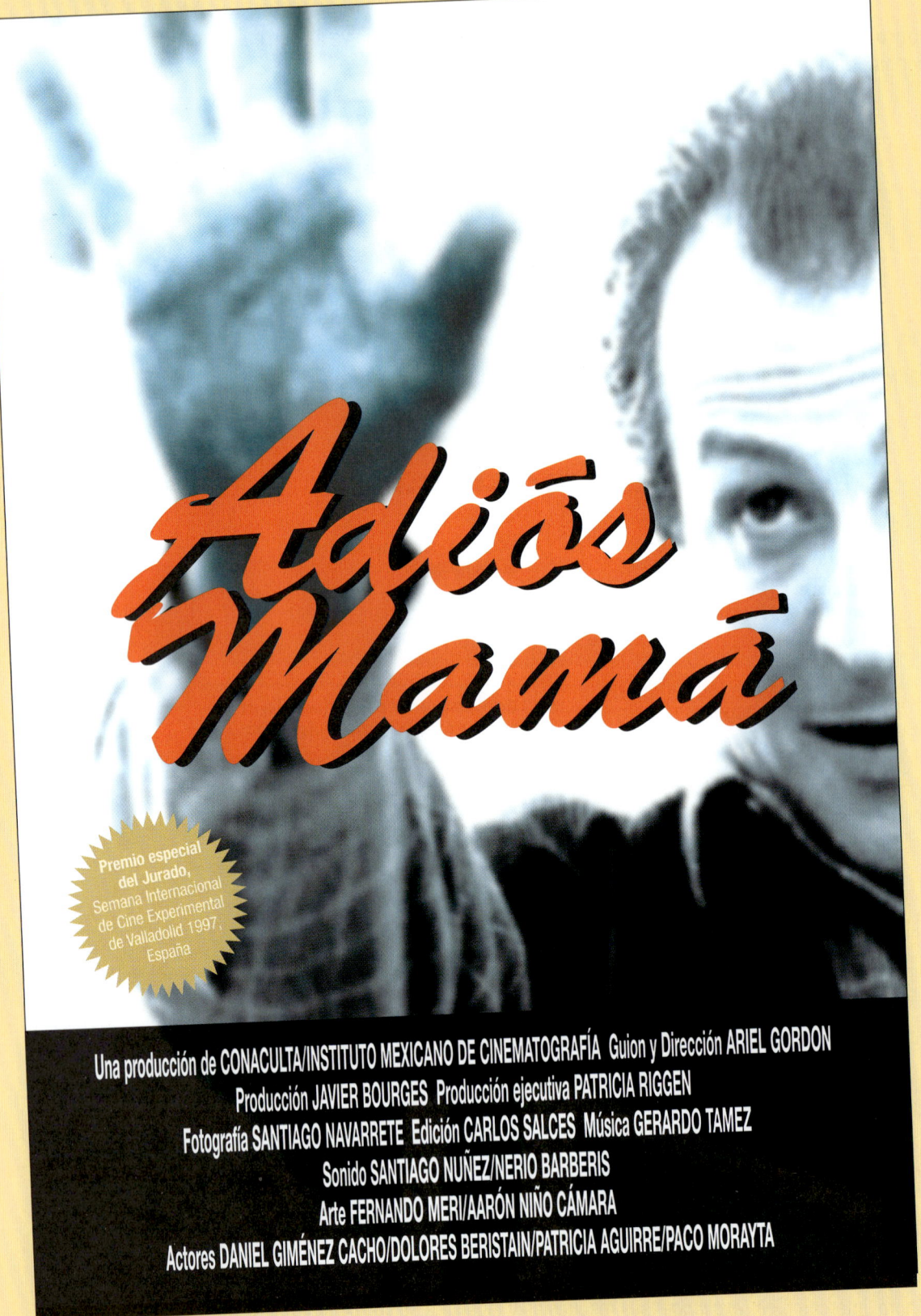

CORTOMETRAJE

Adiós Mamá

Premio especial del Jurado, Semana Internacional de Cine Experimental de Valladolid 1997, España

Una producción de CONACULTA/INSTITUTO MEXICANO DE CINEMATOGRAFÍA Guion y Dirección ARIEL GORDON
Producción JAVIER BOURGES Producción ejecutiva PATRICIA RIGGEN
Fotografía SANTIAGO NAVARRETE Edición CARLOS SALCES Música GERARDO TAMEZ
Sonido SANTIAGO NUÑEZ/NERIO BARBERIS
Arte FERNANDO MERI/AARÓN NIÑO CÁMARA
Actores DANIEL GIMÉNEZ CACHO/DOLORES BERISTAIN/PATRICIA AGUIRRE/PACO MORAYTA

ESCENAS

CORTOMETRAJE

ARGUMENTO Un hombre está en el supermercado. En la fila para pagar, la señora que está delante de él le habla.

1
SEÑORA Se parece a mi hijo. Realmente es igual a él.
HOMBRE Ah pues no, no sé qué decir.

2
SEÑORA Murió en un choque. El otro conductor iba borracho. Si él viviera, tendría la misma edad que usted.
HOMBRE Por favor, no llore.

3
SEÑORA ¿Sabe? Usted es su doble. Bendito sea el Señor (*Blessed be the Good Lord*) que me ha permitido ver de nuevo a mi hijo. ¿Le puedo pedir un favor?
HOMBRE Bueno.

4
SEÑORA Nunca tuve oportunidad de despedirme de él. Su muerte fue tan repentina. ¿Al menos podría llamarme mamá y decirme adiós cuando me vaya?

5
SEÑORA ¡Adiós hijo!
HOMBRE ¡Adiós mamá!
SEÑORA ¡Adiós querido!
HOMBRE ¡Adiós mamá!

6
CAJERA No sé lo que pasa, la máquina desconoce el artículo. Espere un segundo a que llegue el gerente.
El gerente llega y ayuda a la cajera.

Nota CULTURAL

Supermercados y tienditas

En México, como en casi todo el mundo, las grandes cadenas de supermercados tienen una sólida presencia. Sin embargo, para evitar los interminables pasillos° y las filas de estos establecimientos, hay quienes prefieren ir a las "tienditas de la esquina". Estos negocios° son muy populares ya que en ellos se puede comprar pan, queso, jabón, dulces, juguetes° pequeños, pilas° y muchas cosas más. Generalmente hay varias de estas pequeñas tiendas en cada colonia° y allí la gente compra lo que necesita en el momento.

pasillos *aisles* **negocios** *stores*
juguetes *toys* **pilas** *batteries*
colonia *neighborhood*

Vivir en la ciudad

Análisis

1. Comprensión Lee cada párrafo y decide cuál resume mejor el cortometraje.

1. Los personajes están en un supermercado. Ellos no se conocen, pero la señora dice que el hombre se parece a un hijo del que nunca pudo despedirse porque murió en un accidente de tráfico. Por eso, la señora le pide al hombre que le diga "adiós mamá" al salir. El hombre se da cuenta de la trampa (*trap*).

2. Los personajes están en un supermercado. Ellos no se conocen y, aunque parece que el hombre no tiene ganas de hablar con la señora, ella insiste. Ella le cuenta que estuvo hace poco en un accidente de tráfico y que perdió a su hijo. Le pide al hombre que le diga "adiós mamá" al salir. La señora le cae tan bien al hombre que a él no le importa pagar por lo que ella compró.

2. Ampliar En parejas, háganse las preguntas.

1. ¿Qué verdaderos motivos tendría la señora para engañar (*deceive*) al hombre?
2. ¿Qué creen que aprendió el hombre con esta experiencia?
3. ¿Les pasó a ustedes o a alguien que conocen algo similar alguna vez? Expliquen.
4. Si alguien se les acerca (*approach*) en el supermercado y les pide este tipo de favor, ¿qué hacen?

3. Detective El hombre está contándole a un(a) detective lo que pasó en el supermercado. En parejas, uno/a de ustedes es el/la detective y el/la otro/a es el hombre. Preparen el interrogatorio y represéntenlo delante de la clase.

4. Notas Ahora, imagina que eres el/la detective y escribe un informe (*report*) de lo que pasó. Tiene que ser lo más completo posible. Puedes inventar los datos que tú quieras.

5. Inventar Primero, lean lo que dice la madre. Después, en parejas, imaginen que el hijo ficticio nunca tuvo un accidente y, por lo tanto, no murió. ¿Qué pasó con él? ¿Cómo fue su vida? ¿Visitaba a su madre con frecuencia? Escriban un párrafo de unas diez líneas.

> "Murió en un choque. El otro conductor iba borracho.
> Si él viviera, tendría la misma edad que usted.
> Se habría titulado y probablemente tendría una familia.
> Yo sería abuela".

CORTOMETRAJE

6 Imaginar En parejas, imaginen la vida de uno de los personajes del corto. Escriban por lo menos cinco oraciones usando como base las preguntas.

- ¿Cómo es?
- ¿Con quién vive?
- ¿Qué no le gusta?
- ¿Dónde vive?
- ¿Qué le gusta?
- ¿Tiene dinero?

7 Sociedad En grupos, conversen sobre estas preguntas. Después, compartan sus ideas con la clase.

1. ¿Creen que se cometen más delitos (*crimes*) ahora que hace diez años? ¿Por qué?
2. ¿Son más frecuentes en pueblos pequeños o en grandes ciudades? ¿Por qué?
3. ¿Creen que la televisión y el cine son malas influencias para los jóvenes? Expliquen su respuesta.
4. ¿Cómo piensan que se puede eliminar este tipo de conducta criminal? ¿Con más justicia social? ¿Con castigos (*punishments*) más severos?

8 Directores En parejas, imaginen que tienen que hacer su propio (*own*) cortometraje. Contesten las preguntas y luego compartan sus respuestas con la clase.

- ¿De qué trata?
- ¿Por qué les interesa ese tema?
- ¿Quiénes son los protagonistas?
- ¿Qué género (*genre*) prefieren usar (comedia, drama, suspenso, etc.)? ¿Por qué?

9 ¿Y tú? En parejas, elijan una de las situaciones y escriban un diálogo. Cuando terminen, represéntenlo delante de la clase.

A
Necesitan mucho dinero y están desesperados porque no saben dónde conseguirlo. ¿Qué hacen? ¿Por qué? ¿Con quién hablan?

B
Su mejor amigo/a les pidió mucho dinero el mes pasado; les dijo que se lo iba a devolver en dos días. No se lo ha devuelto todavía y saben que está comprando muchas cosas inútiles.

Practice more at vhlcentral.com.

Vivir en la ciudad

SUEÑA

México es un país muy rico por su geografía, sus tradiciones, sus recursos y su gente. Sólo en este país se concentra más de la quinta parte de la población mundial de hispanohablantes. Sus habitantes pertenecen a numerosos grupos étnicos, entre los que hay más de sesenta pueblos indígenas autóctonos[1]. Su territorio abarca[2] áridos desiertos, densas selvas tropicales y extensas cordilleras[3]. Para el turista, México ofrece atractivos y modernos balnearios[4] en **Acapulco**, **Mazatlán**, **Cabo San Lucas** y **Cancún**; reconocidos sitios arqueológicos, como los de **Chichén Itzá**, **Teotihuacán** y **Palenque**, donde se conservan las ruinas de civilizaciones prehispánicas como los mayas y los aztecas; y grandes ciudades cuya riqueza cultural y artística se refleja[5] en su arquitectura colonial y moderna. Algunas fiestas tradicionales, como el **Día de los muertos**, han trascendido fronteras y ahora se festejan también en los Estados Unidos.

MÉXICO

Templo de Kukulcán, en Chichén Itzá

Ciudad de México: el corazón de México

La **Ciudad de México**, o **México, D.F.** (Distrito Federal), es el centro cultural, gubernamental[6] y comercial de México. Con casi nueve millones de habitantes, es una de las ciudades más pobladas del mundo. El carácter contemporáneo de Ciudad de México se entrelaza[7] día a día con las profundas tradiciones prehispánicas que conservan sus habitantes. La variedad de atractivos que ofrece es innumerable: desde la **Alameda Central**, antiguo parque que ha sido centro de actividades culturales y recreativas desde la época de los aztecas, hasta **Polanco**, una de las zonas de tiendas y restaurantes más elegantes de la ciudad.

El corazón de la Ciudad de México es la **Plaza de la Constitución**, más conocida como el **Zócalo**. Esta plaza es el punto de encuentro de diversas manifestaciones artísticas[8] y de movimientos sociales. A su alrededor se encuentran varias de las instituciones más importantes del país. En un costado[9] del Zócalo está el **Palacio Nacional**, donde el presidente mexicano tiene sus oficinas y donde **Diego Rivera** pintó algunos de sus famosos murales sobre la historia de México. En otro costado de la plaza se encuentra la **Catedral Metropolitana**, cuya construcción fue ordenada por el conquistador español **Hernán Cortés** en el siglo XVI.

Signos vitales

Con más de 122 millones de habitantes, **México** es el primer país en población del mundo hispanohablante. Sin embargo, el 6% de los mexicanos mayores de cinco años también hablan alguna lengua indígena, de las 94 que existen en el territorio. Las más habladas son el náhuatl y el maya.

Catedral Metropolitana en el Zócalo de Ciudad de México

[1] *native* [2] *covers* [3] *mountain ranges* [4] *resorts* [5] *is reflected* [6] *governmental* [7] *intertwines itself* [8] **manifestaciones**... *artistic expressions* [9] *side*

SUEÑA

¡Conozcamos el D.F.!

Bosque de Chapultepec Es el parque más extenso de la **Ciudad de México**, con un área de más de seis kilómetros cuadrados. En **Chapultepec** se encuentran algunos de los mejores museos de la ciudad, incluyendo el **Museo Nacional de Antropología**, el **Museo de Arte Moderno** y el **Museo Rufino Tamayo**. La riqueza artística también se puede apreciar al aire libre gracias a la fascinante arquitectura, escultura y, por supuesto, naturaleza del bosque.

Tianguis Ya desde la época de los aztecas se organizaban los llamados **tianguis**, mercados tradicionales al aire libre. Allí se vendían e intercambiaban toda clase de productos, desde comida y animales, hasta canastas[1] y tapetes[2]. Hoy los tianguis se pueden ver por toda la ciudad.

Paseo de la Reforma Es una de las principales avenidas de la ciudad y va desde la **Alameda Central** hasta el **Bosque de Chapultepec**. Aquí encontramos, además de museos, importantes bancos y edificios históricos, así como hoteles, almacenes y restaurantes. Cerca del corredor turístico conocido como la **Zona Rosa** se encuentra el **Monumento a la Independencia**, donde está la escultura del **Ángel de la Independencia**. Este monumento fue construido en 1910 para conmemorar el centenario de la independencia mexicana.

El Metro Es la manera más eficaz[3] y económica de moverse por toda la ciudad. Con doce líneas diferentes que cubren 226 kilómetros, aproximadamente cinco millones de personas lo utilizan todos los días. En las horas de mayor congestión no está permitido llevar maletas o equipaje[4] por encima de cierto tamaño[5] para facilitar el movimiento de los pasajeros.

[1] *baskets* [2] *rugs (Col.; Méx.)* [3] *efficient* [4] *baggage* [5] *size*

El español de México

alberca	piscina; *pool*
aventarse	atreverse; *to dare*
botana(s)	aperitivos; *appetizers*
camión	autobús; *bus*
chacharear	comprar cosas pequeñas; *to shop for trinkets*
chavo/a	chico/a; *kid*
colonia	barrio; *neighborhood*
platicar	conversar; *to chat*
sale	de acuerdo; *OK*

Palabras derivadas de lenguas indígenas

guajolote	pavo; *turkey*
huaraches	sandalias; *sandals*
jorongo	poncho; *poncho*
papalote	cometa; *kite*

Expresiones y coloquialismos

¡Órale, pues!	*OK!, Let's do it!*
¡Es/Está padre/padrísimo!	¡Es/Está muy bueno!; *It's great!, It's cool!*
¿Qué onda?	¿Qué pasa?, ¿Qué tal?; *What's up?*

Vivir en la ciudad

51

GALERÍA DE CREADORES

LITERATURA/PERIODISMO
Elena Poniatowska

Hija de madre mexicana y padre polaco, nació en París en 1932 y reside en México desde 1942. Escritora activa y multifacética, Elena Poniatowska es también una intelectual pública y figura política. Ha escrito para muchos periódicos y colaboró en la fundación del diario mexicano *La Jornada*. Como autora, ha escrito en casi todos los géneros: novela, cuento, poesía, ensayo, crónica y entrevista. Algunas de sus obras más conocidas son *La noche de Tlatelolco*, *Tinísima*, *La piel del cielo* y el libro *Leonora* sobre la pintora Leonora Carrington. Entre sus libros más recientes se encuentran dos antologías de cuentos titulados *Llorar en la sopa* y *Hojas de papel volando*.

PINTURA Frida Kahlo

Considerada la mayor representante de la pintura introspectiva mexicana del siglo XX, Frida Kahlo es conocida principalmente por sus autorretratos (*self-portraits*), en los que expresa, a menudo con dolor, los acontecimientos y emociones de su vida personal. En 1929 se casó con el pintor y muralista Diego Rivera, con quien compartía el deseo de afirmar (*assert*) su identidad mexicana por medio del arte. Aquí aparece en su obra *Autorretrato con mono*.

SUEÑA

CINE/DRAMA Gael García Bernal

Gael García Bernal nació en 1978 en Guadalajara, México, y actualmente es una figura del cine internacional. Hijo de actores, empezó actuando en teatro y apareció en telenovelas y cortometrajes antes de triunfar con la película *Amores perros* (2000). También ha trabajado en *Y tu mamá también* (2001), *La mala educación* (2004), *Babel* (2006), *Blindness* (2008) y *Letters to Juliet* (2010). García Bernal debutó como director con la película *Déficit* (2007), en la cual también interpreta uno de los papeles (*roles*). En el año 2016 ganó el Globo de Oro en la categoría de mejor actor de serie de televisión (comedia o musical), por su papel como Rodrigo de Souza en *Mozart in the Jungle*.

PINTURA/MURALISMO Diego Rivera

Diego Rivera es uno de los pintores mexicanos más reconocidos. Sus murales y frescos relatan la historia y los problemas sociales de su país. Pintó muchas de sus composiciones en techos y paredes de edificios públicos para que la clase trabajadora también pudiera tener acceso al arte. Su obra también cuenta con acuarelas (*watercolors*) y óleos (*oil paintings*) que han sido expuestos en todo el mundo. Aquí se ve un detalle de su fresco *Cruzando la Barranca*, pintado en el Palacio de Cortés, en Cuernavaca, estado de Morelos.

Vivir en la ciudad

¿Qué aprendiste?

1 Cierto o falso Indica si estas afirmaciones son ciertas o falsas. Corrige las falsas.

1. En México vive más de la quinta parte de los hispanohablantes del mundo.
2. En Chichén Itzá, Teotihuacán y Palenque se conservan los restos de edificios coloniales.
3. Elena Poniatowska es una escritora mexicana que nació en Francia.
4. La Alameda Central es una catedral de la época azteca.
5. El Paseo de la Reforma es un mercado tradicional al aire libre medio azteca y medio maya.
6. Diego Rivera se preocupó por los problemas sociales de su país, pero no los retrató en su obra.

2 Preguntas Contesta las preguntas.

1. ¿Qué expresa Frida Kahlo en sus autorretratos?
2. ¿Cuáles son las dos lenguas indígenas más habladas en México?
3. ¿Qué son los tianguis?
4. ¿En qué edificio público a un costado del Zócalo se pueden ver murales de Diego Rivera? ¿Quién trabaja allí?
5. ¿Qué hizo Gael García Bernal por primera vez en la película *Déficit*?
6. ¿Qué artista de la Galería te interesa más? ¿Por qué?

3 Confusión En parejas, busquen los lugares que no corresponden con la descripción y comenten lo que se puede hacer en ellos, según la lectura.

Lugar turístico	Descripción
El Zócalo	Avenida principal del D.F.
Paseo de la Reforma	Balneario
Acapulco	Tiendas y restaurantes
Palacio Nacional	Sede presidencial
Chichén Itzá	Parque más grande de la capital
Polanco	Sitio arqueológico
Bosque de Chapultepec	Corazón de la Ciudad de México

Practice more at vhlcentral.com.

PROYECTO

Un viaje a México

Imagina que vas a hacer un viaje a México. Investiga toda la información que necesites en Internet. Después, prepara tu viaje según los siguientes puntos:

- Selecciona los lugares que quieres visitar y recopila fotos.
- Dibuja un mapa para mostrar tu itinerario.
- Presenta tu plan de viaje a tus compañeros/as de clase. Explícales por qué escogiste los lugares adonde vas a ir.

El metro del D.F.

Ya has leído sobre Ciudad de México, una de las ciudades más grandes del mundo. Ahora mira este episodio de **Flash Cultura** para descubrir una de las mayores obras de ingeniería civil de toda Hispanoamérica: el metro del D.F.

Vocabulario

concurridos crowded
las exposiciones exhibitions
gratuito free
imponente imposing
la red network
repartidas distributed
el transbordo transfer

Corresponsal: Carlos López
País: México

Nos encontramos en el Bosque de Chapultepec, en pleno centro de la ciudad, y uno de los lugares más concurridos.

Algunas de las estaciones son de una sola línea y otras se llaman de transbordo, precisamente porque sirven para cambiar de trenes para ir a diferentes puntos de la ciudad.

Para la gente de pelo blanco, de edad, mayor de sesenta años, el transporte es totalmente gratuito.

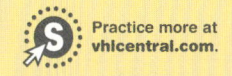

1. Preparación ¿Has visitado alguna vez una gran ciudad? ¿Había mucho tráfico? ¿Qué medio de transporte usaste para ir de un sitio a otro?

2. Comprensión Indica si estas afirmaciones son ciertas o falsas. Después, en parejas, corrijan las falsas.

1. El metro del D.F. es rápido pero demasiado caro para la gente.
2. Sólo hay dos sistemas de metro en el mundo que lleven más viajeros que el metro del D.F.
3. El metro del D.F. empezó a funcionar en 1920.
4. La plaza más importante de Ciudad de México se llama Chapultepec.
5. El metro del D.F. también se conoce como Metrobús.
6. Todo el metro del D.F. es subterráneo.

3. Expansión En parejas, contesten estas preguntas.

- ¿Qué ciudades de Estados Unidos tienen un sistema de transporte público comparable al de Ciudad de México?
- ¿Qué ventajas tiene el transporte público sobre el transporte privado? ¿Cuáles son los principales inconvenientes?
- Millones de personas utilizan el metro del D.F. todos los días. ¿Qué pasaría si el metro dejara de funcionar de repente?

Vivir en la ciudad

ESTRUCTURAS

2.1 The preterite

- Spanish has two simple tenses to indicate actions in the past: the preterite (**el pretérito**) and the imperfect (**el imperfecto**). The preterite is used to describe actions or states that began or were completed at a definite time in the past.

TALLER DE CONSULTA

These additional grammar topics are covered in the **Manual de gramática, Lección 2.**

2.4 Progressive forms, p. 242
2.5 Telling time, p. 244

The preterite of regular –ar, –er, and –ir verbs

comprar	vender	abrir
compré	vendí	abrí
compraste	vendiste	abriste
compró	vendió	abrió
compramos	vendimos	abrimos
comprasteis	vendisteis	abristeis
compraron	vendieron	abrieron

- The preterite tense of regular verbs is formed by dropping the infinitive ending (**–ar, –er, –ir**) and adding the preterite endings. Note that the endings of regular **–er** and **–ir** verbs are identical in the preterite tense.

- The preterite of all regular and some irregular verbs requires a written accent on the endings in the **yo, usted, él,** and **ella** forms.

    Ayer **empecé** un nuevo trabajo.   Mi mamá **preparó** una cena deliciosa.
    Yesterday I started a new job.   *My mom prepared a delicious dinner.*

- Verbs that end in **–car, –gar,** and **–zar** have a spelling change in the **yo** form of the preterite. All other forms are regular.

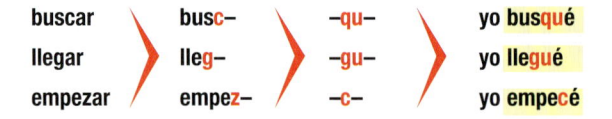

    | buscar | busc– | –qu– | yo busqué |
    | llegar | lleg– | –gu– | yo llegué |
    | empezar | empez– | –c– | yo empecé |

- **Caer, creer, leer,** and **oír** change **–i–** to **–y–** in the **usted, él,** and **ella** forms and in the **ustedes, ellos,** and **ellas** forms of the preterite. They also require a written accent on the **–i–** in all other forms.

    | caer | caí, caíste, cayó, caímos, caísteis, cayeron |
    | creer | creí, creíste, creyó, creímos, creísteis, creyeron |
    | leer | leí, leíste, leyó, leímos, leísteis, leyeron |
    | oír | oí, oíste, oyó, oímos, oísteis, oyeron |

- Verbs with infinitives ending in **–uir** change **–i–** to **–y–** in the **usted, él,** and **ella** forms and in the **ustedes, ellos,** and **ellas** forms of the preterite.

    | construir | construí, construiste, construyó, construimos, construisteis, construyeron |
    | incluir | incluí, incluiste, incluyó, incluimos, incluisteis, incluyeron |

- Stem-changing **–ir** verbs also have a stem change in the **usted, él,** and **ella** forms and in the **ustedes, ellos,** and **ellas** forms of the preterite.

Preterite of *–ir* stem-changing verbs				
pedir		dormir	
pedí	pedimos	dormí	dormimos
pediste	pedisteis	dormiste	dormisteis
p**i**dió	p**i**dieron	d**u**rmió	d**u**rmieron

- Stem-changing **–ar** and **–er** verbs do not have a stem change in the preterite.
- A number of verbs, most of them **–er** and **–ir** verbs, have irregular preterite stems. Note that none of these verbs takes a written accent on the preterite endings.

—Nunca **tuve** oportunidad de despedirme de él.

Preterite of irregular verbs

infinitive	u-stem	preterite forms
andar	and**uv**–	anduve, anduviste, anduvo, anduvimos, anduvisteis, anduvieron
estar	est**uv**–	estuve, estuviste, estuvo, estuvimos, estuvisteis, estuvieron
poder	p**u**d–	pude, pudiste, pudo, pudimos, pudisteis, pudieron
poner	p**u**s–	puse, pusiste, puso, pusimos, pusisteis, pusieron
saber	s**u**p–	supe, supiste, supo, supimos, supisteis, supieron
tener	t**uv**–	tuve, tuviste, tuvo, tuvimos, tuvisteis, tuvieron

infinitive	i-stem	preterite forms
hacer	h**i**c–	hice, hiciste, hizo, hicimos, hicisteis, hicieron
querer	qu**i**s–	quise, quisiste, quiso, quisimos, quisisteis, quisieron
venir	v**i**n–	vine, viniste, vino, vinimos, vinisteis, vinieron

infinitive	j-stem	preterite forms
conducir	condu**j**–	conduje, condujiste, condujo, condujimos, condujisteis, condujeron
decir	di**j**–	dije, dijiste, dijo, dijimos, dijisteis, dijeron
traer	tra**j**–	traje, trajiste, trajo, trajimos, trajisteis, trajeron

- Note that not only does the stem of **decir (dij–)** end in **j**, but the stem vowel **e** changes to **i**. In the **usted, él,** and **ella** form of **hacer (hizo)**, **c** changes to **z** to maintain the pronunciation. Most verbs that end in **–cir** have **j**-stems in the preterite.

¡ATENCIÓN!

Other **–ir** stem-changing verbs include:

conseguir	repetir
consentir	seguir
hervir	sentir
morir	servir
preferir	

¡ATENCIÓN!

Ser, **ir**, and **dar** also have irregular preterites. The preterite forms of **ser** and **ir** are identical. Note that the preterite forms of **ver** are regular. However, unlike other regular preterites, they do not take a written accent.

ser/ir
*fui, fuiste, fue,
fuimos, fuisteis, fueron*

dar
*di, diste, dio,
dimos, disteis, dieron*

ver
*vi, viste, vio,
vimos, visteis, vieron*

The preterite of **hay** is **hubo**.

Hubo dos conciertos el viernes.
There were two concerts on Friday.

¡ATENCIÓN!

Note that the third person plural ending of **j**-stem preterites drops the **i**: **dijeron, trajeron**.

ESTRUCTURAS

Práctica

Nota CULTURAL

A principios de los años treinta, los habitantes de clase media de la Ciudad de México escogieron **Acapulco** para escapar del ruido (*noise*) de la ciudad. En los años sesenta, se convirtió en un centro turístico de gran prosperidad y en destino de ricos y famosos. Hoy día, todavía ofrece sus encantos básicos —playas, naturaleza exótica y diversión de día y de noche— a los que buscan paraísos en la Tierra.

1 Acapulco Escribe la forma correcta del pretérito de los verbos indicados.

1. El sábado pasado, mis compañeros de apartamento y yo _____ (ir) a Acapulco.
2. (Nosotros) _____ (quedarse) en un edificio muy alto y bonito.
3. En la playa, yo _____ (leer) un libro y Carlos _____ (tomar) el sol.
4. Mariela y Felisa _____ (caminar) mucho por la ciudad.
5. Una señora les _____ (indicar) el camino para ir a un restaurante muy conocido.
6. Por la noche, todos nosotros _____ (cenar) en el restaurante.
7. Después, en la discoteca, Carlos y Mariela _____ (bailar) toda la noche.
8. Y yo _____ (ver) a unos amigos de Monterrey. ¡Qué casualidad!
9. (Yo) _____ (hablar) con ellos un ratito.
10. Y (nosotros) _____ (llegar) al hotel a las tres de la mañana. ¡Qué tarde!

Playa de Acapulco

2 ¿Qué hicieron? Combina elementos de cada columna para narrar lo que hicieron estas personas.

anoche	yo	conversar	
anteayer	mi compañero/a de cuarto	dar	
ayer		decir	
la semana pasada	mis amigos/as	ir	?
	el/la profesor(a) de español	pasar	
una vez		pedir	
dos veces	mi novio/a	tener que	

3 La última vez En parejas, indiquen cuándo hicieron por última vez estas cosas. Incluyan detalles en sus respuestas.

Modelo llorar viendo una película
—La última vez que lloré viendo una película fue en 2010. La película fue *Biutiful*.
—Bueno, ¡yo lloré mucho viendo *Adiós mamá...*!

1. hacer diligencias
2. decir una mentira
3. olvidar algo importante
4. perderse en una ciudad
5. indicar el camino
6. oír una buena/mala noticia
7. hablar con un(a) desconocido/a
8. estar enfadado con un(a) amigo/a
9. ver tres programas de televisión seguidos
10. comer en un restaurante

Practice more at **vhlcentral.com**.

58 Lección 2

Comunicación

4 La semana pasada Pasea por el salón de clase y haz preguntas a tus compañeros/as para averiguar qué hicieron la semana pasada. Anota el nombre de la primera persona que conteste que sí a las preguntas.

Modelo ir al cine
—¿Fuiste al cine la semana pasada?
—Sí, fui al cine y vi una película muy buena./No, no fui al cine.

Actividades	Nombre
1. asistir a un partido de fútbol	_____
2. conducir tu carro a la universidad	_____
3. dar un consejo (*advice*) a un(a) amigo/a	_____
4. dormirse en clase o en el laboratorio	_____
5. estudiar toda la noche para un examen	_____
6. hablar con un policía	_____
7. hacer una tarea dos veces	_____
8. ir al centro comercial	_____
9. perder algo importante	_____
10. tomar un autobús	_____
11. viajar en transporte público	_____
12. visitar un museo	_____

5 La ciudad En parejas, túrnense para hablar de la última vez que visitaron una ciudad que no conocían.

Modelo —¿Y qué hiciste en Taxco?
—Pues muchas cosas… Visité la Iglesia de Santa Prisca, una de las más bellas de México, disfruté de la arquitectura colonial, anduve y anduve, tomé miles de fotos…

- ¿Adónde fuiste?
- ¿Cuánto tiempo te quedaste?
- ¿Por qué fuiste?
- ¿Qué hiciste allí?
- ¿Quién planeó el viaje?
- ¿Quiénes fueron y quiénes no pudieron ir?
- ¿Cuándo fue?
- ¿Te gustó? ¿Por qué?

6 ¿Qué haces para divertirte?

A. Haz una lista de diez actividades divertidas que hiciste el mes pasado.

B. En parejas, túrnense para preguntarse qué hicieron y averigüen si hicieron lo mismo.

C. Describan a la clase lo que hizo su compañero/a.

D. Luego, la clase decide quién es el/la más activo/a.

Vivir en la ciudad

ESTRUCTURAS

2.2 The imperfect

- The imperfect tense in Spanish is used to narrate past events without focusing on their beginning, end, or completion.

—*Mi hijo **era** tímido y de pocas palabras como usted.*

- The imperfect tense of regular verbs is formed by dropping the infinitive ending (**–ar, –er, –ir**) and adding personal endings. **–Ar** verbs take the endings **–aba, –abas, –aba, –ábamos, –abais, –aban**. **–Er** and **–ir** verbs take **–ía, –ías, –ía, –íamos, –íais, –ían**.

The imperfect of regular *–ar*, *–er*, and *–ir* verbs		
caminar	deber	abrir
caminaba	debía	abría
caminabas	debías	abrías
caminaba	debía	abría
caminábamos	debíamos	abríamos
caminabais	debíais	abríais
caminaban	debían	abrían

- **Ir, ser,** and **ver** are the only verbs that are irregular in the imperfect.

The imperfect of irregular verbs		
ir	ser	ver
iba	era	veía
ibas	eras	veías
iba	era	veía
íbamos	éramos	veíamos
ibais	erais	veíais
iban	eran	veían

- The imperfect tense indicates how things were or what was happening at certain time in the past.

> Cuando yo **era** joven, **vivía** en una ciudad muy grande. Todas las semanas, mis padres y yo **visitábamos** a mis abuelos.
> *When I was young, I lived in a big city. Every week, my parents and I visited my grandparents.*

TALLER DE CONSULTA

To express past actions in progress, the imperfect or the past progressive may be used. See **Manual de gramática 2.4, p. 242.**

¿Qué hacías ayer cuando llamé?
What were you doing yesterday when I called?
Estaba estudiando.
I was studying.

- The imperfect of **haber** is **había**. There is no plural form.

    Había tres cajeros en el supermercado.
    There were three cashiers in the supermarket.

    Sólo **había** un mesero en el café.
    There was only one waiter in the café.

- These words and expressions, among others, are often used with the imperfect because they express habitual or repeated actions without reference to their beginning or end: **de niño/a** (*as a child*), **todos los días** (*every day*), **mientras** (*while*).

    De niño, vivía en un suburbio de la Ciudad de México.
    As a child, I lived in a suburb of Mexico City.

    Todos los días visitaba a mis primos en un pueblo cercano.
    Every day I visited my cousins in a nearby village.

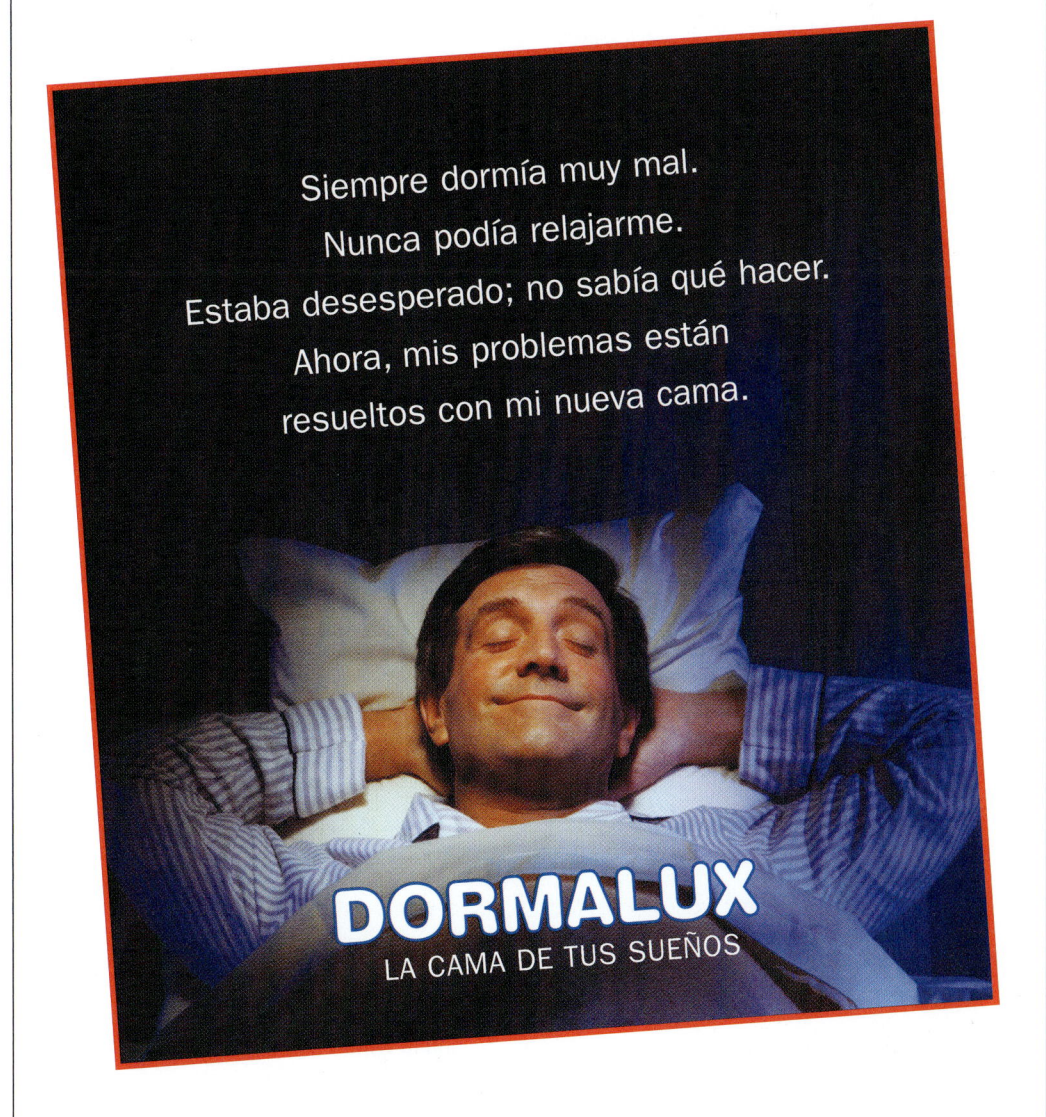

Siempre dormía muy mal.
Nunca podía relajarme.
Estaba desesperado; no sabía qué hacer.
Ahora, mis problemas están resueltos con mi nueva cama.

DORMALUX
LA CAMA DE TUS SUEÑOS

ESTRUCTURAS

Práctica

Nota CULTURAL

El **Palacio de Cortés** es uno de los edificios más famosos de **Cuernavaca**. Se terminó de constuir en 1535. Ha servido de cárcel (*jail*) y de sede del gobierno y hoy día es el **Museo Cuauhnáhuac**. Los murales que pintó **Diego Rivera** en 1930 sobre la conquista española añaden interés a este histórico lugar.

El Palacio de Cortés, Cuernavaca, México

1 Cuernavaca Escribe la forma correcta del imperfecto de los verbos indicados.

Cuando yo (1) _____ (tener) veinte años, estuve en México por seis meses. (2) _____ (vivir) en Cuernavaca, una ciudad cerca de la capital. (3) _____ (ser) estudiante en un programa de español para extranjeros. Entre semana mis amigos y yo (4) _____ (estudiar) español por las mañanas. Por las tardes, (5) _____ (visitar) los lugares más interesantes de la ciudad para conocerla mejor. Los fines de semana, nosotros (6) _____ (ir) de excursión. (Nosotros) (7) _____ (visitar) ciudades y pueblos nuevos. ¡Los paisajes (8) _____ (ser) maravillosos!

2 Antes En parejas, túrnense para hacerse preguntas usando estas frases.

Modelo tomar el metro
—¿Tomas el metro?
—Ahora sí, pero antes nunca lo tomaba./Ahora no, pero antes siempre lo tomaba.

1. ir a las discotecas
2. tomar vacaciones
3. ir de compras al centro comercial
4. hacer diligencias los fines de semana
5. trabajar por las tardes
6. preocuparse por el futuro

3 Rutinas En parejas, un(a) compañero/a comienza la narración de alguna rutina que hacía en el pasado. El/La otro/a tiene que adivinar (*to guess*) cómo termina.

Modelo —Mi madre me daba dinero y me llevaba al centro comercial.
—Tú comprabas ropa y discos. Luego, tu madre te recogía y regresaban a casa.

Practice more at vhlcentral.com.

Comunicación

4 ¿Y ustedes?

A. Pregunta a varios compañeros si hacían estas cosas cuando eran niños/as. Escribe el nombre de la primera persona que conteste afirmativamente cada pregunta.

Modelo ir mucho al cine
—¿Ibas mucho al cine?
—Sí, iba mucho al cine.

¿Qué hacían?	Nombre
1. tener miedo de los monstruos y fantasmas de los cuentos	_____
2. llorar todo el tiempo	_____
3. siempre hacer su cama	_____
4. ser muy travieso/a (*mischievous*)	_____
5. romper los juguetes (*toys*)	_____
6. darles muchos regalos a sus padres	_____
7. comer muchos dulces	_____
8. pasear en bicicleta	_____
9. correr en el parque	_____
10. beber limonada	_____

B. Ahora, comparte con la clase los resultados de tu búsqueda.

5 Antes y ahora En parejas, comparen cómo ha cambiado este lugar en los últimos años. ¿Cómo era antes? ¿Cómo es ahora?

Antes   Ahora

6 Entrevista Trabajen en parejas. Uno/a de ustedes es una persona famosa y el/la otro/a es un(a) reportero/a que la entrevista para saber cómo era su vida de niño/a. Después, informen a la clase sobre la celebridad. Sean creativos.

Modelo De niña, Salma Hayek viajaba todos los veranos al sureste de México. Le gustaba ir a las tiendas en el centro de Mérida...

ESTRUCTURAS

2.3 The preterite vs. the imperfect

- Although the preterite and imperfect both express past actions or states, the two tenses have different uses. They are not interchangeable.

Uses of the preterite

- To express actions or states viewed by the speaker as completed.

    Viviste en ese barrio el año pasado.
    You lived in that neighborhood last year.

    Mis amigas **fueron** al centro comercial ayer.
    My girlfriends went to the mall yesterday.

- To express the beginning or end of a past action.

    La telenovela **empezó** a las ocho.
    The soap opera began at eight o'clock.

    Estas dos noticias **se difundieron** la semana pasada.
    These two news items were broadcast last week.

—Mi hijo **murió** en un choque.

- To narrate a series of past actions.

    Salí de casa, **crucé** la calle y **entré** en el edificio.
    I left the house, crossed the street, and entered the building.

    Llegó al centro, le **dieron** indicaciones y **se fue**.
    He arrived at the center, they gave him directions, and he left.

Uses of the imperfect

- To describe an ongoing past action without reference to beginning or end.

    No se **podía** parar delante de la comisaría.
    Stopping in front of the police station was not permitted.

    Juan **tomaba** el transporte público frecuentemente.
    Juan frequently took public transportation.

- To express habitual past actions.

    Me gustaba jugar al fútbol los domingos.
    I used to like to play soccer on Sundays.

    Solían hacer las diligencias los fines de semana.
    They used to run errands on weekends.

—El otro conductor **iba** borracho.

- To describe mental, physical, and emotional states or conditions.

    Estaba muy nerviosa antes de la entrevista.
    She was very nervous before the interview.

- To tell time.

    Eran las ocho y media de la mañana.
    It was eight thirty a.m.

TALLER DE CONSULTA

To review telling time, see **Manual de gramática 2.5, p. 244.**

The preterite and imperfect used together

- When narrating in the past, the imperfect describes *what was happening*, while the preterite describes the action that *interrupted* the ongoing activity. The imperfect provides background information, while the preterite indicates specific events that advance the plot.

> Mientras **estudiaba**, **sonó** la alarma contra incendios. Me **levanté** de un salto y **miré** el reloj. **Eran** las 11:30 de la noche. **Salí** corriendo de mi cuarto. En el pasillo **había** más estudiantes. La alarma **seguía** sonando. **Bajamos** las escaleras y, al llegar a la calle, me **di** cuenta de que **hacía** un poco de frío. No **tenía** un suéter. De repente, la alarma **dejó** de sonar. No **había** ningún incendio.

> *While I was studying, the fire alarm went off. I jumped up and looked at the clock. It was 11:30 p.m. I ran out of my room. In the hall there were more students. The alarm continued to blare. We rushed down the stairs and, when we got to the street, I realized that it was a little cold. I didn't have a sweater. Suddenly, the alarm stopped. There was no fire.*

¡ATENCIÓN!

Here are some transitional words useful for clarity when narrating past events.

primero *first*
al principio *in the beginning*
antes (de) *before*
después (de) *after*
mientras *while*
entonces *then*
luego *then, next*
siempre *always*
al final *finally*
la última vez *the last time*

Different meanings in the imperfect and preterite

- The verbs **querer**, **poder**, **saber**, and **conocer** have different meanings when they are used in the preterite. Notice also the meanings of **no querer** and **no poder** in the preterite.

infinitive	imperfect	preterite
querer	**Quería** acompañarte. *I **wanted** to go with you.*	**Quise** acompañarte. *I **tried** to go with you (but failed).*
		No quise acompañarte. *I **refused** to go with you.*
poder	Ana **podía** hacerlo. *Ana **could** do it.*	Ana **pudo** hacerlo. *Ana **succeeded** in doing it.*
		Ana **no pudo** hacerlo. *Ana **could not** (and did not) do it.*
saber	Ernesto **sabía** la verdad. *Ernesto **knew** the truth.*	Por fin Ernesto **supo** la verdad. *Ernesto finally **discovered** the truth.*
conocer	Yo ya **conocía** a Andrés. *I already **knew** Andrés.*	Yo **conocí** a Andrés en la fiesta. *I **met** Andrés at the party.*
	María y Andrés **se conocían**. *María and Andrés **knew** each other.*	María y Andrés **se conocieron** en Acapulco. *María and Andrés **met** in Acapulco.*

¡ATENCIÓN!

Saber and **conocer** are not usually interchangeable. **Saber** means *to know* (facts, information, or how to do something), while **conocer** means *to know* or *to be familiar/acquainted with* (a person, place, or thing).

Some contexts, however, lend themselves to either verb.

La policía sabía/conocía el paradero del sospechoso.

The police knew of the suspect's whereabouts.

Vivir en la ciudad

ESTRUCTURAS

Práctica

1 **El centro** Elena y Catalina prometieron llevar a su amigo Daniel a una entrevista de trabajo. Completa las oraciones con el imperfecto o el pretérito de estos verbos.

conducir	desayunar	llamar
construir	estar	llegar
cruzar	haber	salir
dar	leer	ser
decir	levantarse	ver

Eran las ocho cuando Catalina y Elena (1) _____ para ir al centro. Elena (2) _____ cuando Daniel la (3) _____ para decir que estaba listo. Le (4) _____ otra vez que la cita (5) _____ a las diez y media. Ellas (6) _____ a las nueve y media. Todavía era temprano y (7) _____ tiempo. Elena (8) _____ mientras Catalina (9) _____ las indicaciones para llegar. Había mucho tráfico cuando (10) _____ el puente. No (11) _____ el edificio de oficinas porque (12) _____ perdidas. (13) _____ muchas vueltas y por fin (14) _____. Ya eran las once menos cuarto. ¡Pero no (15) _____ nadie allí!

2 **Interrupciones** Combina palabras y frases de cada columna para contar lo que hicieron las siguientes personas. Usa el pretérito y el imperfecto.

Modelo Ustedes miraban la tele cuando el médico llamó.

yo	dormir		usted	~~llamar por teléfono~~
tú	comer		~~el médico~~	salir
Marta y Miguel	escuchar música	cuando	la policía	sonar
nosotros	~~mirar la tele~~		el/la profesor(a)	recibir el correo
Pablo	conducir		los amigos	electrónico
~~ustedes~~	ir a...		Shakira	ver el accidente
			la alarma	

3 **Las fechas importantes**

A. Escribe cuatro fechas importantes en tu vida y explica qué pasó.

Fecha	¿Qué pasó?	¿Con quién estabas?	¿Dónde estabas?	¿Qué tiempo hacía?
Modelo				
el 6 de agosto de 2017	Conocí a Dave Navarro.	Estaba con un amigo.	Estábamos en el gimnasio Vida.	Llovía mucho.

B. Intercambia tu información con tres compañeros/as. Ellos te van a hacer preguntas para conocer más detalles sobre lo que te pasó.

Practice more at vhlcentral.com.

ESTRUCTURAS

Comunicación

4 **La mañana de Esperanza**

A. En parejas, observen los dibujos. Escriban lo que le pasó a Esperanza después de abrir la puerta de su casa. ¿Cómo fue su mañana? Utilicen el pretérito y el imperfecto en la narración.

1.

2.

3.

4.

B. Con dos parejas más, túrnense para presentar las historias que han escrito. Después, combinen sus historias para hacer una nueva.

5 **Crónicas** En grupos de tres, pongan estos fragmentos de oraciones en una secuencia lógica. Después, completen las oraciones y añadan otras para crear una historia. Usen el pretérito y el imperfecto.

1. Con frecuencia, mis amigos/as …
2. El sábado pasado, …
3. Regularmente, en la plaza de …
4. Anoche, un conductor …
5. Generalmente, los pasajeros …
6. Ayer en la ciudad …

6 **Cambios** En parejas, díganse en qué ciudad crecieron. Luego, describan los cambios actuales en esa ciudad y cómo se vivía antes. Por último, en pocas palabras, presenten a la clase la descripción de su compañero/a.

Modelo   Hace cinco años, construyeron un nuevo rascacielos.
Antes, podíamos ver las montañas desde nuestro jardín.

Vivir en la ciudad

ESTRUCTURAS

Síntesis

La ciudad es mía

Esta mañana abrí la ventana de la habitación. Hacía calor. En un instante decidí no leer el periódico, es más, decidí no ir al trabajo. Salí a la calle sin desayunar y, sin dudar, me subí al primer autobús que paró. Había muchos asientos libres, elegí uno sin prisa y me senté.

El autobús avanzaba° y yo observaba escenas cotidianas. Estuve en el autobús un buen rato° y después bajé. Crucé la calle, empecé a caminar y llegué a una plaza inmensa. Había mucha gente. Hombres y mujeres de todas las edades iban y venían en todas direcciones. Me perdí entre la multitud. Estaba contento. Me gusta vagabundear° sin destino° por la ciudad. En una esquina me paré y tomé otra decisión.

Mientras caminaba, seguí a un grupo de jóvenes. Pensé que ellos iban a algún lugar interesante. ¡Y así fue! Yo no solía seguir a la gente, pero hoy era diferente; quería improvisar.

Empezaba a llover, pero las calles no estaban vacías. Yo quise terminar el día con un paseo bajo la lluvia, pero no pude. Algo inesperado° sucedió°. ∎

was moving forward
a while
roam/destination
unexpected/happened

1 Preguntas Contesta las preguntas.
1. ¿Qué decisiones tomó el protagonista ("P") de la historia?
2. ¿Qué transporte público tomó?
3. ¿A quién siguió? ¿Por qué?

2 Detalles En parejas, inventen las respuestas para completar el día de P por las calles de la Ciudad de México. Utilicen la imaginación y su conocimiento de esta ciudad.
1. ¿A qué plaza llegó P? ¿Qué había? ¿Cómo era?
2. ¿Adónde fueron los jóvenes? ¿Qué hicieron? ¿Qué hizo P?
3. ¿Cómo fue el día de P? ¿Lo pasó bien? ¿Por qué?

3 Algo inesperado P no pudo contarnos qué sucedió mientras regresaba a casa bajo la lluvia. En grupos de tres, inventen un final posible y después compártanlo con la clase.

Preparación

Vocabulario de la lectura
- **acostumbrar** *to do as a custom/habit*
- **la costumbre** *custom; habit*
- **el cuidado** *care*
- **decidido/a** *determined*
- **difundir (noticias)** *to spread (news)*
- **el/la habitante** *inhabitant*
- **el matriarcado** *matriarchy*
- **el mito** *myth*
- **permitir** *to allow*

Vocabulario útil
- **el bienestar** *well-being*
- **la característica** *characteristic*
- **conservar** *to preserve*
- **cooperar** *to cooperate*
- **la influencia** *influence*
- **justo/a** *just, fair*
- **significar** *to mean*

1. Vocabulario
Completa cada oración con la palabra más adecuada.

1. Me caí dando una vuelta en bicicleta. Iba rápido y no tuve suficiente _____.
   a. cuidado   b. influencia   c. bienestar

2. La ley no _____ doblar cuando hay peatones en la esquina.
   a. significa   b. permite   c. coopera

3. Trata de relajarte un poco cada día. Tienes que pensar en tu _____ mental.
   a. bienestar   b. costumbre   c. mito

4. Supe del accidente porque _____ las imágenes en la televisión.
   a. significaron   b. acostumbraron   c. difundieron

5. Cada barrio es diferente y _____ sus tradiciones independientes.
   a. conserva   b. coopera   c. significa

2. Las mujeres de tu vida
Contesta las preguntas y explica tus respuestas. También puedes añadir anécdotas y detalles.

1. ¿Qué mujeres ocupan un papel importante en tu vida personal?
2. ¿Qué mujeres tienen papeles importantes en tu comunidad?
3. ¿A qué mujer famosa admiras?
4. ¿Qué cualidades admiras más en la personalidad de una mujer? ¿Y en la de un hombre? ¿Son las mismas?

3. Hombres y mujeres
En parejas, hagan dos listas: una con cinco cosas que creen que tienen en común los hombres y las mujeres; y otra con cinco cosas en las que son diferentes. Después, compartan sus listas con la clase. ¿Pueden llegar a alguna conclusión?

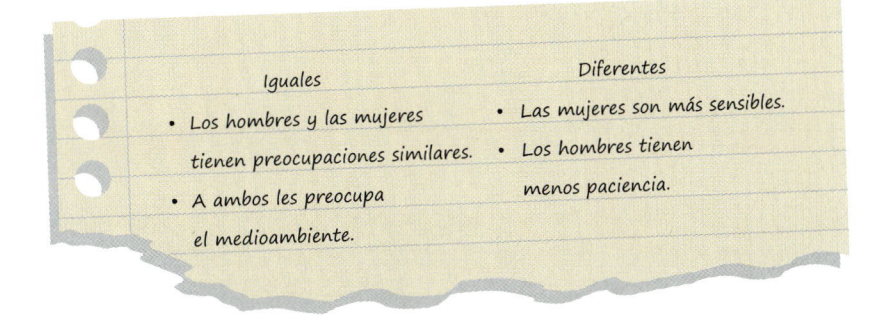

Iguales	Diferentes
Los hombres y las mujeres tienen preocupaciones similares.	Las mujeres son más sensibles.
A ambos les preocupa el medioambiente.	Los hombres tienen menos paciencia.

CULTURA

Juchitán:
La ciudad de las mujeres

CULTURA

Cultura en pantalla
Visita vhlcentral.com y conoce a **Las mujeres triquis de Oaxaca** y su rol en la sociedad actual.

Audio: Reading

Famosa por sus mujeres, fuertes y decididas, Juchitán es una ciudad mexicana mayoritariamente° indígena cuyos mitos y costumbres se resisten a la influencia del exterior.

Está en una zona de México llamada istmo de Tehuantepec, en el sur del estado de Oaxaca, muy cerca de la frontera con Guatemala. Sus habitantes son en su mayoría de la etnia zapoteca y, hasta hoy, todavía hablan su lengua ancestral°, el zapoteco.

Muchos afirman que en Juchitán existe un matriarcado por la presencia tan trascendental que las mujeres tienen en la economía y la sociedad en general. Además, ellas son las que toman las decisiones importantes en la familia; por ejemplo, si un hombre quiere comprar algo o salir a divertirse, tiene que pedirle dinero a la mujer de la casa.

Las mujeres juchitecas° son extrovertidas y acostumbran llevar trajes° de colores brillantes; además, se desenvuelven° con dignidad y siempre son directas al hablar. Aun las mujeres de mayor edad se visten con garbo°, confianza° y sin la intención de esconder su edad, porque ser "viejo" no tiene una connotación negativa en su cultura.

La estructura social de esta comunidad está claramente dividida. Los hombres trabajan en el sector de la producción: son campesinos°, pescadores°, artesanos° y también son los que toman las decisiones políticas. Por su parte, las mujeres manejan° la organización doméstica, la economía familiar, el comercio y el sistema festivo.

Las fiestas son parte importante de la vida en Juchitán, ya que duran varios días y requieren de una compleja preparación. Las mujeres son las anfitrionas° y, a la hora del baile, hay más mujeres que hombres en la pista° bailando al ritmo de la música tradicional.

El mercado es un punto central en Juchitán, donde las mujeres venden los productos del campo o del mar que los hombres han traído a casa. Es también ahí donde se difunden las noticias entre todos y se arreglan asuntos° sociales y familiares.

Su capacidad económica le permite a la mujer juchiteca una gran autonomía en relación con el hombre. Ésta se refleja en una sólida autoestima°, en una presencia dominante dentro del sistema social de la comunidad y en una fuerte y aceptada autoridad en la familia.

Ningún hombre juchiteco se siente mal porque el sistema económico está dirigido por las mujeres. Aquí —al contrario del modelo occidental— las prioridades son la alimentación°, el cuidado de niños y ancianos°, y los banquetes colectivos. Nadie se queda con hambre en Juchitán. ¿Cuántas ciudades pueden decir esto en el llamado "mundo desarrollado°"? ■

Frida y Juchitán

La pintora mexicana Frida Kahlo admiraba mucho a las mujeres juchitecas. Tenía muchos vestidos bordados (*embroidered*) en Juchitán y los llevaba a diario; en varios de sus autorretratos (*self-portraits*) se pintó con estos vestidos.

> **Las mujeres juchitecas son extrovertidas y acostumbran llevar trajes de colores brillantes.**

Glosas: mainly · ancient · antes de Juchitán · vestidos · carry themselves · poise · confidence · agricultural workers / fishermen / craftsmen · handle · hostesses · dance floor · issues are settled · self-esteem · comida · elderly people · developed

Vivir en la ciudad

CULTURA

Análisis

1 Comprensión Contesta las preguntas con oraciones completas.

1. ¿Cómo son las mujeres juchitecas? Usa por lo menos tres adjetivos de la lectura.
2. ¿Cuáles son las principales ocupaciones de los hombres juchitecos?
3. ¿En qué trabajan las mujeres de esta ciudad?
4. ¿Cómo son las fiestas en Juchitán?
5. Si quieres saber lo que ha pasado últimamente (*lately*) en Juchitán, ¿adónde debes ir?
6. ¿Cuándo usaba Frida Kahlo sus vestidos bordados en Juchitán?
7. ¿Qué logra (*achieve*) la mujer juchiteca con su capacidad económica?
8. ¿A qué le da más importancia el sistema económico de Juchitán?

2 Opiniones En parejas, contesten las preguntas.

1. ¿Qué opinan del papel de las mujeres en Juchitán?
2. ¿Qué aspecto les pareció el más interesante de esta sociedad?
3. ¿Qué cosas son diferentes entre Juchitán y la sociedad en la que ustedes viven? Hagan una lista.

3 Tu comunidad Escribe cuatro características positivas y cuatro negativas de la comunidad en que vives. Compártelas con la clase.

Características

Positivas	Negativas

4 Imaginar En grupos de cinco, imaginen que forman parte de un nuevo modelo de sociedad. ¿Cómo es? Descríbanlo usando estas preguntas como referencia y añadan otros detalles. Después, compartan sus "sociedades" con la clase.

- ¿Cómo participan las mujeres? ¿Y los hombres?
- ¿Qué trabajo hace cada uno/a de ustedes?
- ¿Cuáles son las prioridades del gobierno?
- ¿Quién(es) están en el gobierno?

5 Explicar En parejas, lean las siguientes afirmaciones del artículo. ¿Qué filosofía tienen en común? ¿La cultura occidental valora también esa filosofía? Den al menos tres razones para explicar su opinión.

- "Nadie se queda con hambre en Juchitán".
- "... ser viejo no tiene una connotación negativa ..."
- "Ningún hombre juchiteco se siente mal porque el sistema económico está dirigido por las mujeres".

Practice more at vhlcentral.com.

LITERATURA

Preparación

Sobre la autora

La escritora catalana **Mercè Sarrias** (1966–) estudió periodismo en la Universidad Autónoma de Barcelona. Su trayectoria teatral se inicia en la Sala Beckett de esa ciudad, donde estudia dramaturgia (*playwriting*) y actuación. Inició su carrera como escritora haciendo reportajes periodísticos y publicidad. Escribió guiones de televisión y obras de teatro en varios idiomas, entre las que destacan *África 30* (1998) y *Hazme una perdida* (2014). "Escribo muy cerca de la realidad", dice Sarrias. "Me apasiona la gente y observar el mundo contemporáneo, lo que tengo a mi alrededor".

Vocabulario de la lectura		Vocabulario útil	
el agujero	*pothole*	impedir	*to prevent*
aparcar	*to park*	indignarse	*to be outraged*
desplazado/a	*out of place*	la multa	*fine*
impasible	*impassively*	la protesta	*complaint*
manchado/a	*stained*	la señal de tráfico	*road sign*
el mostrador	*counter*	sorprendido/a	*surprised*
la persiana	*shutter*	el trato	*treatment*
el principio	*principle*		
rechazar	*to turn down*		
retroceder	*to move backward*		

1 **Vocabulario** Completa las oraciones con palabras del vocabulario.

1. El ayuntamiento tiene que reparar un profundo _____ que hay en la acera.
2. El letrero era enorme, tuve que _____ para verlo bien.
3. Había tanto tráfico que debí _____ el auto y seguir en transporte público.
4. La dependienta me miraba sonriente al otro lado del _____.
5. El compañero cerró _____ de la ventana y no pude ver lo que hacía.
6. El policía lo miró _____, sin cambiar el gesto.

2 **Urbanización** En parejas, contesten las preguntas y coméntenlas.

1. ¿Qué es lo que menos te gusta de las grandes ciudades?
2. ¿Cómo describirías las interacciones con desconocidos en las grandes ciudades?
3. ¿Prefieres el trato personal en los pueblos o en las ciudades? ¿Por qué?
4. ¿Dónde crees que es más fácil llevarse bien con la gente: en un pueblo o en una ciudad? ¿Por qué?
5. ¿Cómo crees que actúa la burocracia en la ciudad? ¿Y en los pueblos?

3 **Principios** En grupos de tres, reflexionen sobre esta frase: "Es cuestión de principios"; luego, contesten las preguntas y coméntenlas. Compartan sus ideas con la clase

1. ¿Se consideran personas de principios? ¿Por qué?
2. ¿Qué son capaces de sacrificar por sus principios?
3. ¿Creen que siempre se deben obedecer las normas? ¿Por qué?
4. ¿Qué hacen si una norma o una ley los obliga a ir en contra de sus principios?

LITERATURA

Una lucha muy personal

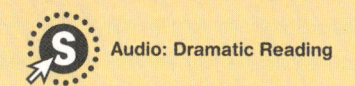

Mercè Sarrias

Depósito de la grúa°. Es un garaje inmenso. Hay una valla° que impide la salida de los coches y un mostrador grande, con un cristal grueso donde hay algunos anuncios y un cartel donde se indica que no se puede fumar. Una persiana, que en estos momentos está arriba, permite abrir y cerrar el servicio de mostrador. Es donde los "damnificados°" rellenan los papeles y pagan para recuperar su vehículo. Es domingo. Tras el mostrador, Sonia, una mujer rubia, teñida, alrededor de los cuarenta, mira impasible hacia delante. Está ausente. Entra Marta, también de cuarenta años, vestida elegantemente. Camina poco a poco con un zapato manchado de barro en la mano. Marta atraviesa todo el espacio y se dirige al mostrador. Coloca el zapato ante Sonia. Está furiosa. Sonia no se inmuta°. Se miran.

tow truck / gate

victims

*no se inmuta
does not flinch*

MARTA Vengo a buscar el coche.
SONIA ¿Quiere hacer el favor de dejar el zapato en el suelo?

Marta no lo hace.

MARTA Me he caído. En las obras. Hay un agujero de más de un metro. Hace dos meses que hay un agujero de más de un metro. He retrocedido para ver mejor el vacío° que había dejado el coche y he caído. *(Levanta el zapato lleno de barro.)* Ciento veinticinco euros.
SONIA No debería comprar zapatos tan caros. *(Le da unos papeles.)* Son ciento cincuenta euros.

empty space

Marta firma los papeles y se queda mirando a Sonia.

Vivir en la ciudad

LITERATURA

MARTA No tengo el dinero.

Sonia recoge los papeles.

MARTA No lo tendré hasta final de mes.

25 **SONIA** Si deja el coche aquí hasta final de mes, le costará un ojo de la cara°. Tendrá que vender todos sus zapatos.

un ojo de la cara an arm and a leg

MARTA ¿Por qué es tan idiota?

*Suena un timbre. **Sonia** baja la persiana del mostrador.*

MARTA ¿Pero qué hace?

30 **SONIA** (*Tras la persiana.*) He acabado el turno°. Ahora vendrá mi compañero y discute con él.

shift

MARTA ¿Pero dónde está?

SONIA No lo sé. Siempre llega tarde. (*Pausa.*) ¿Se puede saber por qué siempre aparca el coche en el mismo sitio si sabe que está prohibido?

35 **MARTA** Se equivoca. No está prohibido. Es la señal la que está mal puesta. Está desplazada hacia un lado porque hay un árbol que impide que esté en el sitio correcto, pero donde realmente no se puede aparcar es más a la derecha. ¿Lo entiende?

SONIA Lo que no entiendo es cómo se ha dejado llevar el coche seis veces
40 en un mes.

MARTA Es cuestión de principios.

SONIA Póngase el zapato, cogerá frío.

*Marta se emociona, casi llora. **Sonia** la oye.*

SONIA ¿Pero qué hace?

45 **MARTA** Nada. Nada. No hago nada.

*Marta coge el zapato del mostrador y se lo pone. **Sonia** sale de detrás del mostrador. Lleva el bolso, una bolsa y una mesa de camping con dos sillas plegables°. La abre, coloca las sillas y de dentro de la bolsa saca una botella de vino y dos copas. **Marta** la mira sorprendida. **Sonia** se sienta en una silla y*
50 *le hace una señal con la cabeza para que se siente en la otra. **Marta** lo hace. **Sonia** abre la botella sin prisas y sirve el vino. Saca un paquete de cigarrillos y le ofrece tabaco a **Marta**, que lo rechaza. Se enciende un cigarrillo, que fuma lentamente, mientras bebe. Es un momento de relax después del trabajo. **Marta** también bebe. Silencio.*

folding

55 **SONIA** ¿Mejor?

Marta mueve afirmativamente la cabeza.

MARTA ¿Dejará que me lleve el coche?

SONIA No puedo. No está permitido. Las normas° son las normas.

rules

MARTA Pero…

Lección 2

60	SONIA	No hay nada que hacer.

Silencio.

	SONIA	Podemos tratar de conseguir el dinero.
	MARTA	¿Nosotras?
	SONIA	Vamos a ver. ¿Tiene familia?
65	MARTA	(*Incómoda.*) Tengo una hija. Tiene quince años.
	SONIA	¿Tendrá un padre?
	MARTA	No, en este sentido, no lo tiene.
	SONIA	¿Y ella, unos ahorros?
	MARTA	¿Pretende que le coja el dinero a mi hija?
70	SONIA	Oh, alguna solución tendremos que encontrar.

*Entra el substituto de **Sonia**. Es un hombre largo y delgado que lleva un mono° de trabajo y el periódico bajo el brazo. Saluda con la cabeza.* — coveralls

	SONIA	Tarde.
75	HOMBRE	Hoy prácticamente no hay servicio.
	MARTA	Entonces, ¿por qué han cogido mi coche?
	HOMBRE	Porque estaba provocando.

***El hombre** desaparece tras el mostrador, abre un poco la persiana y coge el periódico y se pone a leer.*

80	MARTA	Cabrones.
	SONIA	Debería mostrar signos de arrepentimiento°. — remorse
	MARTA	Hablaré con mi hija.
	SONIA	Así me gusta.
	MARTA	Quiere que le compre una moto.
85	SONIA	Vamos mal.
	MARTA	¿Lo ve?
	SONIA	Sí, lo veo. ¿Más vino?
	MARTA	Y su padre le ha dicho que le compraba.
	SONIA	Cabrón.
90	MARTA	¿Lo ve?

***Marta** se bebe el vino de golpe. Las dos se quedan en silencio. Se hace oscuro lentamente. **Sonia** se duerme. **Marta**, quieta, despierta. Se va.*

Sobre el oscuro total, se oye de golpe un coche que arranca a toda velocidad y una valla que se rompe. Y una risa.

95	SONIA	(*Chillando°.*) ¡Eh! ■ — shouting

Vivir en la ciudad 77

LITERATURA

Análisis

1 Comprensión Contesta las preguntas.
1. ¿Para qué va Marta al depósito de la grúa?
2. ¿Quién es Sonia?
3. ¿Por qué Marta lleva un zapato en la mano?
4. ¿Por qué se conocían antes Marta y Sonia?
5. ¿Por qué Marta no le paga a Sonia para llevarse su auto?
6. ¿Qué sucede al final de la obra de teatro?

2 Interpretar En parejas, contesten las preguntas.
1. Sonia está tranquila y Marta está furiosa, ¿por qué?
2. ¿Por qué crees que Marta estaciona junto a la señal, sabiendo que se pueden llevar su auto?
3. ¿Qué opinión crees que tiene Sonia de Marta? ¿Y Marta de Sonia?
4. ¿Piensas que Sonia debía permitir a Marta irse en el coche sin pagar? ¿Por qué?
5. ¿A qué se refiere el hombre cuando le dice a Marta que "estaba provocando"?

3 "Es cuestión de principios" En parejas, comenten la decisión de Marta de aparcar siempre donde la grúa se lleva el coche. Usen estas preguntas para guiar su conversación.

- ¿Qué relación tiene la decisión de Marta de aparcar siempre en ese lugar con la frase "es cuestión de principios"?
- ¿Qué crees que quería demostrar Marta?
- ¿Qué consejo le darías a Marta si fueras amiga suya?

4 La fuerza de la verdad En parejas, respondan las preguntas.
1. ¿Te identificas más con Sonia o con Marta? ¿Por qué?
2. ¿Qué hubieras hecho tú en lugar de Marta?
3. ¿Por qué nos resistimos a aceptar situaciones injustas?
4. ¿Crees que la justicia debe ser lo más importante en cualquier situación?

5 Escribir En parejas, escriban otra escena de la obra. Marta acaba de volver a casa después de pagar la multa por quinta vez. Se lo dice a su hija. Escriban la conversación entre ambas y represéntenla ante la clase.

Plan de redacción

Escribir una obra de teatro

1. **Diálogo** Decidan cuál va a ser la reacción de la hija. ¿Será comprensiva?
2. **Acotaciones escénicas** Recuerden que las obras de teatro se escriben para ser representadas. Describan el escenario y las reacciones de los personajes.
3. **Ensayo** Lean el diálogo en voz alta y hagan las correcciones oportunas. Luego, ensayen la obra y represéntenla ante la clase.

Practice more at vhlcentral.com.

VOCABULARIO

En la ciudad

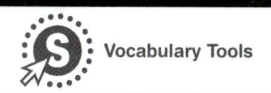

Lugares

las **afueras** suburbs
los **alrededores** the outskirts
el **ayuntamiento** city hall
el **barrio** neighborhood
el **centro comercial** mall
el **cine** movie theater
la **ciudad** city
la **comisaría** police station
la **discoteca** dance club
el **edificio** building
la **estación (de trenes/de autobuses)** (train/bus) station
la **estación de bomberos** fire station
la **estación de policía** police station
el **estacionamiento** parking lot
el **estadio** stadium
el **metro** subway
el **museo** museum
la **parada (de metro, de autobús)** (subway, bus) stop
la **plaza** square
el **rascacielos** skyscraper
el **suburbio** suburb
la **vivienda** housing; home

Indicaciones

la **acera** sidewalk
la **avenida** avenue
la **calle** street
la **cuadra** city block
la **dirección** address
la **esquina** corner
el **letrero** sign, billboard
el **puente** bridge
el **semáforo** traffic light
el **tráfico** traffic
el **transporte público** public transportation

cruzar to cross
doblar to turn
estar perdido/a to be lost
indicar el camino to give directions
parar to stop
preguntar el camino to ask for directions

Gente

el/la **alcalde(sa)** mayor
el/la **ciudadano/a** citizen
el/la **conductor(a)** driver
la **gente** people
el/la **pasajero/a** passenger
el/la **peatón/peatona** pedestrian
el **policía/la mujer policía** policeman/woman

Actividades

la **vida nocturna** nightlife

bajar to go down; to get off (a bus)
construir to build
conversar to talk
convivir to live together; to coexist
dar un paseo to take a stroll
dar una vuelta to take a walk/ride
dar una vuelta en bicicleta/carro/motocicleta to take a bike/car/motorcycle ride
disfrutar (de) to enjoy
hacer diligencias to run errands
pasarlo bien/mal to have a good/bad time
poblar to settle; to populate
quedar to be located
quedarse to stay
recorrer to travel (around a city)
relajarse to relax
residir to reside
subir to go up; to get on (a bus)

Para describir

atrasado/a late, behind schedule
cotidiano/a everyday
inesperado/a unexpected
lleno/a full
ruidoso/a noisy
vacío/a empty

Cortometraje

el/la **cajero/a** cashier
el **choque** crash
el/la **desconocido/a** stranger
las **facciones** features

la **fila** line

afligirse to get upset
parecerse to look like
valorar to value

borracho/a drunk
ingenuo/a naïve
repentino/a sudden

Cultura

el **bienestar** well-being
la **característica** characteristic
la **costumbre** custom; habit
el **cuidado** care
el/la **habitante** inhabitant
la **influencia** influence
el **matriarcado** matriarchy
el **mito** myth

acostumbrar to do as a custom/habit
conservar to preserve
cooperar to cooperate
difundir (noticias) to spread (news)
permitir to allow
significar to mean

decidido/a determined
justo/a just, fair

Literatura

el **agujero** pothole
el **mostrador** counter
la **multa** fine
la **persiana** shutter
el **principio** principle
la **protesta** complaint
la **señal de tráfico** road sign
el **trato** treatment

aparcar to park
impedir to prevent
indignarse to be outraged
rechazar to turn down
retroceder to move backward

desplazado/a out of place
impasible impassively
manchado/a stained
sorprendido/a surprised

Vivir en la ciudad

LECCIÓN 3

Un mundo conectado

Los medios de comunicación tradicionales compiten hoy con las redes sociales y los blogs. La Internet brinda información e influye en la opinión pública y en nuestra interpretación de la realidad. Pero, ¿quién garantiza nuestra privacidad en un mundo donde la información está a un clic de ratón?

CONTENIDO

84 CORTOMETRAJE
En el cortometraje *Desconexión*, el director boliviano **Yecid Benavides** presenta una intensa y vibrante historia donde los hilos invisibles de las comunicaciones tejen una red de vida y muerte.

90 SUEÑA
Descubrirás la historia de las primeras ciudades coloniales del **Nuevo Mundo** y las aventuras de los conquistadores españoles con su enemigo número uno. Un reportaje sobre el **cine mexicano** narra la historia de esta forma artística al otro lado de la frontera.

111 CULTURA
Déjate llevar por la música caribeña. Te encontrarás bailando al ritmo del fenómeno que ha seducido al público norteamericano e internacional. Además, en el videoclip **Cultura en pantalla** aprenderás sobre la historia del merengue y su importancia entre los ritmos caribeños.

115 LITERATURA
La influencia de los medios a veces produce un efecto trágico. El escritor español **Ginés S. Cutillas** expone la naturaleza de esa tragedia en su relato *La desesperación de las letras*.

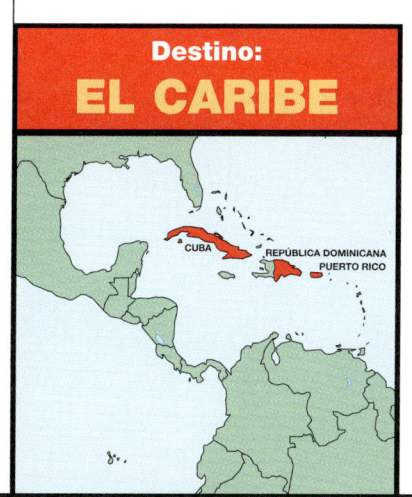

Destino:
EL CARIBE

82 PARA EMPEZAR
96 ESTRUCTURAS
- 3.1 The subjunctive in noun clauses
- 3.2 Object pronouns
- 3.3 Commands

119 VOCABULARIO

Un mundo conectado

PARA EMPEZAR

Los medios de comunicación

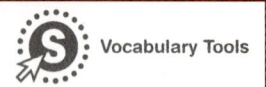

Los medios

el acontecimiento event
la actualidad current events
el anuncio advertisement, commercial
la censura censorship
Internet Internet
los medios (de comunicación) media
la parcialidad bias
la publicidad advertising
la radio radio
el reportaje news report
el sitio web website

la temporada season

enterarse (de) to become informed (about)
navegar en la red to surf the web

opinar to express an opinion, to think
ser parcial to be biased
tener buena/mala fama to have a good/bad reputation

actualizado/a up-to-date
destacado/a prominent
en directo/vivo live
imparcial impartial, unbiased
influyente influential

Profesionales de los medios

el/la actor/actriz actor/actress
el/la cantante singer
el/la crítico/a de cine film critic
el/la director(a) director
la estrella (de cine) (movie) star (male or female) 
el/la fotógrafo/a photographer
el/la locutor(a) de radio radio announcer

el/la oyente listener
el/la periodista journalist
el público audience, public
el/la redactor(a) editor
el/la reportero/a reporter
el/la televidente television viewer

El cine y la televisión

la banda sonora soundtrack
la cadena network
el cine cinema, movies
el doblaje dubbing
el documental documentary
los efectos especiales special effects
el estreno premiere, new movie
la pantalla screen
la película movie

el programa de concursos game show
el programa de telerrealidad reality show
los subtítulos subtitles
la telenovela soap opera
la transmisión broadcast
el video musical music video

ensayar to rehearse
entretener to entertain
entrevistar to interview
grabar to record
rodar (o:ue) to shoot (a movie)
transmitir to broadcast

La prensa

el horóscopo horoscope
la libertad de prensa freedom of the press
las noticias locales/internacionales/nacionales local/international/national news
el periódico/el diario newspaper
la portada front page, cover
la prensa (sensacionalista) (sensationalist) press 
la revista magazine
la sección de sociedad lifestyle section
la sección deportiva sports section
la tira cómica comic strip
el titular headline

investigar to research; to investigate
publicar to publish
suscribirse (a) to subscribe (to)

Práctica

1 Analogías Completa cada analogía con una palabra de la lista.

| actualidad | destacado | imparcial | radio |
| censura | entretener | periodista | sitio web |

1. reportero : reportaje = _____ : periódico
2. noticia internacional : informar = telenovela : _____
3. televidente : televisión = oyente : _____
4. mentiroso : sincero = parcial : _____
5. influyente : importante = _____ : prominente
6. escena : película = _____ : Internet

2 Completar Completa el texto con las palabras o expresiones de la lista.

acontecimiento	crítico de cine	mala fama	sociedad
anuncios	entrevistó	pantalla	tira cómica
cadena	estrella	sensacionalista	transmitieron

No quería perderme el (1) _____ del año y al final me lo perdí. La (2) _____ de cine asistió al estreno de su última película y una periodista la (3) _____. Fotógrafos de buena y (4) _____ sacaban fotos para venderlas a la prensa (5) _____. Algunos reporteros hablaban con un destacado (6) _____ para saber su opinión de la película. El público se entretenía mirando escenas en una (7) _____ gigante. Varios canales de televisión (8) _____ el evento en directo. Al final, no sé qué pasó. ¡Cambié de canal durante los (9) _____ y me dormí! Mañana voy a leer la sección de (10) _____ para enterarme de lo que me perdí.

3 ¿Qué opinas tú? Indica si estás de acuerdo con cada afirmación. Después, comparte tus opiniones con un compañero/a.

	Sí	No
1. Hoy día es más fácil enterarse de lo que pasa en el mundo.	☐	☐
2. Gracias a los medios de comunicación, la gente tiene menos prejuicios que antes.	☐	☐
3. La libertad de prensa es un mito.	☐	☐
4. La publicidad sólo quiere entretener al público.	☐	☐
5. El objetivo de la prensa sensacionalista es informar.	☐	☐
6. Gracias a Internet, ahora podemos encontrar más información imparcial.	☐	☐
7. La imagen tiene mucho poder en el mundo de la comunicación.	☐	☐
8. Actualmente los reporteros son vendedores de opiniones.	☐	☐
9. Tenemos demasiada información. Es imposible asimilarla toda.	☐	☐
10. El mundo es mejor gracias a los medios de comunicación.	☐	☐

Practice more at vhlcentral.com.

CORTOMETRAJE

Preparación

Vocabulario del corto

abrigarse *to wear warm clothes*
calcular *to estimate*
charlar *to chat*
chato/a *sweetie*
la chompa *sweater*
desconsiderado/a *inconsiderate*
malcriado/a *rude*
los papeles *documents*
tibio/a *warm*

Vocabulario útil

colgar (el teléfono) *to hang up (the phone)*
(estar) disponible *(to be) available*
fijarse *to pay attention*
la guagua *child* (Bol.)
hacer caso *to obey*
no más *only*
parquear *to park*
salvar la vida *to save someone's life*

EXPRESIONES

ahorita *right away*

¡Apure! / ¡Avance! *Move!*

borrar los contactos *to delete contacts*

¡Caramba! *Good grief!*

El mundo es de los vivos. *The world belongs to the savvy people.*

1 **Emparejar** Elige la palabra de la columna B que corresponde a la definición de la columna A.

A	B
___ 1. estacionar un vehículo	a. abrigarse
___ 2. estimar una cantidad de forma aproximada e inexacta	b. calcular
___ 3. llevar puesta ropa cálida para protegerse del frío	c. charlar
___ 4. mantener una conversación informal	d. chompa
___ 5. obedecer o atender a lo que dice alguien	e. desconsiderado/a
___ 6. poner atención en lo que se hace	f. malcriado/a
___ 7. prenda de lana que se lleva sobre la camisa	g. tibia
___ 8. que no tiene en cuenta a los demás	h. fijarse
___ 9. que se comporta de manera egoísta y grosera	i. hacer caso
___ 10. temperatura templada o intermedia	j. parquear

2 **Expresiones** Relaciona cada una de las situaciones con una de las **Expresiones** de la lista. Puede haber más de una expresión para casa situación.

1. Tienes mucha prisa porque tu mejor amigo ha tenido un accidente. Tomas un taxi para llegar rápido al hospital y le dices al conductor: ¡_____, por favor!

2. Estás con una amiga en el centro comercial. Ves que alguien encuentra una cartera en el suelo. La mira, la abre, saca varios billetes y se los mete en el bolsillo. Le dices a tu amiga: _____.

3. Estás organizando los números de teléfono de tu celular y de pronto cometes un gran error. Dices: ¡Oh, no! ¡No debí _____!

CORTOMETRAJE

3 Preparación En grupos, comenten las preguntas.

1. ¿Qué harías si te encuentras en la calle algo que no te pertenece?
2. ¿Has perdido alguna vez algo valioso? ¿Conseguiste recuperarlo? ¿Cómo lo hiciste?
3. ¿Crees que debemos tratar a las personas que conocemos y a los desconocidos por igual? ¿Por qué?

4 Fotogramas Observa los fotogramas e imagina lo que va a ocurrir en el cortometraje.

1.

2.

3.

4.

5 Hacer lo correcto En parejas, comenten qué harían en cada una de estas situaciones.

1. Vas con prisa por la calle y un anciano te pide indicaciones para ir a la biblioteca.
2. Un señor te pide un dólar que, según él, le falta para comprar un billete de autobús.
3. La señora que está delante de ti en la cola del supermercado tiene que dejar la comida de su bebé porque le faltan ochenta centavos.
4. Ves a una chica distraída que va a cruzar una calle por la que viene un auto a toda velocidad.
5. Tu hermano debe lavar los platos y te pide que los laves tú porque tiene que estudiar para un examen.

6 Cada segundo cuenta En parejas, improvisen un diálogo sobre ciertas situaciones en las que sea necesario ir a contrarreloj (*race against time*) para solucionar una crisis.

1. Llegas al aeropuerto para viajar a Bolivia y te das cuenta de que no tienes el pasaporte.
2. Vas en transporte público a hacer un examen y tomas el autobús equivocado.
3. De camino a tu primera cita con tu novio/a, te das cuenta de que tu camisa está sucia.

Un mundo conectado

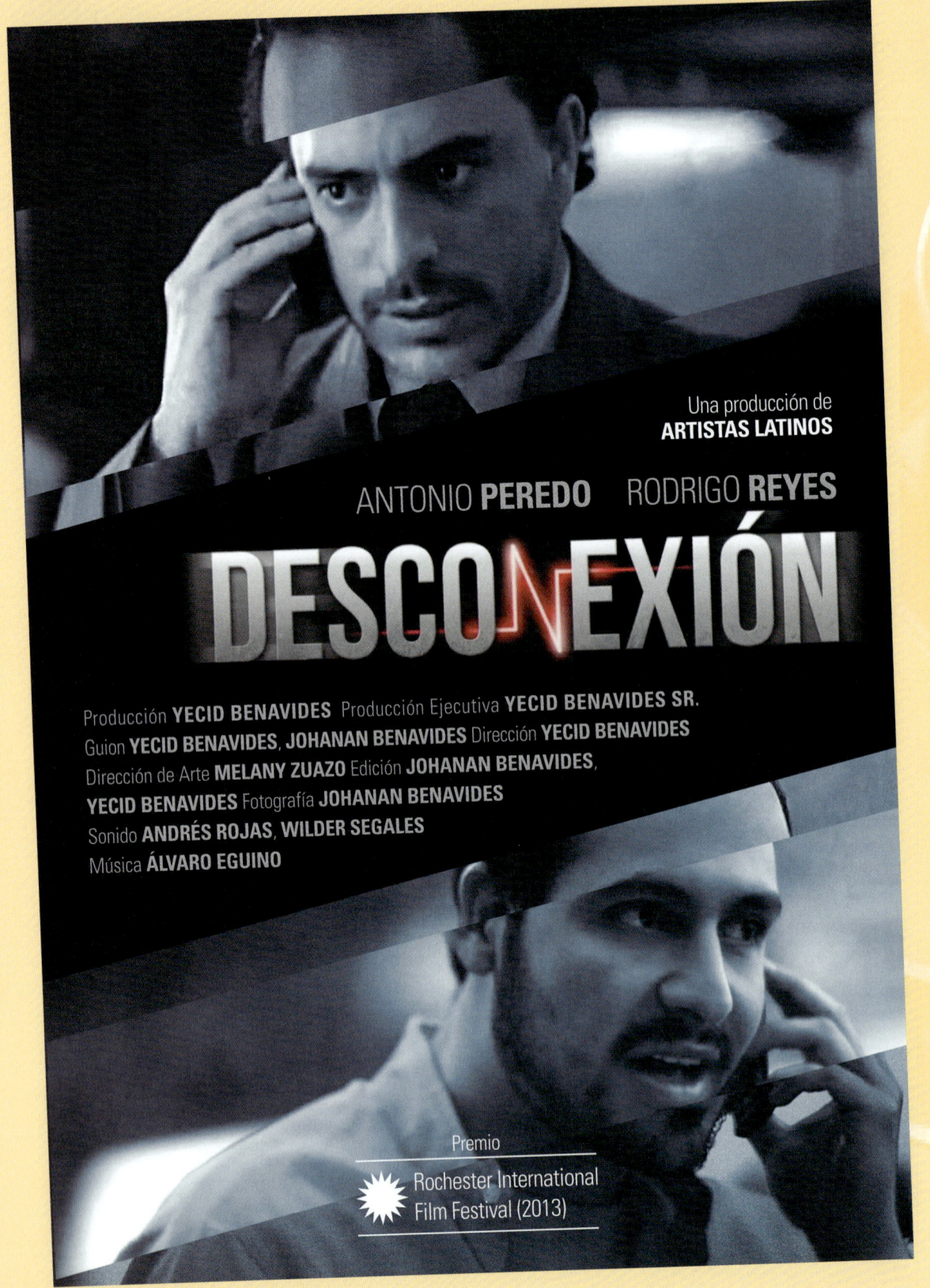

CORTOMETRAJE

DESCONEXIÓN

Una producción de **ARTISTAS LATINOS**

ANTONIO PEREDO **RODRIGO REYES**

Producción **YECID BENAVIDES** Producción Ejecutiva **YECID BENAVIDES SR.**
Guion **YECID BENAVIDES, JOHANAN BENAVIDES** Dirección **YECID BENAVIDES**
Dirección de Arte **MELANY ZUAZO** Edición **JOHANAN BENAVIDES, YECID BENAVIDES** Fotografía **JOHANAN BENAVIDES**
Sonido **ANDRÉS ROJAS, WILDER SEGALES**
Música **ÁLVARO EGUINO**

Premio Rochester International Film Festival (2013)

ESCENAS

CORTOMETRAJE

ARGUMENTO Fóster López trata de evitar una tragedia. ¿Lo conseguirá?

1. **ARIEL MALDONADO** Sin esa información no podemos hacer absolutamente nada. La situación es crítica.
FÓSTER LÓPEZ Lo llamo con la información necesaria.

2. **FÓSTER LÓPEZ** ¡Apure, por favor!

3. **ARIEL MALDONADO** ¿Dónde he puesto...?
(Fóster López se da cuenta de que perdió su celular.)

4. **LUCAS** ¡Apure!
(Lucas toma el taxi donde viajaba Fóster López.)

5. **FÓSTER LÓPEZ** Quédate con el celular, pero, por favor, sólo dame un número, el de Ariel Maldonado.

6. (Fóster López corre hacia el hospital.)

Nota CULTURAL
Los bombines de las aimaras

Los aimaras son la población indígena predominante de Bolivia. Las mujeres aimaras llevan unos sombreros en forma de hongo°. ¿Cuál es su origen? Hay varias teorías. La más extendida es que los trabajadores británicos que construyeron el ferrocarril de Bolivia a principios del siglo XX recibieron un cargamento° de sombreros desde Londres. Como eran demasiado pequeños se los regalaron a las mujeres locales. Con el tiempo, este sombrero se convirtió en un símbolo de estatus social y de sabiduría° entre los aimaras.

sombreros en forma de hongo bowler hats **cargamento** shipment **sabiduría** wisdom

---

Un mundo conectado

87

CORTOMETRAJE

Análisis

1 **Comprensión** Contesta las oraciones.
1. ¿Quién es Ariel Maldonado?
2. ¿Por qué tiene tanta prisa Fóster López al principio del cortometraje?
3. ¿Qué evento importante cambia el curso de esta historia cuando Fóster va en taxi?
4. ¿A qué número de teléfono llama Fóster al llegar a su casa?
5. ¿Qué le pide Fóster a Lucas la segunda vez que llama?
6. ¿Por qué corre Fóster hacia el hospital después de hablar con Lucas?
7. ¿Consigue Fóster llegar a tiempo al hospital? ¿Cuáles son las consecuencias?

2 **Interpretar** En parejas, contesten las preguntas.
1. ¿En qué piensa Fóster cuando va en el taxi hacia su casa?
2. ¿Qué detalles sobre el comportamiento de Lucas te indican qué tipo de persona es?
3. ¿Por qué Lucas cuelga el teléfono cuando Fóster lo llama?
4. ¿Por qué Lucas borra todos los contactos del teléfono?
5. ¿Por qué dice Lucas que se ha comprado un celular a tres pesos?
6. ¿Por qué Fóster le dice a Lucas que se quede con el teléfono celular?
7. ¿Por qué creen que en *Desconexión* no aparece la madre del niño enfermo?
8. Mientras Fóster corre hacia el hospital, vemos que a un niño se le escapa un globo. ¿Qué significado podría tener esta escena?

3 **Ayuden a Fóster** ¿Qué alternativas creen que tenía Fóster al descubrir que perdió el celular en el taxi? Usen el imperativo y pronombres de objeto directo para decirle a Fóster cómo enviarle la información a Ariel Maldonado.

> **Modelo** Fóster, llama al hospital y pregunta por el doctor Maldonado.

4 **Una tragedia** En grupos, comenten qué pudo haberle pasado al hijo de Fóster.

CORTOMETRAJE

5 **El mundo es de los vivos** En parejas, vuelvan a ver el cortometraje e identifiquen situaciones en las que se muestran comportamientos poco éticos. Coméntenlas.

> **Modelo** Ellos aprovecharon que se le cayeron las naranjas a la mujer para robárselas.

6 **Hacer lo correcto** Algunos personajes secundarios del cortometraje hablan sobre acciones cometidas por otras personas. En parejas, escriban un diálogo a partir de una de las conversaciones. Sigan los pasos. Cuando terminen, interpreten el diálogo ante la clase.

"Cómo no pues... estás feliz, has hecho lo correcto".

"Mi vida, no hagas eso. Imagina que eso te pase a ti".

"Sí, he decidido devolvérselo, hermano".

1. Determinen con quién habla el personaje elegido.
2. Expliquen de qué conflicto están hablando.
3. Elijan, cada uno, uno de los dos personajes de la conversación.
4. Traten de convencer al otro de que su punto de vista es el correcto.

7 **Diálogo** En parejas, elijan una de las situaciones e improvisen un diálogo. Utilicen, por lo menos, cuatro palabras o expresiones de la lista. Después, represéntenlo delante de la clase.

¡Avance!	charlar	hacer caso
ahorita	desconsiderado	guagua
borrar los contactos	El mundo es de los vivos.	malcriado
calcular		papeles
caramba	fijarte	riesgo

A
Pierdes tu celular y llamas a tu número para recuperarlo. La persona que lo encontró dice que no va a devolverlo. Días después, reconoces en un ascensor la voz de la persona que lo tiene.

B
El mejor amigo de tu hermano quiere venderte un celular que se encontró en un taxi. Cuando te lo muestra, te das cuenta de que se trata del celular que perdiste días atrás.

Un mundo conectado

SUEÑA

¡Ecos de piratas y bucaneros!

Septiembre de 1564. Unos pasos que provienen del acantilado[1] se dirigen al corazón de la ciudad amurallada[2]. Las sombras[3], apenas perceptibles en la oscuridad, se comunican sin necesidad de hablar: acaban de encontrar la casa que buscaban. Los habitantes de la gran mansión no van a entender lo que ocurre, sólo hasta darse cuenta de que alguien les está apuntando con sus armas. Los piratas han entrado de nuevo en **San Juan**.

Esta escena, que parece extraída de una novela de aventuras, era, sin embargo, la realidad para los habitantes de las islas caribeñas de la época. Desde principios del siglo XVI hasta la mitad del siglo XVIII, el **Caribe** español sufrió continuos ataques piratas. Los barcos, llenos del oro[4] y la plata[5] que se extraían de las tierras colonizadas, seguían esta ruta. Esto convirtió la zona en el principal blanco[6] de piratas, corsarios, bucaneros, filibusteros[7] y contrabandistas[8].

El **mar Caribe** era el escenario donde se desarrollaba la política internacional de la época. **España** controlaba la mayor parte de las aguas y de las tierras en el mar Caribe, conocidas como las **Indias Occidentales**, una hegemonía que países como **Francia** e **Inglaterra** querían arrebatarle[9] a toda costa. Para ello, los gobiernos de estos países financiaban ataques piratas a las ciudades y barcos españoles.

Los colonizadores españoles, con el fin de proteger las enormes riquezas en oro, plata y piedras preciosas, construyeron fuertes en todo el Caribe: en **La Habana**, en **Santo Domingo** y en **San Juan**. Estas ciudades-fortaleza[10] fueron el corazón de las Indias Occidentales por casi cuatro siglos. Sus iglesias y ayuntamientos ya llevaban más de cien años de construidos antes de que llegaran los primeros colonos ingleses a tierras norteamericanas. Sus calles vieron pasar a muchos de los aventureros, conquistadores, forajidos[11] y comerciantes de esclavos[12] que vivían en esa época.

Estas tres capitales del Caribe se cuentan entre las ciudades más antiguas del continente americano fundadas por los europeos. Los centros históricos de **La Habana Vieja**, **Ciudad Colonial** y el **Viejo San Juan** han sido declarados Patrimonio Mundial[13] de la Humanidad por la **UNESCO** por su valor cultural y arquitectónico.

Castillo de San Cristóbal en San Juan, Puerto Rico

[1] *cliff* [2] *walled* [3] *shadows* [4] *gold* [5] *silver* [6] *target* [7] *plunderers* [8] *smugglers* [9] *snatch from it* [10] *fortified cities* [11] *outlaws* [12] *slave traders* [13] *World Heritage*

EL CARIBE

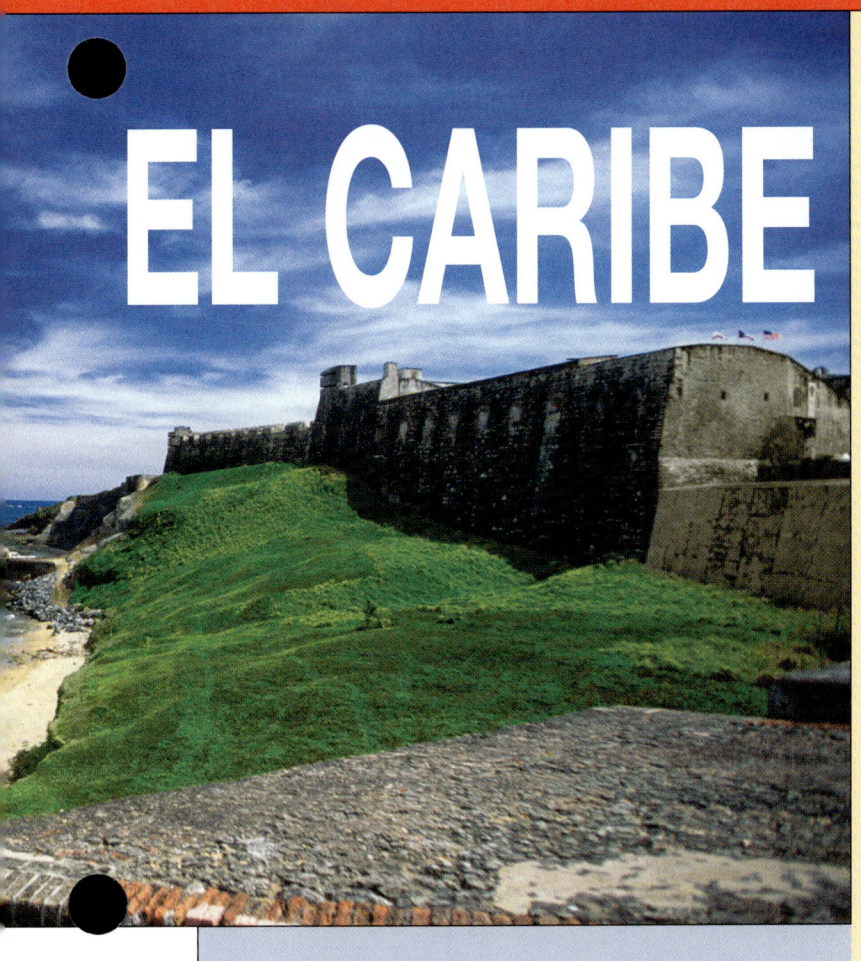

¡Visitemos las ciudades coloniales!

La Bodeguita del Medio
Cerca de la **Catedral de La Habana**, en **La Habana Vieja**, está este famoso restaurante frecuentado por turistas de todo el mundo. Es célebre por su comida cubana típica y por sus mojitos, la popular bebida de la isla. Este lugar ha recibido a personalidades como **Pablo Neruda**, **Gabriela Mistral**, **Julio Cortázar**, **Nat King Cole** y **Gabriel García Márquez**, entre otros. También era el sitio favorito de **Ernest Hemingway**, quien pasaba horas allí bebiendo café y conversando con sus amigos.

Mercado Modelo En plena **Ciudad Colonial** en **Santo Domingo**, este tradicional mercado es conocido por la simpatía de sus vendedores, quienes ofrecen su mercancía[1] en voz muy alta. La variedad de productos convierten al **Mercado Modelo** en una muestra viviente de la cultura dominicana. Aquí se pueden conseguir desde perfumes y flores hasta amuletos e imágenes de santos.

Calle San Sebastián El **Viejo San Juan** cobra vida[2] durante la noche como pocos lugares en **Puerto Rico**, y muestra sus encantos culturales en una combinación de música en vivo, excelentes restaurantes e innumerables sitios para bailar. La zona más famosa es la **calle San Sebastián**. Cientos de jóvenes y adultos acuden a sus tabernas y cantinas hasta altas horas de la madrugada.

La Mallorquina es el restaurante más antiguo y famoso del **Viejo San Juan**. Fue fundado en 1848 y desde 1936 funciona como negocio familiar. Desde entonces, su menú sigue contando con múltiples platos típicos de la cocina tradicional española, como la paella y el gazpacho. Este restaurante ha servido sus deliciosos platos a personalidades del mundo de las artes y la cultura como **Brooke Shields**, **Nick Nolte**, **Orson Welles** y **Marc Anthony**.

[1] *merchandise* [2] *comes to life*

El español del Caribe

ahorita	dentro de poco; *soon* (Cu., P.R., R.D.)
amarillo	plátano maduro; *ripe banana* (R.D., P.R.)
boricua	puertorriqueño/a; *Puerto Rican* (P.R.)
chavos	dinero; *money* (P.R.)
china	naranja; *orange* (P.R.)
embullar	animar; *encourage* (Cu.)
enfogonado/a	enojado/a; *angry* (P.R.)
espejuelos	gafas; *glasses* (Cu.)
guagua	autobús; *bus* (Cu., P.R., R.D.)
guapo/a	valiente; *brave* (Cu., R.D.)
guiar	manejar; *to drive* (P.R.)
halar	tirar; *to pull* (Cu.)
jaba	bolsa; *bag* (Cu.)
juaniquiqui	dinero; *money* (Cu.)
lechosa	papaya; *papaya* (R.D.)
mahones	pantalón vaquero; *jeans* (P.R.)
mata	planta; *plant* (Cu., R.D.)
¿Qué volá?	¿Qué pasa?; *What's up?* (Cu.)
radio bemba	chismoso/a; *gossipy* (Cu.)
socio/a	amigo/a; *friend, buddy* (Cu.)
timón	volante; *steering wheel* (Cu.)

SUEÑA

GALERÍA DE CREADORES

LITERATURA Rosario Ferré

Esta reconocida puertorriqueña escribió cuentos, novelas, poemas, ensayos, biografías y artículos periodísticos. Uno de los temas centrales de sus obras es la lucha de la mujer en un mundo dominado y definido por los hombres. Su primer libro, la colección de cuentos *Papeles de Pandora* (1976), recibió premios nacionales e internacionales. Ferré publicó obras tanto en español como en inglés. Es autora de *Maldito amor*, *La casa de la laguna*, *Las dos Venecias* y *Eccentric Neighborhoods*, entre otras obras.

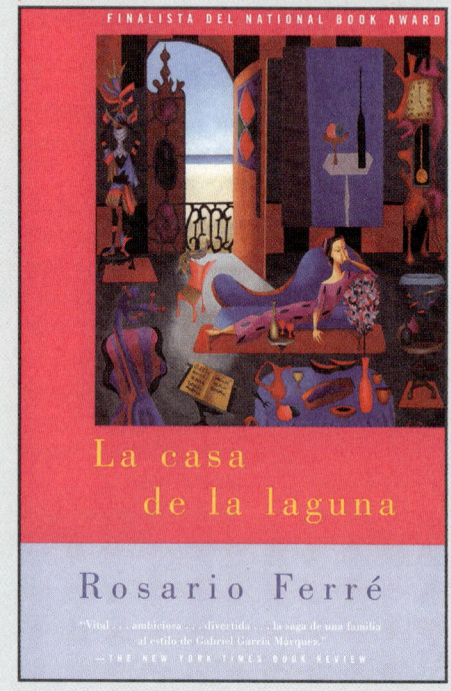

PINTURA Wifredo Lam

El arte del pintor cubano Wifredo Lam es, como él, fruto de un sincretismo (*fusion*) de culturas. De padre chino y madre de descendencia europea, africana e india, Lam fue influyente en el arte del siglo XX. El arte africano y el arte primitivo fueron especialmente importantes en sus creaciones surrealistas. Trabajó varios años con Pablo Picasso en París y fue amigo de los mexicanos Frida Kahlo y Diego Rivera. Aquí vemos una pieza que se titula *Vegetación tropical*.

LITERATURA Julia de Burgos

Aunque vivió sólo 39 años, Julia de Burgos se destacó (*stood out*) como poeta ilustre no sólo en Puerto Rico, sino también en el resto de Latinoamérica. Sus poemas incluyen elementos caribeños, apasionados temas amorosos y fuertes cuestionamientos feministas. Sus obras incluyen *Poema en veinte surcos*, *Canción de la verdad sencilla* y *El mar y tú*, entre otras.

DISEÑO Y MODA Óscar de la Renta

Cuando las primeras damas de los Estados Unidos, como Nancy Reagan, Hillary Clinton y Laura Bush, necesitaban un vestido para una ocasión especial, llamaban a Óscar de la Renta. En Hollywood, actrices como Penélope Cruz, Sandra Bullock y Tina Fey visten sus creaciones. Desde los años sesenta, este diseñador dominicano ha sido una verdadera institución en el mundo de la moda. Sin embargo, aunque trabajó principalmente en su elegante estudio en Nueva York, de la Renta nunca olvidó sus orígenes. En la República Dominicana creó fundaciones para la enseñanza, la alimentación y el cuidado de niños de escasos recursos, y también participó en progamas de promoción del turismo, especialmente para la localidad de Punta Cana, lugar donde construyó su casa y donde pasaba temporadas enteras.

Un mundo conectado

¿Qué aprendiste?

1 Cierto o falso Indica si estas afirmaciones son ciertas o falsas. Corrige las falsas.

1. Los piratas atacaban las ciudades y los barcos en el Caribe para robar joyas traídas de España.
2. Los gobiernos locales financiaban los ataques piratas.
3. El Caribe contaba con ciudades establecidas muchos años antes de la llegada de los ingleses a Norteamérica.
4. Óscar de la Renta creó fundaciones para ofrecer alimentación y enseñanza a niños pobres en la República Dominicana.
5. Célebres personalidades han visitado el restaurante La Bodeguita del Medio en La Habana Vieja.
6. Wifredo Lam no quiso conocer a otros artistas de su época.

2 Preguntas Contesta las preguntas.

1. ¿Qué buscaban los piratas ingleses y franceses en el Caribe?
2. ¿Qué elementos y temas se encuentran en la poesía de Julia de Burgos?
3. ¿Cuáles son las dos características que convierten al Mercado Modelo en una muestra de la cultura dominicana?
4. ¿De qué país son los platos típicos que ofrece La Mallorquina? ¿Cuáles son dos de estos platos?
5. ¿Qué artista de la Galería te interesa más? ¿Por qué?

3 Caracterizaciones Haz una lista de los personajes de la **Galería de creadores** y al frente de cada uno escribe una palabra que lo defina. Después, en parejas, intercambien definiciones y respondan estas preguntas: ¿Conocían a los personajes antes de estudiarlos en la Galería? ¿Qué aspectos destacó tu compañero/a? ¿Estás de acuerdo con él/ella? ¿Les faltó alguna otra característica para definir a algún personaje? ¿Cuál?

4 Ciudades del Caribe En grupos de tres, cada uno escoja una de las ciudades de la sección **Sueña**, hablen con sus compañeros sobre el lugar elegido e intenten convencerlos de ir. Usen estas preguntas para conversar: ¿Por qué quieren ir ahí? ¿Cuáles son sus atractivos, comodidades, ventajas? ¿Cómo imaginan ese lugar? ¿Qué esperan encontrar ahí? Después, presenten los resultados a la clase.

Practice more at vhlcentral.com.

PROYECTO

Aventuras en el Caribe

Imagina que eres un(a) explorador(a) o pirata en el Caribe del siglo XVI. Investiga la información que necesites en Internet para escribir una entrada en tu diario explicando lo que sucedió durante el pasado mes.

- Inventa tu aventura y añade todos los detalles: ¿qué lugares visitaste?, ¿qué problemas tuviste?, ¿qué personas/peligros encontraste?, etc.
- Dibuja un mapa con las rutas de ese mes.
- Escribe la entrada en tu diario y preséntala a la clase.

El cine mexicano

SUEÑA

Video

Aunque hoy en día sólo sea una forma de entretenimiento, el cine es el primer gran medio de comunicación de masas de la historia. Este episodio de **Flash Cultura** trata sobre los orígenes del cine mexicano y sobre el gran desarrollo que ha experimentado durante los últimos años.

Vocabulario

el auge *boom, peak*
el ciclo *series*
difundir *to spread*
fomentar *to promote*
el guion *script*
la muestra *festival*
la sala *movie theater*
tener un papel *to play a role*

1 Preparación ¿Te gusta ir al cine? ¿Qué clase de películas prefieres ver? ¿Eres aficionado/a a algún género en especial?

2 Comprensión Indica si estas afirmaciones son ciertas o falsas. Después, corrige las falsas.

1. A los mexicanos no les gustan las películas nacionales, sino solamente las norteamericanas.
2. La Cineteca es una cadena de cines con salas en todo el país.
3. Cuando van al cine, los mexicanos comen palomitas.
4. En los ciclos, se presentan películas de un solo tema o un solo director.
5. El Instituto Mexicano de Cinematografía tiene como objetivo hacer famosos a los actores mexicanos.
6. En el año 1989, el cine mexicano no tenía salas ni público en México.

3 Expansión En parejas, contesten estas preguntas.

- ¿Te molesta tener que leer subtítulos en la pantalla cuando miras películas extranjeras?
- ¿Te sorprende que una película pueda ser un "hijo creativo", como dice la actriz Vanesa Bauche? Justifica tu respuesta.
- ¿Es importante para el cine de un país tener identidad propia? ¿Cómo se logra eso? Piensen en películas estadounidenses que cumplan con esas características y hagan una lista.

Corresponsal: Carlos López
País: México

En la Muestra Internacional de Cine que se lleva a cabo° en otoño se presentan películas de todo el mundo.

La Cineteca cuenta con° el Centro de Documentación e Investigación, donde puedes encontrar nueve mil libros, cinco mil guiones inéditos° y veinte años de notas de prensa.

Las películas de este país se han vuelto realmente importantes gracias al trabajo de… actores y actrices como Salma Hayek, Gael García Bernal y Diego Luna, entre muchos otros.

se lleva a cabo *takes place* **cuenta con** *has* **guiones inéditos** *unpublished scripts*

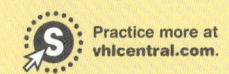

Practice more at **vhlcentral.com**.

ESTRUCTURAS

3.1 The subjunctive in noun clauses

Forms of the present subjunctive

- The subjunctive (**el subjuntivo**) is used mainly in the subordinate clause of multiple-clause sentences to express will, influence, emotion, doubt, or denial. The present subjunctive is formed by dropping the **–o** from the **yo** form of the present indicative and adding these endings:

The present subjunctive		
hablar	comer	escribir
hable	coma	escriba
hables	comas	escribas
hable	coma	escriba
hablemos	comamos	escribamos
habléis	comáis	escribáis
hablen	coman	escriban

- Verbs with irregular **yo** forms show that same irregularity in all forms of the present subjunctive.

conocer	conozca	seguir	siga
decir	diga	tener	tenga
hacer	haga	traer	traiga
oír	oiga	venir	venga
poner	ponga	ver	vea

- Verbs with stem changes in the present indicative show the same changes in the present subjunctive. Stem-changing **–ir** verbs also undergo a stem change in the **nosotros/as** and **vosotros/as** forms of the present subjunctive.

pensar (e:ie)	piense, pienses, piense, pensemos, penséis, piensen
jugar (u:ue)	juegue, juegues, juegue, juguemos, juguéis, jueguen
mostrar (o:ue)	muestre, muestres, muestre, mostremos, mostréis, muestren
entender (e:ie)	entienda, entiendas, entienda, entendamos, entendáis, entiendan
resolver (o:ue)	resuelva, resuelvas, resuelva, resolvamos, resolváis, resuelvan
pedir (e:i/i)	pida, pidas, pida, pidamos, pidáis, pidan
sentir (e:ie/i)	sienta, sientas, sienta, sintamos, sintáis, sientan
dormir (o:ue/u)	duerma, duermas, duerma, durmamos, durmáis, duerman

- The following five verbs are irregular in the present subjunctive.

dar	dé, des, dé, demos, deis, den
estar	esté, estés, esté, estemos, estéis, estén
ir	vaya, vayas, vaya, vayamos, vayáis, vayan
saber	sepa, sepas, sepa, sepamos, sepáis, sepan
ser	sea, seas, sea, seamos, seáis, sean

TALLER DE CONSULTA

These grammar topics are covered in the **Manual de gramática, Lección 3.**

3.4 Possessive adjectives and pronouns, p. 246
3.5 Demonstrative adjectives and pronouns, p. 248

¡ATENCIÓN!

The *indicative* is used to express actions, states, or facts the speaker considers to be certain. The *subjunctive* expresses the speaker's attitude toward events, as well as actions or states that the speaker views as uncertain.

¡ATENCIÓN!

Verbs that end in **–car, –gar,** and **–zar** undergo spelling changes in the present subjunctive.

sacar: saque
jugar: juegue
almorzar: almuerce

ESTRUCTURAS

Verbs of will and influence

- A clause is a sequence of words that contains both a conjugated verb and a subject (expressed or implied). In a subordinate (dependent) noun clause (**oración subordinada sustantiva**), the words in the sequence function together as a noun.

El médico le pide a Fóster que se apure.

- When the subject of a sentence's main (independent) clause exerts influence or will on the subject of the subordinate clause, the verb in the subordinate clause takes the subjunctive.

MAIN CLAUSE	CONNECTOR	SUBORDINATE CLAUSE
Yo quiero	que	tú vayas al cine conmigo.

Verbs and expressions of will and influence

aconsejar to advise	**hacer** to make	**prohibir** to prohibit
desear to desire, to wish	**importar** to be important	**proponer** to propose
es importante it's important	**insistir (en)** to insist (on)	**querer (e:ie)** to want; to wish
es necesario it's necessary	**mandar** to order	**recomendar (e:ie)** to recommend
es urgente it's urgent	**necesitar** to need	**rogar (o:ue)** to beg; to plead
exigir to demand	**oponerse a** to oppose; to object to	**sugerir (e:ie/i)** to suggest
gustar to like; to be pleasing	**pedir (e:i/i)** to ask for; to request	
	preferir (e:ie/i) to prefer	

¡ATENCIÓN!

Pedir is used with the subjunctive to ask someone to do something.

Preguntar is used to ask questions, and is not followed by the subjunctive.

No te pido que lo hagas ahora.
I'm not asking you to do it now.

No te pregunto si lo haces ahora.
I'm not asking you if you're doing it now.

Martín quiere que **grabemos** este anuncio para el viernes.
Martín wants us to record this ad by Friday.

Es necesario que **lleguen** al estreno antes de la una.
It's necessary that they arrive at the premiere before one o'clock.

El abogado recomienda que **lea** el contrato antes de firmar.
The lawyer recommends that I read the contract before signing.

Tus padres se oponen a que **salgas** tan tarde por la noche.
Your parents object to your going out so late at night.

- The infinitive, not the subjunctive, is used with verbs and expressions of will and influence if there is no change of subject in the sentence. The **que** is unnecessary in this case.

Infinitive	Subjunctive
Quiero **ir** al Caribe en enero.	Prefiero que **vayas** en marzo.
I want to go to the Caribbean in January.	*I prefer that you go in March.*

Un mundo conectado

ESTRUCTURAS

Verbs of emotion

- When the main clause expresses an emotion like hope, fear, joy, pity, or surprise, the verb in the subordinate clause must be in the subjunctive if its subject is different from that of the main clause.

Espero que la película **tenga** subtítulos.
I hope the movie will have subtitles.

Es una lástima que no **puedas** ir a la fiesta.
It's a shame you can't go to the party.

Verbs and expressions of emotion

alegrarse (de) to be happy (about)	**es terrible** it's terrible	**molestar** to bother
es bueno it's good	**es una lástima** it's a shame	**sentir (e:ie/i)** to be sorry; to regret
es extraño it's strange	**es una pena** it's a pity	**sorprender** to surprise
es malo it's bad	**esperar** to hope; to wish	**temer** to fear
es mejor it's better	**gustar** to like; to be pleasing	**tener (e:ie) miedo (de)** to be afraid (of)
es ridículo it's ridiculous		

- The infinitive, not the subjunctive, is used with verbs and expressions of emotion if there is no change of subject in the sentence. The **que** is unnecessary in this case.

Infinitive	Subjunctive
No me gusta **llegar** tarde.	Me molesta que la clase no **termine** a tiempo.
I don't like to arrive late.	*It bothers me that the class doesn't end on time.*

Verbs of doubt or denial

- When the main clause implies doubt, uncertainty, or denial, the verb in the subordinate clause must be in the subjunctive if its subject is different from that of the main clause.

No creo que ella nos **quiera** engañar.
I don't think that she wants to deceive us.

Dudan que la novela **tenga** éxito.
They doubt that the novel will be successful.

Verbs and expressions of doubt and denial

dudar to doubt	**negar (e:ie)** to deny
es imposible it's impossible	**no creer** not to believe
es improbable it's improbable	**no es evidente** it's not evident
es poco cierto/seguro it's uncertain	**no es cierto/seguro** it's not certain
(no) es posible it's (not) possible	**no es verdad** it's not true
(no) es probable it's (not) probable	**no estar seguro (de)** not to be sure (of)

- The infinitive, not the subjunctive, is used with verbs and expressions of doubt or denial if there is no change in the subject of the sentence. The **que** is unnecessary in this case.

Es imposible **rodar** sin los permisos.
It's impossible to shoot the movie without the permits.

Es improbable que **rueden** sin los permisos.
It's unlikely that they'll shoot the movie without the permits.

¡ATENCIÓN!

The subjunctive is also used with expressions of emotion that begin with **¡Qué...** (*What a...!/ It's so...!*)

¡Qué pena que él no vaya!
What a shame he's not going!

¡ATENCIÓN!

The expression **ojalá** (*I hope; I wish*) is always followed by the subjunctive. The use of **que** with **ojalá** is optional.

Ojalá (que) no llueva.
I hope it doesn't rain.

Ojalá (que) no te enfermes.
I hope you don't get sick.

The subjunctive is also used after **quizás** and **tal vez** (*maybe, perhaps*) when they signal uncertainty.

Quizás vengan a la fiesta.
Maybe they'll come to the party.

---

98   Lección 3

ESTRUCTURAS

Práctica

1 **Seleccionar** Escoge el infinitivo, el indicativo o el subjuntivo para completar las oraciones.

1. Me gusta (escuchar / escuche) merengue y salsa.
2. Quiero que me (compras / compres) un DVD de Juan Luis Guerra.
3. Es una pena que no (hay / haya) más conciertos de merengue en nuestra ciudad.
4. No dudo que en el futuro (van / vayan) a tocar merengue en las discotecas locales.
5. Espero que mis amigos y yo (viajamos / viajemos) a Santo Domingo este verano.

2 **Terco** Usa el subjuntivo o el indicativo para completar el diálogo.

DIRECTOR Mira, yo sé que (1) _____ (estar) muy ocupado, pero es muy importante que mañana (2) _____ (ir) al estreno de la película.

VICENTE Ya te he dicho que no quiero que (3) _____ (insistir). Prefiero que me (4) _____ (desear) un buen viaje. Me voy este fin de semana a Santo Domingo.

DIRECTOR Pero Vicente, necesitamos que (5) _____ (hablar) con los periodistas y que (6) _____ (saludar) al público.

VICENTE No creo que los periodistas (7) _____ (querer) entrevistarme.

DIRECTOR Pues sí. Ellos desean que tú (8) _____ (ser) más cooperativo.

VICENTE Honestamente, me molesta que nosotros (9) _____ (seguir) hablando de esto. ¡Adiós!

3 **Opuestas** Escribe la oración que expresa lo opuesto en cada ocasión.

Modelo Es poco seguro que este actor sepa actuar bien.
Es seguro que este actor sabe actuar bien.

1. El director cree que los periodistas van a hablar con el presidente.
2. Niegas que el director les dé buenas instrucciones a sus actores.
3. Estamos seguros de que la mayoría del público lee la noticia.
4. Es verdad que la banda sonora es de los años ochenta.
5. No es evidente que esa actriz escuche música en español.

Nota CULTURAL

Aunque el **merengue** se baila en la **República Dominicana** desde mediados del siglo XIX, su origen es, aún hoy día, un enigma. Según una de las muchas explicaciones que existen, el merengue deriva de la **upa**, ritmo cubano con una parte llamada precisamente "merengue". De lo que no hay duda es de sus raíces africanas y de su legendaria unión con la cultura dominicana. Actualmente, el merengue es muy popular en muchos países y **Juan Luis Guerra** es uno de sus máximos representantes.

Un mundo conectado

ESTRUCTURAS

Comunicación

4 **Juan Pablo enamorado** Juan Pablo está enamorado de Maricarmen y para impresionarla quiere convertirse en su hombre ideal. Usa las palabras y expresiones de la lista para darle consejos.

Modelo Es importante que te peines bien.

aconsejar	es mejor	recomendar
es importante	es necesario	rogar
es malo	insistir en	sugerir

Juan Pablo antes

Juan Pablo después

5 **¡Despedido!** En parejas, usen las frases para improvisar una conversación en la que un(a) actor/actriz de televisión es despedido/a (*fired*) por el/la director(a) del programa. Usen el indicativo y el subjuntivo.

Modelo ¿No es extraño que los televidentes estén pidiendo otro actor para ese papel?

creo que	los anuncios
es extraño	el canal
es necesario	los chismes
es verdad	el comportamiento (*behavior*)
espero que	los críticos
necesito que	la escena
te ruego que	los televidentes

6 **¿Cómo son? ¿Qué hacen?** En parejas, usen el subjuntivo para inventar e intercambiar descripciones de estas personas.

Modelo **La estrella de cine es tacaña.**
Dudo que gaste mucho dinero. Prefiere que sus amigos le compren todo.

1. La actriz es antipática.
2. El periodista es muy generoso.
3. El cantante es extraño.
4. La crítica de cine es insegura.

ESTRUCTURAS

7 Opiniones En parejas, combinen las expresiones de las columnas para formar opiniones. Luego, improvisen tres conversaciones breves basadas en las oraciones.

Modelo —No creo que los futbolistas lean sólo la sección deportiva. Seguramente también leen las noticias locales.

—No estoy de acuerdo. Es imposible que tengan tiempo para leer las noticias porque pasan mucho tiempo jugando al fútbol.

Creo		los medios de comunicación publican la verdad.
No creo		los futbolistas lean sólo la crónica deportiva.
Dudo		ese actor vive en una casa elegante.
No dudo	que	se graban muchas telenovelas en México.
No es cierto		se transmiten telenovelas españolas.
Es evidente		la televisión sea entretenida (*entertaining*).
Es imposible		hay censura en los medios de comunicación.
Me opongo a		los videos musicales se rueden en el extranjero.

8 Hermanas Leticia es una cantante famosa y su hermana Mercedes quiere seguir sus pasos como artista. En parejas, lean el correo electrónico de Mercedes. Luego, escriban la respuesta de Leticia, usando el subjuntivo con los verbos y expresiones que acaban de aprender.

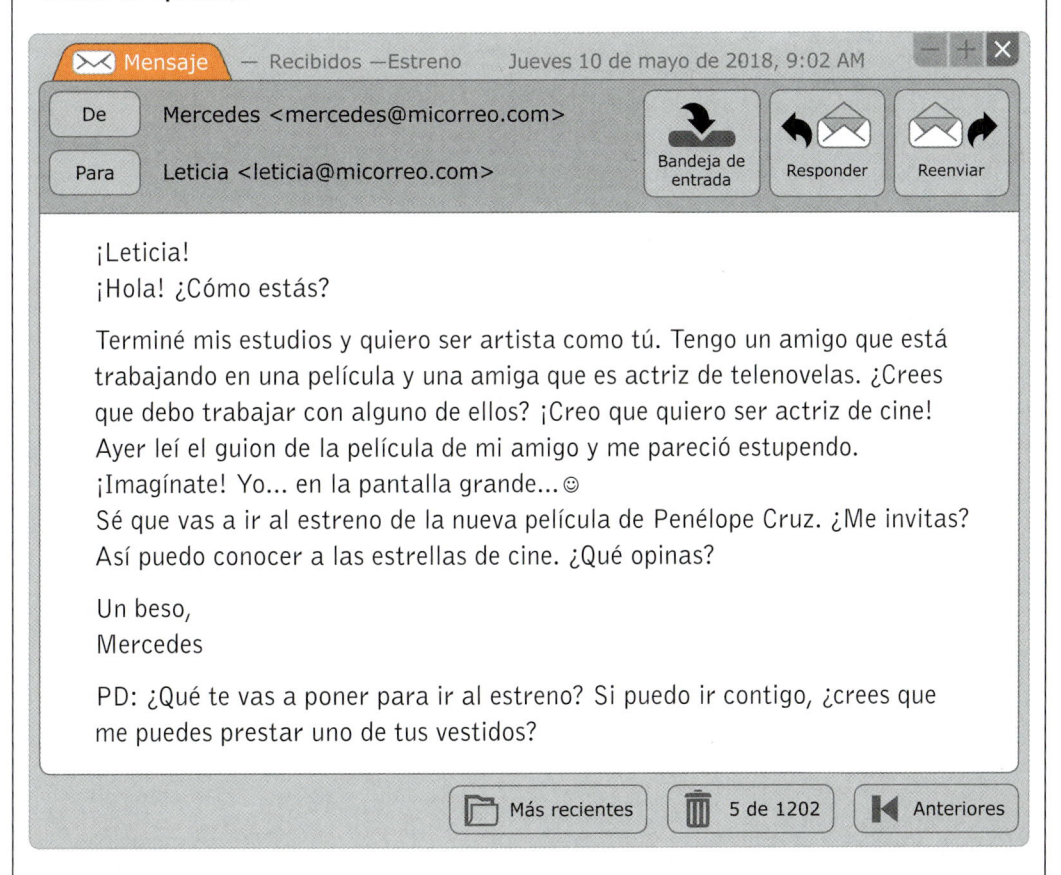

✉ Mensaje — Recibidos —Estreno   Jueves 10 de mayo de 2018, 9:02 AM

De: Mercedes <mercedes@micorreo.com>
Para: Leticia <leticia@micorreo.com>

¡Leticia!
¡Hola! ¿Cómo estás?

Terminé mis estudios y quiero ser artista como tú. Tengo un amigo que está trabajando en una película y una amiga que es actriz de telenovelas. ¿Crees que debo trabajar con alguno de ellos? ¡Creo que quiero ser actriz de cine! Ayer leí el guion de la película de mi amigo y me pareció estupendo. ¡Imagínate! Yo… en la pantalla grande… ☺
Sé que vas a ir al estreno de la nueva película de Penélope Cruz. ¿Me invitas? Así puedo conocer a las estrellas de cine. ¿Qué opinas?

Un beso,
Mercedes

PD: ¿Qué te vas a poner para ir al estreno? Si puedo ir contigo, ¿crees que me puedes prestar uno de tus vestidos?

Más recientes   5 de 1202   Anteriores

Un mundo conectado   101

ESTRUCTURAS

3.2 Object pronouns

- Pronouns are words that take the place of nouns. Direct object pronouns directly receive the action of the verb. Indirect object pronouns identify *to whom* or *for whom* an action is done.

Juan le da el dinero.

Indirect object pronouns		Direct object pronouns	
me	nos	me	nos
te	os	te	os
le	les	lo/la	los/las

Position of object pronouns

- Direct and indirect object pronouns (**los pronombres de complemento directo e indirecto**) precede the conjugated verb.

Indirect object

Carla siempre **me** da boletos para el cine.
Carla always gives me movie tickets.

No **le** guardé la sección deportiva.
I didn't save the sports section for him.

Direct object

Ella **los** consigue gratis.
She gets them for free.

Nunca **la** quiere leer.
He never wants to read it.

- When the verb is an infinitive construction, object pronouns may be either attached to the infinitive or placed before the conjugated verb.

Indirect object

Debes pedir**le** el dinero de la apuesta.
Le debes pedir el dinero de la apuesta.

Tienes que presentar**me** a los actores.
Me tienes que presentar a los actores.

Direct object

Voy a hacer**lo** enseguida.
Lo voy a hacer enseguida.

Vamos a rodar**la** en Kenia.
La vamos a rodar en Kenia.

- When the verb is in the progressive, object pronouns may be either attached to the present participle or placed before the conjugated verb.

Indirect object

Está mandándo**les** el guion.
Les está mandando el guion.

Direct object

Estuvimos buscándo**las** por todos lados.
Las estuvimos buscando por todos lados.

¡ATENCIÓN!

Lo is also used to refer to an abstract thing or idea that has no gender.

Lo pensé.
I thought about it.

TALLER DE CONSULTA

For a detailed review of the neuter **lo**, see **Manual de gramática, 5.5, p. 254**.

ESTRUCTURAS

Double object pronouns

- The indirect object pronoun precedes the direct object pronoun when they are used together in a sentence.

  Me mandaron **los boletos** por correo. → **Me los** mandaron por correo.
  Te exijo **una respuesta** ahora mismo. → **Te la** exijo ahora mismo.

- **Le** and **les** change to **se** when they are used with **lo, la, los,** or **las**.

  Le damos **las revistas** a Ricardo. → **Se las** damos.
  Les enseña **el periódico** a las reporteras. → **Se lo** enseña.

Prepositional pronouns

Prepositional pronouns			
mí *me, myself*	**él** *him, it*	**nosotros/as** *us, ourselves*	**ellos** *them*
ti *you, yourself*	**ella** *her, it*	**vosotros/as** *you, yourselves*	**ellas** *them*
Ud. *you, yourself*	**sí** *himself, herself, itself*	**Uds.** *you, yourselves*	**sí** *themselves*

- Prepositional pronouns function as the objects of prepositions. Except for **mí, ti,** and **sí,** they are identical to their corresponding subject pronouns.

  ¿Qué opinas de **ella**?   ¿Lo compraron para **mí** o para Javier?
  Ay, mi amor, sólo pienso en **ti**.   Lo compramos para **él**.

- **A** + [*prepositional pronoun*] is often used for clarity or emphasis.

  ¿Te gusta aquel actor?   ¿Se lo dieron a Héctor o a Verónica?
  ¡**A mí** me fascina!   Se lo dieron **a ella**.

- The pronoun **sí** (*himself, herself, itself, themselves*) is the prepositional pronoun used to refer back to the same third person subject. In this case, the adjective **mismo/a(s)** is usually added for clarification.

  José se lo regaló a **él**.   José se lo regaló a **sí mismo**.
  José gave it to him (someone else).   *José gave it to himself.*

- When **mí, ti,** and **sí** are used with **con,** they become **conmigo, contigo,** and **consigo**.

  ¿Quieres ir **conmigo** al museo?
  Do you want to go to the museum with me?

  Laura y Salvador siempre traen sus computadoras portátiles **consigo**.
  Laura and Salvador always bring their laptops with them.

- These prepositions are used with **tú** and **yo** instead of **mí** and **ti**: entre, excepto, incluso, menos, salvo, según.

  Todos están de acuerdo **menos tú** y **yo**.

¡ATENCIÓN!

When object pronouns are attached to infinitives, participles, or commands, a written accent is often required to maintain proper word stress.

Infinitive
cantármela

Present participle
escribiéndole

Command
acompáñeme

For more information on using object pronouns with commands, see **3.3, p. 107**.

TALLER DE CONSULTA

See **Manual de gramática, 3.4, p. 246** and **3.5, p. 248** for information on possessive and demonstrative pronouns.

Un mundo conectado 103

ESTRUCTURAS

Práctica

Nota CULTURAL

Chayanne

Su verdadero nombre es **Elmer Figueroa Arce**. Es un cantante, bailarín y actor puertorriqueño. A los once años, se integró a un grupo llamado **Los Chicos**, popular en la década de 1980. En 1984, inició su carrera como cantante solista y luego también como actor de cine y TV. **Chayanne** está casado y tiene dos hijos. En 2014 lanzó el álbum *En todo estaré* y en diciembre de 2015 fue homenajeado con una estrella en el Hall de la Fama de Puerto Rico.

1 Dos amigas Berta y Susi están hablando del cantante Chayanne. Selecciona las personas de la lista que corresponden a los pronombres subrayados (*underlined*).

a Chayanne	a Claudia	a mí
a Chayanne y a la muchacha	a la muchacha	a nosotras
		a ti

BERTA Como (1) <u>te</u> digo. (2) <u>Lo</u> vi caminando por la calle junto a una muchacha.

SUSI ¿De verdad? ¿(3) <u>Los</u> viste tomados de la mano?

BERTA No. Creo que él sólo (4) <u>la</u> estaba ayudando a cargar algunas bolsas de la tienda.

SUSI ¿Será su esposa?

BERTA No creo. Iban juntos pero casi no hablaban. (5) <u>Me</u> parece que no son ni novios.

SUSI Y tú, ¿qué hiciste? ¿No (6) <u>le</u> dijiste que (7) <u>nos</u> parece el hombre más guapo del planeta y que (8) <u>lo</u> amamos?

BERTA No pude hacer nada, estaba paralizada por la emoción.

SUSI Voy a llamar a Claudia inmediatamente. ¡(9) <u>Le</u> tengo que contar todo!

1. _____
2. _____
3. _____
4. _____
5. _____
6. _____
7. _____
8. _____
9. _____

2 Un concierto Reescribe las oraciones cambiando las palabras subrayadas por pronombres de complemento directo e indirecto.

1. Tienes que tratar amablemente <u>a los policías</u>.
2. No pueden contratar <u>al grupo musical</u> sin permiso.
3. Hay que poner <u>la música</u> a volumen moderado.
4. Tienen que darme <u>la lista de periodistas y fotógrafos</u>.
5. Deben respetar <u>a los vecinos</u>.
6. Me dicen que van a transmitir <u>el concierto</u> por la radio.

3 Entrevista Completa la entrevista con el pronombre correcto.

REPORTERO (1) _____ digo que pareces muy contento con el éxito de tu sitio web.

JOAQUÍN Sí, (2) _____ estoy. Este sitio es muy importante para (3) _____.

REPORTERO ¿Con quién trabajas?

JOAQUÍN Con mi hermano. (4) _____ doy la mitad del trabajo. (5) _____ ayuda mucho en los momentos de estrés.

REPORTERO ¿Cuáles son tus proyectos ahora?

JOAQUÍN (6) _____ gustaría presentar cortometrajes y documentales en el sitio web. A mi hermano y a mí (7) _____ encantan las películas.

REPORTERO ¿(8) _____ preocupa mucho la censura? Por ejemplo, ¿editas los guiones?

JOAQUÍN A veces, sí. Porque si (9) _____ editamos, luego no tenemos problemas.

Practice more at **vhlcentral.com**.

Comunicación

4 **¿En qué piensas?** Piensa en algunos de los objetos típicos que ves en la clase o en tu casa (un cuadro, una maleta, un mapa, etc.). Tu compañero/a debe adivinar el objeto que tienes en mente, haciéndote preguntas con pronombres.

> **Modelo** Tú piensas en: un libro
> —Estoy pensando en algo que uso para estudiar.
> —¿Lo usas mucho?
> —Sí, lo uso para aprender español.
> —¿Lo compraste?
> —Sí, lo compré en la librería.

5 **A conversar** En parejas, túrnense para contestar las preguntas usando pronombres de complemento directo o indirecto, según sea necesario.

1. ¿Te gusta organizar fiestas? ¿Cuándo fue la última vez que organizaste una? ¿Por qué la organizaste?
2. ¿Invitaste a muchas personas? ¿A quiénes invitaste? ¿Cómo lo decidiste?
3. ¿Qué actividades les sugeriste a los invitados? ¿Las hicieron? Explica.
4. ¿Qué les ofreciste de comer a los invitados en tu fiesta? ¿Qué opinaron de la comida?

6 **Fama** La actriz Pamela de la Torre debe encontrarse con sus fans pero no recuerda a qué hora. En grupos de cuatro, miren la ilustración e inventen una historia inspirándose en ella. Utilicen por lo menos cinco pronombres de complemento directo o indirecto.

7 **Una persona famosa** En parejas, escriban una entrevista con una persona famosa. Utilicen estas preguntas y escriban cuatro más. Utilicen pronombres en las respuestas. Después, representen la entrevista delante de la clase.

> **Modelo** —¿Quién prepara la comida en su casa?
> —Mi cocinero la prepara.

1. ¿Visita frecuentemente a sus amigos/as?
2. ¿Mira mucho la televisión?
3. ¿Quién conduce su auto?
4. ¿Prepara usted mismo/a sus maletas cuando viaja?
5. ¿Qué hace en su tiempo libre?
6. ¿Le gusta viajar?

ESTRUCTURAS

3.3 Commands

Formal (*usted* and *ustedes*) commands

- Formal commands (**mandatos**) are used to give orders or advice to people you address as **usted** or **ustedes**. Their forms are identical to the present subjunctive forms for **usted** and **ustedes**.

	Formal commands	
Infinitive	Affirmative command	Negative command
tomar	tome (usted) tomen (ustedes)	no tome (usted) no tomen (ustedes)
volver	vuelva (usted) vuelvan (ustedes)	no vuelva (usted) no vuelvan (ustedes)
salir	salga (usted) salgan (ustedes)	no salga (usted) no salgan (ustedes)

Familiar (*tú*) commands

- Familar commands are used with people you address as **tú**. Affirmative **tú** commands have the same form as the **él, ella,** and **usted** form of the present indicative. Negative **tú** commands have the same form as the **tú** form of the present subjunctive.

	Familiar commands	
Infinitive	Affirmative command	Negative command
viajar	viaja	no viajes
empezar	empieza	no empieces
pedir	pide	no pidas

*No está bien que seas así, **cambia**...*

- Eight verbs have irregular affirmative **tú** commands. Their negative forms are still the same as the **tú** form of the present subjunctive.

decir	di	salir	sal
hacer	haz	ser	sé
ir	ve	tener	ten
poner	pon	venir	ven

¡ATENCIÓN!

***Vosotros/as* commands**

In Latin America, **ustedes** commands serve as the plural of familiar (**tú**) commands. The familiar plural **vosotros/as** command is used in Spain. The affirmative command is formed by changing the **–r** of the infinitive to **–d**. The negative command is identical to the **vosotros/as** form of the present subjunctive.

bailar: bailad/no bailéis

For reflexive verbs, affirmative commands are formed by dropping the **–r** and adding the reflexive pronoun **–os**. In negative commands, the pronoun precedes the verb.

levantarse: levantaos/no os levantéis

Irse is irregular: **idos/no os vayáis**

ESTRUCTURAS

Nosotros/as commands

- **Nosotros/as** commands are used to give orders or suggestions that include yourself as well as others. They correspond to the English *let's* + [*verb*]. Affirmative *and* negative **nosotros/as** commands are generally identical to the **nosotros/as** forms of the present subjunctive.

Nosotros/as commands		
Infinitive	Affirmative command	Negative command
bailar	bailemos	no bailemos
beber	bebamos	no bebamos
abrir	abramos	no abramos

- The verb **ir** has two possible affirmative **nosotros/as** commands: **vayamos**, the form identical to that of the present subjunctive, and the more common **vamos**. In the negative, however, use only **no vayamos**.

Using pronouns with commands

- When object and reflexive pronouns are used with affirmative commands, they are always attached to the verb. When used with negative commands, the pronouns appear between **no** and the verb.

  Levántense temprano.   No se levanten temprano.
  Wake up early.   *Don't wake up early.*

  Dímelo todo.   No me lo digas.
  Tell me everything.   *Don't tell it to me.*

- When the pronouns **nos** or **se** are attached to an affirmative **nosotros/as** command, the final **s** of the command form is dropped.

  Sentémonos aquí.   No nos sentemos aquí.
  Let's sit here.   *Let's not sit here.*

  Démoselo mañana.   No se lo demos mañana.
  Let's give it to him tomorrow.   *Let's not give it to him tomorrow.*

Indirect (él, ella, ellos, ellas) commands

- The construction **que** + [*subjunctive*] can be used with a third person form to express indirect commands that correspond to the English *let someone do something*. If the subject of the indirect command is expressed, it usually follows the verb.

  Que pase el siguiente.   Que lo haga ella.
  Let the next person pass.   *Let her do it.*

- Unlike with direct commands, pronouns are never attached to the conjugated verb.

  Que se lo den los otros.   Que no se lo den.
  Que lo vuelvan a hacer.   Que no lo vuelvan a hacer.

¡ATENCIÓN!

When one or more pronouns are attached to an affirmative command, an accent mark may be necessary to maintain the command form's original stress. This usually happens when the combined verb form has three or more syllables.

decir:

di, dile, dímelo

diga, dígale, dígaselo

digamos, digámosle, digámoselo

TALLER DE CONSULTA

See **3.2, p. 102** for object pronouns.

See **4.2, p. 140** for reflexive pronouns.

ESTRUCTURAS

Práctica

1 Cambiar Cambia estas oraciones para que sean mandatos. Usa el imperativo.

1. Te conviene buscarlo en Internet.
2. ¿Por qué no leemos el horóscopo?
3. Te pido que mires la película con subtítulos.
4. ¿Quiere hacer la entrevista?
5. ¿Podrían ustedes grabar mi telenovela favorita hoy?
6. ¿Y si vamos al estreno?
7. Traten de darme el guion antes de las tres.
8. Debes escuchar esta banda sonora. Es muy buena.

2 Recién famoso El actor Mateo Domínguez va al estreno de su primera película. Usa mandatos informales para darle consejos sobre lo que debe y no debe hacer.

besar a la gente	firmar (*to sign*) autógrafos
contar el final de la película	gritarle al público
darle una entrevista a la prensa sensacionalista	hablar durante la película
	llegar tarde/temprano
explicar los efectos especiales	vestirse bien/mal

3 Un director difícil

A. Agustín Álvarez es un director de teatro muy exigente (*demanding*). Usa mandatos formales afirmativos y negativos para escribir los consejos que les dio a sus actores antes del estreno.

1. No olvidar llegar temprano.
2. Comer dos horas y media antes.
3. Venir con los diálogos memorizados.
4. Evitar los medios de comunicación 24 horas antes del estreno.
5. Hacer ejercicios de respiración y de voz.
6. No fumar ni tomar bebidas frías.

B. El estreno de la obra de teatro fue un éxito. Sin embargo, el señor Álvarez no estuvo contento con el actor principal. En parejas, usen mandatos informales afirmativos y negativos para escribir siete nuevos consejos que le dio a este actor. Usen pronombres y sean creativos.

Modelo No empieces a ensayar tu papel en el último minuto.
Ensáyalo con tiempo.

Practice more at vhlcentral.com.

Comunicación

4 Internet ¿Qué le dirían a un(a) amigo/a para que esté mejor informado/a sobre la actualidad? En parejas, escojan verbos de la lista y otros para hacerle ocho recomendaciones utilizando mandatos informales afirmativos y negativos. Sean creativos.

Modelo Navega en la red. Hay sitios web que ofrecen noticias de todo tipo.

enterarse	hacer	leer
escuchar	investigar	navegar
hablar	ir	ver

5 Escenas En parejas, escojan por lo menos dos de estos personajes y escriban una escena para una película. Usen mandatos afirmativos y negativos de las formas **tú**, **usted(es)** y **nosotros/as.** Usen pronombres cuando sea posible.

Modelo OLGA ¡Sal de aquí! No quiero verte más.
RODOLFO No quiero irme. ¡Quedémonos aquí! Hablemos del viaje a San Juan.

Rodolfo    Olga    Tomasito    doña Filomena

6 Anuncio En grupos de tres, elijan cuatro de estos productos y escriban un anuncio de televisión para promocionar cada uno de ellos. Utilicen mandatos formales y pronombres para convencer al público de que lo compre.

Modelo El nuevo perfume "Enamorar" de Carolina Ferrero le va a encantar. Cómprelo en cualquier perfumería de su ciudad. Pruébelo y...

- Perfume "Enamorar" de Carolina Ferrero
- Chocolate sin calorías "Deliz"
- Raqueta de tenis "Rayo"
- Pasta de dientes "Sonrisa Sana"
- Computadora portátil "Digitex"
- Crema hidratante "Suavidad"
- Todo terreno "4 × 4"
- Cámara fotográfica "Flimp"

Síntesis

Noticias: ¿Mucho, poco o nada?

Los noticieros de la televisión tienen la misión de informar al público. Sin embargo, hay distintas opiniones sobre estos programas de noticias. Algunas personas están satisfechas con mirar solamente un noticiero para informarse. Generalmente estas personas miran el mismo programa todos los días o todas las semanas. Otras personas creen que deben obtener información de diferentes fuentes°, por ejemplo de otros canales de televisión. Estas personas generalmente miran más de un programa de noticias, en diferentes cadenas de televisión. Y hay incluso otro tipo de televidente que simplemente no cree en los programas de noticias y, por lo tanto, no mira las noticias. Estas personas buscan información en medios de comunicación alternativos, como la radio o Internet, o simplemente no buscan ninguna información y sólo miran la televisión para entretenerse y evadirse de la realidad. ■

sources

1 Consejos ¿Qué consejos le darían a un(a) amigo/a que mira la televisión sólo como entretenimiento y nunca mira las noticias? En parejas, escríbanle un párrafo con recomendaciones. Deben utilizar el subjuntivo y el infinitivo. También deben utilizar por lo menos dos mandatos afirmativos y dos negativos.

> **Modelo** Compra el periódico y léelo. Te recomiendo también que consideres opciones en Internet.

2 Anuncio En grupos pequeños, imaginen que en la historia de la universidad nunca hubo tan pocos nuevos estudiantes inscritos como en este semestre. Escriban un anuncio para la radio para atraer un mayor número de estudiantes el año que viene. Usen tres mandatos informales afirmativos y tres negativos.

> **Modelo** ¿Todavía no sabes dónde vas a estudiar el semestre que viene? Considera la universidad de...

3 Debate En parejas, imaginen un diálogo entre una persona que nunca utiliza Internet y otra que está todo el día frente a la computadora. Representen el diálogo ante la clase, utilizando la mayor cantidad de pronombres posible.

CULTURA

Preparación

Vocabulario de la lectura
controvertido/a *controversial*
el crecimiento *growth*
el estilo *style*
el éxito *success*
la fama *fame*
el género *genre*
golpear *to beat (a drum)*
la letra *lyrics*
la pista de baile *dance floor*
el ritmo *rhythm*
salir a la venta *to go on sale*
el violonchelo *cello*

Vocabulario útil
el bajo *bass*
la flauta *flute*
el tambor *drum*
tocar *to play (an instrument)*

1 Vocabulario
Completa las oraciones con el vocabulario de la lista.

controvertido	fama	pista de baile
estilo	géneros	ritmo
éxito	golpear	salir a la venta

1. La nueva novela de Rosario Ferré va a _____ en mayo.
2. La diseñadora de moda (*fashion designer*) Carolina Herrera tiene un _____ único.
3. Para tener _____ en la vida, hay que trabajar y estudiar mucho.
4. El origen de la vida es un tema muy _____.
5. La salsa, la rumba y el tango son diferentes _____ musicales.
6. Algunos actores que viven en Hollywood tienen dinero y mucha _____.
7. En una discoteca, se puede bailar en la _____.

2 La música
En parejas, contesten las preguntas y expliquen sus respuestas.

1. ¿Les gusta la música latina? ¿Por qué?
2. ¿Qué cantantes latinos/as conocen?
3. ¿De qué países son esos/as cantantes?
4. ¿En qué situaciones escuchan música en español?
5. ¿Les gusta bailar música latina? ¿Por qué?
6. ¿Toman clases de baile? ¿De qué tipo?

3 Completar
En grupos de cuatro, completen las oraciones de acuerdo con sus opiniones.

1. Me identifico con la música de... porque...
2. La música (no) es importante en mi vida porque...
3. Me gusta que mi cantante favorito/a... porque...
4. Pienso que las bandas y los cantantes que tienen éxito son aquéllos que… porque...
5. Saber bailar es importante/necesario... porque...
6. Las personas que saben bailar... porque...

Un mundo conectado 111

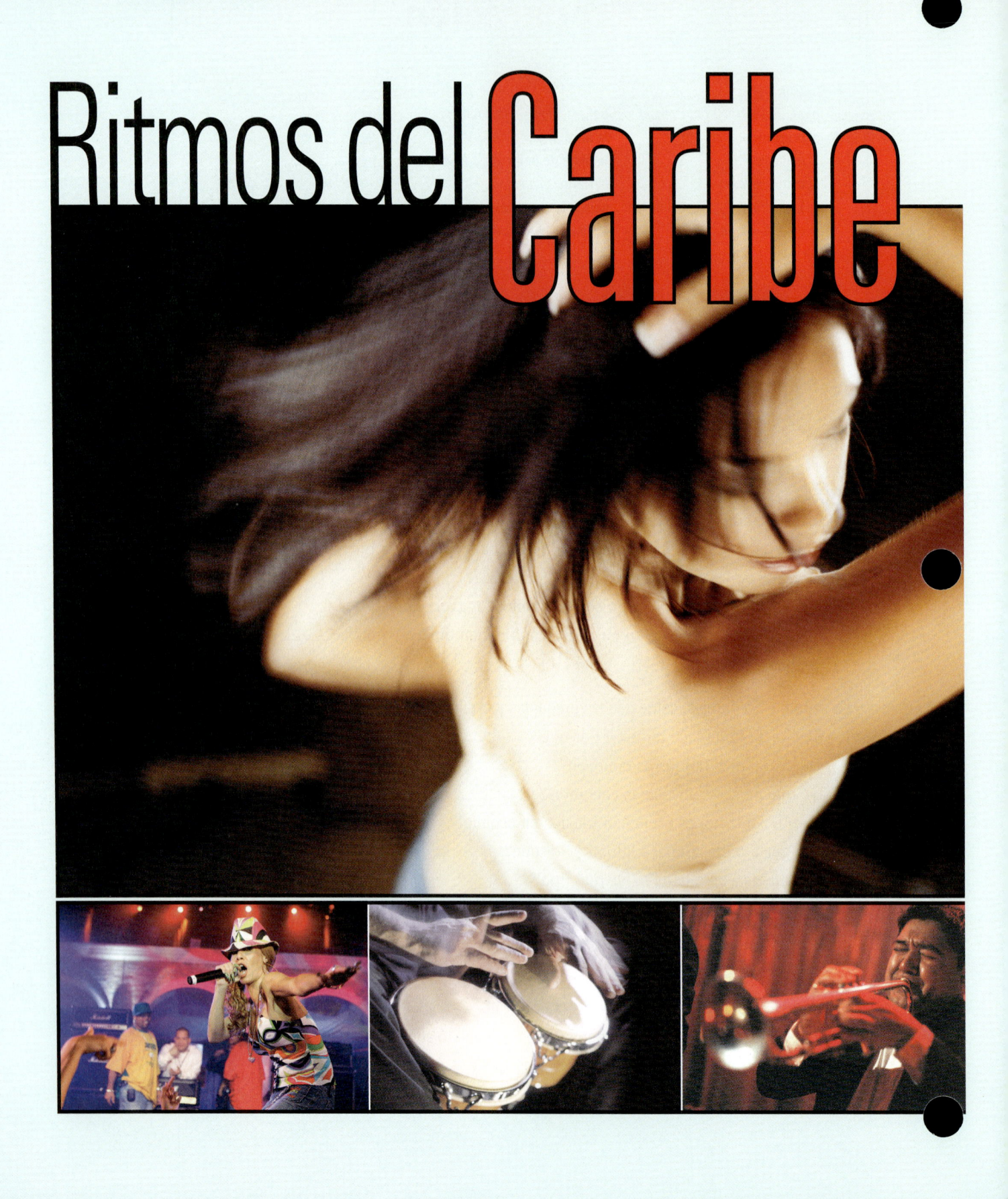

CULTURA

Ritmos del Caribe

Cultura en pantalla

Visita vhlcentral.com y encuentra más información sobre los ritmos más representativos del Caribe.

CULTURA

Audio: Reading

Durante los últimos años, en los Estados Unidos se está viviendo° una explosión en las ventas de discos en español. Las estaciones de radio especializadas en música latina son las de mayor crecimiento y los cantantes y grupos musicales hispanos programan conciertos por todo el territorio norteamericano. Este fenómeno resulta de los cambios socioculturales que se están viviendo en el país. En primer lugar, se debe al crecimiento de la población latina que mantiene sus tradiciones y con ello el consumo de su música. En segundo lugar, se debe al nuevo interés por la música en español por parte de un público que antes se limitaba a oírla sólo en inglés.

Los estilos musicales de origen caribeño, mezclas de ritmos africanos, españoles e indígenas, gozan de la mayor proyección° internacional. Algunos de los ritmos caribeños más populares son la salsa, el son° cubano y el reggaetón.

La salsa

La salsa, que nació como una versión modernizada del son cubano, se extendió en el mercado latinoamericano en 1975. El ritmo salsero se hizo compañero indispensable en el día a día hispano. A partir de entonces, se empezó a oír en los comercios, en las oficinas, en los bares, en las fiestas, en el hogar° y en las calles. Sus letras hablan de los sufrimientos y las alegrías de la vida cotidiana°. El gran número de inmigrantes latinos que vivían en Nueva York hizo que esta ciudad se convirtiera en puerto de entrada° de los ritmos caribeños en los Estados Unidos. Entre sus representantes más famosos se cuentan El Gran Combo de Puerto Rico y Óscar de León.

El son cubano

El son cubano se apoderó° de las listas de los discos más vendidos en 1997, cuando salió a la venta el álbum titulado *Buena Vista Social Club,* interpretado por un grupo de importantes músicos de Cuba. Una película que documenta la grabación del disco fue un éxito de taquilla°

experiencing

distribution

Cuban musical style

home

daily, everyday

entryway

moved to the top

box office

Instrumentos del Caribe

El bongó y las maracas son algunos de los instrumentos más utilizados en la música caribeña. El bongó tiene forma de barril y posee dos parches de cuero (*leather skin*) muy tensos que vibran al golpearlos. Las maracas son de origen indígena y están hechas de un recipiente que tiene forma redondeada. En su interior se ponen pequeños objetos como semillas o piedrecillas que al agitarse producen su sonido típico.

en todo el mundo. La fama del documental ayudó a que el son cubano llegara a un público que nunca antes había tenido interés en este género musical. De hecho, durante décadas, la fama de los artistas de *Buena Vista* se limitaba sólo a la isla. Personas de todas las edades ahora bailan al ritmo de la música de este fascinante grupo que se convirtió en un fenómeno mediático° internacional.

El reggaetón

El reggaetón ha sido una de las últimas formas musicales en desarrollarse como estilo distintivo. Esta música bailable° nació en Puerto Rico en los años noventa. Se deriva del *reggae* jamaicano, del *hip-hop* norteamericano y de diferentes ritmos puertorriqueños. Recientemente se ha convertido en la música en español con más proyección internacional. El contenido de sus letras, en su mayoría controvertido, no es muy diferente al del *hip-hop* norteamericano y retrata° con frecuencia la violencia en las calles. Don Omar y Ivy Queen son dos de los creadores de reggaetón cuyas canciones dominan las pistas de baile.

Las melodías del Caribe están cada vez más presentes en el panorama musical del momento. Con la introducción en el mercado internacional de los ritmos caribeños, se está acostumbrando al público a escuchar con mayor atención lo que, en muchas ocasiones, es la bandera de esa cultura: su música. ■

created by the media

dance

depicts

Un mundo conectado

113

CULTURA

Análisis

1 Comprensión Decide si cada afirmación es cierta o falsa. Corrige las falsas.

1. La música latina es popular en los Estados Unidos, pero todavía no en el resto del mundo.
2. El consumo de la música latina entre hispanos es en parte debido a que esta población mantiene sus tradiciones.
3. Las letras de la salsa hablan de los sufrimientos y las alegrías de la vida cotidiana.
4. Los músicos del *Buena Vista Social Club* ya eran conocidos internacionalmente antes de que saliera este álbum.
5. El reggaetón tiene sus raíces en la música indígena del Caribe.
6. El contenido de las letras del reggaetón es tan controvertido como el de las letras del *hip-hop*.

2 Ampliar En parejas, contesten las preguntas y expliquen sus respuestas.

1. ¿Por qué crees que la música es tan importante para los latinos de los Estados Unidos?
2. ¿Has visto el fenómeno de la música latina donde tú vives? ¿Cómo se manifiesta?
3. ¿Cuál es el tipo de música sin el cual no puedes vivir?
4. ¿Escuchas música local cuando viajas? ¿La compras? ¿Por qué?

3 Aviso En grupos de cuatro, han decidido formar un grupo de música caribeña, pero todavía están buscando los músicos adecuados. Escriban un aviso para buscar candidatos con al menos tres características esenciales. Luego, presenten el aviso a la clase.

> **Modelo** El grupo Los Salseros Boricuas busca persona entusiasta que sepa tocar el bongó. Si te encanta la música caribeña, hacer amigos y viajar, llama al 431-237-1003 y pregunta por Lucio.

4 Su música En grupos de cuatro, piensen en un estilo de música típico de los Estados Unidos y luego comparen sus características con las de un estilo de música latina. Usen este cuadro como guía. Luego, comparen sus respuestas con las de otros grupos.

	Música latina	Música norteamericana
Instrumentos típicos		
Ocasiones en que se escucha o se baila		
Origen e influencias		
Público típico		
Temas de las letras		
Intérpretes más conocidos en el mundo		

Practice more at vhlcentral.com.

LITERATURA

Preparación

Sobre el autor

Ginés S. Cutillas nació en Valencia, España, en 1973. En su obra prevalece el microcuento, para el que tiene un ingenio especial. Su talento fue premiado (*rewarded*) al ganar en 2006 la V edición del concurso de microcuentos de la Feria del libro de Granada. Cutillas también ha sido ganador de otros concursos internacionales de relatos. Ha publicado un libro de cuentos llamado *La biblioteca de la vida* (2007) y una novela, *La sociedad del duelo* (2008), así como su primera colección de microcuentos, titulada *Un koala en el armario* (2009). Ha contribuido a varias antologías de nuevos autores y es además crítico literario para el periódico *La Opinión* de Granada. Cutillas también colabora en revistas literarias como *El oteador de los nuevos tiempos* y *Prometheus*.

Vocabulario de la lectura
- **el castigo** punishment
- **la desesperación** desperation
- **la estantería** bookcase
- **el rasgo** trait, feature
- **el suelo** ground
- **tras** after
- **vigilar** to watch, to keep an eye on

Vocabulario útil
- **la desaparición** disappearance
- **el hallazgo** discovery
- **la sospecha** suspicion

1 Vocabulario
Completa el párrafo con palabras de la lista.

castigo	estantería	sospechas
desaparición	hallazgo	tras
desesperación	rasgos	vigilar

Los noticieros informaron hoy sobre un nuevo asesinato (*murder*) del "carnicero del campo de golf", y provocaron una reacción de (1) _____ en la ciudad. La (2) _____ de un hombre de negocios había sido denunciada (*reported*) días antes por sus compañeros de golf, (3) _____ perderlo de vista de manera extraña durante una práctica. El (4) _____ de la víctima confirmó las (5) _____ por la presencia de (6) _____ comunes a todos los asesinatos del "carnicero". La policía ha prometido (7) _____ los campos de golf de toda la ciudad para capturar al culpable y darle el (8) _____ que se merece.

2 Responder
En grupos de tres, contesten estas preguntas.

1. Cuando no puedes salir de tu casa por algún motivo, ¿prefieres leer un libro o mirar televisión? ¿Por qué?
2. ¿Enciendes el televisor sólo para mirar programas que te interesan o miras cualquier cosa que estén transmitiendo? Explica.
3. ¿Cuántas horas por semana miras la televisión? ¿Crees que es tiempo bien utilizado o es una pérdida de tiempo? ¿Por qué?
4. ¿Qué opinas de esta afirmación: "La televisión duerme a la gente y los libros la despiertan"?

Un mundo conectado

LITERATURA

La Desesperación de las Letras

LITERATURA

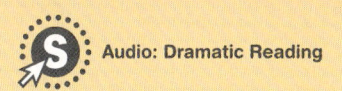

Audio: Dramatic Reading

Ginés S. Cutillas

Estaba viendo la tele cuando oí un fuerte estruendo° detrás de mí. Justo en la biblioteca. Me levanté extrañado° y fui a comprobar° qué era. Una masa inconsistente de papel agonizaba° a los pies de la estantería. La cogí entre mis manos y desmembrando sus partes pude adivinar que aquello había sido un libro, *Crimen y castigo* para ser exactos. No supe encontrar una explicación lógica a tan extraño incidente. A la noche siguiente, otra vez delante de la televisión, oí de nuevo ese ruido. Esta vez, irónicamente, había sido *Anna Karenina* quien se había convertido en un manojo° de papel deforme que yacía° a los pies de sus compañeros. Tras varias noches repitiéndose los hechos°, me di cuenta de lo que estaba ocurriendo: los libros se estaban suicidando. Al principio fueron los clásicos, cuanto más clásico era, más probabilidad tenía de estamparse° contra el suelo. Más tarde comenzaron los de filosofía, un día moría Platón y al otro Sócrates. Luego les siguieron autores más contemporáneos como Hemingway, Dos Passos, Nabokov… Mi biblioteca estaba desapareciendo a pasos agigantados°. Había noches de suicidios colectivos y yo, por más que me esforzaba°, no conseguía encontrar un rasgo común entre las obras kamikazes que me permitiera saber cuál iba a ser la siguiente. Una noche decidí no encender la televisión para vigilar atentamente los libros. Aquella noche no se suicidó ninguno. ∎

crashing noise
surprised
to check
was in the throes of death

bunch / was lying

events

of crashing

by leaps and bounds

por... no matter how hard I tried

Un mundo conectado   117

LITERATURA

Análisis

1 Comprensión Contesta las preguntas con oraciones completas.
1. ¿A qué hora transcurren los acontecimientos del relato y dónde está el narrador?
2. ¿Cómo se da cuenta el narrador de que los libros se caen?
3. ¿Cómo quedan los libros tras caerse?
4. ¿Qué están haciendo los libros, según el narrador?
5. ¿Cuándo paran los suicidios colectivos?

2 Interpretar Contesta estas preguntas.
1. ¿Cómo es la personalidad del narrador? ¿Qué opina de la televisión y por qué?
2. ¿Hay relación entre el título del primer libro que cae y lo que sucede? ¿Cuál?
3. ¿Qué significa que los libros clásicos tengan más probabilidad de caer?
4. ¿Por qué crees que los libros se suicidan? ¿Logran algún objetivo? Explica.

3 Juzgar En grupos pequeños, organicen un juicio (*trial*) en el que los libros demandan a (*sue*) la televisión por provocar suicidios colectivos, y la televisión se defiende. Distribuyan los papeles de abogados, testigos (*witnesses*), jurado (*jury*) y juez. Debatan hasta llegar a un veredicto.

4 Opinar En parejas, lean estas afirmaciones y digan si están de acuerdo y por qué. Después, compartan su opinión con la clase.
- La televisión ayuda a los padres a educar a sus hijos.
- Gracias a los programas infantiles, los padres tienen más tiempo libre.
- La televisión hace compañía a los enfermos y a los ancianos.
- La TV es buena para niños y ancianos; para los demás, es una pérdida de tiempo.

5 Escribir Escribe un correo electrónico a un periódico local como si fueras el narrador del cuento y denuncia la muerte de los libros por culpa de la televisión.

Plan de redacción

Escribir un correo electrónico

1 Título Inventa un título para tu mensaje de correo electrónico.

2 Contenido Organiza tus ideas para que no se te olvide nada.
1. Explica lo que sucede con los libros. Indica cómo te sientes utilizando expresiones como: **Es terrible que, Tengo miedo de que, Es una pena que**, etc.
2. Acusa a los programas de televisión. Cita algunos que te parecen de peor calidad y expresa tu opinión sobre ellos. Usa el subjuntivo.
3. Sugiere un castigo para la televisión por la muerte de los libros o indica cómo podría solucionarse el problema. Incluye mandatos.

3 Conclusión Elige una de estas frases o escribe otra para concluir: **El tiempo corre, Es hora de actuar, La cultura está en peligro, Basta de telebasura.**

VOCABULARIO

Los medios de comunicación

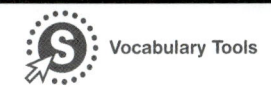

Los medios

el acontecimiento event
la actualidad current events
el anuncio advertisement, commercial
la censura censorship
Internet Internet
los medios (de comunicación) media
la parcialidad bias
la publicidad advertising
la radio radio
el reportaje news report
el sitio web website
la temporada season

enterarse (de) to become informed (about)
navegar en la red to surf the web
opinar to express an opinion, to think
ser parcial to be biased
tener buena/mala fama to have a good/bad reputation

actualizado/a up-to-date
destacado/a prominent
en directo/vivo live
imparcial impartial, unbiased
influyente influential

Profesionales de los medios

el/la actor/actriz actor/actress
el/la cantante singer
el/la crítico/a de cine film critic
el/la director(a) director
la estrella (de cine) (movie) star
el/la fotógrafo/a photographer
el/la locutor(a) de radio radio announcer
el/la oyente listener
el/la periodista journalist
el público audience, public
el/la redactor(a) editor
el/la reportero/a reporter
el/la televidente television viewer

El cine y la televisión

la banda sonora soundtrack
la cadena network
el cine cinema, movies
el doblaje dubbing
el documental documentary
los efectos especiales special effects
el estreno premiere, new movie
la pantalla screen
la película movie
el programa de concursos game show
el programa de telerrealidad reality show
los subtítulos subtitles
la telenovela soap opera
la transmisión broadcast
el video musical music video

ensayar to rehearse
entretener to entertain
entrevistar to interview
grabar to record
rodar (o:ue) to shoot (a movie)
transmitir to broadcast

La prensa

el horóscopo horoscope
la libertad de prensa freedom of the press
las noticias locales/internacionales/nacionales local/international/national news
el periódico/el diario newspaper
la portada front page, cover
la prensa (sensacionalista) (sensationalist) press
la revista magazine
la sección de sociedad lifestyle section
la sección deportiva sports section
la tira cómica comic strip
el titular headline

investigar to research; to investigate
publicar to publish
suscribirse (a) to subscribe (to)

Cortometraje

la chompa sweater
la guagua child
los papeles documents

abrigarse to wear warm clothes
calcular to estimate
charlar to chat
colgar (el teléfono) to hang up (the phone)
(estar) disponible (to be) available
fijarse to pay attention
hacer caso to obey
parquear to park
salvar la vida to save someone's life

chato/a sweetie
desconsiderado/a inconsiderate
malcriado/a rude
tibio/a warm

no más only

Cultura

el bajo bass
el crecimiento growth
el estilo style
el éxito success
la fama fame
la flauta flute
el género genre
la letra lyrics
la pista de baile dance floor
el ritmo rhythm
el tambor drum
el violonchelo cello

golpear to beat (a drum)
salir a la venta to go on sale
tocar to play (an instrument)

controvertido/a controversial

Literatura

el castigo punishment
la desaparición disappearance
la desesperación desperation
la estantería bookcase
el hallazgo discovery
el rasgo trait, feature
el suelo ground
la sospecha suspicion

vigilar to watch, to keep an eye on

tras after

Un mundo conectado

LECCIÓN 4

Generaciones en movimiento

El paso del tiempo es una realidad inevitable que nos afecta a todos. La evolución de las culturas y la sucesión de nuevas generaciones dependen de ese constante proceso de renovación. Las nuevas ideas de los jóvenes dan fuerza a la tradición y a la cultura que nos transmiten nuestros padres.

CONTENIDO

124 CORTOMETRAJE
En *Sin palabras*, cortometraje de la directora española Bel Armenteros, el afecto se muestra como el camino más corto entre dos generaciones.

130 SUEÑA
Sigue la **carretera Panamericana** y conoce las historias y tradiciones de seis países centroamericanos y sus capitales. Además, verás un reportaje sobre dos mujeres de distintas generaciones que van de compras en **Barcelona**.

149 CULTURA
En el artículo *Sonia Sotomayor: la niña que soñaba* conocerás a la primera jueza hispana de la Corte Suprema de Justicia de los EE.UU., quien hizo realidad el sueño americano. Además, en el videoclip **Cultura en pantalla** podrás ver una entrevista sobre **Sonia Sotomayor y su condición latina**.

153 LITERATURA
El escritor guatemalteco **Augusto Monterroso** demuestra en su relato *El eclipse* lo que puede suceder cuando una cultura piensa que sabe todo sobre otra.

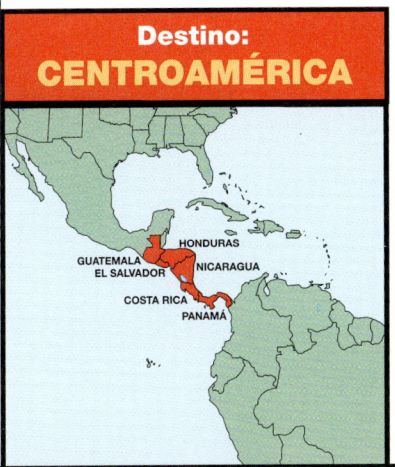

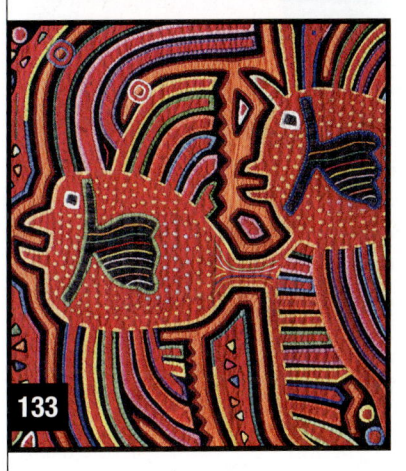

Destino: CENTROAMÉRICA

122 PARA EMPEZAR

136 ESTRUCTURAS
4.1 The subjunctive in adjective clauses

4.2 Reflexive verbs

4.3 **Por** and **para**

157 VOCABULARIO

Generaciones en movimiento

PARA EMPEZAR

En familia

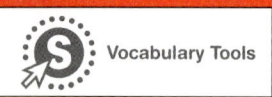

Vocabulary Tools

Los parientes

el/la antepasado/a *ancestor*
el/la bisabuelo/a *great-grandfather/grandmother* 
el/la cuñado/a *brother/sister-in-law*
el/la esposo/a *husband/wife*
el/la (hermano/a) gemelo/a *twin (brother/sister)*
el/la hermanastro/a *stepbrother/stepsister*
el/la hijo/a único/a *only child*
la madrastra *stepmother*
el/la medio/a hermano/a *half brother/sister*
el/la nieto/a *grandson/granddaughter*
la nuera *daughter-in-law*
el padrastro *stepfather*
el/la pariente *relative*
el/la primo/a *cousin*
el/la sobrino/a *nephew/niece*
el/la suegro/a *father/mother-in-law*
el/la tío/a (abuelo/a) *(great) uncle/aunt*
el yerno *son-in-law*

La vida familiar

agradecer *to thank*
apoyar(se) *to support (each other)*
criar *to raise (children)*
independizarse *to become independent*
lamentar *to regret, to be sorry about*
malcriar *to spoil*
mimar *to pamper*
mudarse *to move*
pelear(se) *to fight (with one another)*
quejarse (de) *to complain (about)*
regañar *to scold* 
respetar *to respect*
superar *to overcome*

La personalidad

el apodo *nickname*
la autoestima *self-esteem*
el carácter *character, personality*
la comprensión *understanding*

(bien) educado/a *well-mannered*
egoísta *selfish*
estricto/a *strict*
exigente *demanding*
honrado/a *honest*
insoportable *unbearable*
maleducado/a *ill-mannered*
mandón/mandona *bossy*

rebelde *rebellious*
sumiso/a *submissive*
unido/a *close-knit*

Las etapas de la vida

la adolescencia *adolescence*
el/la adolescente *adolescent*
el/la adulto/a *adult*
la edad adulta *adulthood*
la juventud *youth*
la muerte *death*
el nacimiento *birth*
la niñez *childhood*
el/la niño/a *child*
la vejez *old age*

Las generaciones

la ascendencia *heritage*
la brecha generacional *generation gap*
la patria *homeland*
el prejuicio social *social prejudice*
la raíz *root*
el sexo *gender*

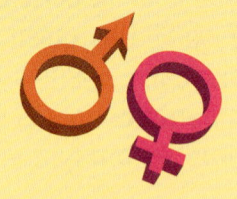

heredar *to inherit*
parecerse *to look alike*
realizarse *to fulfill*
sobrevivir *to survive*

Lección 4

PARA EMPEZAR

Práctica

1 Completar Completa las oraciones con la opción correcta.

1. Los rostros (*faces*) de mi hermana y de mi madre _____ mucho. Ellas son casi idénticas.
   a. se pelean   b. se quejan   c. se parecen
2. Yo, en cambio, soy físicamente igual a mi padre y también tenemos el mismo _____.
   a. niñez   b. carácter   c. tío
3. Durante su _____, mis padres estaban muy enamorados.
   a. nacimiento   b. apodo   c. juventud
4. Ellos se divorciaron el año pasado y yo lo _____ mucho.
   a. mimo   b. lamento   c. mudo
5. Estoy disgustada, sí, pero no me _____, porque nos quieren igual.
   a. quejo   b. apoyo   c. realizo
6. A pesar de la distancia seguimos siendo una familia _____. ¡Siempre lo fuimos!
   a. sumisa   b. unida   c. exigente

2 Crucigrama Completa el crucigrama.

Horizontales
1. el hijo de mi hermano
4. dar las gracias
6. que no se puede tolerar
8. etapa de vida de una persona de 80 años
9. tratar a algo o a alguien con cortesía, atención y obediencia
10. opinión negativa sobre algo o alguien antes de conocerlo

Verticales
2. irse de la casa de los padres; emanciparse
3. valoración positiva de uno mismo
5. severo; riguroso
7. recibir bienes (*possessions*) que un familiar deja al morir

3 La familia Rodríguez En parejas, túrnense para elegir a un miembro de la familia de la foto y decir quién y cómo es. Inventen detalles y utilicen palabras del vocabulario.

Modelo El abuelo, don José Luis, se crio en un pueblo de Costa Rica y se mudó a San José cuando se casó. Ahora disfruta de su vejez con su esposa. Tiene un carácter muy agradable y se lleva muy bien con toda su familia.

Practice more at vhlcentral.com.

Generaciones en movimiento

CORTOMETRAJE

Preparación

Vocabulario del corto

- **apetecer** *to be in the mood for*
- **chillar** *to scream*
- **el/la colega** *buddy*
- **desagradecido/a** *ungrateful*
- **el/la enclenque** *weakling*
- **escribir a máquina** *to type*
- **el/la niñato/a** *spoiled brat* (Esp.)
- **pulsar** *to press*
- **el recogedor** *dustpan*

Vocabulario útil

- **el ajedrez** *chess*
- **antipático/a** *unfriendly*
- **hiriente** *hurtful*
- **huraño/a** *unsociable*
- **tembloroso/a** *trembling*
- **torpe** *clumsy*

EXPRESIONES

de mala educación *rude*

de tal palo, tal astilla *the apple doesn't fall far from the tree*

largarse *to leave*

No me metas en vuestras movidas/rollos. *Don't drag me into your problems.*

1 **Adjetivos útiles** El joven de la derecha está describiendo al hombre de la izquierda. Empareja cada descripción con el adjetivo correcto.

1. antipático _____
2. huraño _____
3. torpe _____
4. hiriente _____
5. tembloroso _____

a. "Hace daño con sus comentarios sarcásticos."
b. "Está siempre solo, no se relaciona."
c. "Con el ordenador es un absoluto inútil."
d. "Se mueven demasiado sus manos."
e. "¿Simpático? ¡Es lo contrario de simpático!"

2 **Vocabulario** Completa las oraciones con palabras del vocabulario del cortometraje.

1. No te va a _____ cenar después de comer tanto dulce.
2. Él era un _____ en su juventud, pero ahora es fuerte y atlético.
3. Cuando no existían las computadoras los escritores debían _____.
4. Estuve jugando al fútbol con mi _____ de la oficina y luego fuimos al centro comercial.
5. Juan Carlos es un _____ inmaduro e irresponsable.
6. La ayudé todo el año y ahora ni me responde el teléfono, ¡qué _____!
7. ¡Me quiero _____ de esta ciudad! Hace un calor insoportable.
8. Cuando el cantante salió al escenario, todos nos pusimos a _____ de la emoción.

CORTOMETRAJE

3 Generaciones y medios Determina si estás de acuerdo o en desacuerdo con estas afirmaciones. Después, trabaja con un(a) compañero/a para comparar y discutir tus respuestas.

1. Las personas de mi generación leen libros y periódicos en papel.
2. A la generación de mis abuelos le gusta hacerse *selfies*.
3. Mi generación usa el teléfono para comunicarse a distancia.
4. Las personas de mi generación publican fotos, vídeos y textos sobre experiencias personales.
5. La generación de mis abuelos visita sus redes sociales obsesivamente.

4 Preguntas En parejas, respondan las preguntas.

1. ¿Cómo te mantienes en contacto con tu familia y con tus amigos/as?
2. ¿Cómo te enteras de las noticias nacionales e internacionales?
3. ¿Has utilizado una máquina de escribir? ¿Qué ventajas crees que tiene esta herramienta?

5 Fotogramas En parejas, imaginen quiénes son los personajes y cómo es su relación. Respondan a las preguntas.

- ¿Quiénes son estos dos personajes?
- ¿Dónde viven?
- ¿Cómo es su relación?
- ¿Qué clase de conflicto hay entre ellos?

6 Brecha generacional En parejas, respondan las preguntas.

1. ¿Qué sorprende más a tus padres sobre tu generación?
2. ¿Cuáles son las cosas que más te sorprenden a ti de la generación de tus padres?
3. ¿Cómo crees que vivieron tus padres en su adolescencia?
4. ¿Es difícil para tus padres entender tu forma de divertirte y de relacionarte? ¿Por qué?
5. ¿Cómo crees que sería tu generación si no existieran ni Internet ni las redes sociales?

Generaciones en movimiento

CORTOMETRAJE

sin palabras

Dirigido por Bel Armenteros

- Mejor cortometraje
  award young jury Côte Bleue, France (2011)
- Mejor cortometraje internacional
  Cusco, Perú (2011)

MIGUEL RELLÁN | ADRIÁN LAMANA

Producción **LUIS VIDAL** Guion **ÁNGELA TRIGUEROS** Jefe de producción **MIGUEL ROCA** Ayudante de dirección **PATRICIA GIL** Montaje **ANTÍA OTERO** Sonido **QUIQUE ESPEJO** Dirección artística **VÍCTOR GUERRA** Dirección de fotografía **JUDIT MARIJUAN MARÍN** Música **IVAN CAPILLAS**

ESCENAS

CORTOMETRAJE

ARGUMENTO David tiene que pasar dos semanas con un hombre realmente insoportable: su abuelo.

1.
ABUELO ¿Y tu madre?
DAVID Tenía prisa, perdía el avión.
ABUELO Tu habitación está al final del pasillo.

2.
DAVID Hola, papá, soy yo. Te quería hacer una pregunta. Era por si me podía quedar un par de semanas en tu casa. Es que yo prefiero estar contigo.

3.
(Las manos temblorosas del abuelo sobre el teclado de una máquina de escribir.)

4.
DAVID Oye, ¿quieres que te ayude?
ABUELO No sabes escribir a máquina.
DAVID Sé escribir en ordenador, no creo que sea tan distinto.

5.
ABUELO Este es el que te ha partido la cara, ¿no? Pero si es un enclenque.
JOVEN Cállate, viejo, anda, no molestes, ¿vale?
ABUELO ¿Que me calle? ¿Cómo que me calle?

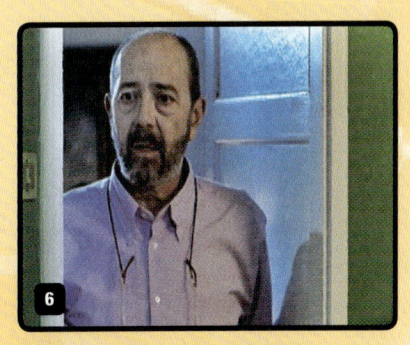

6.
ABUELO ¿Tantas ganas tienes de marcharte que ya estás haciendo la maleta?
DAVID Mamá viene mañana temprano.
ABUELO ¿Mañana ya?

Nota CULTURAL

Pisos

En varios países de Latinoamérica y en España a los apartamentos se les llama *pisos*. Los más antiguos tienen una distribución muy particular: por lo general, estas viviendas tienen un pasillo a lo largo del cual están los dormitorios y los cuartos de baño. Antes de llegar al pasillo suele estar la cocina, que es donde se prepara la comida y se lava la ropa. ¡Sí, la lavadora siempre está en la cocina! Como en casi toda España suele hacer buen tiempo, la ropa recién lavada se cuelga en un tendedero° anexo.

tendedero *clothesline*

Generaciones en movimiento

Análisis

1 Comprensión Contesta las preguntas con oraciones completas.

1. ¿Por qué va David a casa de su abuelo?
2. ¿A quién llama David desde su habitación?
3. ¿Por qué desayuna David café por las mañanas?
4. ¿Qué trabajo tiene el abuelo de David?
5. ¿Cómo ayuda David a su abuelo?
6. ¿Quién es el joven que David y su abuelo se encuentran en el parque?
7. ¿Cómo cambia la relación de David con su abuelo después del incidente en el parque? ¿Cómo lo sabes?
8. Al final de la película David y su abuelo se despiden. ¿Cuándo volverán a verse?

2 Interpretar En parejas, contesten las preguntas.

1. ¿Por qué crees que la madre de David no quiere dejarlo solo en su casa?
2. ¿Cómo crees que es la vida familiar de David? ¿Por qué?
3. ¿Qué hace David para hacerse respetar de su abuelo?
4. ¿Cuáles pueden ser las razones del comportamiento del abuelo?
5. ¿Qué siente David por su abuelo? ¿Cómo lo sabes?
6. ¿Qué crees que siente el abuelo por su nieto? ¿Cómo lo demuestra?
7. ¿Cómo describirías la relación de David con su padre?
8. ¿Qué conflicto crees que hay entre la madre de David y el abuelo?
9. ¿Cómo cambia la vida del abuelo después de vivir dos semanas con David?

3 Redes sociales En parejas, y con base en lo que saben de los personajes, asignen cada texto a David o a su abuelo. Luego, ordénenlos y formen una conversación.

a. Mira, abuelo, esto es Facebook. Es muy divertido. Puedes ver los posts de tus amigos, y puedes dar "Me gusta".
b. ¿Tienes 457 amigos?
c. ¿Cómo que "Me gusta"? ¿Y no hay una opción que diga "Me parece una estupidez"?
d. ¿En otro Facebook? ¿Qués es? ¿Un Facebook para viejos?
e. No seas irrespetuoso con tu abuelo.
f. Más social que tú, desde luego. ¿Cuántos amigos tienes?
g. Muchísimos, pero están en otro Facebook, o como se llame.
h. Pero abuelo, sería de mala educación. Recuerda que las personas que hay aquí son tus amigos.
i. Sí, pero no los conozco personalmente a todos. Sólo a tres.
j. ¡Ah, tres amigos en total! ¡Qué chico más social!

CORTOMETRAJE

4 Nuevas tecnologías En parejas, comenten cómo reacciona el abuelo de David ante las nuevas tecnologías. Respondan las preguntas.

1. ¿Cómo se comporta el abuelo de David con la computadora al inicio y al final del cortometraje?
2. ¿Qué semejanzas y diferencias encuentras entre las máquinas de escribir y las computadoras? ¿Qué crees que pensaba el abuelo de David sobre esto?
3. ¿Crees que algún día la tecnología será demasiado avanzada para ti? ¿Por qué?

5 Hombres solitarios En parejas, hablen del abuelo de David. Respondan las preguntas.

1. ¿Creen que el abuelo de David es mala persona? ¿Por qué?
2. ¿Por qué creen que el abuelo de David tiene esa personalidad?
3. ¿Es consciente el abuelo de David de lo antipático que es? ¿Por qué creen?
4. ¿Qué hace el abuelo de David por ser más agradable?

6 Crítica Escriban una reseña de *Sin palabras* basada en las siguientes escenas. Usen las preguntas como guía de escritura.

1. ¿Cómo describirías la situación en que se encuentran David y su abuelo?
2. ¿Crees que la forma en que David le habla a su abuelo es correcta? ¿Por qué?
3. ¿Cómo expresan su afecto mutuo David y su abuelo?

7 Con palabras En parejas, elijan una de estas situaciones e improvisen un diálogo. Utilicen seis palabras o expresiones de la lista. Después, represéntenlo delante de la clase.

ajedrez	enclenque	niñato/a
antipático/a	escribir a máquina	pulsar
apetecer	hiriente	tembloroso/a
chillar	huraño/a	torpe
colega	largarse	de mala educación
desagradecido/a	movida	de tal palo, tal astilla

A
Tu madre y tu abuelo no se llevan bien así que decides ayudarlos a mejorar su relación. Tu madre está sentada en un sofá leyendo un libro. Te acercas y le preguntas: "Mamá, ¿por qué no vas nunca a ver al abuelo?"

B
Tienes setenta años y usas tu ordenador con frecuencia para hablar con tu nieto por Skype. Estás muy emocionado y agradecido por todo lo que él te ha enseñado sobre computadoras e Internet y decides hablar con él para expresarle lo que sientes.

Practice more at vhlcentral.com.

Generaciones en movimiento

SUEÑA

La Panamericana

Imagina un viaje en automóvil por **Centroamérica**. Comenzarías en **Panamá** y terminarías en **Guatemala**, al sur de México. Al final de tu viaje habrás recorrido unos 2.500 kilómetros (1.553 millas), visitado seis países hispanohablantes y conocido sus capitales: **Ciudad de Panamá** (Panamá), **San José** (Costa Rica), **Managua** (Nicaragua), **Tegucigalpa** (Honduras), **San Salvador** (El Salvador) y **Ciudad de Guatemala** (Guatemala). También habrás admirado volcanes humeantes[1], como el **Volcán Poás** en Costa Rica, y las ruinas mayas de **Tikal** y **Copán** en Guatemala y Honduras, respectivamente.

La ruta ideal para realizar esta odisea es la **carretera**[2] **Panamericana**, o simplemente **la Panamericana**. En principio, esta carretera conectaría todo el continente americano, desde la Patagonia hasta Alaska. Sin embargo, fenómenos naturales como sismos, inundaciones, deslizamientos o erupciones volcánicas han destruido algunos tramos[3] y existe uno que aún no está construido. Entre Panamá y Colombia, en el **Tapón del Darién**, unos 90 kilómetros (56 millas) de densa selva montañosa interrumpen la continuidad de la ruta[4] intercontinental.

¡Arranquemos! Nuestra primera parada es el **canal de Panamá**, uno de los proyectos de transporte más

CENTRO

El canal de Panamá

ambiciosos del siglo XX. Fue propiedad de los Estados Unidos hasta 1999.

En la actualidad, alrededor de 14.000 buques[5] pasan cada año de un océano a otro a través del canal.

De Panamá nos dirigimos a Costa Rica, a visitar el **Parque Nacional Chirripó**. Subimos al cerro Chirripó, palabra indígena que significa "tierra de aguas eternas", de unos 3.800 metros (12.467 pies) de altura. En el camino[6] vemos una gran variedad de animales, como jaguares, tapires y quetzales.

Pasamos a Managua, capital de **Nicaragua**, donde hacemos una excursión al **lago de Nicaragua**. Es el único lago donde subsisten tiburones[7] que se adaptaron al agua dulce[8] hasta poder reproducirse en ella.

Continuamos hacia el segundo arrecife[9] de coral más grande del mundo: las **Islas de la Bahía**, en la costa norte de Honduras. El 95% de las especies de coral del **Caribe** se encuentran en esta región. Las tres islas de **Roatán**, **Guanaja** y **Utila** son algunas de las atracciones turísticas más populares.

Seguimos por **El Salvador**, donde probamos las famosas **pupusas**. Por todas partes encontrarás *pupuserías* que preparan estas delicias, similares a una tortilla gruesa[10] y blanda, rellenas de queso, pollo o cerdo.

SUEÑA

AMÉRICA

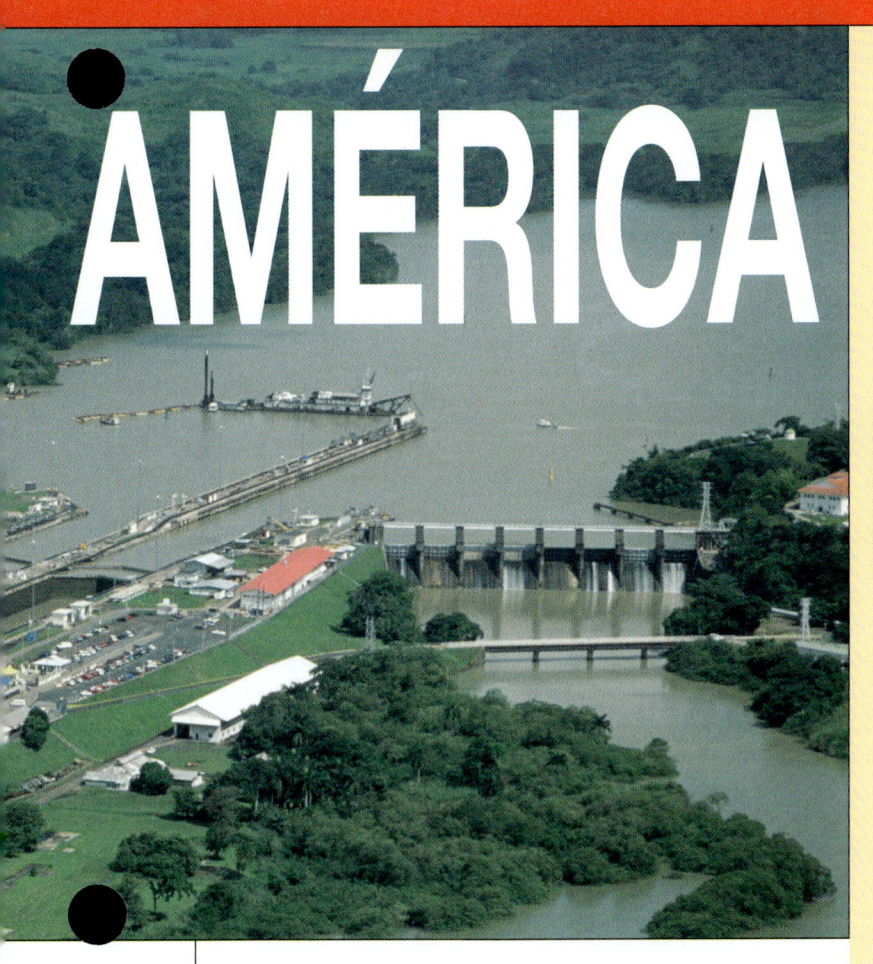

Finalmente, en Guatemala visitamos las ruinas de **Tikal**, una de las ciudades más importantes de la civilización **maya**. Miles de turistas las visitan anualmente, pero también millones de personas las han visto porque este lugar sirvió de locación al filmar una base rebelde en la película *La guerra de las galaxias: Episodio IV, Una nueva esperanza*[11].

[1] *smoldering* [2] *highway* [3] *stretches* [4] *road* [5] *ships* [6] **En el...** *Along the way* [7] *sharks* [8] **agua...** *fresh water* [9] *reef* [10] *thick* [11] *Star Wars: Episode IV, A New Hope*

El español de Centroamérica

los abarrotes	provisiones; *groceries* (Guat., Pan.)
el agua	refresco; *soda, soft drink* (Guat.)
el cartucho	bolsa; *(plastic) bag* (Pan.)
chivísimo	fantástico; *great, cool* (E.S.)
el fresco	refresco; *soft drink* (C.R., Hond.)
fulear	poner gasolina; *to get gas* (Nic.)
la pulpería	bodega; *grocery store* (C.R., Hond., Nic.)

Expresiones

hacer gallo	acompañar; *to accompany* (E.S.)
¡Pura vida!	¡Muy bien!; *Great!* (C.R.)
ser de alante	ser valiente; *to be brave* (Pan.)

¡Celebremos las tradiciones!

Semana Santa La celebración de **Semana Santa** en **Antigua, Guatemala,** es una tradición viva. Cientos de personas participan en las procesiones y ayudan a cargar las tarimas[1], llamadas **andas**, que pesan 3,5 toneladas[2]. La gente decora las ventanas y las iglesias para la procesión, pero lo más extraordinario son las alfombras[3] que cada año se hacen a mano con aserrín[4] teñido[5] de colores vivos y con pétalos de flores sobre las calles por donde pasa la procesión.

Día de la independencia **Costa Rica** tiene una de las más antiguas democracias del continente americano. A diferencia de los países de Suramérica, su independencia de España se firmó de manera pacífica y se celebra cada 15 de septiembre, como en los demás países centroamericanos, excepto Panamá. Se festeja con desfiles[6] patrióticos y música. Los niños llevan linternas hechas a mano a estas fiestas llenas de color. Uno de sus expresidentes, Óscar Arias Sánchez (1986–1990 y 2006–2010), recibió el **Premio Nobel de la Paz**[7] en 1987.

Carnavales La popularidad de los carnavales en **Panamá** es comparable con la de los famosos carnavales brasileños. Celebradas en **Panamá** desde principios del siglo XX, estas grandiosas fiestas duran cuatro días y cinco noches. Los panameños disfrutan de desfiles magníficos, carrozas espectaculares, máscaras[8], disfraces[9] de todo tipo y comida variada. Las celebraciones más grandes tienen lugar en la **Ciudad de Panamá** y en **Las Tablas**.

San Jerónimo El pueblo de **Masaya** en **Nicaragua** es conocido por el festival que celebra al santo patrón, **San Jerónimo**. La fiesta, de unos 80 días, comienza el 20 de septiembre con **"el Día de la Bajada"**[10] de la imagen de San Jerónimo, y no termina hasta la primera semana de diciembre. Con bailes folklóricos, música, flores y rica comida, esta fiesta colorida integra tradiciones indígenas con el catolicismo.

[1] *wooden floats* [2] *tons* [3] *carpets* [4] *sawdust* [5] *dyed* [6] *parades* [7] **Premio...** *Nobel Peace Prize* [8] *masks* [9] *costumes* [10] **Día de...** *Day when the saint is brought down*

Generaciones en movimiento 131

GALERÍA DE CREADORES

PINTURA Armando Morales
El nicaragüense Armando Morales, nacido en 1927, es un pintor contemporáneo que disfruta de fama internacional. Sus creaciones artísticas incluyen desnudos femeninos, escenas cotidianas, naturalezas muertas (*still lifes*) y representaciones de hechos históricos que nacen de las imágenes de sus recuerdos. En 1959 recibió el Premio Ernest Wolf al Mejor Artista Latinoamericano, en la V Bienal de Arte Moderno de São Paulo (Brasil). *Desnudo sentado* (1971); *Bodegón, ciruela y peras* (1981); *Bañistas en la tarde y coche* (1984); *Adiós a Sandino* (1985) y *Selva* (1987) son cinco de sus obras más conocidas. Aquí vemos el cuadro titulado *Dos peras en un paisaje* (1973).

LITERATURA Gioconda Belli
El compromiso sociopolítico y la lucha por la liberación de la mujer son las líneas temáticas que marcan la obra de la poeta, novelista y bloguera nicaragüense Gioconda Belli. *Línea de fuego*, libro de poemas con el que obtuvo el prestigioso Premio Casa de las Américas en 1978 y *La mujer habitada* (1988) sobresalen (*stand out*) entre sus obras más leídas. En 2010, *El país de las mujeres* ganó el Premio Hispanoamericano de Novela *La Otra Orilla*. En 2013 publicó el poemario *En la avanzada juventud*, y en el año 2014, la novela *El intenso calor de la luna*. Además en ese año fue reconocida con el Premio al Mérito Literario Internacional Andrés Sabella, en el marco de (*as part of*) la Feria Internacional del Libro de Antofagasta (Chile). En su blog escribe sobre sus experiencias de vida, sus viajes y también ofrece pequeños fragmentos de sus obras a sus seguidores.

ARTESANÍA La mola

En las islas panameñas del archipiélago de San Blas viven los kunas. Esta tribu indígena es conocida por la mola, su más creativa expresión artística que realizan casi exclusivamente las mujeres. La mola es un tipo de bordado (*embroidery*) intrincado que adorna las blusas de las mujeres kuna y que forma parte de su vestido tradicional. Además de blusas, las molas pueden adornar cualquier objeto que se desee. Aunque los motivos (*motifs*) más populares son los diseños geométricos y elementos del mundo natural, también son frecuentes los diseños modernos. Las molas no son sólo atractivas para los turistas; muchas son consideradas verdaderas piezas de arte muy preciadas (*valued*) entre los coleccionistas.

PINTURA Mauricio Puente

Nació en El Salvador en 1918 y actualmente reside en los Estados Unidos, donde continúa dictando cursos de pintura al óleo. Pintor autodidacta, empezó a pintar a los siete años y siempre ha explorado su pasión por la pintura. A lo largo de los años ha cultivado un estilo muy personal que se puede admirar en sus cuadros en galerías de arte de todo el mundo. Su especialidad son las acuarelas (*watercolors*) y los óleos; domina a la perfección la técnica de la espátula (*palette knives*) y su talento para dibujar es admirable. La obra *Caserío* muestra un paisaje salvadoreño y es un ejemplo representativo de su estilo.

Generaciones en movimiento

¿Qué aprendiste?

1

Cierto o falso Indica si estas afirmaciones son ciertas o falsas. Corrige las falsas.

1. La Panamericana pasa por tres países de Centroamérica.
2. En el lago de Nicaragua hay tiburones.
3. Armando Morales y Mauricio Puente son pintores nicaragüenses.
4. El 20 de septiembre Costa Rica celebra su día de la independencia de España.
5. El festival de San Jerónimo en Masaya, Nicaragua, dura aproximadamente ochenta días.
6. La mola es una expresión artística de los mayas.

2

Preguntas Contesta las preguntas.

1. ¿En qué estilos se especializa el pintor salvadoreño Mauricio Puente?
2. ¿De qué se rellenan las pupusas?
3. ¿De qué están hechas las alfombras en la celebración de Semana Santa en Antigua, Guatemala?
4. ¿De cuáles ciudades son los carnavales más grandes de Panamá?
5. ¿Qué líneas temáticas caracterizan la obra de Gioconda Belli?
6. ¿Qué artista de la Galería te interesa más? ¿Por qué?

3

Centroamérica En parejas, comenten lo que aprendieron de Centroamérica y la carretera Panamericana. Luego, complementen sus conocimientos haciéndose preguntas sobre los aspectos de la lista.

Modelo —¿Cuál es el único país centroamericano que no celebra su independencia el 15 de septiembre?
—Panamá es el único país que no la celebra el 15 de septiembre.

- La celebración de la independencia el 15 de septiembre
- Escenarios naturales en el recorrido de la Panamericana
- Los animales que se ven camino al cerro Chirripó en Costa Rica
- Las tradiciones de San Jerónimo en Masaya, Nicaragua
- Los ingredientes de las pupusas

Practice more at vhlcentral.com.

PROYECTO

Odisea por Centroamérica

Organiza una travesía por las seis capitales centroamericanas que se mencionan en el artículo. Antes de empezar el viaje investiga información adicional en Internet.

- Explora una atracción importante por su valor histórico, cultural o natural en cada capital.
- Escribe una entrada para tu blog o para tu diario sobre la atracción que explores en cada capital.
- Explica tu aventura a tus compañeros/as de clase. Cuéntales lo que viste y aprendiste, léeles tus impresiones y muéstrales fotos de los lugares que visitaste.

De compras en Barcelona

Hacer las compras tal vez te parezca una actividad aburrida y poco glamorosa, pero ¡te equivocas! En este episodio de **Flash Cultura** podrás pasear por el antiguo y popular mercado de La Boquería en Barcelona y descubrir una manera distinta de elegir los mejores productos en tiendas especializadas.

Vocabulario

amplio/a broad, wide	**la gamba (Esp.)** shrimp
el buñuelo fritter	**los mariscos** seafood
el carrito shopping cart	**las patas traseras** hind legs
la charcutería delicatessen	**el puesto** market stand

1. Preparación ¿Qué productos españoles típicos conoces? ¿Cuál te gustaría más probar?

2. Comprensión Indica si estas afirmaciones son ciertas o falsas. Después, en parejas, corrijan las falsas.

1. Las Ramblas de Barcelona son amplias avenidas.
2. En La Boquería debes elegir un carrito a la entrada y pagar toda la compra al final.
3. Hay distintos tipos de jamón serrano según la curación y la región.
4. Barcelona ofrece una gran variedad de mariscos y pescados frescos porque es un puerto marítimo.
5. En España, la mayoría de las tiendas cierra al mediodía durante media hora.
6. Las panaderías abren todos los días menos los domingos.

3. Expansión En parejas, contesten estas preguntas.

- ¿Prefieres hacer las compras en tiendas pequeñas y mercados tradicionales o en un supermercado normal? ¿Por qué?
- ¿Te levantas temprano para comprar el pan o algún otro producto los domingos? ¿Qué producto es tan esencial para la gente de tu país como el pan para los españoles?
- ¿Te parece bien que las tiendas cierren a la hora de la siesta? ¿Para qué usarías tú todo ese tiempo?

Corresponsal: Mari Carmen Ortiz
País: España

La Boquería es un paraíso para los sentidos: olores de comida, el bullicio° de la gente, colores vivos se abren a tu paso mientras haces tus compras.

Hay tiendas que nunca cierran a la hora de comer: las tiendas de moda y los grandes almacenes°. Pero aún éstas tienen que cerrar tres domingos al mes.

El jamón serrano es una comida típica española y es servido con frecuencia en los bares de tapas°.

bullicio hubbub **almacenes** department stores **tapas** Spanish appetizers

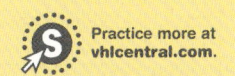

ESTRUCTURAS

4.1 The subjunctive in adjective clauses

- When an adjective clause describes an antecedent that is known to exist, use the indicative. When the antecedent is unknown or uncertain, use the subjunctive.

MAIN CLAUSE: ANTECEDENT UNCERTAIN	CONNECTOR	SUBORDINATE CLAUSE: SUBJUNCTIVE
Busco un trabajo	que	**pague** bien.

Antecedent certain → Indicative	Antecedent uncertain → Subjunctive
Necesito el libro que **tiene** información sobre los prejuicios sociales. *I need the book that has information about social prejudices.*	Necesito un libro que **tenga** información sobre los prejuicios sociales. *I need a book that has information about social prejudices.*
Buscamos los documentos que **describen** el patrimonio de nuestros antepasados. *We're looking for the documents that describe our ancestors' heritage.*	Buscamos documentos que **describan** el patrimonio de nuestros antepasados. *We're looking for (any) documents that (may) describe our ancestors' heritage.*
Tiene un esposo que la **trata** con respeto y comprensión. *She has a husband who treats her with respect and understanding.*	Quiere un esposo que la **trate** con respeto y comprensión. *She wants a husband who will treat her with respect and understanding.*

*Muchos prefieren un café que no **tenga** azúcar.*

- When the antecedent of an adjective clause is a negative pronoun (**nadie, ninguno/a**), the subjunctive is used.

Antecedent certain → Indicative	Antecedent uncertain → Subjunctive
Elena tiene tres parientes que **viven** en San José. *Elena has three relatives who live in San José.*	Elena no tiene **ningún** pariente que **viva** en Limón. *Elena doesn't have any relatives who live in Limón.*
De los cinco nietos, hay dos que **se parecen** a la abuela. *Of the five grandchildren, there are two who resemble their grandmother.*	De todos mis nietos, no hay **ninguno** que **se parezca** a mí. *Of all my grandchildren, there's not one who looks like me.*
En mi patria, hay muchos que **apoyan** al candidato conservador. *In my homeland, there are many who support the conservative candidate.*	En mi familia, no hay **nadie** que **apoye** al candidato conservador. *In my family, there is nobody who supports the conservative candidate.*

TALLER DE CONSULTA

This additional grammar topic is covered in the **Manual de gramática, Lección 4.**

4.4 *To become:* **hacerse, ponerse,** and **volverse,** p. 250

¡ATENCIÓN!

An adjective clause (**oración subordinada adjetiva**) is a subordinate clause that describes a noun or pronoun, called the antecedent, in the main clause.

ESTRUCTURAS

- Do not use the personal **a** with direct objects that represent hypothetical persons.

Antecedent uncertain → Subjunctive	Antecedent certain → Indicative
Busco un abogado que **sea** honrado. *I'm looking for a lawyer who is honest.*	Conozco **a** un abogado que **es** honrado, justo e inteligente. *I know a lawyer who is honest, fair, and smart.*

- Use the personal **a** before **nadie** and **alguien**, even when their existence is uncertain.

Antecedent uncertain → Subjunctive	Antecedent certain → Indicative
No conozco **a nadie** que **se queje** tanto como mi suegra. *I don't know anyone who complains as much as my mother-in-law.*	Yo conozco **a alguien** que **se queja** aún más... ¡la mía! *I know someone who complains even more... mine!*

- The subjunctive is commonly used in questions with adjective clauses when the speaker is trying to find out information about which he or she is uncertain. If the person who responds knows the information, the indicative is used.

Antecedent uncertain → Subjunctive	Antecedent certain → Indicative
¿Me recomienda usted un buen restaurante que **esté** cerca de aquí? *Can you recommend a good restaurant that is nearby?*	Sí, el restaurante de mi yerno **está** muy cerca y **es** excelente. *Yes, my son-in-law's restaurant is nearby, and it's excellent.*
Oigan, ¿no me pueden poner algún apodo que me **quede** mejor? *Hey guys, can't you give me a nickname that fits me better?*	Bueno, si tú insistes, pero Flaco es el apodo que te **queda** mejor. *OK, if you insist, but Skinny is the nickname that suits you best.*

Si leyó en **Gente** algo con lo que no está de acuerdo, discútalo con alguien que le preste atención. Con **Gente**.

Nos gusta saber lo que piensa. Envíe sus mensajes electrónicos al buzón de **Gente**.

Revista Gente
Correo-e:
suscriptores@revistagente.com
México, D.F.

Generaciones en movimiento

ESTRUCTURAS

Práctica

1 Combinar Combina las frases de las dos columnas para formar oraciones lógicas. Decide qué oraciones necesitan el subjuntivo y cuáles el indicativo.

___ 1. Mario tiene un hermano que   a. sea alta y artística.
___ 2. Tengo dos cuñados que   b. sean respetuosos y estudiosos.
___ 3. No conozco a nadie que   c. canta cuando se ducha.
___ 4. Pedro busca una novia que   d. hablan alemán.
___ 5. Quiero tener nietos que   e. entienda más de dos idiomas.

2 El agente de viajes Gabriela va a ir de vacaciones a Montelimar, Nicaragua, y le escribe un correo electrónico a su agente de viajes explicándole sus planes. Completa el correo con el subjuntivo o el indicativo.

> **Mensaje** — Recibidos —Viaje a Montelimar   21 de julio de 2018, 10:09 AM
>
> De: Gabriela <gabriela@micorreo.com>
> Para: Santiago <santiago@micorreo.com>
>
> Querido Santiago:
>
> Estoy muy contenta porque el mes que viene voy a viajar a Montelimar para tomar unas vacaciones. He estado pensando en el viaje y quiero decirte qué me gustaría hacer. Quiero ir a un hotel que (1) _____ (ser) de cinco estrellas y que (2) _____ (tener) vista al mar. Me gustaría hacer una excursión que (3) _____ (durar) varios días y que me (4) _____ (permitir) ver el famoso Lago de Nicaragua. ¿Qué te parece?
>
> Mi hermano me dice que en la principal agencia de viajes de Montelimar hay un guía turístico llamado Luis Eduardo que (5) _____ (conocer) algunos lugares exóticos y que me (6) _____ (poder) llevar a verlos. Al parecer, Luis Eduardo es muy conocido en la zona porque (7) _____ (tener) mucha clientela. La gente dice que (8) _____ (ser) un guía muy simpático y divertido. ¡Tal como a mí me gusta! ¿Crees que lo puedes localizar?
>
> Espero tu respuesta,
>
> Gabriela

> **Nota CULTURAL**
>
> **Nicaragua** es el país más grande de **Centroamérica** y posee una variada geografía compuesta por lagos, ríos, volcanes, bosques y playas. **Montelimar**, en particular, es uno de los centros turísticos más completos de Centroamérica por sus playas de arena fina, paisajes exóticos y hoteles lujosos.

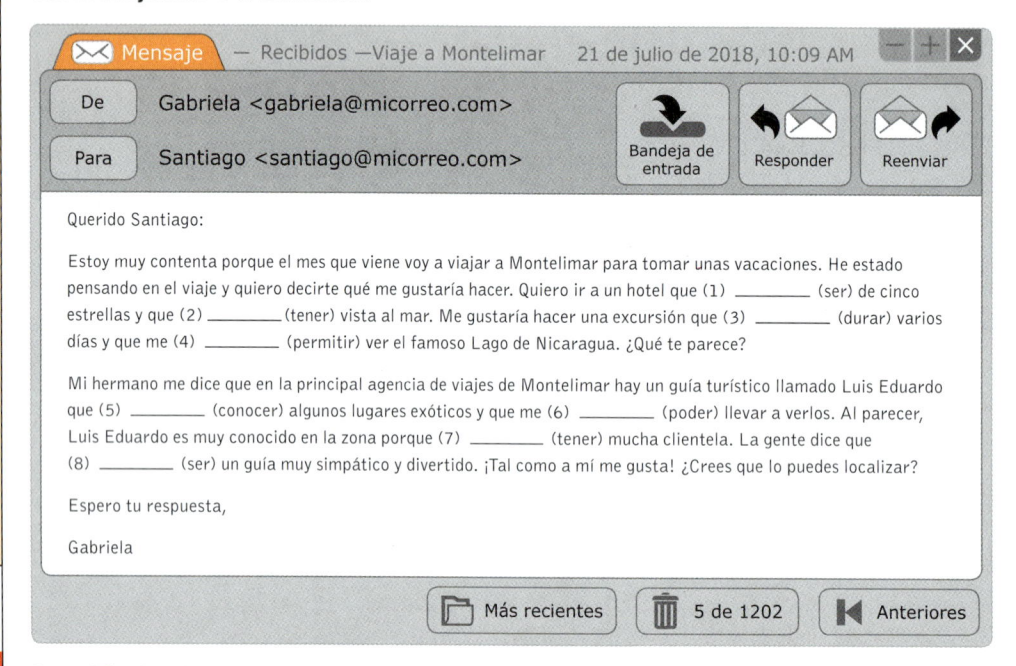

3 Reunión familiar Completa las oraciones con las opciones de la lista. Haz los cambios necesarios.

gustarle a tío Alberto	ser festivo/a
hacer cortes de pelo modernos	venir a limpiar
dedicarse a organizar	tocar merengue

1. Ana Paola piensa reservar la banda Son y Sabor, que _____.
2. Sebastián busca un peluquero que _____.
3. Ana Paola prepara para la fiesta el plato que _____.
4. Sebastián quiere comprar decoraciones que _____.
5. Al final, Ana Paola va a contratar una compañía que _____.
6. Ana Paola lo hará todo porque no conoce a ningún pariente que _____ eventos familiares.

Practice more at vhlcentral.com.

Comunicación

4 **Sueños y realidad** En parejas, hablen sobre lo que estos personajes tienen y lo que desean tener. Utilicen el subjuntivo y el indicativo según corresponda, y las palabras de la lista.

Modelo María Teresa tiene un novio que enseña Historia en la universidad y que es muy responsable, pero ella sueña con tener un novio que toque la guitarra eléctrica y que sea muy rebelde.

buscar	apartamento
conocer	computadora
necesitar	hermano/a
querer	mascota (*pet*)
tener	vecino/a

5 **Anuncios** En grupos de cuatro, describan detalladamente lo que buscan la familia Pérez y los hermanos Silva usando el indicativo o el subjuntivo. Después, escriban dos anuncios más para enseñárselos a la clase.

La familia Pérez busca a su perro Tomás, que se perdió en el parque. Aquí tienen una foto de él.

Miguel y Carlos Silva buscan un guía turístico para su viaje a los volcanes de Nicaragua.

6 **El ideal** En parejas, imaginen cómo es el/la compañero/a ideal en cada una de estas situaciones. Utilicen el subjuntivo o el indicativo de acuerdo a la situación.

Modelo Lo ideal es vivir con alguien que no se queje demasiado.

Alguien con quien...

- vivir
- trabajar
- ver películas de amor o de aventuras
- dar un paseo
- comprar ropa
- estudiar
- viajar por el Sahara
- cocinar

Generaciones en movimiento

ESTRUCTURAS

4.2 Reflexive verbs

- In a reflexive construction, the subject of the verb both performs and receives the action. Reflexive verbs (**verbos reflexivos**) always use reflexive pronouns (**me, te, se, nos, os, se**).

Reflexive verb
Elena **se lava** la cara.

Non-reflexive verb
Elena **lava** los platos.

Reflexive verbs
lavarse *to wash (oneself)*

yo	me lavo
tú	te lavas
Ud./él/ella	se lava
nosotros/as	nos lavamos
vosotros/as	os laváis
Uds./ellos/ellas	se lavan

- Many of the verbs used to describe daily routines and personal care are reflexive.

acostarse *to go to bed*	**dormirse** *to fall asleep*	**peinarse** *to comb (one's hair)*
afeitarse *to shave*	**ducharse** *to take a shower*	**ponerse** *to put on (clothing)*
arreglarse *to dress up*	**lavarse** *to wash (oneself)*	**secarse** *to dry off*
bañarse *to take a bath*	**levantarse** *to get up*	**quitarse** *to take off (clothing)*
cepillarse *to brush (one's hair, teeth)*	**maquillarse** *to put on makeup*	**vestirse** *to get dressed*
despertarse *to wake up*		

- In Spanish, most transitive verbs can also be used as reflexive verbs to indicate that the subject performs the action to or for himself or herself.

Félix **divirtió** a los invitados con sus chistes.
Félix amused the guests with his jokes.

Félix **se divirtió** en la fiesta.
Félix had fun at the party.

Ana **acostó** a los gemelos antes de las nueve.
Ana put the twins to bed before nine.

Ana **se acostó** muy tarde.
Ana went to bed very late.

¡ATENCIÓN!

A transitive verb takes an object. An intransitive verb does not take an object.

Transitive:

Mariela compró dos boletos.
Mariela bought two tickets.

Intransitive:

Johnny nació en México.
Johnny was born in Mexico.

ESTRUCTURAS

- Many verbs change meaning when they are used reflexively.

aburrir *to bore*	**aburrirse** *to become bored*
acordar *to agree*	**acordarse (de)** *to remember*
comer *to eat*	**comerse** *to eat up*
dormir *to sleep*	**dormirse** *to fall asleep*
ir *to go*	**irse (de)** *to leave*
llevar *to carry*	**llevarse** *to carry away*
mudar *to change*	**mudarse** *to move (change residence)*
parecer *to seem*	**parecerse (a)** *to resemble, to look like*
poner *to put*	**ponerse** *to put on (clothing)*
quitar *to take away*	**quitarse** *to take off (clothing)*

- Some Spanish verbs and expressions are reflexive even though their English equivalents may not be. Many of these are followed by the prepositions **a, de,** and **en**.

acercarse (a) *to approach, to get close*	**fijarse (en)** *to take notice (of)*
arrepentirse (de) *to regret*	**morirse (de)** *to die (of)*
atreverse (a) *to dare (to)*	**olvidarse (de)** *to forget (about)*
convertirse (en) *to become*	**preocuparse (por)** *to worry (about)*
darse cuenta (de) *to realize*	**quejarse (de)** *to complain (about)*
enterarse (de) *to find out (about)*	**sorprenderse (de)** *to be surprised (about)*

- *To get* or *become* is frequently expressed in Spanish by the reflexive verb **ponerse** + [*adjective*].

   Mi hijo **se pone feliz** cuando nos visitan los abuelos.
   My son gets happy when our grandparents visit us.

   Si no duermo bien, **me pongo insoportable**.
   If I don't sleep well, I become unbearable.

- In the plural, reflexive verbs can express reciprocal actions done *to one another*.

   ¡Mi esposa y yo **nos peleamos** demasiado!
   My wife and I fight too much!

   ¿Será porque ustedes no **se respetan**?
   Could it be because you don't respect each other?

- The reflexive pronoun precedes the direct object pronoun when they are used together in a sentence.

   ¿Te comiste el pastel?   Sí, **me lo** comí todo.
   Did you eat the whole cake?   *Yes, I ate it all up.*

TALLER DE CONSULTA

Hacerse and **volverse** also mean *to become*. See **Manual de gramática, 4.4, p. 250.**

When used with infinitives and present participles, reflexive pronouns follow the same rules of placement as object pronouns. See **3.2, pp. 102–103.**

Generaciones en movimiento

ESTRUCTURAS

Práctica

1 **Reflexivos** Completa las oraciones conjugando cada verbo de forma reflexiva, si es el caso. Agrega el pronombre cuando sea necesario.

1. Yo siempre _____ (dormir/dormirse) bien cuando estoy en mi casa de verano.
2. Pablo, ¿_____ (acordar/acordarse) de cuando fuimos de vacaciones a Cancún hace dos años?
3. Víctor es ese bebé de allí que _____ (parecer/parecerse) tanto a su padre.
4. No me gusta esta fiesta. Quiero _____ (ir/irse) cuanto antes.
5. Carolina y Miguel _____ (llevar/llevarse) a los niños a esa escuela.
6. Eduardo va a _____ (poner/ponerse) una camisa nueva.

2 **Todos los sábados**

A. En parejas, describan la rutina que siguen Eduardo y sus amigos todos los sábados.

Eduardo

Marcos

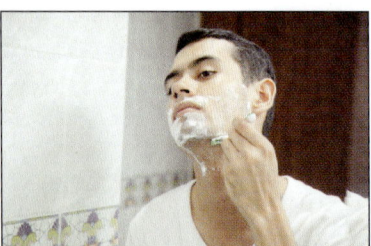

Nicolás

Sandra

Carlos

Mónica

B. ¿Qué hacen los sábados por la mañana otros cuatro amigos de Eduardo? Describan sus rutinas. Utilicen verbos reflexivos y sean creativos.

Practice more at vhlcentral.com.

Comunicación

3

¿Y tú? En parejas, túrnense para hacerse estas preguntas. Contesten con oraciones completas y expliquen sus respuestas.

1. ¿A qué hora te despiertas regularmente los lunes por la mañana? ¿Por qué?
2. ¿Te duermes en las clases?
3. ¿A qué hora te acuestas normalmente los fines de semana?
4. ¿A qué hora te duchas durante la semana?
5. ¿Te levantas siempre a la misma hora que te despiertas? ¿Por qué?

6. ¿Qué te pones para salir los fines de semana? ¿Y tus amigos?
7. ¿Cuándo te vistes elegantemente?
8. ¿Te diviertes cuando vas a una discoteca? ¿Y cuando vas a una reunión familiar?
9. ¿Te fijas en la ropa que lleva la gente?
10. ¿Te preocupas por tu imagen?

11. ¿De qué se quejan tus amigos regularmente? ¿Y tus padres u otros miembros de la familia?
12. ¿Conoces a alguien que se preocupe constantemente por todo?
13. ¿Te arrepientes a menudo de las cosas que haces?
14. ¿Te peleas con tus amigos? ¿Y con tus familiares?
15. ¿Te sorprendes de una costumbre o un hábito de alguna persona mayor que conoces?

4

En un café Imagina que estás en un café y ves a tu exnovio/a besándose con alguien. ¿Qué haces? En grupos de tres, representen la escena. Utilicen por lo menos cinco verbos de la lista.

acercarse	atreverse	enterarse	ponerse
acordarse	convertirse	fijarse	preocuparse
alegrarse	darse cuenta	irse	quejarse
arrepentirse	enojarse	olvidarse	sorprenderse

ESTRUCTURAS

4.3 Por and para

- **Por** and **para** are both translated as *for*, but they are not interchangeable.

*Para **borrar** tienes que pulsar control y zeta.*

*Es sólo **por** un par de semanas.*

Uses of *para*

Destination (toward, in the direction of)	David sale **para** España pronto. *David is leaving for Spain soon.*
Deadline or a specific time in the future (by, for)	El libro debe estar listo **para** las 12. *The book should by ready by 12.*
Goal (para + [*infinitive*] **)** (in order to)	**Para** terminar el libro a tiempo, David trabaja día y noche. *In order to finish the book on time, David works day and night.*
Purpose (para + [*noun*] **)** (for, used for)	David compró la comida **para** la semana. *David bought food for the week.*
Recipient (for)	Él ahorró dinero **para** David. *He saved money for David.*
Comparison with others or opinion (for, considering)	**Para** ser tan joven, él ha leído mucho. *For being so young, he has read a lot.* **Para** el abuelo, su nieto es muy inteligente. *For the grandfather, his grandson is very intelligent.*
Employment (for)	David trabaja **para** su abuelo. *David works for his grandfather.*

Expressions with *para*

no estar para bromas *to be in no mood for jokes*	**para colmo** *to top it all off*
no ser para tanto *to not be so important*	**para que sepas** *just so you know*
	para siempre *forever*

- Note that the expression **para que** is followed by the subjunctive.

David usa la máquina de escribir **para que** su abuelo **termine** el libro.
David uses the typewriter so that his grandfather will finish the book.

¡ATENCIÓN!

Remember to use the infinitive, not the subjunctive, after **para** if there is no change of subject.

Me despierto a las cinco para llegar temprano.
I wake up at five in order to arrive early.

ESTRUCTURAS

*Te he comprado leche **para** el desayuno.*

Uses of *por*

Motion or a general location (along, through, around, by)	David entró **por** la puerta y lo saludó. *David entered through the door and greeted him.*
Duration of an action (for, during, in)	El muchacho quiere quedarse **por** varios días. *The boy wants to stay for a few days.*
Reason or motive for an action (because of, on account of, on behalf of)	Él ayuda a su abuelo **por** razones personales. *He is helping his grandfather for personal reasons.*
Object of a search (for, in search of)	David fue a la cocina **por** el café. *David went to the kitchen for coffee.*
Means by which (by, by way of, by means of)	Su madre lo llamó **por** teléfono. *His mother called him on the phone.*
Exchange or substitution (for, in exchange for)	Cambió la máquina de escribir **por** una computadora. *He exchanged the typewriter for a computer.*
Unit of measure (per, by)	El metro puede ir a 50 km **por** hora. *The subway can go 50 km per hour.*
Agent (passive voice) (by)	El libro fue escrito **por** su abuelo. *The book was written by his grandfather.*

Expressions with *por*

por allí/aquí *around there/here*	**por lo tanto** *therefore*
por casualidad *by chance/accident*	**por lo visto** *apparently*
por ejemplo *for example*	**por más/mucho que** *no matter how much*
por eso *therefore, for that reason*	**por otro lado/otra parte** *on the other hand*
por fin *finally*	**por primera vez** *for the first time*
por lo general *in general*	**por si acaso** *just in case*
por lo menos *at least*	**por supuesto** *of course*

¡ATENCIÓN!

In many cases it is grammatically correct to use either **por** or **para** in a sentence. The meaning of each sentence, however, is different.

Trabajó por Alberto.
He worked for (in place of) Alberto.

Trabajó para Alberto.
He worked for (in the employment of) Alberto.

TALLER DE CONSULTA

The passive voice is discussed in detail in **Manual de gramática**, p. 268.

Generaciones en movimiento

ESTRUCTURAS

Práctica

Nota CULTURAL

Puntarenas es una de las zonas turísticas más importantes de **Costa Rica**. Es la provincia más grande del país y le ofrece al visitante varios parques nacionales y reservas biológicas.

1 Otra manera Lee la primera oración y completa la segunda versión usando **por** o **para**.

1. Cuando voy a Costa Rica, siempre visito Puntarenas.
   Paso _____ Puntarenas cuando voy a Costa Rica.
2. El hotel era muy barato. Pagué sólo cien dólares.
   Conseguí la habitación _____ sólo cien dólares.
3. Fui porque quería visitar a mis suegros.
   Yo quería ir _____ visitar a mis suegros.
4. Mi familia les envió muchos regalos a ellos.
   Mi familia envió muchos regalos _____ ellos.
5. Mis suegros se alegraron mucho de nuestra visita.
   Mis suegros se pusieron muy felices _____ nuestra visita.

Playa de Puntarenas, Costa Rica

2 Completar Completa la carta con **por** y **para**.

Querida abuela:

(1) _____ fin llegué a esta tierra. La Ciudad de Panamá es hermosa. Todavía no he pasado (2) _____ el canal de Panamá porque debo ir con un guía. Puedo contratar uno (3) _____ pocos dólares. En los tres meses del viaje por Centroamérica pensé en ti y en el abuelo (4) _____ lo mucho que esta tierra representa para ustedes.

Sé que (5) _____ conocer mejor este país y su cultura tendré que quedarme (6) _____ lo menos un mes. (7) _____ eso, no volveré hasta finales de mayo. (8) _____ que sepas, voy a quedarme en el hotel "Panameño". (9) _____ mí es un hotel muy cómodo (10) _____ estar tan cerca del centro de la ciudad.

¡Muchos saludos al abuelo!

José

3 Oraciones En parejas, escriban oraciones lógicas utilizando una palabra de cada columna. Luego, inventen una historia incorporando las oraciones que escribieron.

Modelo Mi hermana preparó una cena especial para mi mamá.

caminar	jugar	para	él	mi mamá
comprar	preparar		la fiesta	su edad
hacer	trabajar	por	el parque	su hermana

Practice more at vhlcentral.com.

146 Lección 4

Comunicación

4 Soluciones En parejas, comenten la mejor manera de lograr los objetivos de la lista. Sigan el modelo y utilicen **por** y **para**.

> **Modelo** Para ser saludable, lo mejor es comer cinco frutas o verduras por día porque tienen muchas vitaminas.

concentrarse al estudiar	relajarse
divertirse	ser famoso/a
hacer muchos amigos	ser organizado/a
mantener tradiciones familiares	ser saludable (*healthy*)

5 Una familia Los miembros de una familia no siempre se llevan bien. En parejas, miren la foto y escriban un párrafo sobre estas personas. ¿Por qué se pelean? Usen por lo menos cinco de estas expresiones en su relato.

> **Modelo** Para empezar, Sofía llegó a casa muy tarde y por eso...

no fue para tanto	por casualidad	por lo menos
para colmo	por eso	por lo tanto
para siempre	por fin	por supuesto

6 Conversación En parejas, elijan una de las situaciones e improvisen una conversación. Utilicen **por** y **para**, y algunas de las expresiones de la actividad 5.

A
Abelardo, tu vecino millonario, está escribiendo su testamento (*will*). Él no tiene herederos y quiere dejarle toda su fortuna a una sola persona. Está pensando en ti y en el alcalde del pueblo. Convence a Abelardo de que te deje toda su fortuna a ti.

B
Hace un año que trabajas en una librería y nunca has tenido vacaciones. Dile a tu jefe/a que quieres tomarte unas vacaciones de dos semanas en el Caribe. Tu jefe/a dice que no y te da sus razones. Explícale las tuyas y dile que si vas de vacaciones vas a ser un(a) mejor empleado/a.

Generaciones en movimiento

ESTRUCTURAS

Síntesis

CLASIFICADOS

Busco compañera de habitación que sea responsable, limpia y ordenada para compartir apartamento céntrico de dos habitaciones. El apartamento es grande y luminoso, pero es muy caro para una sola persona. Llamar por la tarde a Ana Lucía al teléfono (555) 333-4455.

Gatito perdido Mi gato *Manchita* se perdió el sábado pasado por la tarde en la Plaza de la Independencia. Es un gato blanco con manchas (*spots*) negras en la cara. A la persona que lo encuentre le pagaré una recompensa de $50. Por favor, comunicarse con Adriana al (555) 123-4567 tan pronto como vean a mi gatito.

Traductor de español se ofrece para traducciones inglés-español. Estoy trabajando desde casa hasta que encuentre trabajo fijo. Soy profesional, honrado y muy serio en el trabajo. Escribir a Miguel Ángel a *traductor86@mail.org*.

Intercambio español-francés Busco hablante nativo/a de francés para hacer un intercambio. Puedo enseñar español en todos los niveles. Tengo cinco años de experiencia como maestra y mucha paciencia con mis estudiantes. Busco una persona que tenga experiencia en la enseñanza para que me ayude a perfeccionar el francés. Si te interesa, podemos hacer una hora semanal de español y otra de francés. Por favor, escribir a mónica_intercambio@mail.com.

1 Avisos En parejas, inventen dos avisos como éstos para el periódico de la escuela. Usen el indicativo o el subjuntivo, según sea necesario. También deben usar **por** y **para**. Después, intercambien sus avisos con otra pareja y escriban un correo electrónico para contestarlos.

2 Escenas En parejas, representen una de estas escenas. Usen la mayor cantidad posible de verbos reflexivos. También deben usar **por** y **para**.

Situación A: dos estudiantes se acaban de conocer; uno/a es nuevo/a en la ciudad y el/la otro/a hace mucho que vive en esta ciudad.

Situación B: dos miembros de la misma familia hablan por teléfono. Uno es estudiante y le cuenta al otro su rutina diaria.

Situación C: dos amigos/as se encuentran y uno/a le cuenta al/a la otro/a cómo fue el concierto de la noche anterior.

Preparación

Vocabulario de la lectura

el cargo *position*
la cima *height*
convertirse (e:ie) en
  to become
en contra *against*
propio/a *own*
rechazar *to turn down*
sabio/a *wise*
el sueño *dream*
superar *to exceed*
tomar en cuenta *to take into consideration*

Vocabulario útil

el/la abogado/a *lawyer*
el/la asistente *assistant*
controvertido/a *controversial*
la encarnación *personification*
el/la juez(a) *judge*

1
Oraciones incompletas Completa este párrafo con las palabras del vocabulario.

El (1) _____ de muchas jóvenes es encontrar a su príncipe azul y (2) _____ en heroínas de historias románticas. Otras mujeres buscan una profesión y un (3) _____ que les permitan beneficiar a toda la sociedad. Lo importante es no (4) _____ las opiniones y las circunstancias (5) _____ de ese proyecto. Tal vez, un día, ninguna mujer tendrá que sacrificar su vida personal para llegar a la (6) _____ de su carrera.

2
Sueños Contesta las preguntas.
1. ¿Con qué soñabas cuando eras pequeño/a?
2. ¿Tienes todavía las mismas metas que tenías de niño/a o has cambiado?
3. ¿Crees que vas a alcanzar tus metas?
4. ¿Fue tu familia influyente en la elección de tus metas? ¿De qué forma? ¿Quién influyó más en tu elección?

3
Contexto cultural Lean el párrafo sobre Sonia Sotomayor. Después, en parejas, contesten las preguntas.

Esta frase pronunciada por Sonia Sotomayor en 2001 causó revuelo (*commotion*) y despertó posiciones en contra y a favor: "Quiero pensar que una sabia mujer latina, con su riqueza de experiencias, puede tomar mejores decisiones que un sabio hombre blanco que no ha vivido esa vida". Sotomayor después se excusó diciendo que se había expresado mal. Aunque estas palabras generaron incertidumbre en relación con su nominación a la Corte Suprema, paralelamente, la frase fue utilizada en grupos de Facebook, en camisetas y en carteles como una reafirmación de la identidad femenina latina.

1. ¿Influyen nuestro origen, género y experiencias en las decisiones que tomamos?
2. ¿Crees que es posible dejar de lado los sentimientos y el pasado para tomar en cuenta solamente la ley?
3. ¿Crees que la subjetividad puede tener lugar en la justicia?

Generaciones en movimiento

CULTURA

Sonia Sotomayor:
la niña que soñaba

Sonia Sotomayor era una niña que soñaba. Y, según cuenta, lo que soñaba era convertirse en detective, igual que su heroína favorita, Nancy Drew. Sin embargo, a los ocho años, tras un diagnóstico de diabetes, sus médicos le recomendaron que pensara en una carrera menos agitada. Entonces, sin recortar sus aspiraciones ni resignarse a menos, encontró un nuevo modelo en otro héroe de ficción: Perry Mason, el abogado encarnado° en televisión por Raymond Burr. "Iba a ir a la universidad e iba a convertirme en abogada: y supe esto cuando tenía diez años. Y no es una broma", declaró ella en 1998.

° played by

Cultura en pantalla

Visita vhlcentral.com y aprende más sobre **Sonia Sotomayor** y su condición latina.

CULTURA

Audio: Reading

Robin Kar, secretario de Sonia Sotomayor entre 1988 y 1989, afirma que la jueza no sólo tiene una historia asombrosa°, sino que además es una persona asombrosa. Y cuenta que, en la corte, ella no solamente conocía a sus pares°, como los otros jueces y políticos, sino que también se preocupaba por conocer a todos los porteros, a los empleados de la cafetería y a los conserjes°, y todos la apreciaban mucho.

En su discurso de aceptación de la nominación a la Corte Suprema, Sonia Sotomayor explicó su propia visión de sí misma: "Soy una persona nada extraordinaria que ha tenido la dicha de tener oportunidades y experiencias extraordinarias". Pero ni siquiera sus sueños más descabellados° podían prepararla para lo que ocurrió en mayo de 2009, cuando Barack Obama la nominó como candidata a la Corte Suprema de Justicia de los Estados Unidos. En su discurso, el presidente destacó el "viaje extraordinario" de la jueza, desde sus modestos comienzos hasta la cima del sistema judicial. Para él, los sueños son importantes y Sonia Sotomayor es la encarnación del sueño americano.

Nació en el Bronx, en Nueva York, el 25 de junio de 1954 y creció en un barrio de viviendas subsidiadas°. Sus padres, puertorriqueños, habían llegado a los Estados Unidos durante la Segunda Guerra Mundial. Su padre, que había estudiado sólo hasta tercer grado y no hablaba inglés, murió cuando Sonia tenía nueve años, y su madre, Celina, tuvo que trabajar seis días a la semana como enfermera para criarlos° a ella y a su hermano menor. Como la señora Sotomayor consideraba que una buena educación era fundamental, les compró a sus hijos la Enciclopedia Británica y los envió a una escuela católica para que recibieran la mejor instrucción posible. Seguramente los resultados superaron también sus expectativas: Sonia estudió en las universidades de Princeton y Yale, y su hermano Juan estudió en la Universidad de Nueva York, y es médico y profesor en la Universidad de Siracusa.

Sonia Sotomayor trabajó durante cinco años como asistente del fiscal de Manhattan, Robert Morgenthau (quien inspiró el personaje del fiscal del distrito Adam Schiff en la serie de televisión *Law and Order*). Luego se dedicó al derecho corporativo y más tarde fue jueza de primera instancia de la Corte Federal de Distrito antes de ser nombrada jueza de Distrito de la Corte Federal de Apelaciones. En 2009 se convirtió en la primera hispana —y la tercera mujer en toda la historia— en llegar a la Corte Suprema de Justicia de los Estados Unidos, donde suelen tratarse cuestiones tan controvertidas como el aborto, la pena de muerte, el derecho a la posesión de armas, etc.

Cuando el presidente Obama nominó a la jueza Sotomayor para su nuevo cargo, Celina Sotomayor escuchaba desde la primera fila° con los ojos llenos de lágrimas. En su discurso de aceptación, Sonia la señaló como "la inspiración de toda mi vida". Tal vez, en el fondo, lo que soñaba realmente la niña del Bronx era ser, como su madre, una "sabia mujer latina". ■

° amazing
° peers
° janitors
° wildest
° housing project
° raise them
° front row

Cómo Sotomayor salvó al béisbol

En 1994, de manera unilateral, los propietarios de los equipos de las Grandes Ligas de béisbol implantaron un tope (*limit*) salarial; esto fue rechazado por los jugadores y su sindicato, que declararon una huelga (*strike*). El caso llegó a Sonia Sotomayor, en ese entonces la jueza más joven del Distrito Sur de Nueva York, en 1995. Ella escuchó los argumentos de las dos partes y anunció su dictamen (*ruling*) a favor de los jugadores. Logró acabar así con la huelga que llevaba 232 días y, además, ganarse el título de "salvadora del béisbol".

Generaciones en movimiento

CULTURA

Análisis

1 Comprensión Indica si las oraciones son ciertas o falsas. Luego, en parejas, corrijan las falsas.

1. Sonia Sotomayor se considera una persona extraordinaria.
2. Ella conocía a todos los empleados de la corte, desde los jueces hasta los conserjes.
3. De pequeña, Sonia quería ser detective como Nancy Drew.
4. Sus padres eran neoyorquinos.
5. Celina Sotomayor trabajaba como vendedora de enciclopedias para mantener a sus hijos.
6. Sotomayor fue la inspiración de un personaje de la serie de televisión *Law and Order*.

2 Interpretación En parejas, contesten las preguntas con oraciones completas y justifiquen sus respuestas.

1. ¿Les parece que la historia de Sonia Sotomayor es extraordinaria? ¿Por qué?
2. ¿En qué sentido piensan que su madre es "la inspiración de su vida"?
3. ¿Creen que su carrera es una prueba de que el sueño americano existe?
4. ¿Piensan que ella, como mujer y como hispana, y con la historia de su vida, puede asegurar un mejor debate en la Corte Suprema? ¿Por qué?
5. ¿Les parece que la experiencia de vida es más importante, menos importante o igualmente importante para las personas que los estudios que tengan? ¿Por qué?

3 Retrato

A. Algunos candidatos presidenciales en los Estados Unidos han señalado a sus madres como una inspiración fundamental de sus vidas. En parejas, lean y comenten las citas.

> "Sé que (mi madre) fue el espíritu más bondadoso y generoso que jamás he conocido y que lo mejor de mí se lo debo a ella". Barack Obama, *Los sueños de mi padre*

> "Roberta McCain nos inculcó su amor a la vida, su profundo interés en el mundo, su fortaleza y su creencia de que todos tenemos que usar nuestras oportunidades para hacernos útiles a nuestro país. No estaría esta noche aquí si no fuera por la fortaleza de su carácter". John McCain, Discurso de aceptación en la Convención Republicana

B. Escriban cuatro oraciones sobre cómo imaginan a Celina Sotomayor, la madre de Sonia Sotomayor. ¿Qué dirían de ella sus hijos? Luego, compartan sus oraciones con la clase y comparen sus descripciones.

Modelo Celina es una mujer trabajadora. Ella no está de acuerdo con perder el tiempo y quiere que sus hijos estudien y mejoren. Es paciente, pero está llena de energía…

4 Modelos de vida Escribe una entrada de blog en la que hablas sobre un miembro de tu familia al que admiras. Describe su personalidad y su historia y explica por qué es importante para ti.

Practice more at vhlcentral.com.

Preparación

Sobre el autor

Augusto Monterroso (1921–2003) nació en Honduras, pero pasó su niñez y juventud en Guatemala. En 1944 se radicó (*settled*) en México tras dejar Guatemala por motivos políticos. Sin importar su origen y el hecho de haber vivido su vida adulta en México, siempre se consideró guatemalteco. Monterroso tuvo acceso desde pequeño al mundo intelectual de los adultos. Fue prácticamente autodidacta (*self-taught*): abandonó la escuela a los 11 años y a los 15 fundó una asociación de artistas y escritores. Considerado padre y maestro del microcuento latinoamericano, Monterroso recurre (*resorts to*) en su prosa al humor inteligente, con el que presenta su visión de la realidad. Entre sus obras se destacan *La oveja negra y demás fábulas* (1969) y la novela *Lo demás es silencio* (1978). Recibió numerosos premios, entre ellos el Premio Príncipe de Asturias en 2000.

Vocabulario de la lectura

aislado/a *isolated*
el conocimiento *knowledge*
el desdén *disdain*
digno/a *worthy*
poderoso/a *powerful*
rodear *to surround*
sacrificar *to sacrifice*
salvar *to save*

Vocabulario útil

la civilización *civilization*
la conquista *conquest*
despreciar *to look down on*
el fraile (fray) *friar, monk (Brother)*
la opresión *oppression*
la religión *religion*
sí mismo/a *himself/herself*

1 Vocabulario Marca la palabra que no corresponde al grupo.

1. a. esperanza   b. conquista   c. opresión
2. a. sobrevivir   b. salvar   c. despreciar
3. a. conocimiento   b. civilización   c. desdén
4. a. niñez   b. fraile   c. religión
5. a. antepasado   b. castigar   c. sacrificar

2 Astros Contesta las preguntas y comenta tus respuestas con un(a) compañero/a.

1. ¿Has visto alguna vez un eclipse? Descríbelo. Si nunca has visto uno, ¿cómo lo imaginas?
2. ¿Qué porcentaje de tu personalidad crees que está marcado por el día en que naciste? ¿Por qué?
3. ¿Crees que la posición de los astros afecta nuestra vida personal? Explica.
4. ¿Tienes alguna superstición? ¿Cuál?

3 América En parejas, hagan un pequeño resumen con todo lo que sepan sobre la conquista de América por los europeos.

- ¿En qué año llegaron?
- ¿De qué país eran? ¿Quién financió la expedición?
- ¿Qué religión practicaban?
- ¿Qué culturas o etnias se perdieron o fueron afectadas por la conquista?

LITERATURA

EL ECLIPSE

Augusto Monterroso

LITERATURA

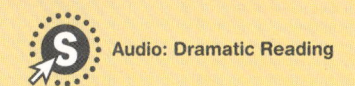

Audio: Dramatic Reading

Cuando fray Bartolomé Arrazola se sintió perdido, aceptó que ya nada podría salvarlo. La selva poderosa de Guatemala lo había apresado°, implacable y definitiva. Ante su ignorancia topográfica se sentó con tranquilidad a esperar la muerte. Quiso morir allí, sin ninguna esperanza, aislado, con el pensamiento fijo en la España distante, particularmente en el convento de Los Abrojos, donde Carlos Quinto condescendiera° una vez a bajar de su eminencia para decirle que confiaba en el celo° religioso de su labor redentora°.

Al despertar se encontró rodeado por un grupo de indígenas de rostro° impasible que se disponían° a sacrificarlo ante un altar, un altar que a Bartolomé le pareció como el lecho° en que descansaría, al fin, de sus temores°, de su destino, de sí mismo.

Tres años en el país le habían conferido un mediano dominio° de las lenguas nativas. Intentó algo. Dijo algunas palabras que fueron comprendidas.

Entonces floreció° en él una idea que tuvo por digna de su talento y de su cultura universal y de su arduo conocimiento de Aristóteles. Recordó que para ese día se esperaba un eclipse total de sol. Y dispuso, en lo más íntimo°, valerse de° aquel conocimiento para engañar a sus opresores y salvar la vida.

—Si me matáis —les dijo— puedo hacer que el sol se oscurezca en su altura.

Los indígenas lo miraron fijamente y Bartolomé sorprendió la incredulidad en sus ojos. Vio que se produjo un pequeño consejo°, y esperó confiado, no sin cierto desdén.

Dos horas después el corazón de fray Bartolomé Arrazola chorreaba° su sangre vehemente sobre la piedra de los sacrificios (brillante bajo la opaca luz de un sol eclipsado), mientras uno de los indígenas recitaba sin ninguna inflexión de voz, sin prisa, una por una, las infinitas fechas en que se producirían eclipses solares y lunares, que los astrónomos de la comunidad maya habían previsto y anotado en sus códices sin la valiosa ayuda de Aristóteles. ■

> **Al despertar se encontró rodeado por un grupo de indígenas de rostro impasible que se disponían a sacrificarlo ante un altar…**

captured 5
had deigned
zeal
redemptive 15
face
se… were preparing
bed 20

fears
command (of a language) 25
blossomed
30 *deepest recesses / valerse… to take advantage of*
35
40 *counsel*
was gushing
45
50

Generaciones en movimiento 155

LITERATURA

Análisis

1 Comprensión Contesta las siguientes preguntas con oraciones completas.
1. ¿Dónde estaba fray Bartolomé?
2. ¿Qué pensaba fray Bartolomé que le iba a ocurrir a él?
3. ¿De dónde era fray Bartolomé?
4. ¿Por qué conocía el protagonista la lengua de los indígenas?
5. ¿Qué querían hacer los indígenas con fray Bartolomé?
6. ¿De qué se acordó el fraile?
7. ¿Qué les dijo fray Bartolomé a los indígenas?
8. ¿Qué hicieron los indígenas con fray Bartolomé?
9. ¿Qué recitaba un indígena al final del cuento?

2 Interpretar Contesta las preguntas.
1. ¿Cuál había sido la misión de fray Bartolomé en Guatemala?
2. ¿Quién lo había enviado a esa misión?
3. A pesar de los conocimientos sobre la obra de Aristóteles, ¿por qué el protagonista no consiguió salvarse?

3 Culturas En parejas, expliquen qué ideología representa fray Bartolomé y comenten si conocen algún acontecimiento histórico en el que se haya infravalorado (*undervalued*) la cultura indígena. Compartan sus conclusiones con la clase.

4 Escribir Un periódico te ha pedido que escribas un artículo sobre alguna historia que le ocurrió a un(a) antepasado/a tuyo/a. Escribe el artículo y trata de incluir algunos verbos reflexivos y las preposiciones **por** y **para**.

Plan de redacción

Narrar una historia familiar

1 Organización de los hechos Piensa en un acontecimiento que haya ocurrido en tu familia que te interese especialmente. Sigue las preguntas para organizar tu artículo:
1. ¿Quién o quiénes fueron los protagonistas de la historia?
2. ¿Qué antecedentes puedes dar sobre lo que sucedió?
3. ¿Cómo y dónde ocurrieron los hechos?
4. ¿Cómo terminó?
5. ¿Cuál es la conclusión de la historia?

2 Título Después de saber con exactitud sobre qué vas a escribir, es muy importante darle al artículo un título atractivo y conciso que atraiga al lector. Ponle un título y comienza a escribir.

3 Explicar y concluir Una vez que hayas contado lo que ocurrió, explica por qué has escrito sobre esta historia y si ha tenido consecuencias en tu familia.

Practice more at vhlcentral.com.

VOCABULARIO

En familia

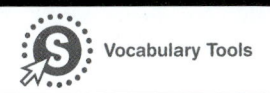

Los parientes

el/la antepasado/a ancestor
el/la bisabuelo/a great-grandfather/grandmother
el/la cuñado/a brother/sister-in-law
el/la esposo/a husband/wife
el/la (hermano/a) gemelo/a twin (brother/sister)
el/la hermanastro/a stepbrother/stepsister
el/la hijo/a único/a only child
la madrastra stepmother
el/la medio/a hermano/a half brother/sister
el/la nieto/a grandson/granddaughter
la nuera daughter-in-law
el padrastro stepfather
el/la pariente relative
el/la primo/a cousin
el/la sobrino/a nephew/niece
el/la suegro/a father/mother-in-law
el/la tío/a (abuelo/a) (great) uncle/aunt
el yerno son-in-law

La vida familiar

agradecer to thank
apoyar(se) to support (each other)
criar to raise (children)
independizarse to become independent
lamentar to regret, to be sorry about
malcriar to spoil
mimar to pamper
mudarse to move
pelear(se) to fight (with one another)
quejarse (de) to complain (about)
regañar to scold
respetar to respect
superar to overcome

La personalidad

el apodo nickname
la autoestima self-esteem
el carácter character, personality
la comprensión understanding
(bien) educado/a well-mannered
egoísta selfish
estricto/a strict
exigente demanding
honrado/a honest
insoportable unbearable
maleducado/a ill-mannered
mandón/mandona bossy
rebelde rebellious
sumiso/a submissive
unido/a close-knit

Las etapas de la vida

la adolescencia adolescence
el/la adolescente adolescent
el/la adulto/a adult
la edad adulta adulthood
la juventud youth
la muerte death
el nacimiento birth
la niñez childhood
el/la niño/a child
la vejez old age

Las generaciones

la ascendencia heritage
la brecha generacional generation gap
la patria homeland
el prejuicio social social prejudice
la raíz root
el sexo gender

heredar to inherit
parecerse to look alike
realizarse to fulfill
sobrevivir to survive

Cortometraje

el ajedrez chess
el/la colega buddy
el/la enclenque weakling
el/la niñato/a spoiled brat (Esp.)
el recogedor dustpan

antipático/a unfriendly
desagradecido/a ungrateful
hiriente hurtful
huraño/a unsociable
tembloroso/a trembling
torpe clumsy

apetecer to feel like
chillar to scream
escribir a máquina to type
pulsar to press

Cultura

el/la abogado/a lawyer
el/la asistente assistant
el cargo position
la cima height
la encarnación personification
el/la juez(a) judge
el sueño dream

convertirse (e:ie) en to become
rechazar to turn down
superar to exceed
tomar en cuenta to take into consideration

controvertido/a controversial
propio/a own
sabio/a wise

en contra against

Literatura

la civilización civilization
el conocimiento knowledge
la conquista conquest
el desdén disdain
el fraile (fray) friar, monk (Brother)
la opresión oppression
la religión religion

despreciar to look down on
rodear to surround
sacrificar to sacrifice
salvar to save

aislado/a isolated
digno/a worthy
poderoso/a powerful
sí mismo/a himself/herself

Generaciones en movimiento

LECCIÓN 5

Las riquezas naturales

La vida humana depende de que la naturaleza esté en equilibrio. La destrucción de los recursos naturales nos afecta a todos, independientemente de nuestra situación geográfica, económica, política o social. ¿Por qué hay quienes viven al margen de esta realidad e ignoran las consecuencias? ¿Cómo debe enfrentar la especie humana el peligro de su propia extinción?

CONTENIDO

162 CORTOMETRAJE
El espacio que ocupa un árbol en el mundo no se limita al jardín donde crece. Los árboles de *Raíz*, cortometraje del director español **Gaizka Urresti**, crecen también en un corazón decepcionado.

168 SUEÑA
¿Qué tal un viaje por Colombia, Ecuador y Venezuela? Acepta la invitación y conocerás impresionantes maravillas de la naturaleza. Luego, adéntrate en **El Yunque**, uno de los grandes paraísos naturales del **Caribe**.

187 CULTURA
No es ningún secreto que la selva amazónica posee recursos naturales de valor incalculable. Lo sorprendente es la cantidad de sustancias beneficiosas para la salud que nos ofrece. Además, en el videoclip **Cultura en pantalla** podrás aprender más sobre la importancia de las **Plantas medicinales**.

191 LITERATURA
¿Buscas la felicidad? El escritor mexicano **Jaime Sabines** te lo hace fácil en su poema *La Luna*.

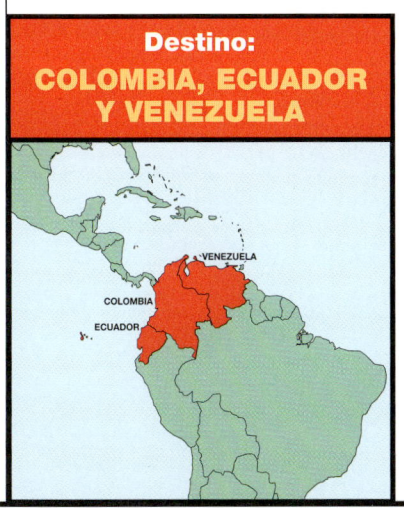

Destino: COLOMBIA, ECUADOR Y VENEZUELA

160 PARA EMPEZAR
174 ESTRUCTURAS
- 5.1 The future
- 5.2 The conditional
- 5.3 Relative pronouns

195 VOCABULARIO

Las riquezas naturales

PARA EMPEZAR

Nuestro mundo

Vocabulary Tools

La naturaleza

el árbol tree
el bosque forest
la cordillera mountain range
la costa coast
el desierto desert
la luna moon
el mar sea
el paisaje landscape, scenery
el río river
la selva (tropical) (tropical) rainforest
el sol sun
la tierra land, earth

al aire libre outdoors
escaso/a scant, scarce
potable drinkable
protegido/a protected
puro/a pure, clean
seco/a dry

Los animales

el águila (f.) eagle
el ave, el pájaro bird
la ballena whale
la especie en peligro (de extinción) endangered species
la foca seal
el lagarto lizard
el león lion
el lobo wolf
el mono monkey
el oso bear
el pez fish
la serpiente snake
el tigre tiger

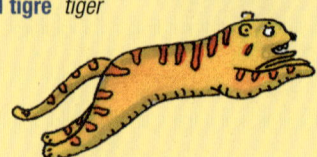

la tortuga (marina) (sea) turtle

Los fenómenos naturales

el calentamiento warming
la erosión erosion
el huracán hurricane
el incendio fire
la inundación flood
la lluvia rain
la sequía drought
el terremoto earthquake

La ecología

la basura trash
la capa de ozono ozone layer
el combustible fuel
el consumo de energía energy consumption
la contaminación pollution
la deforestación deforestation
el desarrollo development
la energía (eólica, nuclear, renovable, solar) (wind, nuclear, renewable, solar) energy
la fuente source
el medio ambiente environment
el peligro danger
el petróleo oil
el porvenir future
los recursos resources
el smog smog

agotar to use up
aguantar to put up with, to tolerate
amenazar to threaten
cazar to hunt
conservar to preserve
contagiar to infect, to be contagious
contaminar to pollute
desaparecer to disappear
destruir to destroy

echar to throw away
empeorar to get worse
extinguirse to become extinct
malgastar to waste
mejorar to improve
prevenir (e:ie) to prevent
proteger to protect

resolver (o:ue) to solve, to resolve
respirar to breathe
urbanizar to urbanize

dañino/a harmful
desechable disposable
híbrido/a hybrid
renovable renewable
tóxico/a toxic

PARA EMPEZAR

Práctica

1

Cierto o falso Indica si las afirmaciones son ciertas. Corrige las falsas.

1. La energía eólica da mejores resultados donde hace mucho sol.
2. Un recurso es escaso cuando es insuficiente y puede agotarse.
3. El porvenir es el tiempo pasado.
4. Una planta, animal o persona desaparece cuando deja de existir.
5. La sequía es un largo período con lluvias.
6. Una situación empeora cuando pasa a un estado mejor.
7. El agua potable no debe beberse porque es dañina para la salud.
8. Dicen que el oso es el rey de la selva.

2

Saludos desde Venezuela Completa el correo electrónico que Álvaro le envió a su amigo Carlos.

aire libre	desarrollo	medio ambiente	resolver
conservar	desechable	pájaros	río
contaminación	extinguirse	peligro	urbanizar

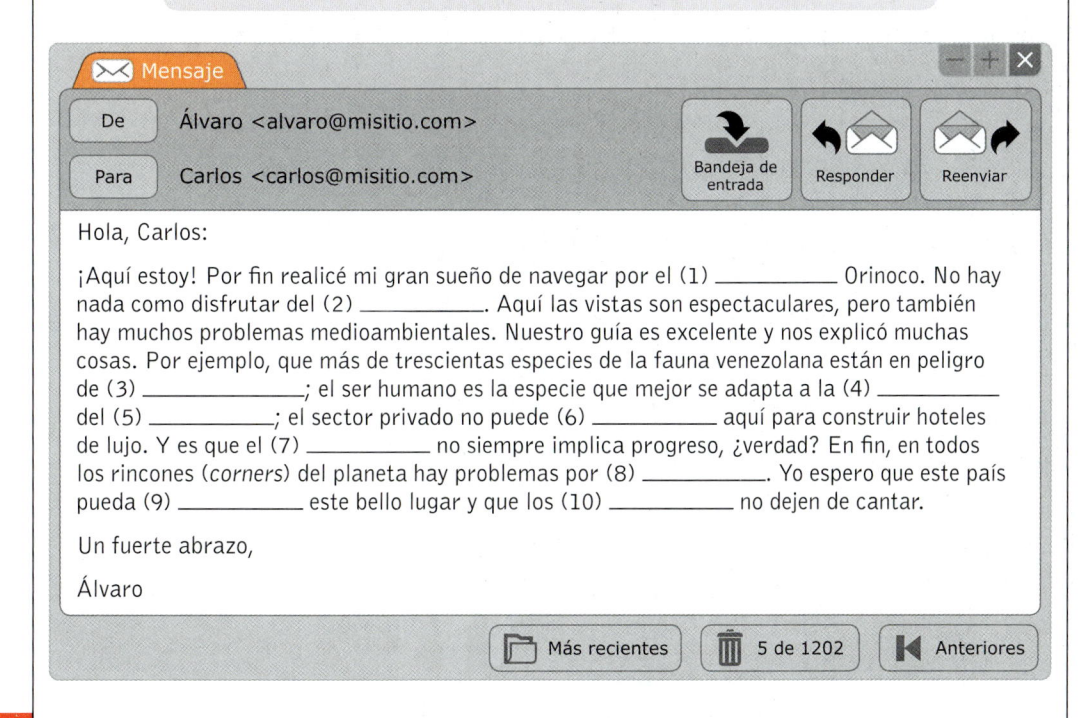

Mensaje

De: Álvaro <alvaro@misitio.com>
Para: Carlos <carlos@misitio.com>

Hola, Carlos:

¡Aquí estoy! Por fin realicé mi gran sueño de navegar por el (1) _____ Orinoco. No hay nada como disfrutar del (2) _____. Aquí las vistas son espectaculares, pero también hay muchos problemas medioambientales. Nuestro guía es excelente y nos explicó muchas cosas. Por ejemplo, que más de trescientas especies de la fauna venezolana están en peligro de (3) _____; el ser humano es la especie que mejor se adapta a la (4) _____ del (5) _____; el sector privado no puede (6) _____ aquí para construir hoteles de lujo. Y es que el (7) _____ no siempre implica progreso, ¿verdad? En fin, en todos los rincones (*corners*) del planeta hay problemas por (8) _____. Yo espero que este país pueda (9) _____ este bello lugar y que los (10) _____ no dejen de cantar.

Un fuerte abrazo,

Álvaro

3

Asociaciones En parejas, contesten estas preguntas: ¿con cuáles de estos animales, elementos y fuerzas naturales te identificas? ¿Con cuáles crees que se identifica tu compañero/a? Expliquen y comparen sus respuestas.

árbol	energía eólica	mar	sol
bosque	huracán	pájaro	terremoto
cordillera	león	río	tierra
desierto	luna	serpiente	tortuga

Practice more at vhlcentral.com.

Las riquezas naturales

CORTOMETRAJE

Preparación

Vocabulario del corto

el aparcamiento *parking space* (Esp.)
aparcar *to park* (Esp.)
el coche *car*
el desinterés *lack of interest*
hacer falta *to be necessary*
plantar *to plant*
podar *to prune*
quitar *to remove*
serrar *to saw*
soportar *to put up with*
el tronco *trunk*

Vocabulario útil

cortar *to cut*
la decepción *disappointment*
desatender (e:ie) *to neglect*
descontrolado/a *out of control*
la expansión (urbana) *(urban) sprawl*

EXPRESIONES

No me extraña. *It doesn't surprise me.*
No te pongas así. *Don't get like that.*
Siempre tan (liado) *Always so (busy)* (Esp.)
Vale, vale. *Okay, okay.* (Esp.)
¡Vaya faena! *What a drag/pain!* (Esp.)

1 **Vocabulario** Completa cada oración con palabras y expresiones que aprendiste en esta página.

1. Hoy voy a _____ mi _____ en el aparcamiento de la calle Buen Camino.
2. —No quiero ir solo a la fiesta. Nunca encuentro con quien hablar.
   —¡_____ tímido!
3. Este fin de semana trabajaré en mi jardín. Voy a _____ unas flores que compré ayer.
4. ¿Cómo que no puedes venir? ¡Qué _____! Tenía tantas ganas de verte.
5. No debes _____ a tu tía. Visítala de vez en cuando.
6. Voy a _____ estos árboles. Sus ramas (*branches*) han crecido demasiado.
7. ¡Qué _____ tan grande tiene este árbol! ¿Cuántos años tendrá?
8. Durante años han cazado al leopardo. _____ que la especie se extinga.

2 **Fotograma** Observa el fotograma y escribe las respuestas a las preguntas.

- ¿Por qué crees que este hombre está cortando el árbol?
- ¿Piensas que a veces tiene sentido cortar un árbol? ¿En qué circunstancias?

162   Lección 5

CORTOMETRAJE

3 Preparación En parejas, miren esta lista de las posibles funciones de un árbol. Elijan cuatro de estas funciones y den un ejemplo específico de cómo los seres humanos usan los árboles. Luego, añadan dos funciones más y den un ejemplo de cada una.

- alimento (*food*)
- materiales para la construcción
- refugio
- belleza
- medicina
- sombra (*shade*)

4 Cambios En parejas, hablen sobre los cambios que se han producido en los últimos cincuenta años. ¿Cómo era la vida antes y cómo es ahora? Completen la tabla y compartan sus opiniones con la clase.

	Hace 50 años	Hoy día
1. trabajos		
2. ciudades		
3. contaminación del aire		
4. contaminación del agua		
5. relaciones familiares		
6. extinción de especies		
7. consumo de energía		
8. medios de comunicación		
9. expansión descontrolada		

5 Familias En parejas, háganse las preguntas y amplíen sus respuestas con anécdotas.
1. ¿Cómo es la forma de ser de cada uno de tus padres? ¿Y la de otros parientes?
2. ¿Qué rasgos de personalidad tienes en común con algunos de ellos?
3. ¿Qué importancia tiene tu familia en tu vida? ¿Cómo se la demuestras?

6 Tus padres Contesta las preguntas. Después, en parejas, expliquen sus respuestas.
1. ¿Tienes los mismos problemas que tenían tus padres a tu edad? ¿Cuáles sí y cuáles no?
2. ¿Cómo ha mejorado o empeorado el mundo desde que tus padres tenían tu edad?
3. ¿Cómo se divertían tus padres? ¿Cómo te diviertes tú?
4. ¿Qué planes tenían tus padres para el futuro? ¿Qué planes tienes tú?
5. Si un día tienes hijos, ¿cómo crees que será el mundo en el que vivirán? ¿Cómo prefieres que sea?

7 Plantar un árbol En grupos de tres, contesten las preguntas. Después, compartan sus opiniones con la clase.
1. ¿Por qué creen que se dice que, antes de morir, hay que tener un hijo, escribir un libro y plantar un árbol?
2. ¿Creen que estas tres acciones siguen siendo válidas en el siglo XXI? ¿Por qué?
3. ¿Qué otras tres acciones "más contemporáneas" podrían sustituir a las clásicas? ¿En alguna de ellas se debe considerar a la naturaleza?

Las riquezas naturales

CORTOMETRAJE

S Video

RAIZ

Plantar un árbol

Escribir un libro

Tener un hijo

Premio Majuel 2003 al Mejor Cortometraje, Muestra Internacional de Cortometrajes de Almuñécar, España

Una producción de IMVAL/TAIKO/MATEO MATEO COMUNICACIÓN Director y Guion GAIZKA URRESTI Productores GAIZKA URRESTI/LUIS ÁNGEL RAMÍREZ Productores Asociados PATRICIA MATEO/ÁNGEL ENFEDAQUE Fotografía ESTEBAN RAMOS Música ÁNGEL ENFEDAQUE Montaje GAIZKA URRESTI Sonido SONORA ESTUDIOS Directora Producción ALEJANDRA BALSA Dirección Artística YON GIJÓN Peluquería NEREA FRAILE Vestuario EVA URQUIZA Maquillaje NURIA TEJEDOR Actores MANUEL DE BLAS/PETRA MARTÍNEZ/MIKEL ALBISU/JAVIER MAÑÓN/ROSA MARÍA FERNÁNDEZ DE VALDERRAMA/VÍCTOR CLAVIJO

ESCENAS

CORTOMETRAJE

ARGUMENTO *Una pareja mayor espera con ilusión la visita de su hijo. Arcadio piensa en cortar un árbol para que su hijo pueda aparcar su coche.*

1

HIJO Este verano sí voy a poder ir a pasar unos días a casa.
CLARA Y, ¿cuándo te irás?
HIJO ¡Mamá, por favor, si todavía ni siquiera he ido! No sé, yo creo que me podré quedar toda la semana.

2

ARCADIO Tu hijo siempre se ha movido por el interés. No le importa su familia, ni su pueblo, ni nada de nada.
CLARA Ya estamos como siempre. Él tiene que vivir su vida.
ARCADIO Su vida, su vida.

3

ARCADIO Si tu hijo va a venir con el coche le va a resultar un poco difícil aparcarlo. Estaba pensado que si le hago un poco de sitio lo puede dejar aquí junto al mío.
CLARA ¿Quitar el árbol? ¿Tú eres tonto?

4

VECINO Pues como le iba diciendo, el tronco tiene que estar seco[1] para que salga con más fuerza.
ARCADIO ¡Que no lo estoy podando, que lo estoy quitando! ¿No ve que le he dado un tajo[2] por la mitad?

5

ARCADIO El viernes viene mi hijo a pasar unos cuantos días con su madre y conmigo y le estaba haciendo un hueco[3] para que pueda aparcar su coche sin problema.

6

ARCADIO ¿Qué coche tiene ahora Pedro?
CLARA No lo sé.
ARCADIO Supongo que tendrá un coche alemán. Ésos sí que son buenos, para toda la vida.

[1] **seco** *dry* [2] **tajo** *cut* [3] **hueco** *room*

Nota CULTURAL

La vida en el campo y en la ciudad

En la segunda mitad del siglo XX, España vivió un rápido proceso de desarrollo°. Se convirtió en un país industrializado y la mayor parte de la población, que antes vivía y trabajaba en el campo, se trasladó a las ciudades y cambió de ocupación. En algunos casos llegaron a desaparecer pueblos enteros. Hoy en día, sin embargo, algunos valores de la vida rural se están recuperando en España. Las personas que se van de las ciudades huyen° de problemas como la contaminación, el ruido, la inseguridad° o los altos precios. A cambio, la vida del campo ofrece tranquilidad, aire puro, contacto con la naturaleza y una mayor comunicación entre sus habitantes.

desarrollo *development* **huyen** *flee*
inseguridad *lack of safety*

Las riquezas naturales

CORTOMETRAJE

Análisis

1 Comprensión Contesta las preguntas con oraciones completas.

1. ¿Quién llama por teléfono?
2. ¿Qué le dice a Clara?
3. ¿Qué piensa Clara de la idea de su esposo de cortar el árbol?
4. ¿Cuánto tiempo se va a quedar Pedro con sus padres?
5. ¿Para qué quiere quitar el árbol Arcadio?
6. Según el vecino de Arcadio, ¿cómo debe estar el tronco del árbol para poder usar la madera?
7. ¿Qué le dice el capataz de la obra (*foreman*) a Arcadio sobre los aparcamientos de los edificios que están construyendo?
8. ¿Qué coches le gustaban a Arcadio cuando era joven?
9. ¿Qué dice Pedro sobre su visita la segunda vez que llama por teléfono?

2 Interpretar Contesta las preguntas.

1. ¿Crees que Pedro visita regularmente a sus padres? ¿Cómo lo sabes?
2. ¿Qué opinión tiene Arcadio de su hijo?
3. ¿Cómo piensas que es la vida diaria de Clara y Arcadio?
4. ¿Qué opciones da Clara para que su hijo pueda aparcar su coche?
5. ¿Por qué Arcadio planta un nuevo árbol?

3 La visita En parejas, imaginen que Pedro regresa a vivir al pueblo porque se cansó de la ciudad. Escriban un párrafo contestando las preguntas de la lista. Añadan todos los detalles que crean necesarios.

- ¿Qué aspectos de la vida urbana le disgustan?
- ¿Qué aspectos de la vida del campo le atraen?
- ¿Cómo reaccionan sus padres ante la noticia?
- ¿Cómo mejora la vida de Pedro tras mudarse al pueblo? ¿Cómo empeora?

4 El pueblo En grupos de tres, imaginen cómo era el pueblo de Arcadio y Clara cuando Pedro era niño. ¿Cómo ha cambiado desde entonces? Hagan dos listas y compartan sus ideas con la clase.

Modelo En el pasado había muchas plazas.   Hoy en día, queda una plaza solamente.

Lección 5

CORTOMETRAJE

5 Temas En parejas, escriban un párrafo para explicar el tema principal del cortometraje. Después, sugieran al menos dos temas secundarios y analicen el título *Raíz*. Compartan sus temas y opiniones con la clase. ¿Escogieron temas parecidos? Expliquen si están de acuerdo con sus compañeros/as.

6 Árbol, familia y sociedad En parejas, comenten estas citas. ¿Están de acuerdo con ellas? Después, compartan sus opiniones con la clase.

"Por muy alto que sea un árbol, sus hojas siempre caen hacia la raíz". *Anónimo*

"El que es bueno en la familia es también un buen ciudadano". *Sófocles*

"El progreso consiste en el cambio". *Miguel de Unamuno*

"Lo mejor que se les puede dar a los hijos, además de buenos hábitos, son buenos recuerdos". *Sydney Harris*

"Que nuestro ejército sean los árboles, las rocas y los pájaros del cielo". *Alejandro Magno*

7 Situaciones En parejas, elijan una de las situaciones y escriban una conversación basada en ella. Cuando la terminen, represéntenla delante de la clase.

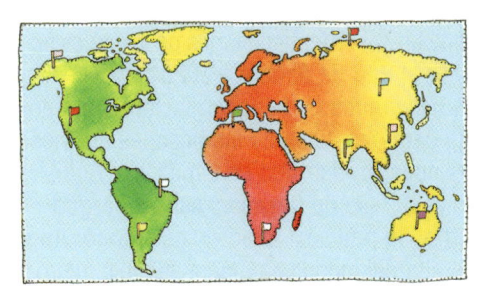

A
Uno/a de ustedes tiene la oportunidad de trabajar para *Greenpeace* en otro país por un año. Lo malo es que no podrá ver a su familia durante todo ese tiempo. Debe explicarle la situación a su madre o padre.

B
A uno/a de ustedes le gusta cazar e invita a un(a) compañero/a de clase a cazar el fin de semana próximo. El/La compañero/a no está de acuerdo con esta actividad y le explica por qué no puede aceptar la invitación.

Practice more at vhlcentral.com.

Las riquezas naturales

SUEÑA

La cordillera de los Andes

Imagina una cadena de montañas[1] de más de 7.500 kilómetros (4.660 millas) con picos nevados[2] que se elevan a más de 6.900 metros (22.638 pies), numerosos volcanes activos, enormes glaciares y lagunas escondidas en la niebla[3]. Ésta es la **cordillera de los Andes**, que atraviesa el oeste de Suramérica desde su extremo sur hasta su extremo norte. Esta geografía contribuye al carácter distintivo de países como **Ecuador**, **Colombia** y **Venezuela**. Los Andes son la cadena montañosa más extensa del planeta y la segunda de mayor altura[4] después del Himalaya. Hagamos un recorrido por la región para conocer algunas de sus maravillas naturales.

Comencemos en Ecuador. ¿Sabías que este país, con una superficie un poco menor que la del estado de Nevada, tiene la densidad de volcanes más alta del mundo? Existen más de treinta volcanes en Ecuador. El **Sangay**, el más activo del país, y el **Guagua Pichincha**, situado en las afueras de la capital, **Quito**, expulsan gases y cenizas de forma constante.

Muy cerca de Quito, encontramos el **Parque Nacional Cotopaxi**, cuyo atractivo principal es el **volcán Cotopaxi**, el segundo más alto del país y tal vez el más popular entre los turistas. El Cotopaxi asciende a 5.897 metros (19.347 pies) y su pico nevado puede verse a cientos de kilómetros de distancia. Su última erupción mayor fue en 1904, pero desde entonces ha producido erupciones menores, emisiones de vapor y cenizas, y pequeños temblores[5], lo que indica que puede haber más erupciones en el futuro.

Ahora pasemos a Colombia. Su **cordillera Oriental** es una de las subcordilleras[6] de los Andes. Aquí encontramos el **Parque Nacional Natural El Cocuy**, una de las reservas naturales más extensas del país. El Cocuy se encuentra a unos 200 kilómetros (124 millas) al noreste de la capital, **Bogotá**, y contiene un ecosistema con más de veinte picos nevados, entre ellos el **Pan de Azúcar** y el **Púlpito del Diablo**. También hay lagunas de origen glaciar y páramos[7] con flora y fauna característicos de los bosques andinos.

Terminemos nuestro recorrido en Venezuela. Aquí, en las montañas al sureste de **Caracas**, está el **Parque Nacional Canaima**. Su principal atractivo es el **Salto Ángel**, la catarata[8] más alta del mundo. Compara sus 980 metros (3.215 pies) de altura con los 50 metros (164 pies) de las del Niágara. Se pueden hacer excursiones entre **Caracas** y el salto. Ya sea en avión o en lancha[9] por el **río Churún**, se puede disfrutar de la belleza de esta catarata.

Después de unos días en esta región, regresamos a casa con recuerdos de nuestras aventuras en los Andes del norte. ¡Y sólo visitamos una pequeña parte de estos tres países!

Volcán Cotopaxi, Ecuador

Bogotá, Colombia

[1] **cadena...** *mountain range* [2] **picos...** *snow-capped peaks* [3] *fog* [4] *height* [5] *tremors* [6] *subranges* [7] *high-altitude grasslands* [8] *waterfall* [9] *motorboat*

LOS ANDES
COLOMBIA | ECUADOR | VENEZUELA

SUEÑA

Animales de los Andes

El cóndor Es el ave más grande de **Suramérica**. Con las alas[1] extendidas mide hasta tres metros (unos diez pies) de ancho y pesa hasta 14 kg (30 libras). Los **cóndores** pueden vivir hasta cincuenta años y por lo general forman parejas que duran toda la vida. Tanto las hembras[2] como los machos[3] comparten las responsabilidades en la crianza[4] de los polluelos[5]. El cóndor puede recorrer unos 325 km (202 millas) por día y volar a una altura de 5.500 metros (18.045 pies) en busca de comida. En vez de matar a otros animales, el cóndor prefiere comer los restos[6] de animales muertos. De este animal sólo existen dos especies en el mundo: el cóndor de los Andes y el cóndor de California.

La alpaca Pertenece a la misma familia que los camellos y está relacionada también con la **llama** y la **vicuña,** que también habitan en la cordillera andina. Pesa entre 60 y 70 kg (132 y 154 libras) y mide aproximadamente un metro (3 pies). **La alpaca** es muy valorada por su lana[7], que puede tener más de veinte matices[8]. Hoy día, se utiliza la lana de alpaca para hacer distintos productos, como suéteres, gorros[9], chaquetas y alfombras[10]. Esta lana es considerada una de las más finas y suaves del mundo.

El puma Es natural de **América** y es uno de los felinos más representativos de la región andina. Puede vivir en ecosistemas muy diversos, desde el nivel del mar hasta los 4.500 metros (14.764 pies) de altura. El **puma** es el segundo felino más grande de América. Los machos, que son de mayor tamaño que las hembras, miden de 1 a 2,75 metros (9 pies) de longitud. El puma puede trepar[11], saltar[12] y nadar con gran agilidad, aunque no se ve en el agua con frecuencia. Se alimenta de mamíferos[13] de todos los tamaños, desde roedores[14] hasta venados[15] grandes. También ataca animales domésticos como caballos y ovejas, razón por la cual ha sido cazado[16] hasta el punto de estar en peligro de extinción.

[1] wings [2] females [3] males [4] rearing [5] chicks [6] carcasses [7] wool [8] shades
[9] caps, hats [10] rugs [11] climb [12] jump [13] mammals [14] rodents [15] deer [16] hunted

El español de los Andes del norte

Colombia
bacano/a	que gusta, fabuloso; *great!*
culebra	deuda; *debt*
mecato	golosina; *snacks*
pelado/a	adolescente; *teenager, kid*
tinto	café; *coffee*
trancón	embotellamiento; *traffic jam*

Ecuador
caleta	casa; *house*
chiva	bicicleta; *bicycle*
guagua	niño/a, hijo/a; *kid; son/daughter*
guambra	joven, muchacho/a; *youngster*
leche	suerte; *luck*

Venezuela
bonche	fiesta; *party*
burda	mucho/a; *a lot of*
cambur	plátano; *banana*
chamo/a	chico/a; *boy/girl; dude*
pana	amigo/a, compañero/a; *partner*

Las riquezas naturales

GALERÍA DE CREADORES

LITERATURA
Gabriel García Márquez
Cien años de soledad y *El amor en los tiempos del cólera* no son sólo títulos. Forman parte del imaginario colectivo de cualquier hispanohablante. Las obras del colombiano han marcado el mundo literario del siglo XX y le merecieron el Premio Nobel de Literatura en 1982. En sus cuentos y novelas, García Márquez configura el mundo del realismo mágico, un género en que lo fantástico es verosímil (*credible*) y lo común parece fantástico.

DISEÑO Y MODA Carolina Herrera
En la década de 1980 presentó su primera colección de moda, sus primeros trajes de novia y su primer perfume. Desde entonces, su influencia en el mundo de la moda fue inmediata y continúa hasta el día de hoy. Llegó a ser amiga cercana y modelo de Andy Warhol. Reconocidas artistas como Taylor Swift, Lucy Liu, Amy Adams y Sofía Vergara han lucido sus trajes en galas y presentaciones. Sus diseños son reconocidos por sus líneas limpias y elegantes, por el uso de telas de la mejor calidad y por la búsqueda de la comodidad. Esta diseñadora venezolana, nacida en 1939, ha recibido importantes reconocimientos, como el Couture Council Award for Artistry of Fashion en el año 2014 y el Portrait of a Nation Prize en 2015.

SUEÑA

ESCULTURA Marisol Escobar

De adolescente en Venezuela, Marisol Escobar pasó por una etapa en la que imitaba a santos, vírgenes y mártires. Hacía penitencias como caminar de rodillas hasta sangrar y permanecer en silencio por largos períodos. Estas experiencias, y la influencia del catolicismo en general, le han dado a su arte un fuerte componente espiritual, lleno de elementos naturales y sobrenaturales. Lo natural es evidente en su uso frecuente de la madera y la terracota, y lo sobrenatural se expresa en sus creaciones abstractas, hechas con diferentes combinaciones de pinturas, grabados, dibujos y esculturas. Aquí vemos su obra *Presidente Charles de Gaulle* (1967).

PINTURA/MURALISMO
Oswaldo Guayasamín

Cuando un turista llega al aeropuerto de Barajas en Madrid o visita la UNESCO en París, puede admirar uno de los murales de Oswaldo Guayasamín. El pintor y muralista ecuatoriano de fama mundial colaboró con dos de los gigantes del muralismo mexicano: José Clemente Orozco y David Alfaro Siqueiros. Mantuvo también fuertes lazos de amistad con Gabriel García Márquez y Pablo Neruda. Al morir, Guayasamín dejó toda su colección artística al pueblo de Ecuador, ya que en vida éste fue una de sus principales fuentes de inspiración. Aquí observamos al artista dando unas últimas pinceladas (*brushstrokes*) a su obra *El grito*.

Las riquezas naturales

¿Qué aprendiste?

1 Cierto o falso Indica si estas afirmaciones son ciertas o falsas. Corrige las falsas.

1. La cordillera de los Andes tiene picos nevados y glaciares.
2. El Parque Nacional Natural El Cocuy es la principal zona volcánica de Colombia.
3. Ecuador es el país con mayor densidad de volcanes.
4. Hace más de un siglo que los volcanes Sangay y Guagua Pichincha no hacen erupción.
5. El Salto Ángel es la catarata más alta del mundo.
6. Los cóndores forman parejas temporales para reproducirse.
7. Al morir, Oswaldo Guayasamín dejó su colección artística al presidente de Ecuador.
8. Carolina Herrera empezó a trabajar como diseñadora cuando superaba los cuarenta años.

2 Preguntas Contesta las preguntas.

1. ¿Cómo se llama el género literario que caracteriza las obras de Gabriel García Márquez?
2. ¿Cuál es el atractivo principal del Parque Nacional Cotopaxi?
3. ¿En qué país está el Parque Nacional Canaima?
4. ¿Qué animales pertenecen a la familia de la alpaca?
5. ¿Qué hacía Marisol Escobar para imitar a los mártires?
6. ¿Cuáles especies de cóndores se conocen en la actualidad?
7. ¿Por qué razón el puma se encuentra en peligro de extinción?
8. ¿Qué artista de la Galería te interesa más? ¿Por qué?

3 Los Andes En parejas, pregúntense uno a otro si les gustaría viajar a los lugares de la lista. Mencionen las razones por las que se animarían a ir a estos lugares o si encuentran algún motivo para no visitarlos.

Lugares

1. Lagunas glaciares cerca del pico nevado Púlpito del Diablo, en Colombia
2. El Parque Nacional Cotopaxi cerca de Quito, en Ecuador
3. El Salto Ángel al sureste de Caracas, en Venezuela
4. El Parque Nacional Natural el Cocuy, en Colombia
5. El volcán Sangay en las afueras de Quito, en Ecuador

Practice more at vhlcentral.com.

PROYECTO

Fotografías descriptivas

Imagina que eres fotógrafo/a y quieres solicitar empleo en una revista turística. Te han pedido que saques fotos para un reportaje sobre la cordillera de los **Andes** en **Colombia**, **Ecuador** y **Venezuela**.

Busca la información que necesites en Internet.

- Investiga sobre tres maravillas naturales o animales de los Andes.
- Escoge fotografías que reflejen su magnitud y belleza.
- Describe cada foto a la clase y explica por qué la escogiste.

Un bosque tropical

Ahora que ya has leído sobre las maravillas que esconde la cordillera de los Andes, mira este episodio de **Flash Cultura** para conocer la riqueza del bosque tropical lluvioso de Puerto Rico, con su sorprendente variedad de árboles milenarios.

Vocabulario

la brújula compass
la caminata hike
la cascada waterfall
el chapuzón dip
la cima peak
estar en forma to be fit
la lupa magnifying glass
el/la nene/a kid
subir to climb
la torre tower

1 Preparación ¿Te gusta estar en contacto con la naturaleza? ¿De qué manera? ¿Has visitado alguno de los bosques nacionales de tu país? ¿Cuál(es)?

2 Comprensión Indica si estas afirmaciones son ciertas o falsas. Después, en parejas, corrijan las falsas.

1. El nombre *Yunque* proviene del español y significa "dios de la montaña".
2. El Yunque es la reserva forestal más antigua del hemisferio occidental.
3. El símbolo de Puerto Rico es el arroz con gandules.
4. Para llegar a la cima es necesario estar en forma y llevar brújula, agua, mapa, etc.
5. Una caminata hasta la cima puede llevar hasta dos días.
6. Como la cima está rodeada de nubes, los árboles no pueden crecer mucho.

3 Expansión En parejas, contesten estas preguntas.

- Imagina que sólo puedes llevar tres de los objetos del equipo para llegar a la cima del Yunque. ¿Cuáles llevarías? ¿Por qué?
- ¿Alguno de los atractivos del Yunque te anima (*encourages you*) a visitar este bosque en tus próximas vacaciones? ¿Cuál? ¿Por qué?
- ¿Qué tipo de comida llevas cuando vas de excursión? ¿Qué otras cosas llevas en la mochila?

Corresponsal: Diego Palacios
País: Puerto Rico

En el Yunque hay más especies de árboles que en ningún otro de los bosques nacionales, muchos de los cuales son cientos de veces más grandes, como el Parque Yellowstone o el Yosemite.

Nadar en los ríos del Yunque es uno de los pasatiempos favoritos de los puertorriqueños, como lo es meterse debajo de las cascadas.

El Yunque es el único Bosque Tropical Lluvioso del Sistema Nacional de Bosques de los Estados Unidos.

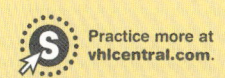

Practice more at vhlcentral.com.

Las riquezas naturales

ESTRUCTURAS

5.1 The future

Forms of the future tense

TALLER DE CONSULTA

These grammar topics are covered in the **Manual de gramática, Lección 5.**

5.4 *Qué* vs. *cuál*, p. 252

5.5 The neuter *lo*, p. 254

¡ATENCIÓN!

Note that all of the future tense endings carry a written accent except in the **nosotros** form.

Y, ¿cuándo te irás?

- The future tense (**el futuro**) takes the same endings for all **–ar, –er,** and **–ir** verbs. For regular verbs, the endings are added to the infinitive.

The future tense		
hablar	deber	abrir
hablaré	deberé	abriré
hablarás	deberás	abrirás
hablará	deberá	abrirá
hablaremos	deberemos	abriremos
hablaréis	deberéis	abriréis
hablarán	deberán	abrirán

- For verbs with irregular future stems, the same endings are added to the irregular stem.

infinitive	stem	future
caber	cabr–	cabré, cabrás, cabrá, cabremos, cabréis, cabrán
haber	habr–	habré, habrás, habrá, habremos, habréis, habrán
poder	podr–	podré, podrás, podrá, podremos, podréis, podrán
querer	querr–	querré, querrás, querrá, querremos, querréis, querrán
saber	sabr–	sabré, sabrás, sabrá, sabremos, sabréis, sabrán
poner	pondr–	pondré, pondrás, pondrá, pondremos, pondréis, pondrán
salir	saldr–	saldré, saldrás, saldrá, saldremos, saldréis, saldrán
tener	tendr–	tendré, tendrás, tendrá, tendremos, tendréis, tendrán
valer	valdr–	valdré, valdrás, valdrá, valdremos, valdréis, valdrán
venir	vendr–	vendré, vendrás, vendrá, vendremos, vendréis, vendrán
decir	dir–	diré, dirás, dirá, diremos, diréis, dirán
hacer	har–	haré, harás, hará, haremos, haréis, harán

ESTRUCTURAS

Uses of the future tense

- In Spanish, as in English, the future tense is one of many ways to express actions or conditions that will happen in the future.

Present indicative

Llegan a Caracas mañana.
They arrive in Caracas tomorrow.
(conveys a sense of certainty that the action will occur)

Present subjunctive

Prefiero que **lleguen** a Caracas mañana.
I prefer that they arrive in Caracas tomorrow.
(refers to an action that has yet to occur)

ir a + [*infinitive*]

Van a llegar a Caracas mañana.
They are going to arrive in Caracas tomorrow.
(expresses the near future; is commonly used in everyday speech)

Future tense

Llegarán a Caracas mañana.
They will arrive in Caracas tomorrow.
(expresses an action that will occur; often implies more certainty than ir a + [*infinitive*])

- The English word *will* can refer either to future time or to someone's willingness to do something. To express willingness, Spanish uses the verb **querer** + [*infinitive*], not the future tense.

¿**Quieres contribuir** a la protección del medio ambiente?
Will you contribute to the protection of the environment?

Quiero ayudar, pero no sé por dónde empezar.
I'll help, but I don't know where to begin.

- In Spanish, the future tense may be used to express conjecture or probability, even about present events. English expresses this in various ways, using words and expressions such as *wonder, bet, must be, may, might,* and *probably.*

¿Qué hora **será**?
I wonder what time it is.

Ya **serán** las dos de la mañana.
It must be 2 a.m. by now.

¿**Estará** lloviendo en Medellín?
Do you think it's raining in Medellín?

Hará un poco de sol y un poco de viento.
It's probably a bit sunny and windy.

- When the present subjunctive follows a conjunction of time like **cuando, después (de) que, en cuanto, hasta que,** and **tan pronto como,** the future tense is often used in the main clause of the sentence.

Nos **quedaremos** lejos de la costa **hasta que pase** el huracán.
We'll stay far from the coast until the hurricane passes.

En cuanto termine de llover, **regresaremos** a casa.
As soon as it stops raining, we'll go back home.

Tan pronto como salga el sol, **iré** a la playa a tomar fotos.
As soon as the sun comes up, I'll go to the beach to take photos.

¡ATENCIÓN!

The future tense is used less frequently in Spanish than in English.

Te llamo mañana.
I'll call you tomorrow.

Espero que vengan.
I hope they will come.

TALLER DE CONSULTA

For a detailed explanation of the subjunctive with conjunctions of time, see **6.1, pp. 212–213.**

Las riquezas naturales

ESTRUCTURAS

Práctica

1 **Horóscopo chino** En el horóscopo chino cada signo está representado por un animal. Completa las predicciones para la serpiente, conjugando los verbos entre paréntesis en el futuro.

TRABAJO Esta semana tú (1) _____ (tener) que trabajar duro. (2) _____ (salir) poco y no (3) _____ (poder) divertirte. Pero (4) _____ (valer) la pena. Muy pronto (5) _____ (conseguir) el puesto que esperas.

DINERO (6) _____ (venir) dificultades económicas. No malgastes tus ahorros.

SALUD El médico (7) _____ (resolver) tus problemas respiratorios, pero tú (8) _____ (deber) cuidarte la garganta.

AMOR (9) _____ (recibir) una noticia muy buena. Una persona especial te (10) _____ (decir) que te ama. (11) _____ (venir) días felices.

2 **Predicciones** En parejas, escriban el horóscopo de su compañero/a. Utilicen verbos en futuro y las frases de la lista. Luego, compartan sus predicciones con la clase.

decir secretos	haber una sorpresa	recibir una visita
empezar una relación	hacer daño	tener suerte
festejar	hacer un viaje	venir amigos
ganar/perder dinero	poder solucionar problemas	viajar al extranjero

Dragón: 1940-1952-1964-1976-1988-2000

Serpiente: 1941-1953-1965-1977-1989-2001

Caballo: 1942-1954-1966-1978-1990-2002

Cabra: 1943-1955-1967-1979-1991-2003

Mono: 1944-1956-1968-1980-1992-2004

Gallo: 1945-1957-1969-1981-1993-2005

Perro: 1946-1958-1970-1982-1994-2006

Cerdo: 1947-1959-1971-1983-1995-2007

Rata: 1948-1960-1972-1984-1996-2008

Búfalo: 1949-1961-1973-1985-1997-2009

Tigre: 1950-1962-1974-1986-1998-2010

Gato: 1951-1963-1975-1987-1999-2011

3 **Tus planes** En parejas, pregúntense qué planes tienen para el próximo verano. Pueden hacerse preguntas que no estén en la lista. Después, compartan la información con la clase.

1. ¿Trabajarás? ¿En qué?
2. ¿Tomarás clases? ¿De qué?
3. ¿Te irás de viaje? ¿Adónde?
4. ¿Saldrás por las noches? ¿Con quién?
5. ¿Harás algo extraordinario? ¿Qué?
6. ¿Protegerás el medio ambiente? ¿Cómo?
7. ¿Harás ejercicio al aire libre? ¿Dónde?
8. ¿Mejorarás tu vida? ¿Cómo?

Practice more at vhlcentral.com.

ESTRUCTURAS

Comunicación

4 **Viaje de aventura** Tú y tu compañero/a están planeando un viaje de dos semanas. Decidan cuándo y a cuál de estos países irán y qué harán allí, usando el anuncio como guía. Conjuguen los verbos en el futuro.

ECOTURISMO

Colombia	Ecuador	Venezuela
• acampar en la costa	• montar a caballo en las montañas	• explorar un tramo de los Andes
• hacer *rafting* por el río Tobia	• bucear en el mar	• ascender un tepuy (*flat-topped mountain*)
• visitar la región amazónica colombiana	• ir en bicicleta de montaña	• hacer una expedición por un río
• disfrutar de la naturaleza y las playas en el Parque Nacional Tayrona	• viajar en kayak por las islas Galápagos con las tortugas marinas, las focas y los delfines	• explorar las islas del Parque Nacional Mochima en kayak

5 **¿Qué será de...?** Todo cambia con el tiempo. En parejas, conversen sobre el futuro de cada lugar, producto o animal.

- las ballenas
- Venecia
- el libro impreso (*printed*)
- la televisión
- Internet
- las hamburguesas
- el hielo (*ice*) en los polos norte y sur
- la selva amazónica
- Los Ángeles
- el petróleo

6 **¿Dónde estarán en veinte años?** En grupos de tres, hagan una lista de cinco personas famosas y anticipen lo que será de ellas dentro de veinte años.

7 **Situaciones** En parejas, seleccionen uno de estos temas e inventen un diálogo usando el tiempo futuro.

1. Dos jóvenes han terminado sus estudios y hablan sobre lo que harán para convertirse en millonarios.
2. Dos ladrones/as acaban de robar todo el dinero de un banco internacional y lo han escondido en el congelador (*freezer*) de un(a) amigo/a. Ahora se preguntan cómo escaparán de la policía.
3. Dos hermanas han decidido convertir su granja (*farm*) en un centro de ecoturismo. Deben desarrollar atracciones para los turistas.
4. Dos inventores/as se reúnen para participar en un intercambio (*exchange*) de ideas. El objetivo es controlar, reducir y eliminar la contaminación del aire en las ciudades. Cada uno/a dice lo que inventará para conseguirlo.

Las riquezas naturales

ESTRUCTURAS

5.2 The conditional

*¿Te dijo en qué coche **vendría**?*

- The conditional tense (**el condicional**) takes the same endings for all **–ar, –er,** and **–ir** verbs. For regular verbs, the endings are added to the infinitive.

The conditional

dar	ser	vivir
daría	sería	viviría
darías	serías	vivirías
daría	sería	viviría
daríamos	seríamos	viviríamos
daríais	seríais	viviríais
darían	serían	vivirían

¡ATENCIÓN!

Note that all of the conditional endings carry a written accent mark.

- Verbs with irregular future stems have the same irregular stem in the conditional.

infinitive	stem	conditional
caber	cabr–	cabría, cabrías, cabría, cabríamos, cabríais, cabrían
haber	habr–	habría, habrías, habría, habríamos, habríais, habrían
poder	podr–	podría, podrías, podría, podríamos, podríais, podrían
querer	querr–	querría, querrías, querría, querríamos, querríais, querrían
saber	sabr–	sabría, sabrías, sabría, sabríamos, sabríais, sabrían
poner	pondr–	pondría, pondrías, pondría, pondríamos, pondríais, pondrían
salir	saldr–	saldría, saldrías, saldría, saldríamos, saldríais, saldrían
tener	tendr–	tendría, tendrías, tendría, tendríamos, tendríais, tendrían
valer	valdr–	valdría, valdrías, valdría, valdríamos, valdríais, valdrían
venir	vendr–	vendría, vendrías, vendría, vendríamos, vendríais, vendrían
decir	dir–	diría, dirías, diría, diríamos, diríais, dirían
hacer	har–	haría, harías, haría, haríamos, haríais, harían

Uses of the conditional

- The conditional is used to express what *would* occur under certain circumstances.

    ¿Qué ciudad de Ecuador **visitarías** primero?
    Which city in Ecuador would you visit first?

    Iría primero a Quito y después a Guayaquil.
    First I would go to Quito and then to Guayaquil.

- The conditional is also used to make polite requests.

    ¿**Podrías** pasarme ese mapa, por favor?
    Could you pass me that map, please?

    ¿Le **importaría** (a usted) cuidar mis plantas?
    Would you mind taking care of my plants?

- Just as the future tense is one of several ways of expressing a future action, the conditional is one of several ways of expressing a future action as perceived in the past. In this case, the conditional expresses what someone said or thought *would* happen.

    Dicen que mañana **hará** viento.
    They say it will be windy tomorrow.

    Creía que hoy **haría** viento.
    I thought it would be windy today.

    Dicen que mañana **va a hacer** viento.
    They say it's going to be windy tomorrow.

    Creía que hoy **iba a hacer** viento.
    I thought it was going to be windy today.

- In Spanish, the conditional may be used to express conjecture or probability about a past event. English expresses this in various ways using words and expressions such as *wondered, must have been,* and *was probably*.

    ¿A qué hora **regresaría**?
    I wonder what time he returned.

    Serían las ocho.
    It must have been eight o'clock.

¡ATENCIÓN!

The English *would* is used to express the conditional, but it can also express what *used to* happen. To express habitual past actions, Spanish uses the imperfect, not the conditional.

Cuando era pequeña, iba a la playa todos los veranos.
When I was young, I would (used to) go to the beach every summer.

TALLER DE CONSULTA

The conditional is also used in contrary-to-fact sentences. See **Manual de gramática, pp. 274-275.**

¿No sería ahora el momento justo para ir de vacaciones a San Andrés?

ESTRUCTURAS

Práctica

1 Ambición Completa el diálogo con el condicional de los verbos entre paréntesis.

DARÍO Si yo pudiera formar parte de esta organización, (1) _____ (estar) dispuesto (*ready*) a ayudar en todo lo posible.

CONSUELO Sí, lo sé, pero tú no (2) _____ (poder) hacer mucho. No tienes la preparación necesaria. Tú (3) _____ (necesitar) estudios de biología.

DARÍO Bueno, yo (4) _____ (ayudar) con las cosas menos difíciles. Por ejemplo, (5) _____ (hacer) el café para las reuniones.

CONSUELO Estoy segura de que todos (6) _____ (agradecer) tu colaboración. Les preguntaré si necesitan ayuda.

DARÍO Eres muy amable, Consuelo. (7) _____ (dar) cualquier cosa por trabajar con ustedes. Y (8) _____ (considerar) la posibilidad de volver a la universidad para estudiar biología. (9) _____ (tener) que trabajar duro, pero lo (10) _____ (hacer) porque no (11) _____ (saber) qué hacer sin un buen trabajo. Por eso sé que el esfuerzo (12) _____ (valer) la pena.

2 Cortesía Cambia estos mandatos por mandatos indirectos que usen el condicional.

Mandatos directos	Mandatos indirectos
1. Dale de comer al perro.	¿Podrías darle de comer al perro, por favor?
2. No malgastes el agua.	
3. Compra un carro híbrido.	
4. Planta un árbol.	
5. Deja de molestar al gato.	
6. Usa sólo papel reciclado.	
7. No tires basura en la calle.	

3 Lo que hizo Irma Utilizamos el condicional para expresar el futuro en el contexto de una acción pasada. Explica lo que quiso hacer Irma e inventa lo que al final pudo hacer.

Modelo pensar / desayunar
Irma pensó que desayunaría con su amiga Gabi, pero Gabi no tenía hambre.

1. pensar / comer
2. decir / poner
3. imaginar / tener
4. escribir / venir
5. contarme / querer
6. suponer / hacer
7. explicar / salir
8. calcular / valer

Practice more at vhlcentral.com.

Comunicación

4 De vacaciones Tu tío Ignacio y su familia van a Ciudad Bolívar en Venezuela. Ellos te han llamado para pedirte consejos sobre lo que deben hacer. En grupos de cuatro, háganles sugerencias de acuerdo a sus gustos y a la información de la Nota cultural. Usen el condicional.

Modelo Tía Rosa y Eduardito podrían visitar el Ecomuseo.

Tía Rosa: No le gusta estar al aire libre. Odia los mosquitos.

Tío Ignacio: Le encanta acampar.

María Fernanda: Le encantan los animales salvajes.

Eduardito: Le gusta jugar con la computadora y leer.

Nota CULTURAL

El estado de **Bolívar**, en el sur de **Venezuela**, limita al norte con el **río Orinoco** y al sur con el estado de **Amazonas** en **Brasil**. La capital del estado se llama **Ciudad Bolívar** y se distingue por sus casas de estilo colonial. También cuenta con dos importantes museos que presentan el lado moderno de la ciudad: el **Museo de Arte Moderno Jesús Soto** y el **Ecomuseo**. En la región también encontramos dos parques nacionales que ofrecen una abundante flora y fauna.

5 ¿Qué harías? Piensa en lo que harías en estas situaciones. Luego, en parejas, compartan sus reacciones usando el condicional.

1.
2.
3.
4.
5.

Las riquezas naturales

ESTRUCTURAS

5.3 Relative pronouns

The relative pronoun *que*

*Echa unas monedas en esas maquinitas **que** ha puesto el ayuntamiento y lo deja aquí al lado.*

- **Que** (*that, which, who*) is the most frequently used relative pronoun (**pronombre relativo**). It can refer to people or things, subjects or objects, and can be used in restrictive clauses (without commas) or nonrestrictive clauses (with commas). Note that while some relative pronouns may be omitted in English, they must always be used in Spanish.

    El incendio **que** vimos ayer destruyó la tercera parte del bosque.
    The fire (that) we saw yesterday destroyed a third of the forest.

    Los ciudadanos **que** van a la manifestación exigen respuestas del gobierno.
    The citizens who are going to the protest demand answers from the government.

    La inundación fue causada por la lluvia, **que** ha durado más de dos semanas.
    The flood was caused by the rain, which has lasted over two weeks.

- In a restrictive (without commas) clause where no preposition or personal **a** precedes the relative pronoun, always use **que**.

    Las ballenas **que** encontraron en la playa estaban vivas.
    The whales they found on the beach were alive.

El que/La que

- After prepositions, **que** follows the definite article: **el que, la que, los que**, or **las que**. The article must agree in gender and number with the antecedent (the noun or pronoun to which it refers). When referring to *things* (but not *people*), the article may be omitted after short prepositions, such as **en, de,** and **con**.

    La mujer **para la que** trabajo llegará a las seis.
    The woman (whom) I work for will arrive at six.

    El edificio **en (el) que** viven es viejo.
    The building (that) they live in is old.

- **El que, la que, los que,** and **las que** are also used for clarification to refer to a previously mentioned person or thing.

    Hablé con los vecinos que tienen perros pero no con **los que** tienen gatos.
    I talked to the neighbors who have dogs but not to the ones who have cats.

    Si puedes optar entre dos compañías, elige **la que** paga más.
    If you can choose between two companies, pick the one that pays more.

TALLER DE CONSULTA

See **Manual de gramática 5.4, p. 252** to review the uses of **qué** and **cuál** in asking questions.

¡ATENCIÓN!

Relative pronouns are used to connect short sentences or clauses to create longer, more fluid sentences. Unlike the interrogative words **qué, quién(es),** and **cuál(es),** relative pronouns never carry accent marks.

ESTRUCTURAS

El cual/La cual

- **El cual, la cual, los cuales,** and **las cuales** are generally interchangeable with **el que, la que, los que,** and **las que** after prepositions. They are often used in more formal speech or writing. Note that when **el cual** and its forms are used, the definite article is never omitted.

    El edificio **en el cual** viven es viejo.
    The building in which they live is old.

Quien/Quienes

- **Quien** (sing.) and **quienes** (pl.) only refer to people. **Quien(es)** can therefore generally be replaced by forms of **el que** and **el cual**, although the reverse is not always true.

    Los investigadores, **quienes (los que/los cuales)** estudian la erosión, son de Ecuador.
    The researchers, who are studying erosion, are from Ecuador.

    El investigador **de quien (del que/del cual)** hablaron era mi profesor.
    The researcher (whom) they spoke about was my professor.

- Although **que** and **quien(es)** may both refer to people, their use depends on the structure of the sentence. In restrictive clauses (without commas), only **que** is used if no preposition or personal **a** is necessary. If a preposition or personal **a** is necessary, **quien** (or a form of **el que/el cual**) is used instead.

    La gente **que** vive en la capital está harta del smog.
    The people who live in the capital are tired of the smog.

    Esperamos una respuesta de los biólogos **a quienes (a los que/a los cuales)** llamamos.
    We're waiting for a response from the biologists (whom) we called.

- In nonrestrictive clauses (with commas) that refer to people, **que** is more common in spoken Spanish, but **quien(es)** (or a form of **el que/el cual**) is preferred in written speech.

    Juan y María, **que** viven conmigo, me regañan si dejo las luces prendidas.
    Juan and María, who live with me, scold me if I leave the lights on.

    Las expertas, **quienes** por fin concedieron la entrevista, no mencionaron la sequía.
    The experts, who finally granted the interview, didn't mention the drought.

The relative adjective *cuyo*

- The relative adjective **cuyo (cuya, cuyos, cuyas)** means *whose* and agrees in number and gender with the noun it precedes. When asking to whom something belongs, use **¿de quién(es)?**, not a form of **cuyo**.

    El equipo, **cuyo** proyecto aprobaron, viajará a las islas Galápagos en febrero.
    The team, whose project they approved, will travel to the Galapagos Islands in February.

    La colega, **cuyas** ideas mejoraron el plan, no tiene tiempo para realizar el proyecto.
    The colleague, whose ideas improved the plan, doesn't have time to do the project.

    ¿**De quién** es este mapa de Venezuela?
    Whose map of Venezuela is this?

    Es mío, pero no es un mapa. Es un atlas **cuyos** autores son venezolanos.
    It's mine, but it's not a map. It's an atlas whose authors are Venezuelan.

TALLER DE CONSULTA

The neuter forms **lo que** and **lo cual** are used when referring to situations or abstract concepts that have no gender. See **Manual de gramática 5.5, p. 254.**

¿Qué es lo que te molesta?
What is it that's bothering you?

Ella habla sin parar, lo cual me enoja mucho.
She won't stop talking, which is making me really angry.

¡ATENCIÓN!

When used with **a** or **de**, the contractions **al que/al cual** and **del que/del cual** are formed.

Las riquezas naturales

ESTRUCTURAS

Práctica

Nota CULTURAL

El **Parque Natural Chicaque** en **Colombia** es una reserva natural de 300 hectáreas de selva montañosa que permanece cubierta de niebla la mayor parte del tiempo.

1 Relativos Selecciona la palabra o frase adecuada para completar cada oración.

1. El señor Gómez, _____ empresa se dedica al ecoturismo, está en una reunión.
   a. cuya   b. cuyo   c. cuyos
2. Hay muchos tóxicos _____ se contamina el agua.
   a. con la que   b. con los que   c. con quienes
3. El científico, _____ busca una solución para el consumo de energía, hace estudios en Chicaque.
   a. del cual   b. quien   c. quienes
4. Los amigos _____ me viste quieren visitar el Parque Natural Chicaque.
   a. en quien   b. de quien   c. con quienes

2 El ozono Completa el siguiente artículo de una revista científica con los pronombres relativos de la lista. Algunos pronombres pueden repetirse.

LA CAPA DE OZONO

| con quien |
| cuyas |
| cuyo |
| de las cuales |
| de que |
| del que |
| el cual |
| en que |
| las cuales |
| que |
| quien |

La capa de ozono está formada por un gas, (1) _____ se encuentra en la estratosfera. Este gas (2) _____ nos protege de la radiación ultravioleta ha empezado a desaparecer en algunas regiones del planeta, (3) _____ la Antártida es la zona (4) _____ está en mayor peligro.

Los seres humanos y la naturaleza causan este daño a la capa de ozono. La gente lo hace con los gases (5) _____ se usan en aerosoles y refrigeradores. La naturaleza lo hace con las erupciones volcánicas, (6) _____ emiten un gas llamado cloro, (7) _____ propiedades dañan el ozono. Este problema del ozono, sobre (8) _____ muchos científicos hablan, puede tener consecuencias negativas para la salud de las personas.

3 Seamos concisos Combina estas oraciones usando un pronombre o adjetivo relativo apropiado.

   Modelo El consumo de energía es un problema. El gobierno habla del consumo de energía.
   El consumo de energía es un problema del cual el gobierno habla.

1. Los jóvenes son estudiantes universitarios. Los jóvenes luchan contra la deforestación.
2. La manifestación será mañana en la plaza. Te hablé de la manifestación.
3. El gobierno aprobó una ley. El contenido de la ley apoya el reciclaje.
4. La gente no puede bañarse en el río. Las aguas del río están contaminadas.
5. La empresa tiene proyectos de urbanización. La empresa está en crisis.

Practice more at vhlcentral.com.

Comunicación

4 Tus prioridades

A. Completa el recuadro de acuerdo con tus hábitos y opiniones.

	Sí	No	Depende
1. No uso mi carro. Siempre viajo en autobús o en bicicleta.	☐	☐	☐
2. Como frutas y verduras orgánicas.	☐	☐	☐
3. Reciclo latas, productos de plástico y de papel.	☐	☐	☐
4. Apago las luces de los cuartos donde no hay nadie.	☐	☐	☐
5. En invierno me pongo un abrigo en casa en vez de subir la calefacción.	☐	☐	☐
6. En verano no uso el aire acondicionado, sólo abro las ventanas.	☐	☐	☐
7. Quiero tener una casa con paneles solares o una turbina de viento.	☐	☐	☐
8. Participo en organizaciones que protegen el medio ambiente.	☐	☐	☐
9. Sólo el gobierno debe preocuparse por el medio ambiente.	☐	☐	☐
10. Conducir mi carro no perjudica al medio ambiente.	☐	☐	☐
11. Sólo las grandes empresas son responsables de la contaminación.	☐	☐	☐
12. Es imposible proteger todas las especies en peligro de extinción.	☐	☐	☐

B. En parejas, compartan la información del recuadro. Después, usando pronombres relativos, informen a la clase de lo que hayan aprendido sobre su compañero/a.

Modelo Rafael come verduras y frutas orgánicas que compra en el mercado al aire libre. Es una persona a quien no le gusta la contaminación causada por pesticidas y herbicidas.

5 ¿Quién es quién?
La clase se divide en dos equipos. Un(a) integrante del equipo A piensa en un(a) compañero/a y da tres pistas. El equipo B tiene que adivinar de quién se trata. Si adivina con la primera pista, obtiene 3 puntos; con la segunda, obtiene 2 puntos; con la tercera, obtiene 1 punto.

Modelo Estoy pensando en alguien con quien almorzamos.
Estoy pensando en alguien cuyos ojos son marrones.
Estoy pensando en alguien que lleva pantalones azules.

6 Evolución de ideas
En parejas, hagan una lista de cinco creencias (*beliefs*) erróneas que los humanos hemos tenido en los últimos cien años acerca de estos temas. Escriban oraciones y usen por lo menos tres pronombres relativos distintos.

Modelo Los árboles que crecen en la selva amazónica aportan menos oxígeno a la atmósfera de lo que pensábamos.

- la salud
- el medio ambiente
- la familia
- la guerra
- el universo

ESTRUCTURAS

Síntesis

Pronóstico del tiempo

	Hoy	Mañana	Pasado mañana
Buenos Aires	Máx. / Mín. 15° C / 9 °C	Máx. / Mín. 19 °C / 9 °C	Máx. / Mín. 12 °C / 8 °C
Caracas	Máx. / Mín. 34 °C / 26 °C	Máx. / Mín. 34 °C / 26 °C	Máx. / Mín. 36 °C / 25 °C
Ciudad de México	Máx. / Mín. 24 °C / 14 °C	Máx. / Mín. 22 °C / 13 °C	Máx. / Mín. 22 °C / 12 °C
Quito	Máx. / Mín. 18 °C / 10 °C	Máx. / Mín. 22 °C / 9 °C	Máx. / Mín. 23 °C / 10 °C
Santo Domingo	Máx. / Mín. 32 °C / 24 °C	Máx. / Mín. 32 °C / 23 °C	Máx. / Mín. 32 °C / 23 °C

1 **El pronóstico** En parejas, seleccionen dos de las ciudades incluidas en el informe del tiempo y describan el pronóstico de esos lugares para los tres días. Utilicen los usos del futuro presentados en la lección.

2 **La isla** Imagina que tú y tu compañero/a han naufragado (*shipwrecked*) en una isla desierta. Piensa en los problemas a los que se podrían enfrentar (*be faced with*). Coméntalos con tu compañero/a para ver qué haría él/ella en cada situación.

> **Modelo** —No hay agua potable.
> —Bebería agua de coco.

3 **El parque** En grupos pequeños, elijan un parque nacional de su país e imaginen que van a visitarlo. Escriban una breve descripción del parque y su medio ambiente usando el vocabulario de esta lección y algunos de los pronombres relativos que han aprendido.

CULTURA

Preparación

Vocabulario de la lectura

el chamán *shaman (religious figure believed to have magical or supernatural powers)*
el/la curandero/a *folk healer*
el/la encargado/a *person in charge*
el hecho *fact*
la madera *wood*
el medicamento *medication*
el pulmón *lung*
la semilla *seed*
la Tierra *Earth*
la utilidad *usefulness*

Vocabulario útil

la dolencia *ailment*
el efecto invernadero *greenhouse effect*
el reciclaje *recycling*
reciclar *to recycle*
el reto *challenge*

1 Emparejar Une cada palabra con su definición.

1. curandero ____
2. medicamento ____
3. pulmón ____
4. madera ____
5. semilla ____
6. Tierra ____

a. órgano donde ocurre la respiración
b. el planeta donde vivimos
c. persona que cura con remedios naturales
d. parte dura de una fruta o vegetal de la cual crecen nuevas frutas y vegetales
e. material sólido de un árbol que tiene múltiples usos
f. sustancia que se consume para curar una enfermedad

2 La madre naturaleza En parejas, túrnense para contestar las preguntas y expliquen sus respuestas.

1. ¿Cómo te gusta disfrutar de la naturaleza? ¿Qué experiencia al aire libre recuerdas?
2. ¿Has estado en una selva o en un bosque muy grande? ¿Cómo te sentiste?
3. ¿Tomas medicamentos naturales cuando te sientes enfermo/a? ¿Por qué?
4. ¿Te preocupa el destino de las culturas indígenas de América? ¿Por qué? ¿Cómo se deben proteger?
5. ¿Crees que la tecnología resolverá todos los problemas medioambientales? ¿Qué papel juega la tecnología? ¿Cuáles son sus límites?
6. ¿Alguna vez has tomado un curso de educación ambiental? Si contestaste que sí, ¿qué aprendiste? Si contestaste que no, ¿te gustaría tomar uno? ¿Qué aprenderías?

3 Recursos y destino Trabajen en grupos de tres y sigan estos pasos.

A. Escriban una lista de todos los productos que ustedes han utilizado en las últimas 24 horas. Al lado de cada uno, enumeren los recursos naturales que se utilizaron para producirlo.

B. Expliquen el papel de la biodiversidad en la producción de las comodidades (*comforts*) de la vida moderna. ¿Cómo nos beneficiamos de las plantas y los animales?

C. ¿Por qué es paradójica la explotación humana de la biodiversidad? Expliquen y luego compartan sus impresiones con la clase.

Las riquezas naturales

CULTURA

La selva amazónica: biodiversidad curativa

Cultura en pantalla

Explora vhlcentral.com y y mira el videoclip sobre las **Plantas medicinales** y su uso en Paraguay.

CULTURA

Audio: Reading

Sólo se conoce una fracción de los millones de especies de plantas y animales que viven en las selvas tropicales de la Tierra. Con una superficie de 5.500.000 km², la selva amazónica es el hábitat de millones de estos organismos. Esta selva es el ecosistema más diverso del planeta, hecho que se refleja especialmente en los árboles, de los que se reconocen más de 60.000 especies diferentes.

La gran riqueza de su vegetación ha sido durante siglos de gran utilidad para los habitantes de la cuenca° amazónica. Frutas poco conocidas en nuestra cultura occidental, como el túpiro, el copoazú o el temare, les sirven de alimento. Los árboles, algunos de los cuales llegan a medir cien metros, les proveen de maderas de gran calidad. Y sus bosques, aparte de ser la morada° natural de los espíritus de sus religiones, también les proporcionan un enorme surtido° de plantas medicinales.

Este uso de las plantas como medicinas se remonta° a épocas precolombinas en que las culturas indígenas descubrieron las propiedades curativas de la vegetación que las rodeaba. Los chamanes y curanderos eran, y todavía son, los encargados de recoger las plantas y las muestras° de los árboles. La tradición indica que tenían que entrar a las zonas más apartadas° e impenetrables de la selva para buscarlas, pues se creía que cuanto más difícil era el acceso a los remedios, más poderosos eran sus efectos curativos.

Hoy, las plantas son el origen de más del 25% de los medicamentos que se encuentran en las farmacias del mundo. Muchas de ellas provienen de° la selva en la cuenca del río Amazonas. La mayor presencia en el mercado de este tipo de medicinas se debe al creciente interés de la industria farmacéutica por métodos de curación que han sido usados con éxito durante miles de años.

En el noroeste de la selva amazónica, por ejemplo, los indígenas usan más de 1.300 plantas medicinales. Una de ellas es el curare, una sustancia que los indígenas suramericanos ponían en la punta° de sus flechas° para paralizar a los animales que cazaban para comer. Actualmente, la tubocurarina, derivada del curare, se utiliza en todo el mundo como anestesia. Otro remedio que se está haciendo muy popular es la semilla de guaraná, que favorece al corazón y a la memoria, y es más poderosa que el ginseng.

Desafortunadamente, la deforestación de esta zona está reduciendo su área aceleradamente. Esto afecta a todos los seres que habitan allí, y pone en peligro de extinción a cientos de especies animales y vegetales. Es por esto que tanto gobiernos locales como organizaciones de todo el mundo están luchando° para proteger sus extraordinarios recursos naturales y preservar las culturas de sus habitantes. ■

basin — *dwelling* — *assortment* — *dates back* — *samples* — *isolated* — *originate from* — *tip* — *arrows* — *fighting*

Desaparecen las culturas amazónicas

Se estima que hace más de quinientos años vivían cerca de diez millones de indígenas en la región amazónica. Hoy día hay menos de 200.000. Tan sólo en Brasil unas noventa tribus indígenas han desaparecido desde comienzos del siglo XX. Y en países como Perú, Colombia, Ecuador y Venezuela cada año se reduce aún más la población indígena de la región amazónica.

Las riquezas naturales   189

CULTURA

Análisis

1 Comprensión Contesta las preguntas con oraciones completas.

1. ¿Por qué crees que se dice que la selva amazónica es "el pulmón de la Tierra"?
2. ¿Por qué es considerada como el ecosistema más variado del planeta?
3. ¿Qué tareas realizan los chamanes y los curanderos?
4. ¿Por qué entran a zonas muy apartadas para conseguir medicinas?
5. ¿Qué porcentaje de los medicamentos que se venden en las farmacias del mundo proviene de las plantas?
6. ¿A qué se debe el uso de tantas medicinas de origen vegetal?
7. ¿Cuáles son las consecuencias de la deforestación de la selva amazónica?
8. ¿Cuántos indígenas vivían en la región amazónica hace más de quinientos años? ¿Y ahora?

2 Informe Tú y tu compañero/a participan en un concurso (*contest*) para desarrollar un nuevo medicamento hecho con ingredientes vegetales provenientes de la selva amazónica. Escriban un informe para su página web sobre la importancia de cuidar de la biodiversidad y de las culturas indígenas de la selva amazónica. Expliquen los problemas que existen y las soluciones.

PROTEGER LA SELVA AMAZÓNICA

La selva amazónica es la más extensa del mundo. Su biodiversidad guarda un número infinito de secretos que pueden ayudar a curar muchas enfermedades. Por lo tanto, es esencial que...

3 En peligro de extinción: ¿Sí o no? En grupos de cuatro, hablen de las causas, los efectos, las posibles soluciones y el futuro de estos problemas medioambientales. Después, dividan la clase en optimistas y pesimistas, y discutan sobre el porvenir del planeta. ¿Está en peligro de extinción?

- La destrucción de selvas tropicales
- El efecto invernadero
- La contaminación del aire
- La extinción de culturas indígenas
- La contaminación de océanos, ríos y mares
- El calentamiento global

LITERATURA

Preparación

Sobre el autor

Jaime Sabines (1926–1999) fue uno de los más grandes poetas mexicanos. Licenciado en Lengua y Literatura Española por la Universidad Nacional Autónoma de México (UNAM), estuvo muy involucrado en la política de su país. Su poesía se distingue por su lenguaje coloquial que nos habla de la realidad de todos los días. En 1972, obtuvo el Premio Villaurrutia y, en 1983, le concedieron el Premio Nacional de Literatura.

Vocabulario de la lectura

a cucharadas *in spoonfuls*
ahogarse *to suffocate, to drown*
aliviar *to relieve, to soothe*
el frasquito *little bottle*
la hoja *leaf*
intoxicar *to poison*
la pata de conejo *rabbit's foot*
el pedazo *piece*
el/la preso/a *prisoner*

Vocabulario útil

el antídoto *antidote*
la felicidad *happiness*
la rutina diaria *daily routine*
el símbolo *symbol*

1 **Vocabulario** Escoge la mejor opción para completar las oraciones.

1. Armando fue al médico porque por las noches sentía que se ____.
   a. ahogaba   b. aliviaba

2. El médico le dio ____ con medicina.
   a. un pedazo   b. un frasquito

3. Él le preguntó al médico cómo debía tomarse la medicina. El médico le respondió que dos ____ al día.
   a. cucharadas   b. hojas

4. También quería saber cuándo se iba a ____ de sus síntomas.
   a. aliviar   b. intoxicar

5. El médico le dijo que necesitaba descansar más y simplificar su ____.
   a. pata de conejo   b. rutina diaria

2 **La felicidad** En el poema que van a leer, Jaime Sabines habla de la esperanza e ilusión que hay que tener en la vida. En parejas, contesten las preguntas.

1. ¿Son felices a pesar de los problemas cotidianos? ¿Cómo lo logran?
2. Cuando tienen problemas que no pueden solucionar, ¿qué hacen para sentirse mejor?
3. ¿Es posible ser feliz siempre? Expliquen.
4. Hagan una lista de cinco cosas bellas que piensan que tiene la vida. Compártanla después con la clase.

3 **La luna** En parejas, hagan una lista de ideas, situaciones y/o personas relacionadas con la luna. Sean creativos. Después, compartan su lista con la clase.

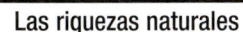

Las riquezas naturales

LITERATURA

Lección 5

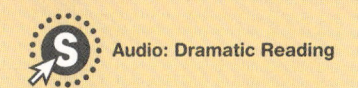

LA LUNA

Jaime Sabines

La luna se puede tomar a cucharadas
o como una cápsula cada dos horas.
Es buena como hipnótico y sedante
y también alivia
5 a los que se han intoxicado de filosofía.
Un pedazo de luna en el bolsillo°,   *pocket*
es mejor amuleto° que la pata de conejo: *charm, amulet*
sirve para encontrar a quien se ama,
para ser rico sin que lo sepa nadie
10 y para alejar° a los médicos y a las clínicas.   *keep away*
Se puede dar de postre a los niños
cuando no se han dormido,
y unas gotas° de luna en los ojos de los ancianos°   *drops / elderly*
ayudan a bien morir.

15 Pon una hoja tierna° de la luna   *tender*
debajo de tu almohada°   *pillow*
y mirarás lo que quieras ver.
Lleva siempre un frasquito del aire de la luna
para cuando te ahogues,
20 y dales la llave de la luna
a los presos y a los desencantados°.   *disenchanted*
Para los condenados° a muerte   *condemned*
y para los condenados a vida
no hay mejor estimulante que la luna
25 en dosis precisas y controladas.

LITERATURA

Análisis

1 **Comprensión** Elige el párrafo que mejor resume lo que expresa el poema.

1. Las responsabilidades de la vida moderna traen estrés y dificultan las relaciones personales. La luna, con su influencia negativa, intoxica a las personas y es causa de conflictos.

2. El poema les recomienda la luna a niños y adultos contra una variedad de problemas y para tener mejor suerte. Un postre de luna ayuda a los niños a dormirse. Una dosis de luna alivia cuando uno se ahoga.

2 **Interpretar** Contesta las preguntas. Luego, explícale tus respuestas a la clase.

1. ¿Cuál es el tema principal del poema? ¿Cuáles son los temas secundarios?
2. Lee estos versos. ¿Qué crees que quiere expresar el poeta?

> Un pedazo de luna en el bolsillo
> es mejor amuleto que la pata de conejo:
> sirve para encontrar a quien se ama,
> para ser rico sin que lo sepa nadie
> y para alejar a los médicos y a las clínicas.

3. ¿Qué relación hay entre llaves y presos? ¿Qué quiere decir el poeta con esa imagen?
4. En tu opinión, ¿qué simboliza la luna? Sustituye la luna con otro símbolo que represente las mismas ideas. ¿Funciona? ¿Por qué?
5. ¿Qué efecto causa el poeta cuando recomienda la luna en "dosis precisas y controladas"?

3 **Símbolos** Los símbolos están en nuestro día a día. En parejas, mencionen cinco símbolos conocidos por todos y expliquen lo que simbolizan.

> **Modelo** Un corazón simboliza el amor.

4 **¿Y tú?** El poeta hace recomendaciones para que seamos más felices. ¿Qué les dirías a estas personas si te preguntaran qué hacer para solucionar sus problemas?

- un(a) enamorado/a que no es correspondido/a
- alguien que acaba de perder su empleo/a
- un(a) preso/a que es inocente
- una pareja que está muy enamorada pero que se pelea constantemente

5 **Escribir** Escribe diez consejos para que todos seamos felices. Sigue el **Plan de redacción**.

Plan de redacción

Consejos para ser feliz

1 **Esquema** Prepara un esquema con las diez actitudes hacia la vida que crees necesarias para ser feliz. Organiza tus ideas para no repetir ni olvidar nada.

2 **Título** Elige un título simbólico para tu decálogo.

3 **Contenido** Escribe los diez consejos. Utiliza el subjuntivo, el condicional, mandatos y pronombres relativos.

VOCABULARIO

Nuestro mundo

La naturaleza

el árbol tree
el bosque forest
la cordillera mountain range
la costa coast
el desierto desert
la luna moon
el mar sea
el paisaje landscape, scenery
el río river
la selva (tropical) (tropical) rainforest
el sol sun
la tierra land, earth

al aire libre outdoors
escaso/a scant, scarce
potable drinkable
protegido/a protected
puro/a pure, clean
seco/a dry

Los animales

el águila (f.) eagle
el ave, el pájaro bird
la ballena whale
la especie en peligro (de extinción) endangered species
la foca seal
el lagarto lizard
el león lion
el lobo wolf
el mono monkey
el oso bear
el pez fish
la serpiente snake
el tigre tiger
la tortuga (marina) (sea) turtle

Los fenómenos naturales

el calentamiento warming
la erosión erosion
el huracán hurricane
el incendio fire
la inundación flood
la lluvia rain
la sequía drought
el terremoto earthquake

La ecología

la basura trash
la capa de ozono ozone layer
el combustible fuel
el consumo de energía energy consumption
la contaminación pollution
la deforestación deforestation
el desarrollo development
la energía (eólica, nuclear, renovable, solar) (wind, nuclear, renewable, solar) energy
la fuente source
el medio ambiente environment
el peligro danger
el petróleo oil
el porvenir future
los recursos resources
el smog smog

agotar to use up
aguantar to put up with, to tolerate
amenazar to threaten
cazar to hunt
conservar to preserve
contagiar to infect; to be contagious
contaminar to pollute
desaparecer to disappear
destruir to destroy
echar to throw away
empeorar to get worse
extinguirse to become extinct
malgastar to waste
mejorar to improve
prevenir (e:ie) to prevent
proteger to protect
resolver (o:ue) to solve, to resolve
respirar to breathe
urbanizar to urbanize

dañino/a harmful
desechable disposable
híbrido/a hybrid
renovable renewable
tóxico/a toxic

Cortometraje

el aparcamiento parking space
el coche car
la decepción disappointment
el desinterés lack of interest
la expansión (urbana) (urban) sprawl
el tronco trunk

aparcar to park
cortar to cut
desatender (e:ie) to neglect
hacer falta to be necessary
plantar to plant
podar to prune
quitar to remove
serrar to saw
soportar to put up with

descontrolado/a out of control

Cultura

el chamán shaman
el/la curandero/a folk healer
la dolencia ailment
el efecto invernadero greenhouse effect
el/la encargado/a person in charge
el hecho fact
la madera wood
el medicamento medication
el pulmón lung
el reciclaje recycling
el reto challenge
la semilla seed
la Tierra Earth
la utilidad usefulness

reciclar to recycle

Literatura

el antídoto antidote
la felicidad happiness
el frasquito little bottle
la hoja leaf
la pata de conejo rabbit's foot
el pedazo piece
el/la preso/a prisoner
la rutina diaria daily routine
el símbolo symbol

ahogarse to suffocate, to drown
aliviar to relieve, to soothe
intoxicar to poison

a cucharadas in spoonfuls

Las riquezas naturales

LECCIÓN 6

El valor de las ideas

Las épocas más difíciles de la historia, como las de guerra y dictadura, muestran a la vez lo peor y lo mejor de la humanidad. La solidaridad y la protección de los derechos humanos, así como la denuncia de la opresión, de la intolerancia y de la falta de libertad, han caracterizado la literatura y el cine de habla hispana contemporáneos. Sin embargo, ¿qué estamos consiguiendo con nuestras reivindicaciones? ¿Cómo asegurarnos de que los gobiernos respeten la libertad y los derechos humanos? ¿Qué más debemos hacer?

CONTENIDO

200 CORTOMETRAJE
En *Hiyab*, el director español **Xavi Sala** nos presenta a **Fátima**, una joven que se ve en el dilema de permanecer fiel a sus ideas o de ceder ante la presión de la autoridad.

206 SUEÑA
Recorre la diversidad natural y cultural de **Chile**, y descubre las creaciones de cuatro destacados artistas de la nación andina. Después, podrás conocer el gran dilema nacional que enfrenta **Puerto Rico**.

225 CULTURA
Infórmate en el artículo *Chile: dictadura y democracia* sobre una de las épocas más dramáticas de la historia de este país. Además, en el videoclip **Cultura en pantalla** podrás aprender sobre **Chile y la Operación Cóndor**.

229 LITERATURA
En *Pájaros prohibidos*, el escritor uruguayo **Eduardo Galeano** nos descubre cómo la libertad siempre encuentra una manera de abrirse camino.

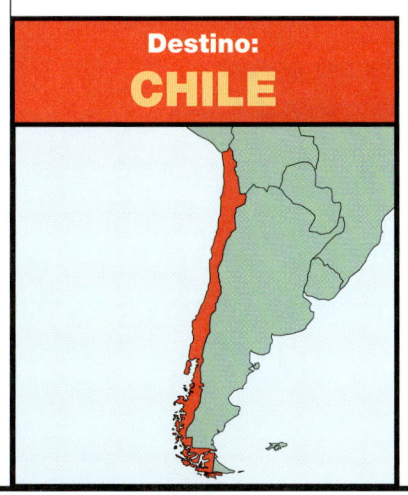

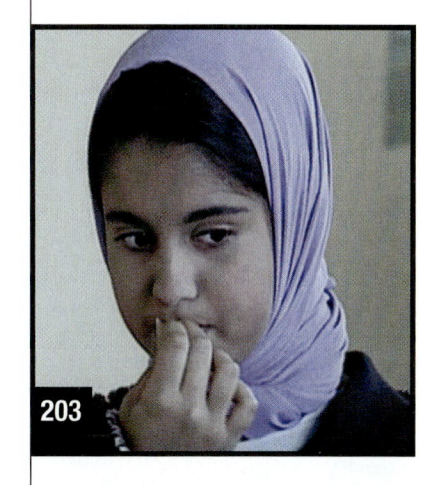

Destino: CHILE

198 PARA EMPEZAR

212 ESTRUCTURAS
- 6.1 The subjunctive in adverbial clauses
- 6.2 The past subjunctive
- 6.3 Comparatives and superlatives

233 VOCABULARIO

El valor de las ideas

PARA EMPEZAR

Creencias e ideologías

Vocabulary Tools

Las leyes y los derechos

los derechos humanos human rights
la desobediencia civil civil disobedience
la (des)igualdad (in)equality
el/la juez(a) judge
la (in)justicia (in)justice
la libertad freedom
la lucha struggle, fight
el tribunal court

abusar to abuse
aprobar (o:ue) una ley to pass a law
convocar to summon
defender (e:ie) to defend
derogar to abolish, to repeal
encarcelar to imprison
juzgar to judge

analfabeto/a illiterate
(des)igual (un)equal
(in)justo/a (un)fair
oprimido/a oppressed

La política

el abuso abuse
la armada navy
la bandera flag

la creencia belief
la crueldad cruelty
la democracia democracy

la dictadura dictatorship
el ejército army

el gobierno government
la guerra (civil) (civil) war
el partido político political party
la paz peace

el poder power
la política politics
las relaciones exteriores foreign relations
la victoria victory

dedicarse a to devote oneself to
elegir (e:i) to elect
ganar/perder (e:ie) las elecciones to win/to lose an election
gobernar (e:ie) to govern
influir to influence
votar to vote

conservador(a) conservative
liberal liberal
pacífico/a peaceful
pacifista pacifist

La gente

el/la abogado/a lawyer
el/la activista activist
el/la ladrón/la ladrona thief

el/la manifestante demonstrator
el/la político/a politician

el/la presidente/a president
el/la terrorista terrorist
la víctima victim

La seguridad y la amenaza

la amenaza threat
el arma (f.) weapon
el escándalo scandal
la (in)seguridad (in)security; (lack of) safety
el temor fear
el terrorismo terrorism
la violencia violence

chantajear to blackmail
destrozar to destroy, to ruin
espiar to spy
huir to flee
pelear to fight, to quarrel
secuestrar to kidnap, to hijack

Práctica

1 Antónimos Selecciona de la lista el antónimo de cada palabra.

bandera	escándalo	perder
derogar	liberal	temor
dictadura	paz	víctima

1. aprobar _____
2. democracia _____
3. ganar _____
4. terrorista _____
5. guerra _____
6. conservador _____

2 ¿Cuál es? Indica a qué palabra de la lista se refiere cada descripción.

abogada	ladrona	político
armada	manifestante	secuestrar
crueldad	oprimido	tribunal
desobediencia	poder	votar

_____ 1. Mujer que defiende a un(a) acusado/a

_____ 2. Retener a una persona contra su voluntad para pedir dinero a cambio de su libertad

_____ 3. Estado de la persona que es víctima de una tiranía

_____ 4. Hombre cuyo empleo es un cargo público en el gobierno

_____ 5. Fuerzas navales de un país

_____ 6. Conducta que ignora intencionalmente las reglas o leyes establecidas por una autoridad

_____ 7. Persona que toma parte en una protesta a favor de un cambio social

_____ 8. Trato despiadado (*merciless*) e inhumano hacia otra persona o ser vivo

_____ 9. Mujer que roba

_____ 10. Ejercer (*exercise*) el derecho de elegir un(a) candidato/a en las urnas (*ballot box*)

3 Titulares En parejas, hablen de noticias recientes sobre la política o la sociedad. Expliquen cada una, usando como mínimo dos palabras de la lista u otras del vocabulario nuevo.

Modelo El partido liberal declaró ayer que pelearía por los derechos de los indígenas.

chantajear	huir	pacifista
destrozar	igualdad	pelear
escándalo	ladrón	político
espiar	liberal	seguridad

Practice more at vhlcentral.com.

CORTOMETRAJE

Preparación

Vocabulario del corto

el/la alumno/a *pupil, student*
el/la chaval(a) *kid, youngster*
confiar *to trust*
el instituto *high school*
laico/a *secular, lay*
musulmán/musulmana *Muslim*
el pañuelo *headscarf*
pegar *to hit*
raro/a *weird*
el rato *a while*
la regla *rule*

Vocabulario útil

la autoridad *authority*
ceder *to give up*
la confianza *trust*
disentir *to dissent, to disagree*
la doble moral *double standard*
la hipocresía *hypocrisy*

Nota CULTURAL

El hiyab

Muchas mujeres musulmanas utilizan un hiyab (*hijab*). Se trata de una especie de pañuelo para cubrirse la cabeza y el cuello, dejando descubierto el rostro.

EXPRESIONES

¿A que no? *I bet not.*
cómo van las otras *how the others dress*
Nos da igual. *It makes no difference to us.*
¿Eso qué tiene que ver? *What does that have to do with it?*
Venga. *Come on.*

1 Vocabulario Empareja cada palabra de la columna B con la definición correspondiente de la columna A. Después, escribe tres oraciones usando cuatro de las palabras.

A

____ 1. Que no pertenece a una orden religiosa
____ 2. Tener fe en la discreción e intenciones de alguien
____ 3. Darle golpes a una persona para lastimarla
____ 4. Extraño
____ 5. Tener una opinión distinta
____ 6. Muchas musulmanas lo llevan en la cabeza
____ 7. Abandonar, renunciar
____ 8. Niño o joven

B

a. ceder
b. chaval
c. confiar
d. disentir
e. hiyab
f. laico
g. pegar
h. raro

2 Preparación En parejas, contesten estas preguntas.

1. ¿Piensan que debemos vestirnos de acuerdo con cada situación? Den ejemplos.
2. Consideren este dicho: "La primera impresión es la que cuenta". ¿Les parece que es verdad? ¿Por qué?
3. ¿Alguna vez se formaron una impresión equivocada de una persona a partir de su aspecto físico? Expliquen.
4. ¿Cómo deciden cada día qué ropa se van a poner? ¿Qué factores influyen en la selección?
5. ¿Qué aspectos de la apariencia física de ustedes le parecerían curiosos a una persona de otra cultura?

CORTOMETRAJE

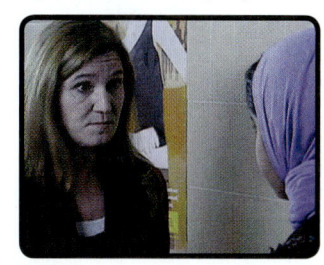

3. Fotogramas En parejas, observen los fotogramas y contesten las preguntas.

1. ¿De dónde es la joven? ¿En qué país vive?
2. ¿Cuál es su estado de ánimo (*state of mind*)? ¿Qué está pensando?
3. ¿Quién es la mujer? ¿Qué relación tiene con la joven?
4. ¿En qué lugar se encuentran? ¿De qué hablan?

4. Comunidades

A. En grupos de tres, miren las fotos y consideren cada uno de estos puntos. Intercambien sus reacciones y compartan sus opiniones con la clase.
- quién es la persona / quiénes son las personas
- sus marcas de identidad
- por qué se viste(n) así
- qué impresión quiere(n) dar
- la reacción de ustedes si la(s) vieran en la calle

B. ¿Pertenecen ustedes o alguien que conocen a alguna comunidad o grupo con el que se identifican? ¿A cuál?

5. Encuesta En parejas, lean cada oración y elijan una opción. Justifiquen su elección. Si consideran que las dos son posibles, expliquen por qué y bajo qué circunstancias. Comparen sus opiniones con otra pareja.

1. Si uso símbolos religiosos y culturales, ...
   a. me destaco (*stand out*) en la multitud.   b. soy "uno/a más".
2. Las marcas de identidad sirven para...
   a. aislar.   b. incluir.
3. "Comunidad" equivale a...
   a. separación.   b. unión.
4. "Libertad" quiere decir que...
   a. todos somos iguales.   b. las diferencias no importan.

El valor de las ideas

CORTOMETRAJE

Hiyab

Nominado al Premio Goya 2006

Guion, dirección y producción ejecutiva **XAVI SALA** Jefa de producción **NAGORE OLCOZ AYTE**
Director de fotografía **IGNACIO GIMÉNEZ-RICO** Montaje **NINO MARTÍNEZ SOSA** Director de arte **LUIS E. PARÉS**
Sonido **ALEX F. CAPILLA** Asistente de dirección **TOMÁS SILBERMAN** Música **COKE RIOBÓO**
Peluquería, maquillaje **ÁFRICA DE LA LLAVE** Vestuario **SOUMIA DADI** Diseño gráfico **MIREILLE AZNAR**
Actores **ANA WAGENER, LORENA ROSADO, JOSÉ LUIS TORRIJO**

ESCENAS

CORTOMETRAJE

ARGUMENTO *La directora de un instituto intenta convencer a una nueva alumna de que se quite el hiyab. La joven se resiste.*

1
BELÉN Fátima, lo que intento explicarte es que ésta es una escuela laica y todos somos iguales. No queremos diferencias entre los alumnos, ¿entiendes?

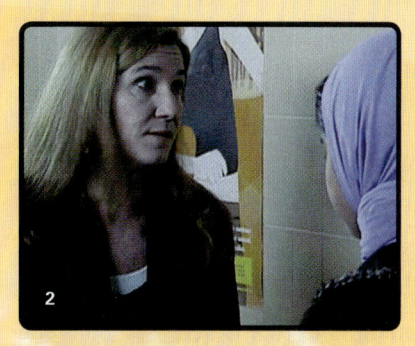

2
BELÉN El pañuelo está bien para la calle, para tu casa, pero para aquí no.
FÁTIMA Pero en casa me lo quito...
BELÉN Y aquí también tienes que hacerlo.

3
BELÉN ¿Qué pasa, que tus padres te pegan si no lo llevas?
FÁTIMA Ellos también quieren que me lo quite.

4
BELÉN Estarías muy guapa si te lo quitas.
FÁTIMA Pero a mí me gusta llevarlo.
BELÉN Y me parece muy bien, cariño[1], pero para cuando salgas del instituto.

5
BELÉN ¿Tú has visto a alguien aquí que lo lleve? Pues por eso. Venga, Fátima, confía en mí.

6
PROFESOR Ésta es Fátima, es nueva y quiero que la tratéis como a una más de la clase. ¿Está claro?

[1] *sweetheart*

Nota CULTURAL

Símbolos religiosos

La costumbre de cubrir la cabeza de las mujeres no es exclusiva del Islam. También se practica en la religión cristiana y en la judía, y está relacionada con la modestia y la pureza. Algunos países europeos han limitado el uso de "símbolos ostensibles°" como el hiyab, la kipá° y los crucifijos en las escuelas públicas. Sin embargo, se permiten "símbolos discretos" como medallas, cruces pequeñas, estrellas de David y manos de Fátima. Aunque la razón de estas restricciones ("vivir en común en una sociedad diversa") tiene que ver con el orden público y no se trata de una limitación de la libertad de conciencia, las restricciones han sido objeto de controversia.

ostensibles *conspicuous* **kipá** *yarmulke (skullcap worn by many male Jews)*

El valor de las ideas

CORTOMETRAJE

Análisis

1 Comprensión Contesta las preguntas con oraciones completas.
1. ¿Quiénes son Fátima y Belén?
2. ¿De qué hablan la joven y la directora?
3. ¿Qué quiere la directora que haga Fátima?
4. ¿Qué piensan los padres de Fátima del hiyab?
5. ¿Por qué lleva Fátima hiyab?
6. ¿Qué argumentos utiliza Belén para convencer a Fátima? Menciona dos.
7. ¿Qué les dice el profesor a sus alumnos cuando les presenta a Fátima?
8. ¿Cómo se visten los compañeros de clase?

2 Interpretación En parejas, contesten las preguntas y expliquen sus respuestas.
1. Belén le pregunta a Fátima si quiere ser "la rara de la clase". ¿Qué significa esa expresión? ¿Qué consecuencias puede tener?
2. ¿Cómo creen que se siente Fátima mientras se quita el hiyab? ¿Y la directora?
3. ¿Cuál de los argumentos de Belén convence a Fátima? ¿Los convencería a ustedes?
4. ¿Qué creen que piensa Fátima al entrar en la clase y ver a sus compañeros?
5. ¿Por qué creen que a Fátima no se le permite llevar el hiyab en clase, pero se les permiten otros accesorios a sus compañeros?
6. Cuando Belén dice: "No queremos diferencias entre los alumnos", ¿a qué diferencias se refiere?

3 Contextos En parejas, hablen de estas citas extraídas del cortometraje. Expliquen la importancia que tiene cada una dentro de la historia.

> "Pues que la libertad de culto, pensamiento y todo eso se nos iría a la basura". **DIRECTORA**

> "Las reglas son las reglas, no las he inventado yo". **DIRECTORA**

> "Ellos también quieren que me lo quite". **FÁTIMA**

> "Pero a mí me gusta llevarlo". **FÁTIMA**

> "... ésta es Fátima, es nueva y quiero que la tratéis como a una más de la clase". **PROFESOR**

Lección 6

CORTOMETRAJE

4 Puntos de vista En grupos de tres, lean estas oraciones y decidan quién las puede haber dicho. ¿Con cuál(es) están de acuerdo? ¿Por qué? Después, compartan sus opiniones con la clase.

1. "Todo individuo tiene el derecho de vestir lo que ya lleva el alma (*soul*)".
2. "Los símbolos religiosos, llevados por alumnos de nuestras escuelas públicas, se deben prohibir. Fomentan la desigualdad, la sospecha y la discriminación".
3. "A partir del próximo semestre, el director mandará a casa a cualquier alumno o alumna que lleve camiseta (*T-shirt*) con mensaje ofensivo o provocador".
4. "Si hoy nos limitan la ropa que podemos llevar, ¿qué nos limitarán mañana?"

5 Vestimenta En parejas, escriban dos listas. Un(a) compañero/a escribe cuatro ventajas de imponer reglas de vestimenta (*dress codes*) en las escuelas y en los lugares de trabajo. El/La otro/a escribe cuatro desventajas. Consideren las preguntas a continuación y después intercambien sus listas para comentarlas.

- ¿Deben o debieron ustedes llevar uniforme a la escuela? ¿Conocen a alguien que debe o debió hacerlo?
- ¿Trabajan o trabajaron ustedes en una empresa con reglas de vestimenta? ¿Conocen a alguien que trabaja o trabajó en una empresa así?
- ¿Existe una diferencia entre llevar uniforme y observar una serie de reglas de vestimenta?
- ¿Se pueden fiar (*trust*) las escuelas y las empresas del criterio personal de sus alumnos y empleados en cuanto a la vestimenta?

6 La obediencia y la autoridad En grupos de cuatro, lean estas preguntas y razonen las respuestas.

1. "Las reglas son las reglas". ¿Piensan que una figura de autoridad tiene poder de decisión frente a las reglas?
2. ¿Alguna vez tuvieron problemas en la escuela, una iglesia u otro lugar público por algo que llevaban o que hicieron? ¿Cómo reaccionaron? ¿Les parece que hicieron lo correcto? ¿Por qué?
3. ¿Qué es más importante: obedecer o mantenerse fiel a sus propios principios? ¿Dónde está el límite? ¿Hasta qué punto es necesario confiar en la autoridad de los superiores?
4. ¿Qué tipo de desobediencia les parece aceptable?

7 Obediencia En parejas, elijan un personaje que haya desobedecido un mandato del orden establecido, como Gandhi, Nelson Mandela o Rosa Parks. Improvisen un diálogo entre ese personaje y otro que represente la autoridad. Expongan ambos puntos de vista, incluyendo las razones y el precio de la desobediencia. Representen su diálogo ante la clase.

8 Final Elige una de estas opciones y escribe una composición sobre el tema.

1. Decides escribir una carta al periódico de la ciudad donde está la escuela de Fátima. En ella expresas tu opinión, a favor o en contra, sobre lo ocurrido. Justifica tu reacción.
2. Eres presidente de un grupo que protege celosamente su exclusividad y busca diferenciarse del resto. Escribe las reglas y los requisitos para pertenecer a él.

Practice more at vhlcentral.com.

El valor de las ideas

SUEÑA

Reading

SUEÑA
Rompecabezas de maravillas

Cuenta la leyenda que cuando Dios terminó de crear el mundo le sobraron multitud de montañas, bosques, desiertos, valles, ríos y glaciares. Decidió entonces juntar todos esos trozos sueltos[1], como un gran rompecabezas[2], y llevarlos hasta un lugar remoto en los confines de la Tierra: ese lugar es Chile.

Su geografía está enmarcada por el **océano Pacífico** al oeste y la **cordillera de los Andes** al este. Su territorio se distribuye entre el continente americano y un gran número de islas que hacen que Chile ponga pie en un segundo continente: **Oceanía**. El país tiene dimensiones excepcionales: 4.300 kilómetros (2.672 millas) de longitud y una anchura[3] promedio de 200 kilómetros (124 millas).

Entre la gran cantidad de islas del territorio chileno existen algunas que inspiraron relatos fantásticos y novelas de aventuras. El **archipiélago de Juan Fernández**, de origen volcánico, incluye la **isla de Robinson Crusoe**. En ella, el marino escocés **Alexander Selkirk**, a quien se considera una de las posibles fuentes[4] de la famosa novela de **Daniel Defoe**, vivió cuatro años como náufrago[5] solitario.

La misteriosa **isla de Pascua**[6] está ubicada[7] en la **Polinesia**, en Oceanía. Además de contar con una belleza natural extraordinaria, conserva las ruinas de los **Rapa Nui**, una cultura prehistórica. Por toda la isla, se encuentran más de 600 enormes esculturas de piedra. Estas esculturas, llamadas

Los moáis

moáis, son únicas en el mundo. Se cree que con estas estatuas, que pueden medir[8] hasta 12 metros (40 pies) y pesar más de 100 toneladas[9], los nativos representaban a sus antepasados para que proyectaran sobre ellos su poder sobrenatural.

CHILE

Formación rocosa *La Portada* en una playa cerca de Antofagasta, Chile

En el extremo sur del continente se halla la **isla de Tierra del Fuego**, que Chile comparte con Argentina. Un poco más al norte, podemos ver los glaciares y los impresionantes picos montañosos del **Parque Nacional Torres del Paine**; y en el norte del país reina el **desierto de Atacama**, que cubre los 360 mil km² (90 millones de acres) más áridos de todo el planeta. En la ciudad de Atacama, por ejemplo, caen sólo tres milímetros de lluvia por año. Esta zona reúne maravillas tan variadas como aguas termales, géiseres, un oasis donde habitan flamencos rosados, valles esculpidos por el viento y vestigios arqueológicos de pueblos precolombinos que atraen incesantemente a los turistas.

Signos vitales

Los **mapuches**, también conocidos como **araucanos**, forman uno de los pueblos originarios del territorio de **Chile** y **Argentina**. Han conservado hasta hoy su lengua, el **mapudungun**, sus creencias y sus ritos. Lucharon primero contra la dominación del imperio inca y después contra la conquista española. En la actualidad buscan la reivindicación[10] de la propiedad de la tierra, el respeto por su forma de vida tradicional y vencer[11] la discriminación.

[1] **trozos sueltos** *loose bits* [2] *puzzle* [3] *width* [4] *sources* [5] *castaway* [6] *Easter Island* [7] *located* [8] *measure* [9] *tons* [10] *claim* [11] *overcome*

¡Visitemos Chile!

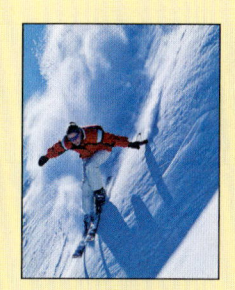

Centros de esquí Gracias a los picos de los **Andes**, en **Chile** se encuentran excelentes centros de esquí. Preparados para acoger[1] a los que practican cualquier deporte de invierno, están situados en todo el centro y sur de Chile. Varios de estos centros de esquí están a poca distancia de la ciudad de **Santiago**, como **El Colorado** a 37 kilómetros (23 millas) o **Valle Nevado** a 60 kilómetros (37 millas). Esto permite una escapada hacia allí durante el fin de semana.

Volcanes **Chile** es también un país de volcanes: en toda su extensión existen más de 2.000. De éstos, 500 están aún en actividad, como el **Villarrica**, llamado *Rucapillán* ("casa de los espíritus") por los mapuches. No lejos de ahí, se puede visitar **Temuco**, ciudad industrial y capital regional, donde el poeta **Pablo Neruda** pasó su infancia y adolescencia.

Mariscos Chile, que posee una costa privilegiada, es uno de los países con mayor variedad de fauna marina en todo el mundo. Se puede encontrar allí mariscos[2] únicos, como **locos**, **picorocos** y **piures**[3], muy apreciados en la gastronomía. Para disfrutarlos, basta visitar los pueblos pesqueros[4] de la costa o los restaurantes del Mercado Central de Santiago.

Valparaíso Esta ciudad portuaria[5] cuenta con un centro histórico de fama mundial. Su diseño urbano entrelaza[6] exitosamente el estilo colonial español con otros estilos europeos como el **victoriano**, llevado hasta allí por inmigrantes ingleses y desarrollado en el siglo XIX. Fue declarada **Patrimonio de la Humanidad** por la **UNESCO** en 2003.

[1] *to receive* [2] *seafood; shellfish* [3] **locos...** *abalone, barnacles, and red sea squirts* [4] **pueblos...** *fishing villages* [5] *port* [6] *intertwines*

El español de Chile

billullo	dinero; *money*
cacho	problema, situación difícil; *problem*
capear	no ir a clase; *to play hookie*
caperuzo/a	inteligente, astuto/a; *smart, clever*
carrete	fiesta
fome	aburrido/a; *boring, dull*
harto/a	muy, mucho/a; *very, a lot (of)*
funar	echar a perder; *to ruin*
polera	camiseta; *T-shirt*
pololo/a	novio/a; *boyfriend/girlfriend*

Expresiones

al tiro	ahora mismo, inmediatamente; *right now, immediately*
andar pato	no tener nada de dinero; *not to have two nickels to rub together*
¿Cachai?	¿Entendiste?; *Do you understand?*
caldo de cabeza	estar demasiado preocupado/a por algo; *to be too worried about something*
Estoy piola.	Estoy muy bien.; *I'm great.*

El valor de las ideas

SUEÑA

GALERÍA DE CREADORES

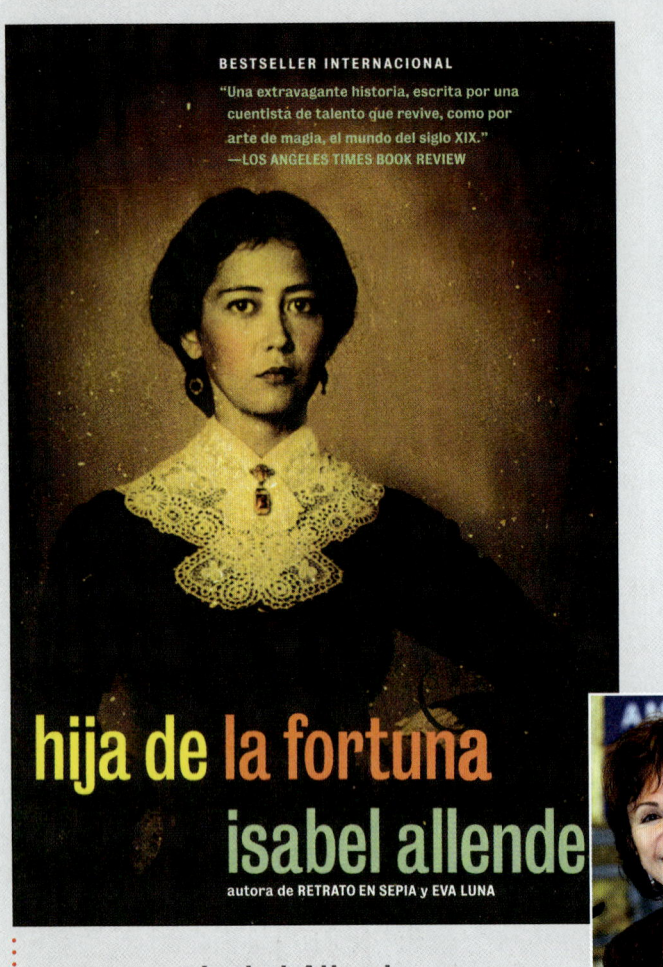

LITERATURA Isabel Allende
En 1973 el presidente chileno Salvador Allende fue asesinado. Dos años después, su sobrina Isabel Allende escapó del país para exiliarse en Venezuela, donde publicó en 1982 su primera novela, *La casa de los espíritus*, que fue muy bien recibida por el público. Esta novela también se popularizó en los Estados Unidos, donde vive hoy la escritora, al ser publicada en inglés y, sobre todo, al aparecer la versión cinematográfica. La familia, el amor y el poder son temas recurrentes en la obra de Isabel Allende. Sus libros incluyen títulos como *Eva Luna*, *El plan infinito*, *Paula*, *Retrato en sepia* y *La suma de los días*.

MÚSICA Y ARTE Violeta Parra
Considerada la iniciadora de la Nueva Canción Chilena, Violeta Parra fue una artista de extraordinaria riqueza creativa, quien logró revitalizar la cultura popular de Chile. Es conocida por sus grabaciones y recitales de canciones tradicionales y propias, como *Gracias a la vida*, que fue popularizada en los Estados Unidos por Joan Baez. También se dedicó a la pintura, la escultura, la cerámica y el arte de bordado de arpilleras (*burlap embroidery*). Hoy día la Fundación Violeta Parra preserva el patrimonio de esta artista universal que murió en 1967.

CINE Miguel Littín

El director de cine Miguel Littín nació en Chile en 1942. El gobierno del nuevo presidente Salvador Allende lo designó a la cabeza de la productora estatal Chile Films en 1971. Durante el período subsiguiente dirigió películas de gran calidad, como *El chacal de Nahueltoro*. Los hechos reales que narra esta película causaron gran conmoción; sin embargo, fue un éxito con los críticos y el público. Muchas de las películas de Littín tienen carácter político. Entre ellas, *Actas de Marusia* y *Alsino y el cóndor* fueron nominadas al Óscar a la mejor película extranjera en 1975 y 1982 respectivamente. Estos logros le merecieron a Littín el reconocimiento internacional.

PINTURA Y ESCULTURA MATTA

El pintor y escultor MATTA es considerado como el artista chileno más importante del siglo XX. En 1937 conoció en París a André Breton y se unió al movimiento surrealista. Marcel Duchamp, Salvador Dalí e Yves Tanguy son algunos de los artistas que influyeron en su obra. Sobre sus lienzos (*canvases*) creó mundos imaginarios en los que trató de representar las fuerzas del universo que influyen en el hombre contemporáneo. Aquí vemos el óleo *L'Etang de No* (1958) del artista chileno, fallecido (*deceased*) en 2002.

El valor de las ideas

SUEÑA

¿Qué aprendiste?

1. Cierto o falso Indica si estas afirmaciones son ciertas o falsas. Corrige las falsas.

1. La isla de Pascua se encuentra en la Polinesia.
2. Los mapuches y los araucanos tienen lenguas y costumbres distintas.
3. Violeta Parra es la autora de la canción *Gracias a la vida*, que la cantante Joan Baez popularizó en los Estados Unidos.
4. Considerando su larga costa, la variedad de mariscos que se encuentra en Chile es pequeña.
5. La película *El chacal de Nahueltoro* provocó una gran conmoción social por los hechos reales que narra.
6. Inmigrantes de otros países latinoamericanos llevaron el estilo victoriano a Valparaíso.

2. Preguntas Contesta las preguntas.

1. ¿En qué ciudad creció el poeta chileno Pablo Neruda?
2. ¿A qué movimiento se unió el escultor MATTA en París?
3. ¿Por qué representaban los Rapa Nui a sus antepasados?
4. ¿Cuáles son los temas más recurrentes de las novelas de Isabel Allende?
5. ¿Qué centros de esquí están a poca distancia de Santiago?
6. ¿Qué artista de la Galería te interesa más? ¿Por qué?

3. Personajes Escoge uno de los personajes de la sección **Galería de creadores**. Explica por qué escogiste ese personaje y qué caracterísiticas de su biografía te impresionaron. Después, comparte tus pensamientos con la clase.

4. Opiniones En parejas, imaginen que van a viajar a Chile próximamente. Hagan una lista de los lugares que quieren visitar y respondan:

- ¿Por qué les gustaría conocer un lugar como Chile?
- ¿Qué esperan aprender de ese viaje?
- ¿Qué los atrae de cada lugar que quieren visitar?

Practice more at vhlcentral.com.

PROYECTO

De norte a sur

Crea un itinerario de quince días de vacaciones en Chile. Investiga la información que necesites en Internet.

- Empieza en el norte del país y termina en el sur.
- Selecciona los lugares que quieres visitar, combinando las montañas, el mar y las ciudades.
- Menciona la ropa más adecuada para cada tramo (*stage*).
- Presenta tu itinerario a la clase con fotografías y un mapa.

Puerto Rico: ¿nación o estado?

En las páginas anteriores has empezado a explorar la identidad cultural y nacional, y los conflictos que hay entre ellas. En este episodio de **Flash Cultura**, conocerás la situación actual de Puerto Rico y las distintas opiniones que tienen sobre el tema sus habitantes.

Vocabulario

- **la aduana** customs
- **el buzón** mailbox
- **el comercio** trade
- **los impuestos** taxes
- **permanecer** to remain
- **los recursos** resources
- **las relaciones exteriores** foreign relations
- **la tarjeta postal** postcard

1 Preparación ¿Hablas de política con tus amigos? ¿Lees el periódico o escuchas las noticias? ¿Te interesa conocer la situación política de tu país? ¿Y la de otros países? ¿Qué sabes de la política de Puerto Rico?

2 Comprensión Indica si estas afirmaciones son ciertas o falsas. Después, corrige las falsas.

1. Los ciudadanos de Puerto Rico son estadounidenses.
2. La moneda de Puerto Rico es el peso.
3. En Puerto Rico se pagan impuestos federales y locales.
4. El gobierno de Estados Unidos se ocupa de las relaciones exteriores, el comercio y la aduana de Puerto Rico.
5. A los puertorriqueños también se les dice *boricuas*.
6. Los puertorriqueños quieren que su país sea independiente.

3 Expansión En parejas, contesten estas preguntas.

- ¿Te gusta enviar tarjetas postales cuando viajas? ¿Por qué? ¿A quién le enviarías una desde Puerto Rico?
- ¿Piensas que el debate sobre política puede convertirse realmente en un deporte nacional? ¿Podría pasar algo parecido en tu país con algún tema? ¿Con cuál?
- De las tres opciones planteadas en el video (que Puerto Rico permanezca como estado asociado, que se convierta en un estado o que sea un país independiente), ¿cuál te parece a ti la más acertada? ¿Por qué?

Corresponsal: Diego Palacios
País: Puerto Rico

Cuando estás aquí, no sabes si estás en un país latinoamericano o si estás en los Estados Unidos.

En Puerto Rico, puedes tomar el sol en la playa, beber agua de coco y enviarle tarjetas postales a tus amigos.

El debate se ha convertido en el deporte nacional de Puerto Rico.

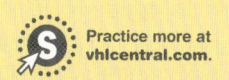

Practice more at vhlcentral.com.

El valor de las ideas

ESTRUCTURAS

6.1 The subjunctive in adverbial clauses

- In Spanish, adverbial clauses are commonly introduced by conjunctions. Certain conjunctions require the subjunctive, while others can be followed by the subjunctive or the indicative, depending on the context.

—Y me parece muy bien, cariño, pero para cuando **salgas** del instituto.

Conjunctions that require the subjunctive

- Certain conjunctions are always followed by the subjunctive because they introduce actions or states that are uncertain or have not yet happened. These conjunctions commonly express purpose, condition, or intent.

MAIN CLAUSE	CONNECTOR	SUBORDINATE CLAUSE
No habrá justicia para las víctimas	sin que	encarcelen a los criminales.

Conjunctions that require the subjunctive

a menos que *unless*	en caso (de) que *in case*
antes (de) que *before*	para que *so that, in order*
con tal (de) que *provided that, as long as*	sin que *without, unless*

El Ejército siempre debe estar preparado **en caso de que haya** un ataque.
The army must always be prepared, in case there is an attack.

El candidato hablará con su familia **antes de que conceda** la derrota.
The candidate will talk to his family before he concedes defeat.

- If there is no change of subject in the sentence, always use the infinitive after the prepositions **para** and **sin**, and drop the **que**.

La abogada investigará todos los detalles del caso **para defender** a su cliente.
The lawyer will investigate every detail of the case in order to defend her client.

- The use of the infinitive without **que** when there is no change of subject is optional after the prepositions **antes de**, **con tal de**, and **en caso de**. After **a menos que**, however, always use the subjunctive.

Debo leer sobre el candidato **antes de votar** por él.
I must read about the candidate before voting for him.

La senadora va a perder **a menos que mejore** su imagen.
The senator is going to lose unless she improves her image.

TALLER DE CONSULTA

The following grammar topics are covered in the **Manual de gramática, Lección 6**.

6.4 Adverbs, p. 256

6.5 Diminutives and augmentatives, p. 258

¡ATENCIÓN!

An adverbial clause (**cláusula adverbial**) is one that modifies or describes verbs, adjectives, or other adverbs. It describes how, why, when, or where an action takes place.

ESTRUCTURAS

Conjunctions followed by the subjunctive or the indicative

- If the action in the main clause has not yet occurred, then the subjunctive is used after conjunctions of time or concession.

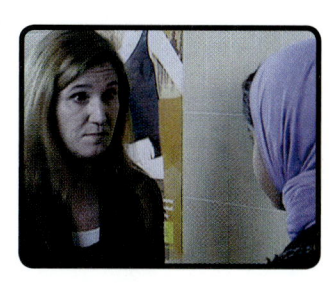

—*En cuanto te lo quites un rato, ni te acuerdas.*

Conjunctions followed by the subjunctive or the indicative

a pesar de que *despite*	**hasta que** *until*
aunque *although; even if*	**luego (de) que** *after*
cuando *when*	**mientras que** *while*
después (de) que *after*	**siempre que** *as long as*
en cuanto *as soon as*	**tan pronto como** *as soon as*

> ¡ATENCIÓN!
> Note that although **después (de) que** and **luego (de) que** both mean *after*, the latter expression is used less frequently in spoken Spanish.

Trabajaremos duro **hasta que** no **haya** más abusos de poder.
We will work hard until there are no more abuses of power.

Aunque mejore la seguridad, siempre tendrán miedo de viajar en avión.
Even if security improves, they will always be afraid to travel by plane.

Cuando hablen con la prensa, van a exigir la libertad para los prisioneros.
When they speak with the press, they are going to demand freedom for the prisoners.

- If the action in the main clause has already happened, or happens habitually, then the indicative is used in the adverbial clause.

Tan pronto como se supieron los resultados, el partido anunció su victoria.
As soon as the results were known, the party announced its victory.

Mi padre y yo siempre nos peleamos **cuando hablamos** de política.
My father and I always fight when we talk about politics.

- **A pesar de**, **después de**, and **hasta** can also be followed by an infinitive, instead of **que** + [*subjunctive*], when there is no change of subject.

Algunos ladrones se reforman **después de salir** de la cárcel.
Some thieves reform after leaving jail.

Algunos ladrones se reforman **después de que salgan** de la cárcel.
Some thieves reform after they leave jail.

El valor de las ideas

ESTRUCTURAS

Práctica

1 Declaraciones Elige la conjunción adecuada para completar la conversación entre un periodista y la gobernadora Ibáñez.

PERIODISTA Gobernadora Ibáñez, ¿qué le parecieron las declaraciones del presidente?

GOBERNADORA (1) (Aunque / Cuando) yo generalmente no pienso igual que él, en este caso creo que todos debemos trabajar juntos (2) (a pesar de que / para que) la situación económica mejore. (3) (Hasta que / Tan pronto como) el presidente vuelva de su viaje por Asia, insistiré en hablar con él sobre mis ideas.

PERIODISTA ¿Cuándo me dijo que va hablar con él?

GOBERNADORA (4) (En cuanto / Aunque) regrese la semana que viene. Quiero hablar con él (5) (sin que / para que) sepa que todos los miembros del partido estamos dispuestos (*willing*) a trabajar muy duro (6) (con tal de que / luego que) la situación de este país mejore.

2 Completar Completa las oraciones usando el indicativo, el subjuntivo o el infinitivo.

1. El candidato no va a viajar a menos que su esposa lo _____ (acompañar).
2. El abogado va a hablar con el presidente antes de que _____ (llegar) los manifestantes.
3. Los liberales y los conservadores hacen todo lo necesario con tal de _____ (ganar) las elecciones.
4. Los miembros del partido se fueron tan pronto como _____ (saber) que habían perdido las elecciones.
5. Los políticos viajan por el país para _____ (hablar) con la gente.
6. El pueblo votará por la candidata con tal de no _____ (ver) al otro candidato ganar.
7. La gente recuerda las promesas de los políticos cuando _____ (votar).
8. El alcalde olvidó sus promesas después de _____ (ganar) las elecciones.
9. El tribunal no podrá continuar sin _____ (juzgar) al acusado.
10. Los periodistas van a estar con los candidatos hasta que _____ (terminar) las elecciones.

3 Tendencias políticas Forma oraciones completas usando los elementos. Usa el presente del indicativo para el primer verbo y haz otros cambios que sean necesarios.

Modelo (nosotros) / escuchar / debates / con tal de que / candidato / inspirarnos
Escuchamos los debates con tal de que el candidato nos inspire.

1. (yo) / llamarte / mañana / en cuanto / (ellas) / llegar / manifestación
2. cada año / partido / anunciar / victoria / después de que / contarse / último voto
3. gobiernos / chantajear / víctimas / para que / nadie / descubrir / injusticias
4. (tú) / siempre / pelear / por / nuestros derechos / sin que / (nosotros) / pedírtelo
5. guerra civil / ir / empezar / antes de que / políticos / poder / explicar / escándalos
6. presidentes / aprobar / leyes / inútil / mientras que / (nosotros) / destrozar / medio ambiente

Practice more at vhlcentral.com.

Comunicación

4 **Instrucciones** La primera dama le dejó una lista de tareas a su secretario. Luego se dio cuenta de que había olvidado ciertos detalles y dejó otra lista. En parejas, túrnense para unir los detalles de las dos listas. Después, inventen dos oraciones adicionales. Usen estas conjunciones.

Modelo Pídele los archivos de todas sus decisiones. / ¡Puede pasar el juez!
Le pido los archivos de todas sus decisiones en caso de que pase el juez.

a menos que	cuando	para que
a pesar de que	en caso de que	siempre que
con tal de que	en cuanto	tan pronto como

Lista de tareas
1. Contesta llamadas y correos electrónicos.
2. Escríbeles cartas a los senadores.
3. No hagas declaraciones.
4. Dile al ministro de educación que lo llamaré.

Lista de tareas
1. ¡Deben ser urgentes!
2. ¡Tienen que saber que no estaré estaré en mi oficina!
3. ¡Pueden llamar los periodistas!
4. ¡Debe acabarse primero el almuerzo de gala!

5 **Posibilidades** En parejas, túrnense para completar estas oraciones y expresar sus puntos de vista.

1. Terminaré mis estudios a tiempo a menos que…
2. Me iré a vivir a otro país en caso de que…
3. Ahorraré mucho dinero para que…
4. Yo cambiaré de carrera en cuanto…
5. Me jubilaré cuando…

6 **Programa** En grupos de cuatro, imaginen que son los asesores (*advisors*) de un político. Expliquen qué hará el candidato en distintas situaciones usando conjunciones con el subjuntivo.

Modelo Para que los ecologistas estén contentos, el alcalde dará más dinero para limpiar el río. Volverá a ser una parte importante en la vida de los ciudadanos con tal de que toda la comunidad ayude a mantenerlo.

El valor de las ideas

ESTRUCTURAS

6.2 The past subjunctive

Forms of the past subjunctive

- The past subjunctive (**el pretérito imperfecto del subjuntivo**) of all verbs is formed by dropping the **–ron** ending from the **ustedes/ellos/ellas** form of the preterite and adding the past subjunctive endings.

TALLER DE CONSULTA

See **2.1**, **pp. 58–59** for the preterite forms of regular, irregular, and stem-changing verbs.

¡ATENCIÓN!

The past subjunctive is also referred to as the imperfect subjunctive (**el imperfecto del subjuntivo**).

The **nosotros/as** form of the past subjunctive always takes a written accent.

The past subjunctive

caminar (caminaron)	perder (perdieron)	vivir (vivieron)
caminara	perdiera	viviera
caminaras	perdieras	vivieras
caminara	perdiera	viviera
camináramos	perdiéramos	viviéramos
caminarais	perdierais	vivierais
caminaran	perdieran	vivieran

Queríamos que el gobierno **respetara** los derechos humanos.
We wanted the government to respect human rights.

Me pareció increíble que los liberales **perdieran** las elecciones.
It seemed unbelievable to me that the liberals lost the election.

Nos sorprendió que el abogado no **supiera** cómo reaccionar ante la amenaza.
It surprised us that the lawyer did not know how to react to the threat.

- Verbs that have stem changes or irregularities in the **ustedes/ellos/ellas** form of the preterite have those same irregularities in all forms of the past subjunctive.

infinitive	preterite form	past subjunctive forms
pedir	pidieron	pidiera, pidieras, pidiera, pidiéramos, pidierais, pidieran
sentir	sintieron	sintiera, sintieras, sintiera, sintiéramos, sintierais, sintieran
dormir	durmieron	durmiera, durmieras, durmiera, durmiéramos, durmierais, durmieran
influir	influyeron	influyera, influyeras, influyera, influyéramos, influyerais, influyeran
saber	supieron	supiera, supieras, supiera, supiéramos, supierais, supieran
ir/ser	fueron	fuera, fueras, fuera, fuéramos, fuerais, fueran

- In Spain and other parts of the Spanish-speaking world, the past subjunctive is also used with an alternate set of endings: **–se, –ses, –se, –semos, –seis, –sen**. You will also see these forms in literary texts.

Marcos me pidió que **fuera/fuese** con él al tribunal.
Marcos asked me to go with him to court.

Nadie creyó que **estuviéramos/estuviésemos** entre los manifestantes.
No one believed that we were among the demonstrators.

Uses of the past subjunctive

- The past subjunctive is required in the same contexts as the present subjunctive, except that the point of reference is in the past. When the verb in the main clause is in the past, the verb in the subordinate clause is in the past subjunctive.

*Mis padres también me pidieron que me lo **quitara**.*

Present time

Ellos sugieren que **vayamos** a la reunión.
They suggest that we go to the meeting.

Espero que no **tengan** problemas con los políticos.
I hope they won't have any problems with the politicians.

Necesitamos un presidente que **apoye** nuestra causa.
We need a president who will support our cause.

Tú la defiendes aunque **sea** culpable.
You defend her even though she's guilty.

Past time

Ellos sugirieron que **fuéramos** a la reunión.
They suggested that we go to the meeting.

Esperaba que no **tuvieran** problemas con los políticos.
I was hoping they wouldn't have any problems with the politicians.

Necesitábamos un presidente que **apoyara** nuestra causa.
We needed a president who would support our cause.

Tú la defendiste aunque **fuera** culpable.
You defended her even though she was guilty.

- The expression **como si** (*as if*) is always followed by the past subjunctive.

Habla de la guerra **como si** no le **importara**.
He talks about the war as if he didn't care.

¿Por qué siempre me andas espiando **como si fuera** un ladrón?
Why do you always go around spying on me as if I were a thief?

Reaccionarán **como si trajéramos** malas noticias.
They will react as if we brought bad news.

Me saludó **como si** no me **conociera**.
She greeted me as if she didn't know me.

- The past subjunctive is commonly used with **querer** to make polite requests, to express wishes, or to soften statements.

Quisiera verlos hoy, por favor.
I'd like to see you today, please.

Quisiéramos paz y justicia para nuestro pueblo.
We wish for peace and justice for our people.

TALLER DE CONSULTA

The past subjunctive is also frequently used in **si** clauses. See **Manual de gramática, pp. 274-275.**

¿Tú te imaginas qué pasaría si a cada uno se le ocurriera venir vestido de acuerdo con su religión?
Can you imagine what would happen if everyone decided to come dressed according to his or her religion?

¡ATENCIÓN!

When using the past subjunctive of **querer** or the conditional of any verb in a main clause, use the past subjunctive in the subordinate clause.

Quisiéramos que volvieran mañana.
We'd like you to return tomorrow.

Sería mejor que me dijeras la verdad.
It would be better for you to tell me the truth.

ESTRUCTURAS

Práctica

1 **Viñas de Chile** Completa este párrafo con el pretérito imperfecto del subjuntivo.

Miren, me dijo que era importante que nosotros (1) _____ (poner) el vino en un lugar oscuro y sin corrientes de aire. Me sugirió que lo (2) _____ (guardar) en el sótano (*basement*) de la casa, donde hay una temperatura baja y constante. También me recomendó que (3) _____ (mantener) el sótano con un nivel de humedad de un 70% como si (4) _____ (ser) absolutamente esencial. Y claro, me dijo que sólo (5) _____ (comprar) vinos de calidad, como los chilenos o argentinos. A mí me pareció curioso que me (6) _____ (aconsejar) comprar vinos argentinos, porque otros chilenos con los que hablé me pidieron que nunca los (7) _____ (comprar). ¿Qué les parecen estos consejos? Papá, me dijo que no (8) _____ (dudar) en llamarlo si tienes alguna pregunta.

Bodega de la viña Errazuriz

Nota CULTURAL

Los **vinos** producidos en **Chile** son reconocidos en todo el mundo por su gran calidad. En el siglo XVI, el conquistador **Francisco Aguirre** plantó las primeras viñas (*vines*) del país. Hoy, el corazón de la producción vinícola se encuentra en los valles alrededor de **Santiago**, zona ideal para el cultivo de la uva por su clima.

2 **¿Qué le pidieron?** Lucía Bermúdez es rectora (*chancellor*) de una universidad. En parejas, usen la tabla para preparar un diálogo en el que ella cuenta lo que le pidieron el primer día de clases.

Modelo —¿Qué le pidió su secretaria?
—Mi secretaria me pidió que le diera menos trabajo.

Personajes	Verbo	Actividad
los profesores los estudiantes el club ecologista los vecinos de la universidad el entrenador del equipo de fútbol	me pidió que me pidieron que	construir un estadio nuevo hacer menos ruido plantar más árboles dar más días de vacaciones comprar más computadoras

3 **Dueño estricto** En parejas, imaginen que ustedes compartían un apartamento. Túrnense para comentar las reglas del edificio y usen el pretérito imperfecto del subjuntivo.

Modelo **No cocinar comidas aromáticas**
El dueño del apartamento me dijo/pidió/ordenó que no cocinara comidas aromáticas.

1. No usar la calefacción en abril.
2. Limpiar los pisos dos veces al día.
3. No recibir visitas en el apartamento después de las 10 de la noche.
4. No traer mascotas.
5. Sacar la basura todos los días.
6. No encender las luces antes de las 8 de la noche.

Practice more at **vhlcentral.com**.

Comunicación

4 **De niño** En parejas, háganse estas preguntas sobre su niñez. Después, añadan información adicional usando un verbo distinto en el pretérito imperfecto del subjuntivo.

Modelo —¿Esperabas que tus padres te compraran videojuegos?
—Sí, y también esperaba que me dieran más independencia./
No, pero esperaba que me llevaran al cine todos los sábados.

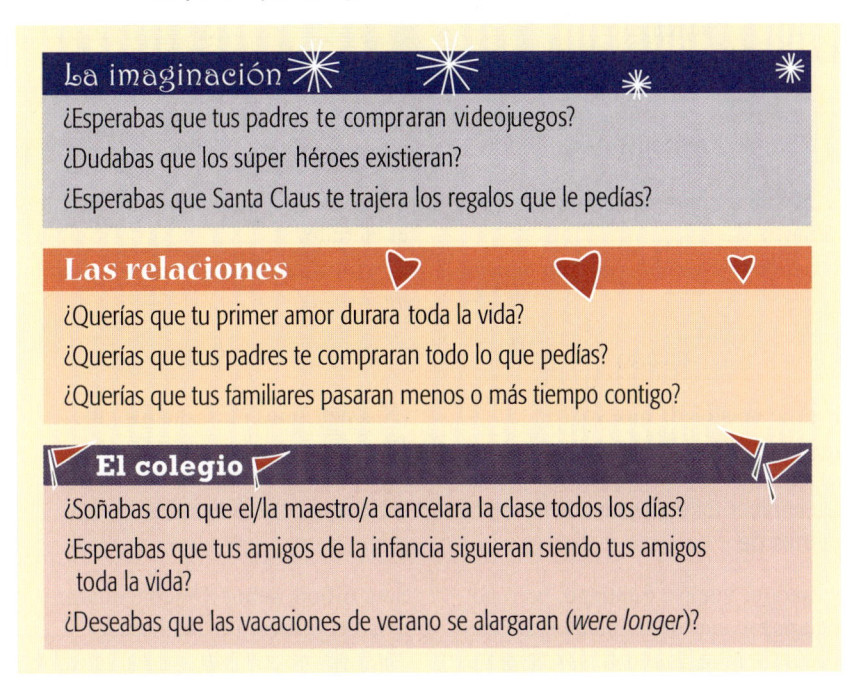

La imaginación
¿Esperabas que tus padres te compraran videojuegos?
¿Dudabas que los súper héroes existieran?
¿Esperabas que Santa Claus te trajera los regalos que le pedías?

Las relaciones
¿Querías que tu primer amor durara toda la vida?
¿Querías que tus padres te compraran todo lo que pedías?
¿Querías que tus familiares pasaran menos o más tiempo contigo?

El colegio
¿Soñabas con que el/la maestro/a cancelara la clase todos los días?
¿Esperabas que tus amigos de la infancia siguieran siendo tus amigos toda la vida?
¿Deseabas que las vacaciones de verano se alargaran (*were longer*)?

5 **¿Qué sucedió?** En parejas, preparen una conversación inspirada en esta situación utilizando el pretérito imperfecto del subjuntivo. Después, represéntenla ante la clase.

Rosaura y Orlando fueron de viaje a Chile el año pasado. Rosaura se enojó con Orlando porque él se quedó en el hotel y no quiso acompañarla a esquiar. A ella le encanta el esquí, pero a él no. Ahora están planeando otras vacaciones y discuten sobre lo que pasó durante las últimas.

Modelo **ROSAURA** Quería que tú me acompañaras.
ORLANDO Era importante que tú entendieras mis gustos.

ESTRUCTURAS

6.3 Comparatives and superlatives

Comparisons of inequality

- With adjectives, adverbs, nouns, and verbs, use these constructions to make comparisons of inequality (*more than/less than*).

$$\text{más/menos} + \begin{bmatrix} \text{adjective} \\ \text{adverb} \\ \text{noun} \end{bmatrix} + \text{que} \qquad \boxed{\text{verb}} + \text{más/menos que}$$

Adjective

Sus creencias son **menos liberales que** las mías.
His beliefs are less liberal than mine.

Noun

El presidente tenía **menos poder que** el ejército.
The president had less power than the army.

Adverb

¡Llegaste **más tarde que** yo!
You arrived later than I did!

Verb

¡Nos peleamos **más que** los niños!
We fight more than the kids do!

- Before a number (or equivalent expression), *more/less than* is expressed with **más/menos de**.

Necesito un vuelo a Santiago, pero no puedo pagar **más de** quinientos dólares.
I need a flight to Santiago, but I can't pay more than five hundred dollars.

Será difícil, señor. Déjeme buscar y le aviso en **menos de** una hora.
That will be difficult, sir. Let me look, and I'll let you know in less than an hour.

Comparisons of equality

- The following constructions are used to make comparisons of equality (*as...as*).

$$\text{tan} + \begin{bmatrix} \text{adjective} \\ \text{adverb} \end{bmatrix} + \text{como} \qquad \text{tanto/a(s)} + \begin{bmatrix} \text{singular noun} \\ \text{plural noun} \end{bmatrix} + \text{como}$$

$$\boxed{\text{verb}} + \text{tanto como}$$

Adjective

El debate de anoche fue **tan aburrido como** el de la semana pasada.
Last night's debate was as boring as last week's.

Noun

La señora Pacheco habló con **tanta convicción como** el señor Quesada.
Mrs. Pacheco spoke with as much conviction as Mr. Quesada.

Adverb

Nosotros discutimos **tan intensamente como** los candidatos.
We argued as intensely as the candidates.

Verb

Ambos candidatos son insoportables. Ella **miente tanto como** él.
Both candidates are unbearable. She lies as much as he does.

TALLER DE CONSULTA

The use of diminutives and augmentatives is common in comparative and superlative statements. See **Manual de gramática, 6.5, p. 258**.

¡ATENCIÓN!

Tan and tanto can also be used for emphasis, rather than to compare.

tan *so*

tanto *so much*

tantos/as *so many*

¡Tus ideas son tan anticuadas!
Your ideas are so outdated!

¿Por qué te enojas tanto?
Why do you get so angry?

Lo hemos hablado tantas veces y nunca logro convencerte.
We've talked about it so many times, and I never manage to convince you.

ESTRUCTURAS

Superlatives

- Use this construction to form superlatives (**superlativos**). The noun is preceded by a definite article, and **de** is the equivalent of *in*, *on*, or *of*.

el/la/los/las + [*noun*] + **más/menos** + [*adjective*] + **de**

Ésta es **la playa más bonita de** la costa chilena.
This is the prettiest beach on the coast of Chile.

Es **el hotel menos caro del** pueblo.
It is the least expensive hotel in town.

- The noun may also be omitted from a superlative construction.

Me gustaría comer en **el** restaurante **más elegante del** barrio.
I would like to eat at the most elegant restaurant in the neighborhood.

Las Dos Palmas es **el más elegante de** la ciudad.
Las Dos Palmas is the most elegant one in the city.

Irregular comparatives and superlatives

Adjective	Comparative form	Superlative form
bueno/a good	**mejor** better	**el/la mejor** best
malo/a bad	**peor** worse	**el/la peor** worst
grande big	**mayor** bigger	**el/la mayor** biggest
pequeño/a small	**menor** smaller	**el/la menor** smallest
viejo/a old	**mayor** older	**el/la mayor** oldest
joven young	**menor** younger	**el/la menor** youngest

- When **grande** and **pequeño** refer to size and not age or quality, the regular comparative and superlative forms are used.

Ernesto es **más pequeño** que yo.   Ese edificio es **el más grande** de todos.
Ernesto is smaller than I am.   *That building is the biggest one of all.*

- When **mayor** and **menor** refer to age, they follow the noun they modify. When they refer to quality, they precede the noun.

Lucía es mi hermana **menor**.   La corrupción es el **menor** problema del candidato.
Lucía is my younger sister.   *Corruption is the least of the candidate's problems.*

- The adverbs **bien** and **mal** also have irregular comparatives.

bien well	**mejor** better
mal badly	**peor** worse

Ayúdame, que **tú** lo haces **mejor que yo**.
Give me a hand; you do it better than I do.

¡ATENCIÓN!

Absolute superlatives
The suffix **–ísimo/a** is added to adjectives and adverbs to form the *absolute superlative*.

This form is the equivalent of *extremely* or *very* before an adjective or adverb in English.

malo → **malísimo**

mucha → **muchísima**

rápidos → **rapidísimos**

fáciles → **facilísimas**

Adjectives and adverbs with stems ending in **c**, **g**, or **z** change spelling to **qu**, **gu**, and **c** in the absolute superlative.

rico → **riquísimo**

larga → **larguísima**

feliz → **felicísimo**

Adjectives that end in **–n** or **–r** form the absolute by adding **–císimo/a**.

joven → **jovencísimo**

trabajador → **trabajadorcísimo**

ESTRUCTURAS

Práctica

1 **El mejor** Marta y Roberto son de diferentes partidos políticos. Completa su diálogo utilizando las palabras de la lista.

| como | más | mejor | peor |
| malísimo | mayor | muchísimos | que |

ROBERTO Mi candidato está tan preparado para ser presidente de este país (1) _____ el tuyo. Estudió en la (2) _____ universidad del país y ha sido uno de los abogados (3) _____ reconocidos de los últimos cinco años. Además, habla (4) _____ idiomas.

MARTA ¡Sólo habla español! Mi hermana (5) _____ trabaja en la oficina de tu candidato y dice que es el (6) _____ abogado de la ciudad.

ROBERTO No te creo. Es verdad que no ha tenido mucha suerte últimamente, pero ha perdido menos casos (7) _____ tu candidato, que es un abogado (8) _____.

2 **Oraciones**

A. Escribe oraciones con superlativos usando la información del cuadro.

Modelo *Harry Potter* es el libro más popular del siglo.

Harry Potter	libro	popular
Sofía Vergara	banda	famosa
La Antártida	jugador	joven
Taylor Swift	continente	frío
El Nilo	cantante	rico
Disneylandia	actriz	largo
Chris Paul	montaña	importante
Los hermanos Jonas	río	alta
El monte Everest	país	feliz
China	lugar	poblado

B. Ahora, vuelve a escribir oraciones, pero esta vez usa comparativos.

Modelo *Harry Potter* es más popular que *El señor de los anillos*.

Practice more at vhlcentral.com.

Comunicación

3 Cita Anoche tuviste una cita a ciegas (*blind date*). En parejas, hablen sobre la cita usando comparativos y superlativos. Utilicen las palabras de la lista.

Modelo   La cita de anoche fue la peor de mi vida porque fue aburrida.

carne	conversación	pelo
carro	ensalada	restaurante
chistes	película	ropa

4 ¿Punta Arenas o Miami? Néstor y Ofelia están planeando unas vacaciones. Néstor quiere ir a Miami, pero Ofelia prefiere visitar Punta Arenas.

A. En parejas, decidan qué frases de la lista corresponden a cada lugar y completen la tabla.

1. Hacer un crucero por la Antártida
2. Hacer un crucero por el Caribe
3. Hace mucho calor
4. Hace mucho frío
5. Ir a la playa con pantalones cortos y camiseta
6. Ir a la playa con abrigo y guantes
7. Visitar la Plaza de Armas
8. Visitar la Pequeña Habana

Punta Arenas	Miami
Frases:	Frases:

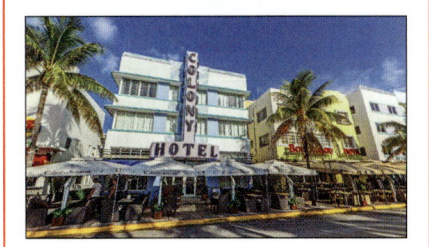

B. Ahora, dramaticen un diálogo entre Néstor y Ofelia. Cada uno tiene que explicar las razones por las cuales prefiere ir a cada lugar. Utilicen comparativos y superlativos.

5 Debate presidencial En grupos de tres, imaginen un debate en el que dos de ustedes son candidatos/as presidenciales. La tercera persona es un(a) periodista que hace preguntas. Usen oraciones con comparativos y superlativos.

Nota CULTURAL

Punta Arenas es una ciudad en la **Patagonia** chilena, la zona más austral (*southern*) de **Suramérica**. La arquitectura del centro de la ciudad es similar a la de algunas ciudades europeas, y sus calles son amplias y arboladas. Alrededor de la **Plaza de Armas** hay edificios de gobierno, mansiones y jardines poblados de inmensas araucarias (*Chilean pines*).

Síntesis

¡Luchemos unidos contra la corrupción!

Porque Temuco lo merece...
Vote por Marcelo Rojas para gobernador
Partido Conservador

**Para que haya más trabajo en Temuco
Vote por Patricia Salazar para gobernar con decisión
Partido Liberal**

Para una sociedad más justa
Antonio Morales es la solución.
Por un Temuco mejor...
Vote Partido Ecologista

Por un Temuco que progresa
Celeste Ortega es tu mejor opción.
Para encaminarnos a un futuro mejor
vota por el **Partido Avance Democrático**

1 Entrevista En la ciudad chilena de Temuco hay elecciones para elegir alcalde. Aquí tienen algunos carteles publicitarios de cuatro partidos políticos imaginarios. En parejas, seleccionen uno de ellos y escriban una entrevista al/a la candidato/a realizada por un(a) periodista local. Deben usar oraciones adverbiales con subjuntivo y las conjunciones que aprendieron en esta lección.

2 Pedidos Los políticos reciben muchos pedidos durante sus campañas electorales. En grupos pequeños, imaginen que tuvieron una audiencia con uno de los candidatos para alcalde. Describan cinco cosas que le pidieron. Deben usar el pretérito imperfecto del subjuntivo.

    Modelo Le pedimos que bajara los impuestos.

3 Sistema electoral Usando oraciones con comparativos y superlativos, escriban su opinión sobre el sistema electoral. ¿Les gusta? ¿Creen que es justo? ¿Cambiarían algo? ¿Por qué? Después compartan con la clase sus opiniones en un debate abierto.

Preparación

Vocabulario de la lectura

derrocar *to overthrow*
derrotar *to defeat*
la ejecución *execution*
ejercer (el poder) *to exercise/exert (power)*
fortalecer *to strengthen*
el fracaso *failure*
la fuerza *force*
el golpe de estado *coup d'état*
la huelga *strike*
el informe *report*
el orgullo *pride*
el secuestro *kidnapping*
la trampa *trap*

Vocabulario útil

encabezar *to lead*
el juicio *trial*
la ley *law*
promulgar *to enact (a law)*
rescatado/a *rescued*
tener derecho a *to have the right to*

1 Palabras
Elige la palabra de la lista que corresponde a cada descripción.

derrotar	informe
fortalecer	ley
fracaso	orgullo
fuerza	secuestro
huelga	trampa

_____ 1. regla o norma
_____ 2. poder, fortaleza, vigor
_____ 3. acción de retener a una persona y no dejarla libre
_____ 4. opuesto de éxito
_____ 5. vencer, ganar
_____ 6. exposición oral o texto que describe la situación de algo
_____ 7. forma de protesta en la que se decide no trabajar
_____ 8. hacer que algo o alguien sea más fuerte

2 Contextos
Escribe cinco oraciones con palabras del vocabulario de la lectura, diferentes de las utilizadas en la actividad 1.

3 Los gobiernos
En parejas, contesten las preguntas y expliquen sus respuestas.

1. ¿Cuáles formas de gobierno conocen?
2. ¿En qué se diferencian las formas de gobierno que conocen?
3. ¿Qué tipo de gobierno tiene su país?
4. ¿De qué beneficios disfrutan gracias al tipo de gobierno de su país? ¿Qué desventajas tiene?
5. ¿Cómo participan en la vida política de su país?

El valor de las ideas

CULTURA

Chile: dictadura y democracia

CULTURA

Cultura en pantalla
Explora **vhlcentral.com** y mira el videoclip sobre **Chile y la Operación Cóndor**.

Audio: Reading

El 11 de septiembre de 1973, Chile, considerado por décadas como uno de los países de mayor tradición democrática de Hispanoamérica, sufrió un golpe militar liderado por Augusto Pinochet. El golpe derrocó al presidente socialista Salvador Allende. El gobierno, que caía por la fuerza, había durado tan sólo tres años. Este breve período se había visto marcado por grandes dificultades económicas, huelgas y violencia en las calles. La oposición, con la ayuda de los servicios secretos estadounidenses, había impuesto grandes obstáculos a la economía chilena para desequilibrarla.

Esta crisis social e institucional culminó con el golpe de estado. Desde ese día, el general Augusto Pinochet ejerció el poder de forma dictatorial. La prioridad de su gobierno fue eliminar a la oposición tomando como primera medida° la eliminación de todos los partidos políticos. Este objetivo no sólo se persiguió° con las leyes, sino también de manera arbitraria, ya que se violaron sistemáticamente los derechos humanos. Miembros de partidos políticos y sindicatos fueron detenidos y llevados a centros preparados para la tortura. De muchos de ellos no se supo nunca nada; de otros, se tiene la certeza° de que fueron ejecutados°.

El gobierno militar estableció una política económica neoliberal que mejoró la economía chilena, redujo con éxito la inflación y aumentó la producción. Este éxito económico ha sido en muchas ocasiones la tarjeta de presentación° de la dictadura de Pinochet. Sus críticos, sin embargo, afirman que estas medidas económicas aumentaron las desigualdades sociales porque privilegiaban a los más ricos.

Confiado° en su victoria, el general se presentó como candidato presidencial en un plebiscito° que él mismo propuso. Éste se celebró en 1988 y, para sorpresa de muchos, fue derrotado. Pinochet había caído en su propia trampa y su fracaso abrió las puertas a elecciones libres al año siguiente, las primeras en casi veinte años. Augusto Pinochet salió del poder en 1990. A partir de esa fecha, Chile empezó el proceso de transición democrática.

Hoy, la sociedad chilena sigue dividida a la hora de juzgar los años de dictadura. Una parte de la población ve a Pinochet, quien murió el 10 de diciembre de 2006, como un cruel dictador que impuso un estado dictatorial manchado por la sangre° de sus enemigos políticos. Otros ven en él a un héroe que intervino en la historia del país para salvarlo del comunismo. Hasta hace poco, todavía algunos negaban la existencia de los secuestros y las ejecuciones denunciados° por los familiares de los desaparecidos. La búsqueda de pruebas° y la publicación de informes han confirmado la ocurrencia de estos crímenes.

Uno de ellos, el informe Valech (conocido oficialmente como Informe de la Comisión Nacional sobre Prisión Política y Tortura), fue publicado el 29 de noviembre de 2004. Su misión era ofrecer un reconocimiento público y oficial de los abusos a los derechos humanos cometidos por el gobierno militar de Augusto Pinochet en Chile entre 1973 y 1990. El presidente chileno Ricardo Lagos, electo en el año 2000, formó una comisión para ello. Con el testimonio de más de treinta y cinco mil personas, se constataron° los crímenes y se ofreció compensación económica y cobertura sanitaria° a las víctimas de la represión militar.

En un día histórico de enero de 2005, el ejército chileno aceptó su responsabilidad institucional en los abusos del pasado. En palabras del expresidente Lagos, la mirada a la historia reciente ha servido para fortalecer la convivencia° y la unidad de todos los chilenos, que ya pueden mirar con orgullo hacia un futuro mejor. ■

*Fotos p. 192: izq. **Salvador Allende**; der. **Augusto Pinochet***

° measure
° was pursued
° certainty
° executed
° calling card
° Confident
° referendum
° stained by the blood
° reported
° proof
° verified
° health coverage
° coexistence

El valor de las ideas   227

CULTURA

Análisis

1 Comprensión Contesta las preguntas con oraciones completas.
1. ¿Qué sucedió con el gobierno de Salvador Allende?
2. ¿Qué ocurrió con la economía chilena durante el gobierno de Allende?
3. ¿Qué tipo de gobierno estableció Pinochet?
4. ¿Qué prioridad tuvo el gobierno de Pinochet? ¿Cómo consiguió este objetivo?
5. ¿Qué ocurrió en el plebiscito de 1988? ¿Cuáles fueron las consecuencias?
6. ¿Qué piensan hoy los chilenos sobre el gobierno de Pinochet?
7. ¿Cuál fue el propósito del informe Valech?
8. ¿Qué ocurrió en enero de 2005?

2 Responsables En parejas, lean este fragmento con pasajes extraídos del artículo y contesten las preguntas.

> Hoy, la sociedad chilena sigue dividida. Una parte de la población ve a Pinochet como un cruel dictador. Otros ven en él a un héroe. Hasta hace poco, todavía algunos negaban la existencia de secuestros y ejecuciones.

- ¿Recuerdan alguna situación de opinión dividida del público en su país? ¿Cuál?
- ¿Quiénes son/fueron los protagonistas?
- ¿Cuáles son/fueron las circunstancias?
- ¿En qué se parece/parecía la situación a lo descrito en el pasaje?
- ¿En qué se diferencia/diferenciaba?

3 Completar En parejas, completen las oraciones con sus opiniones.
1. Un buen líder es una persona que...
2. El gobierno de cada país debe garantizar...
3. El abuso de poder en el gobierno ocurre cuando...
4. El abuso de poder también ocurre en la vida cuando...
5. Las leyes y los derechos nos ayudan a...

4 El juicio En grupos de tres, elijan uno de los casos y preparen un pequeño juicio. Uno/a de ustedes hará el papel de juez(a) y los demás representarán las posturas opuestas para cada tema. El/La juez(a) hará preguntas y al final dará su veredicto.

- Licencias de conducir a los 15 años de edad
- No fumar en lugares públicos
- Conscripción (*draft*) en tiempos de guerra

Practice more at vhlcentral.com.

Preparación

Sobre el autor

Eduardo Galeano (1940–2015) fue un escritor uruguayo apasionado por la idea de la libertad. Su vida estuvo marcada por la persecución política e ideológica, que le obligó a abandonar su país. Su obra más conocida, *Las venas abiertas de América Latina* (1971), fue prohibida por todas las dictaduras militares de América Latina. El relato "Pájaros prohibidos" está integrado en la colección *Memoria del fuego* (1982–1986), una trilogía que narra la historia de Hispanoamérica desde sus primeros pobladores hasta la actualidad, y corresponde al tercer tomo (*El siglo del viento*), dedicado al siglo XX.

Vocabulario de la lectura	
a escondidas	*secretly*
el/la bobo/a	*fool*
la cárcel	*prison*
el/la censor(a)	*censor*
las copas de los árboles	*treetops*
elogiar	*to praise*
embarazada	*pregnant*
la entrada	*entrance*
hacer callar (a alguien)	*to silence (someone)*
pasar	*to get through*
silbar	*to whistle*

Vocabulario útil	
la huida	*escape*
a hurtadillas	*sneak in*
la manera	*way*
la rebeldía	*rebelliousness*
la reja	*iron bar*

1. Vocabulario Completa las oraciones con palabras del vocabulario.
1. Ana y yo nos encontramos en _____ del teatro anoche.
2. En esta foto aparece mi madre cuando estaba _____ de cinco meses.
3. En la aduana no me dejaron _____ unas frutas que traía de Chile.
4. Envidio a la gente que sabe _____, yo sólo consigo soplar aire.
5. ¡No seas _____ y ven con nosotros! ¡Te vas a divertir mucho!
6. El _____ eliminó las escenas más violentas de la película.
7. Un buen supervisor siempre sabe _____ el trabajo bien hecho.
8. Los gobiernos tiránicos _____ a la prensa con amenazas.

2. Responder En parejas, discutan sobre los temas planteados en las preguntas.
1. ¿Qué significa para ustedes ser libre?
2. ¿Qué rol tiene la imaginación en su vida diaria?
3. ¿Crees que todo acto de libertad está ligado a la rebeldía? ¿Por qué?
4. ¿Qué personaje, real o ficticio, representa mejor para ustedes la idea de la libertad?

3. Preparación En grupos de tres, discutan sobre el título del cuento: *Pájaros prohibidos*. ¿De qué creen que va a tratar la historia?

El valor de las ideas

LITERATURA

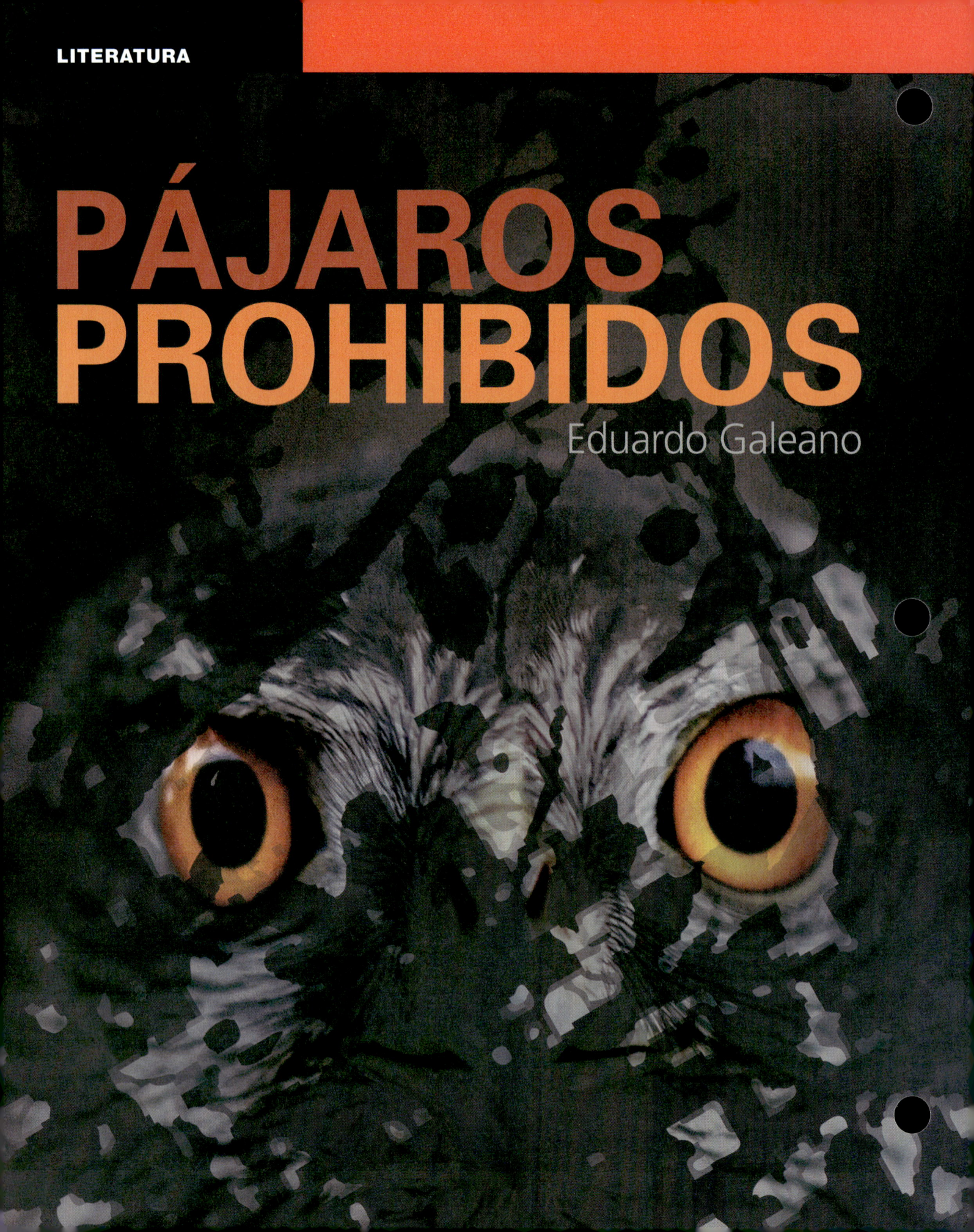

PÁJAROS PROHIBIDOS

Eduardo Galeano

Los presos políticos uruguayos no pueden hablar sin permiso, silbar, sonreír, cantar, caminar rápido ni saludar a otro preso. Tampoco pueden dibujar ni recibir dibujos de mujeres embarazadas, parejas, mariposas°, estrellas ni pájaros.

butterflies

Didaskó Pérez, maestro de escuela, torturado y preso por tener ideas ideológicas, recibe un domingo la visita de su hija Milay, de cinco años. La hija le trae un dibujo de pájaros. Los censores se lo rompen a la entrada de la cárcel.

«¿No ves que son ojos?»

Al domingo siguiente, Milay le trae un dibujo de árboles. Los árboles no están prohibidos, y el dibujo pasa. Didaskó le elogia la obra y le pregunta por los circulitos de colores que aparecen en las copas de los árboles, muchos pequeños círculos entre las ramas°:

branches

—¿Son naranjas? ¿Qué frutas son?

La niña lo hace callar:

—Ssshhh.

Y en secreto le explica:

—Bobo. ¿No ves que son ojos? Los ojos de los pájaros que te traje a escondidas.

El valor de las ideas

LITERATURA

Análisis

1 Comprensión Indica si estas oraciones son ciertas o falsas. Corrige las falsas.

1. En Uruguay varias personas están en la cárcel debido a causas políticas.
2. Didaskó Pérez es un censor del gobierno.
3. Los censores permiten los dibujos de pájaros, pero prohíben los dibujos de árboles.
4. El padre de la niña es un preso político.
5. Cuando los censores consideran que un dibujo no es apropiado, lo rompen.
6. Milay le dice a su padre que, si se fija bien en el dibujo, verá alas de pájaros.

2 Interpretar En parejas, contesten las preguntas.

1. Los censores prohibían dibujos de mujeres embarazadas, parejas, mariposas, estrellas y pájaros. ¿Qué creen que tienen estos dibujos en común?
2. ¿A qué se refiere el autor con "ideas ideológicas"? ¿Qué otra expresión podría haber utilizado?
3. ¿Por qué creen que los pájaros representan una amenaza para los censores, pero los árboles no?
4. ¿Por qué insiste Milay en llevarle a su padre un dibujo de pájaros?

3 La opresión En parejas, lean estas citas sobre la libertad y escriban por qué están o no de acuerdo. Luego, comenten qué relación hay entre las oraciones y el cuento.

> "La libertad es una sensación. A veces puede alcanzarse encerrado en una jaula, como un pájaro". Camilo José Cela

> "Es mejor morir de pie que vivir de rodillas". Emiliano Zapata

> "Las cadenas se rompen con ideas, no con martillos". Anónimo

4 Escribir Imagina que eres director de *El Heraldo*, un periódico local, y recibes un mensaje de un lector que denuncia que una fábrica de tu comunidad ha vertido (*poured*) agua contaminada en un río. Sin embargo, la fábrica es de un cliente importante del periódico y sería problemático denunciarla. Escribe una carta al lector explicándole tu decisión de publicar o no publicar su denuncia.

Plan de redacción

Escribir una carta a un lector de tu periódico

1. **Tu posición** Establece cuál será tu posición: ¿publicarás la denuncia a pesar de las posibles consecuencias o renunciarás a hacerlo?
2. **Argumentación** Escribe una lista de los argumentos que justifiquen tu decisión como director de *El Heraldo*.
3. **Conclusión** Termina tu carta con un enunciado que resuma tu posición.

Practice more at vhlcentral.com.

VOCABULARIO

Creencias e ideologías

Las leyes y los derechos

los derechos humanos human rights
la desobediencia civil civil disobedience
la (des)igualdad (in)equality
el/la juez(a) judge
la (in)justicia (in)justice
la libertad freedom
la lucha struggle, fight
el tribunal court

abusar to abuse
aprobar (o:ue) una ley to pass a law
convocar to summon
defender (e:ie) to defend
derogar to abolish, to repeal
encarcelar to imprison
juzgar to judge

analfabeto/a illiterate
(des)igual (un)equal
(in)justo/a (un)fair
oprimido/a oppressed

La política

el abuso abuse
la armada navy
la bandera flag
la creencia belief
la crueldad cruelty
la democracia democracy
la dictadura dictatorship
el ejército army
el gobierno government
la guerra (civil) (civil) war
el partido político political party
la paz peace
el poder power
la política politics
las relaciones exteriores foreign relations
la victoria victory

dedicarse a to devote oneself to
elegir (e:i) to elect
ganar/perder (e:ie) las elecciones to win/lose an election
gobernar (e:ie) to govern
influir to influence
votar to vote

conservador(a) conservative
liberal liberal
pacífico/a peaceful
pacifista pacifist

Gente

el/la abogado/a lawyer
el/la activista activist
el/la ladrón/ladrona thief
el/la manifestante demonstrator
el/la político/a politician
el/la presidente/a president
el/la terrorista terrorist
la víctima victim

La seguridad y la amenaza

la amenaza threat
el arma (f.) weapon
el escándalo scandal
la (in)seguridad (in)security; (lack of) safety
el temor fear
el terrorismo terrorism
la violencia violence

chantajear to blackmail
destrozar to destroy, to ruin
espiar to spy
huir to flee
pelear to fight, to quarrel
secuestrar to kidnap, to hijack

Cortometraje

el/la alumno/a pupil, student
la autoridad authority
el/la chaval(a) kid, youngster
la confianza trust
la doble moral double standard
la hipocresía hypocrisy
el instituto high school
el pañuelo headscarf
el rato a while
la regla rule

ceder to give up
confiar to trust
disentir to dissent, to disagree
pegar to hit

laico/a secular, lay
musulmán/musulmana Muslim
raro/a weird

Cultura

la ejecución execution
el fracaso failure
la fuerza force
el golpe de estado coup d'état
la huelga strike
el informe report
el juicio trial
la ley law
el orgullo pride
el secuestro kidnapping
la trampa trap

derrocar to overthrow
derrotar to defeat
ejercer (el poder) to exercise/exert (power)
encabezar to lead
fortalecer to strengthen
promulgar to enact (a law)
tener derecho a to have the right to

rescatado/a rescued

Literatura

a escondidas secretly
a hurtadillas sneak in
el/la bobo/a fool
la cárcel prison
el/la censor(a) censor
las copas de los árboles treetops
la entrada entrance
la huida escape
la manera way
la rebeldía rebelliousness
la reja iron bar

elogiar to praise
hacer callar (a alguien) to silence (someone)
pasar to get through
silbar to whistle

embarazada pregnant

El valor de las ideas

REFERENCE

Manual de gramática
páginas 235–289

Verb conjugation tables
páginas 290–300

Vocabulary
Español-Inglés
páginas 301–321
English-Spanish
páginas 322–342

Index
páginas 343–344

Credits
páginas 345–346

MANUAL de GRAMÁTICA

Supplementary Grammar Coverage for SUEÑA

MANUAL DE GRAMÁTICA

The **Manual de gramática** is an invaluable tool for both instructors and students of intermediate Spanish. It contains additional grammar concepts not covered within the core lessons of **SUEÑA**, as well as practice activities. For each lesson in **SUEÑA**, up to two additional grammar topics are offered with corresponding practice. Additional topics and more advanced grammar are also provided.

These concepts are correlated to the grammar points in **Estructuras** by means of the **Taller de consulta** sidebars, which provide the exact page numbers where additional concepts are taught or reviewed in the **Manual**.

This special supplement allows for great flexibility in planning and tailoring your course to suit the needs of whole classes and/or individual students. It also serves as a useful and convenient reference tool for students who wish to review previously-learned material.

MANUAL DE GRAMÁTICA

Contenido

Lección 1
1.4 Nouns and articles **238**
1.5 Adjectives **240**

Lección 2
2.4 Progressive forms **242**
2.5 Telling time **244**

Lección 3
3.4 Possessive adjectives and pronouns **246**
3.5 Demonstrative adjectives and pronouns **248**

Lección 4
4.4 *To become:* **hacerse, ponerse, volverse,** and **llegar a ser** **250**

Lección 5
5.4 Qué vs. **cuál** **252**
5.5 The neuter **lo** **254**

Lección 6
6.4 Adverbs **256**
6.5 Diminutives and augmentatives **258**

Estructuras adicionales
The present perfect 260
The present perfect subjunctive 264
The past perfect 266
The passive voice 268
Uses of **se** 270
Si clauses 274
Time expressions with **hacer** 278
Transitional expressions 280
Pero vs. **sino** 282
Past participles used as adjectives 284
Prepositions: **a, hacia,** and **con** 286
Prepositions: **de, desde, en, entre, hasta,** and **sin** 288

237

MANUAL DE GRAMÁTICA

1.4 Nouns and articles

Nouns

- In Spanish, nouns (**sustantivos**) ending in **–o, –or, –l, –s,** and **–ma** are usually masculine, and nouns ending in **–a, –ora, –ión, –d,** and **–z** are usually feminine.

Masculine nouns	Feminine nouns
el amigo, el cuaderno	la amiga, la palabra
el escritor, el color	la escritora, la computadora
el control, el papel	la relación, la ilusión
el autobús, el paraguas	la amistad, la fidelidad
el problema, el tema	la luz, la paz

- Most nouns form the plural by adding **–s** to nouns ending in a vowel, and **–es** to nouns ending in a consonant. Nouns that end in **–z** change to **–c** before adding **–es**.

  el hombre → los hombres   la mujer → las mujeres
  la novia → las novias   el lápiz → los lápices

- If a singular noun ends in a stressed vowel, the plural form ends in **–es**. If the last syllable of a singular noun ending in **–s** is unstressed, the plural form does not change.

  el tabú → los tabúes   el lunes → los lunes
  el israelí → los israelíes   la crisis → las crisis

Articles

- Spanish definite and indefinite articles (**artículos definidos e indefinidos**) agree in gender and number with the nouns they modify.

	Definite articles		Indefinite articles	
	singular	plural	singular	plural
MASCULINE	el compañero	los compañeros	un compañero	unos compañeros
FEMININE	la compañera	las compañeras	una compañera	unas compañeras

- In Spanish, when an abstract noun is the subject of a sentence, a definite article is always used.

  El amor es eterno.   but   Para ser modelo, necesitas belleza y altura.
  Love is eternal.   *In order to be a model, you need beauty and height.*

- An indefinite article is not used before nouns that indicate profession or place of origin unless the noun is followed by an adjective.

  Juan García es profesor.   Juan García es **un** profesor excelente.
  Juan García is a professor.   *Juan García is an excellent professor.*

  Ana María es neoyorquina.   Ana María es **una** neoyorquina orgullosa.
  Ana María is a New Yorker.   *Ana María is a proud New Yorker.*

¡ATENCIÓN!

Some nouns may be either masculine or feminine, depending on whether they refer to a male or a female.

el/la artista *artist*
el/la estudiante *student*

Occasionally, the masculine and feminine forms have different meanings.

el capital *capital (money)*
la capital *capital (city)*

¡ATENCIÓN!

Accent marks are sometimes dropped or added to maintain the stress in the singular and plural forms.

canción → canciones
autobús → autobuses

margen → márgenes
imagen → imágenes

¡ATENCIÓN!

The prepositions **de** and **a** contract with the article **el**.

de + el = del

a + el = al

¡ATENCIÓN!

Singular feminine nouns that begin with a stressed **a** take **el**; adjectives remain in the feminine.

el alma gemela →
las almas gemelas

el área vigilada →
las áreas vigiladas

MANUAL DE GRAMÁTICA

Práctica

1 **Cambiar** Escribe en plural las palabras que están en singular y viceversa.

1. la compañera _____
2. unos amigos _____
3. el novio _____
4. una crisis _____
5. unas parejas _____
6. un corazón _____
7. las amistades _____
8. el tabú _____

2 **Un chiste** Completa el chiste con los artículos apropiados. Recuerda que en algunos casos no debes usar ningún artículo.

(1) ____ pareja se va a casar. Él tiene 90 años. Ella tiene 85. Entran en (2) ____ farmacia y (3) ____ novio le pregunta al farmacéutico (*pharmacist*):

—¿Tiene (4) ____ remedios para (5) ____ corazón?

—Sí —contesta (6) ____ farmacéutico.

—¿Tiene (7) ____ remedios para (8) ____ presión y (9) ____ colesterol?

—Sí, también —contesta nuevamente (10) ____ farmacéutico.

—¿Y (11) ____ remedios para (12) ____ artritis y (13) ____ reumatismo?

—Sí. Ésta es (14) ____ farmacia muy completa. Tenemos de todo.

Entonces (15) ____ novio mira a (16) ____ novia y le dice:

—Querida, ¿qué te parece si hacemos (17) ____ lista de regalos de bodas aquí?

3 **La cita** Completa el párrafo con la forma correcta de los artículos definidos e indefinidos.

Ayer tuve (1) ____ cita con Leonardo. Fuimos a (2) ____ restaurante muy romántico que está junto a (3) ____ bonito lago. Desde nuestra mesa, podíamos ver (4) ____ lago y (5) ____ barcos que navegaban por allí. Comimos (6) ____ platos muy originales. (7) ____ pescado que yo pedí estaba delicioso. Nos divertimos mucho, pero al salir tuvimos (8) ____ problema. Una de (9) ____ ruedas (*tires*) del coche estaba pinchada (*flat*). (10) ____ próxima semana tendremos nuestra segunda cita.

4 **Escribir** Escribe oraciones completas con las siguientes palabras; utiliza los artículos definidos e indefinidos que correspondan y haz los cambios necesarios.

Modelo Elisa – ser – buena periodista
Elisa es una buena periodista.

1. mi madre – decir – amor – ser – eterno
2. ayer – astrólogo – predecir – desgracia
3. lunes pasado – comprar – flores – tía Juanita
4. capital – Venezuela – ser – Caracas
5. personas optimistas – soñar – mundo mejor
6. Rodrigo – ser – alma – fiesta

Manual de gramática 239

MANUAL DE GRAMÁTICA

1.5 Adjectives

- Spanish adjectives (**adjetivos**) agree in gender and number with the nouns they modify. Most adjectives ending in **–e** or a consonant have the same masculine and feminine forms.

Adjectives

	singular	plural	singular	plural	singular	plural
MASCULINE	roj**o**	roj**os**	inteligent**e**	inteligent**es**	difícil	dificil**es**
FEMININE	roj**a**	roj**as**	inteligent**e**	inteligent**es**	difícil	dificil**es**

¡ATENCIÓN!

Adjectives ending in **–án, –ín, –ón,** and **–or,** like most others, vary in both gender and number.

dormilón → dormilona
dormilones → dormilonas

Adjectives ending in **–ior** and the comparatives **mayor, menor, mejor,** and **peor** do not vary in gender.

el **niño** mayor
la **niña** mayor

Adjectives indicating nationality vary in both gender and number (except those ending in **–a, –í,** and **–e,** which vary only in number).

español → española
españoles → españolas

marroquí → marroquí
marroquíes → marroquíes

- Descriptive adjectives generally follow the noun they modify. If a single adjective modifies more than one noun, the plural form is used. If at least one of the nouns is masculine, then the adjective is masculine.

un libro **apasionante**
an enthralling book

las parejas **contentas**
the happy couples

un suegro y una suegra **maravillosos**
a wonderful father-in-law and mother-in-law

la literatura y la cultura **ecuatorianas**
Ecuadorean literature and culture

- A few adjectives have shortened forms when they precede a masculine singular noun.

bueno → buen   alguno → algún   primero → primer
malo → mal   ninguno → ningún tercero → tercer

- Some adjectives change their meaning depending on their position. When the adjective follows the noun, the meaning is more literal. When it precedes the noun, the meaning is more figurative.

	after the noun	before the noun
antiguo/a	el edificio **antiguo** *the ancient building*	mi **antiguo** novio *my old/former boyfriend*
cierto/a	una respuesta **cierta** *a correct answer*	una **cierta** actitud *a certain attitude*
grande	una ciudad **grande** *a big city*	un **gran** país *a great country*
mismo/a	el artículo **mismo** *the article itself*	el **mismo** problema *the same problem*
nuevo/a	un coche **nuevo** *a (brand) new car*	un **nuevo** profesor *a new/different professor*
pobre	los estudiantes **pobres** *the students who are poor*	los **pobres** estudiantes *the unfortunate students*
viejo/a	un libro **viejo** *an old book*	una **vieja** amiga *a long-time friend*

¡ATENCIÓN!

Before a singular noun, **grande** changes to **gran**.

un **gran** esfuerzo *a great effort*
una **gran** autora *a great author*

Lección 1

MANUAL DE GRAMÁTICA

Práctica

1 **Descripciones** Completa cada oración con la forma correcta de los adjetivos.

1. Mi mejor amiga es _____ (guapo) y muy _____ (gracioso).
2. Los novios de mis hermanas son _____ (alto) y _____ (moreno).
3. Javier es _____ (bueno) compañero, pero es bastante _____ (malhumorado).
4. Mi prima Susana es _____ (tranquilo), pero mi primo Luis es _____ (celoso).
5. No sé por qué Marcos y Rosario son tan _____ (inseguro) y _____ (tímido).
6. Sandra, mi vecina, es una _____ (grande) amiga, pero ayer tuvimos una _____ (terrible) discusión.

2 **La vida de Marina** Completa cada oración con los cuatro adjetivos.

1. Marina busca una compañera de cuarto _____
   (tranquilo, ordenado, honesto, puntual)
2. Se lleva bien con las personas _____
   (sincero, serio, alegre, trabajador)
3. Marina tiene unos padres _____
   (maduro, simpático, inteligente, conservador)
4. Quiere ver programas de televisión más _____
   (emocionante, divertido, dramático, didáctico)
5. Marina tiene un novio _____
   (irlandés, talentoso, nervioso, creativo)

Marina

3 **Correo sentimental** La revista *Ellas y ellos* tiene una sección de anuncios personales. Este anuncio recibió unas cien respuestas. Inserta la forma correcta de los adjetivos de la lista. Puedes utilizar el mismo adjetivo más de una vez.

| buen | gran | mal | ningún | tercer |
| bueno/a | grande | malo/a | ninguno/a | tercero/a |

Mi perrito y yo buscamos amor

Tengo cuarenta y tres años y estoy viudo desde hace tres años. Soy un (1) _____ hombre: tranquilo y trabajador. Me gustan las plantas y no tengo (2) _____ problema con mis vecinos. Cocino y plancho. Me gusta ir al cine y no me gusta el fútbol. Siempre estoy de (3) _____ humor. Vivo en un apartamento (4) _____, en el (5) _____ piso de un edificio en Montevideo. Sólo tengo un pequeño problema: mi perro. Algunos dicen que tiene (6) _____ carácter. Otros dicen que es un (7) _____ animal. Yo creo que él es (8) _____, pero se siente solo, como su dueño. Busco una señora viuda o soltera que también se sienta sola. ¡Si tiene una perrita, mejor!

Manual de gramática 241

MANUAL DE GRAMÁTICA

2.4 Progressive forms

- The present progressive (**el presente progresivo**) narrates an action in progress. It is formed with the present tense of **estar** and the present participle (**el gerundio**) of the main verb.

    Estoy sacando una foto.
    I am taking a photo.

    ¿Qué **estás comiendo**?
    What are you eating?

    Están recorriendo la ciudad.
    They are traveling around the city.

- The present participle of regular **–ar, –er,** and **–ir** verbs is formed as follows:

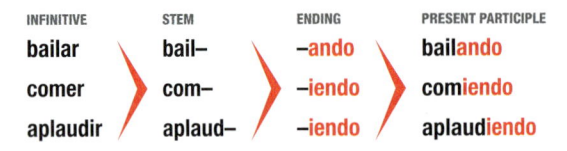

INFINITIVE	STEM	ENDING	PRESENT PARTICIPLE
bailar	bail–	–ando	bailando
comer	com–	–iendo	comiendo
aplaudir	aplaud–	–iendo	aplaudiendo

- **–Ir** verbs that change **o** to **u,** or **e** to **i** in the **Ud./él/ella** and **Uds./ellos/ellas** forms of the preterite have the same change in the present participle.

    p**e**dir → p**i**diendo   m**e**ntir → m**i**ntiendo   d**o**rmir → d**u**rmiendo

- When the stem of an **–er** or **–ir** verb ends in a vowel, the **–i–** of the present participle ending changes to **–y–**. The present participle of **ir** is **yendo**.

    l**e**er → le**y**endo   constr**ui**r → constru**y**endo   o**í**r → o**y**endo

- Other tenses have progressive forms as well, though they are used less frequently than the present progressive. These tenses emphasize that an action was/will be in progress at a particular moment in time.

    Estaba contestando la última pregunta cuando el profesor nos pidió los exámenes.
    I was in the middle of answering the last question when the professor asked for our exams.

    No vengas a las cuatro, todavía **estaremos trabajando**.
    Don't come at four; we will still be working.

    Luis cerró la puerta, pero su mamá le **siguió gritando**.
    Luis shut the door, but his mother kept right on shouting at him.

- Progressive tenses often use other verbs, especially ones that convey motion or continuity like **andar, continuar, ir, llevar, seguir,** and **venir,** in place of **estar**.

    anda diciendo *he goes around saying*
    continuarás trabajando *you'll continue working*
    van acostumbrándose *they're getting more and more used to*
    llevo un mes trabajando *I have been working for a month*
    siguieron hablando *they kept talking*
    venimos insistiendo *we've been insisting*

¡ATENCIÓN!

Progressive forms are used less frequently in Spanish than in English, and only when emphasizing that an action is in progress at the moment described. To refer to actions that occur over a period of time or in the near future, Spanish uses the present tense instead.

Estudia economía.
She is studying economics.

Llego mañana.
I'm arriving tomorrow.

MANUAL DE GRAMÁTICA

Práctica

1 **Una conversación telefónica** Daniel es nuevo en la ciudad y no sabe cómo llegar al estadio de fútbol. Decide llamar a su exnovia Alicia para que le explique cómo encontrarlo. Completa el diálogo con la forma correcta del gerundio.

ALICIA Hola, ¿quién habla?

DANIEL Hola, Alicia, soy Daniel; estoy buscando el estadio de fútbol y necesito que me ayudes... Llevo (1) _____ (caminar) más de media hora por el centro y sigo perdido.

ALICIA ¿Dónde estás?

DANIEL No estoy muy seguro, no encuentro el nombre de la calle. Pero estoy (2) _____ (ver) un centro comercial a mi izquierda y más allá parece que están (3) _____ (construir) un estadio de fútbol. (4) _____ (hablar) de fútbol, ¿dónde tengo mis boletos? ¡He perdido mis entradas!

ALICIA Madre mía, ¡sigues (5) _____ (ser) un desastre...! Algún día te va a pasar algo serio.

DANIEL Siempre andas (6) _____ (pensar) lo peor.

ALICIA Y tú siempre estás (7) _____ (olvidarse) de todo.

DANIEL Ya estamos (8) _____ (discutir) otra vez.

2 **Continuamos escribiendo** Vuelve a escribir las oraciones usando los verbos **andar, ir, llevar, continuar, seguir** o **venir**.

1. Mariela se burla de su hermano y siempre piensa que no le hace daño.

2. José estudia medicina desde hace diez años, y en los últimos meses sus padres le insisten en que se dedique a otra cosa.

3. Se acerca la hora de poner manos a la obra al proyecto, aunque aparezcan problemas todo el tiempo.

4. Mi prima siempre habla mal de todo el mundo y hace años que le digo que deje de hacerlo. De todas formas, ella cree que no tiene importancia.

5. Hace seis años que ese hombre visita el museo todas las tardes, siempre para mirar el mismo cuadro.

6. Conversamos todo el tiempo mientras ellos se marchaban.

3 **En diferentes tiempos** Completa cada oración con el tiempo correcto del verbo entre paréntesis.

1. Anoche, Carlos y Raúl _____ (estar) mirando una película.

2. Mientras tú estudiabas, nosotros _____ (andar) paseando por el parque.

3. Mañana a las diez, ¿tú _____ (estar) durmiendo?

4. Con un poco de tiempo, yo _____ (ir) acostumbrándome a la idea.

5. Ayer, Catalina _____ (estar) dando indicaciones a los turistas.

6. Eduardo _____ (venir) corriendo desde el parque cuando vio a Ana.

Manual de gramática

MANUAL DE GRAMÁTICA

2.5 Telling time

- The verb **ser** is used to tell time in Spanish. The construction **es + la** is used with **una**, and **son + las** is used with all other hours.

¿Qué hora es?
What time is it?

Es la una.
It is one o'clock.

Son las tres.
It is three o'clock.

- The phrase **y +** [*minutes*] is used to tell time from the hour to the half-hour. The phrase **menos +** [*minutes*] is used to tell time from the half-hour to the hour, and is expressed by subtracting minutes from the *next* hour.

Son las once **y veinte**.   Es la una **menos cuarto**.   Son las doce **menos diez**.

¡ATENCIÓN!

The phrases **y media** (*half past*) and **y/menos cuarto** (*quarter past/of*) are usually used instead of **treinta** and **quince**.

Son las doce y media.
It's 12:30/half past twelve.

Son las nueve menos cuarto.
It's 8:45/quarter to nine.

- To ask at what time an event takes place, the phrase **¿A qué hora (...)?** is used. To state at what time something takes place, use the construction **a la(s) +** [*time*].

  ¿A qué hora es la fiesta?
  (At) what time is the party?

  La fiesta es **a las ocho**.
  The party is at eight.

¡ATENCIÓN!

Note that **es** is used to state the time at which a single event takes place.

Son las dos.
It is two o'clock.

Mi clase es a las dos.
My class is at two o'clock.

- The following expressions are used frequently for telling time.

  Son las siete **en punto**.
  It's seven o'clock on the dot/sharp.

  Son las doce del mediodía./Es **(el) mediodía**.
  It's 12 P.M./It's noon.

  Son las doce de la noche./Es **(la) medianoche**.
  It's 12 A.M./It's midnight.

  Son las nueve **de la mañana**.
  It's 9 A.M./in the morning.

  Son las cuatro y cuarto **de la tarde**.
  It's 4:15 P.M./in the afternoon.

  Son las once y media **de la noche**.
  It's 11:30 P.M./at night.

- The imperfect is generally used to tell time in the past. However, the preterite may be used to describe an action that occurred at a particular time.

  ¿Qué hora **era** cuando llegaste?
  What time was it when you arrived?

  Eran las cuatro de la mañana.
  It was four o'clock in the morning.

  ¿A qué hora **fueron** al cine?
  At what time did you go to the movies?

  Fuimos a las nueve.
  We went at nine o'clock.

Lección 2

MANUAL DE GRAMÁTICA

Práctica

1 **La hora** Usando oraciones completas, escribe la hora que aparece en cada reloj.

1. _____ 2. _____ 3. _____

4. _____ 5. _____ 6. _____

2 **En el cineclub** Gabriela quiere ver una película en el cineclub de la universidad, pero necesita saber los horarios. Contesta las preguntas con oraciones completas usando las pistas (*clues*).

1. ¿A qué hora empieza *Relatos salvajes*? (12:05 P.M.)
   _____

2. ¿A qué hora empieza *El secreto de sus ojos*? (1:15 P.M.)
   _____

3. ¿A qué hora empieza *Ella*? (3:30 P.M.)
   _____

4. ¿A qué hora empieza *Julieta*? (4:45 P.M.)
   _____

5. ¿A qué hora empieza *El renacido*? (8:20 P.M.)
   _____

3 **Coartada** Quedaste involucrado en la investigación de un crimen y la policía te pide que expliques lo que hiciste durante todo el día de ayer. Explica qué tenías planeado hacer y a qué hora lo hiciste realmente. Sigue el modelo.

Modelo Cita con el médico – 11:30 A.M. (15 minutos de atraso)
Tenía cita con el médico a las once y media de la mañana, pero no pude llegar hasta las doce menos cuarto por culpa del tráfico.

1. Dejar el auto en el mecánico – 7 A.M. (30 minutos de atraso)
2. Desayunar con mi madre – 8:30 A.M. (1 hora de atraso)
3. Entregar los planos en la oficina – 11 A.M. (15 minutos de atraso)
4. Visita al museo de ciencias – 2 P.M. (1 hora y media de atraso)
5. Ir al cine con unos amigos – 5:30 P.M. (2 horas de atraso)
6. Recoger la ropa de la lavandería – 8:30 P.M. (¡Ya había cerrado!)

Manual de gramática

MANUAL DE GRAMÁTICA

3.4 Possessive adjectives and pronouns

- Possessive adjectives (**adjetivos posesivos**) are used to express ownership or possession. Unlike English, Spanish has two types of possessive adjectives: the short, or unstressed, forms and the long, or stressed, forms. Both forms agree in gender, when applicable, and number with the object owned, and not with the owner.

Possessive adjectives

short forms (unstressed)		long forms (stressed)	
mi(s)	my	mío/a(s)	my/(of) mine
tu(s)	your	tuyo/a(s)	your/(of) yours
su(s)	your; his; her; its	suyo/a(s)	your/(of yours); his/(of) his; her/(of) hers; its/(of) its
nuestro(s)/a(s)	our	nuestro/a(s)	our/(of) ours
vuestro(s)/a(s)	your	vuestro/a(s)	your/(of) yours
su(s)	your; their	suyo/a(s)	your/(of) yours; their/(of) theirs

- Short possessive adjectives precede the nouns they modify.

  En **mi** opinión, esa telenovela es pésima.
  In my opinion, that soap opera is awful.

  Nuestras revistas favoritas son *Vanidades* y *Latina*.
  Our favorite magazines are Vanidades *and* Latina.

- Stressed possessive adjectives follow the nouns they modify. They are used for emphasis or to express the phrases *of mine, of yours,* etc. The nouns are usually preceded by a definite or indefinite article.

  mi amigo → un amigo **mío**
  my friend → *a friend of mine*

  tus amigas → las amigas **tuyas**
  your friends → *friends of yours*

- Because **su(s)** and **suyo(s)/a(s)** have multiple meanings (*your, his, her, its, their*), the construction [*article*] + [*noun*] + **de** + [*subject pronoun*] can be used to clarify meaning.

  su casa
  la casa suya

  la casa de él/ella — *his/her house*
  la casa de usted/ustedes — *your house*
  la casa de ellos/ellas — *their house*

- Possessive pronouns (**pronombres posesivos**) have the same forms as stressed possessive adjectives and are preceded by a definite article. Possessive pronouns agree in gender and number with the nouns they replace.

  No encuentro mi **libro**. ¿Me prestas **el tuyo**?
  I can't find my book. Can I borrow yours?

  Si la **fotógrafa** suya no llega, **la nuestra** está disponible.
  If your photographer doesn't arrive, ours is available.

¡ATENCIÓN!

After the verb **ser**, stressed possessives are usually used without articles.

¿Es tuya la calculadora?
Is the calculator yours?

No, no es mía.
No, it is not mine.

¡ATENCIÓN!

The neuter form **lo** + [*singular stressed possessive*] is used to refer to abstract ideas or concepts such as *what is mine* and *what belongs to you.*

Quiero lo mío.
I want what is mine.

Lección 3

MANUAL DE GRAMÁTICA

Práctica

1 **¿De quién hablan?** Completa los espacios con adjetivos posesivos.

1. La actriz Fernanda Luro habla sobre su esposo: "_____ esposo siempre me acompaña a los estrenos, aunque _____ agenda esté llena de compromisos".

2. Los integrantes del dúo Maite y Antonio comentan sobre su hijo: "_____ hijo empezó a cantar a los dos años".

3. El actor Saúl Mar habla de su ex esposa, la modelo Serafina: "_____ ex ya no es tan guapa como antes, aunque _____ seguidores piensen lo contrario".

4. La famosa cantante Celia Rodríguez habla de la relación con sus padres: "_____ padres me apoyan muchísimo cuando estoy de gira".

2 **¿Es tuyo...?** Escribe preguntas con **ser** y contéstalas usando el pronombre posesivo que corresponda a la(s) persona(s) indicada(s). Sigue el modelo.

> **Modelo** tú / libro / yo
> —¿Es tuyo este libro?
> —Sí, es mío.

1. ustedes / revistas / nosotros
   _____
   _____

2. nosotros / periódicos / yo
   _____
   _____

3. ella / computadora / ella
   _____
   _____

4. tú / control remoto / ellos
   _____
   _____

3 **Almuerzo** Completa el diálogo con los posesivos adecuados. Cuando sea necesario, añade también el artículo definido correspondiente.

AGUSTÍN (1) _____ esposa es locutora de radio y tiene un programa para niños.

MANUEL (2) _____ es redactora en el periódico *El Financiero*.

JUAN Yo soy soltero y vivo con (3) _____ padres y (4) _____ hermano.

MANUEL (5) _____ películas favoritas son las de acción. ¿Y (6) _____?

JUAN A mí no me gusta el cine.

AGUSTÍN A mí tampoco, pero a (7) _____ esposa le gustan las películas clásicas. Afortunadamente, las ve con (8) _____ hermana.

JUAN (9) _____ pasatiempo favorito es la música.

MANUEL ¡Ahh! ¿Es (10) _____ la guitarra que vi en la oficina?

JUAN Sí, es (11) _____. Después del trabajo, nos reunimos en la casa de un amigo (12) _____ y tocamos un poco. A (13) _____ amigos y a mí nos gusta el rock. (14) _____ músicos preferidos son...

AGUSTÍN ¡No te molestes en nombrarlos! No sé nada de música.

MANUEL Parece que (15) _____ gustos son muy distintos.

Manual de gramática 247

MANUAL DE GRAMÁTICA

3.5 Demonstrative adjectives and pronouns

- Demonstrative adjectives (**adjetivos demostrativos**) specify to which noun a speaker is referring. They precede the nouns they modify and agree in gender and number.

este anuncio
this advertisement

esa tira cómica
that comic strip

aquellos periódicos
those newspapers (over there)

Demonstrative adjectives

singular		plural		
masculine	feminine	masculine	feminine	
este	esta	estos	estas	*this; these*
ese	esa	esos	esas	*that; those*
aquel	aquella	aquellos	aquellas	*that; those (over there)*

- Spanish has three sets of demonstrative adjectives. Forms of **este** are used to point out nouns that are close to the speaker and the listener. Forms of **ese** modify nouns that are not close to the speaker, though they may be close to the listener. Forms of **aquel** refer to nouns that are far away from both the speaker and the listener.

No me gustan **estos** zapatos.    Prefiero **esos** zapatos.    **Aquel** coche es de Ana.

- Demonstrative pronouns (**pronombres demostrativos**) are identical to demonstrative adjectives, except that they carry an accent mark on the stressed vowel. They agree in gender and number with the nouns they replace.

¿Quieres comprar esta **radio**?
Do you want to buy this radio?

No, no quiero **ésta**. Quiero **ésa**.
No, I don't want this one. I want that one.

¿Leíste estos **libros**?
Did you read these books?

No leí **éstos**, pero sí leí **aquéllos**.
I didn't read these, but I did read those (over there).

- There are three neuter demonstrative pronouns: **esto, eso,** and **aquello**. These forms refer to unidentified or unspecified things, situations, or ideas. They do not vary in gender or number and they never carry an accent mark.

¿Qué es **esto**?
What is this?

Eso es interesante.
That's interesting.

Aquello es bonito.
That's pretty.

Práctica

1 **La diva** Responde negativamente las preguntas sobre la actriz. Usa las pistas entre paréntesis y las formas correctas de los adjetivos demostrativos.

> Modelo ¿Llevó esta camisa? (vestido)
> No, llevó este vestido.

1. ¿Se va a sentar en esa silla? (sofá)

   _____

2. ¿Quiere probar estos sándwiches? (langosta)

   _____

3. ¿Decidió hablar con ese reportero? (locutora)

   _____

4. ¿Llevará aquel suéter? (chaqueta negra)

   _____

2 **En el centro comercial** Completa las oraciones con los adjetivos y pronombres demostrativos que correspondan en cada caso.

1. Quiero comprar _____ teléfono celular que está a tu derecha.
2. No queremos _____ computadora que nos muestras, sino _____ de más atrás.
3. Hay rebajas en _____ libros y revistas que yo estoy mirando, pero no en _____ que tienes ahí.
4. Compra alguna de _____ películas en DVD que tienes a tu izquierda.
5. Yo voy a escoger _____ película de aquí, que está a mitad de precio.
6. Antes de irnos, vamos a comer algo en _____ restaurante de la otra esquina.
7. ¡Me he quedado sin dinero! _____ no puede seguir así: debo ser más cuidadoso.
8. No vayas a _____ tienda de enfrente, que es muy cara; mejor pregunta en _____ de aquí al lado.

3 **No y no** Escribe un breve diálogo con las siguientes palabras, utilizando los adjetivos y pronombres que se indican.

> Modelo Ustedes / querer comprar / libros (este/aquel)
> —¿Ustedes quieren comprar estos libros o aquellos libros?
> —No queremos comprar ni éstos ni aquéllos.

1. tú / querer probarse / zapatos (este/ese)
2. ella / preferir / asiento (este/aquel)
3. Daniel y Agustina / buscar / película (ese/este)
4. niños / leer / novela (este/aquel)
5. Carlos / vivir / departamento (este/ese)
6. nosotros / poder / ir / fiesta (este/ese)

Manual de gramática   249

MANUAL DE GRAMÁTICA

4.4 To become: *hacerse, ponerse, volverse,* and *llegar a ser*

- Spanish has several verbs and phrases that mean *to become*. Many of these constructions make use of reflexive verbs.

- The construction **ponerse** + [*adjective*] expresses a change in mental, emotional or physical state that is generally not long-lasting.

    ¡No **te pongas histérico**!
    Don't get so worked up!

    La señora Urbina **se pone muy feliz** cuando su familia la visita.
    Mrs. Urbina gets so happy when her family comes to visit.

- **Volverse** + [*adjective*] expresses a radical mental or psychological change. It often conveys a gradual or irreversible change in character. In English this is often expressed as *to have become* + [*adjective*].

    ¿**Te has vuelto loca**?
    Have you gone mad?

    Durante los últimos años, mi primo **se ha vuelto insoportable**.
    In recent years, my cousin has become unbearable.

- **Hacerse** can be followed by a noun or an adjective. It often implies a change that results from the subject's own efforts, such as changes in profession or social and political status.

    El yerno de doña Lidia **se ha hecho bailarín** de tango.
    Doña Lidia's son-in-law has become a tango dancer.

    Mi bisabuelo **se hizo rico** a pesar de haber salido de su patria sin un solo centavo.
    My great-grandfather became wealthy despite having left his homeland without a penny in his pocket.

- **Llegar a ser** may also be followed by a noun or an adjective. It indicates a change over time and does not imply the subject's voluntary effort.

    Aquella novela **llegó a ser** un *best seller*.
    That novel became a best-seller.

- There are often reflexive verb equivalents for **ponerse** + [*adjective*]. Note that when used with object pronouns instead of reflexive pronouns, such verbs convey that another person or thing is imposing a mental, emotional, or physical state on someone else.

ponerse alegre → **alegrarse**	**ponerse deprimido/a** → **deprimirse**
ponerse furioso/a → **enfurecerse**	**ponerse triste** → **entristecerse**

La llegada de la primavera **me pone alegre** / **me alegra**.
The arrival of spring makes me happy.

Cuando pienso en la muerte, **me pongo triste** / **me entristezco**.
When I think about death, I get sad.

MANUAL DE GRAMÁTICA

Práctica

1 Seleccionar Selecciona la opción correcta para cada frase.

1. Siempre (se pone – se vuelve) nervioso cuando está frente a sus suegros.
2. Antes mi hijo era sumiso, pero con el tiempo (se puso – se volvió) muy rebelde.
3. Nunca (se pone – se vuelve) triste cuando está con su familia.
4. Después de quedarse viudo, (se puso – se volvió) un hombre solitario.

2 Completar Completa las oraciones utilizando la forma correcta de **volverse, llegar a ser, hacerse** y **ponerse**.

1. Con los años, mi sobrino _____.
2. Tras la muerte de mi abuelo, sus pinturas _____.
3. Ángela antes era contadora, pero ahora _____.
4. Como no llegamos a tiempo con la entrega del proyecto, mi profesor _____.
5. A causa de problemas de salud, Eduardo _____.
6. Después de perder nuestro trabajo, nosotros _____.
7. Ana y Eva no se conocían antes del viaje. Desde entonces _____.
8. Cuando se casó su hija, Alberto _____.

3 Historias de familia Completa las oraciones con la forma correcta de las expresiones de la lista.

> deprimirse | hacerse | llegar a ser | ponerse | volverse

1. Mi prima y su vecina _____ muy amigas.
2. Mi cuñado _____ el hombre más famoso de la ciudad. 
3. Mi primo _____ loco después de ese viaje en el ascensor. 
4. Mis sobrinas _____ muy tristes al despedirse. 

Manual de gramática 251

MANUAL DE GRAMÁTICA

5.4 *Qué* vs. *cuál*

- The interrogative words **¿qué?** and **¿cuál(es)?** can both mean *what/which*, but they are not interchangeable.

- **Qué** is used to ask for general information, explanations, or definitions.

    ¿Qué es la lluvia ácida?
    What is acid rain?

    ¿Qué dijo?
    What did she say?

- **Cuál(es)** is used to ask for specific information or to choose from a limited set of possibilities. When referring to more than one item, the plural form **cuáles** is used.

    ¿Cuál es el problema?
    What is the problem?

    ¿Cuáles son tus animales favoritos?
    What are your favorite animals?

    ¿Cuál de los dos prefieres, el desierto o el bosque?
    Which of these (two) do you prefer, the desert or the forest?

    ¿Cuáles escogieron, los rojos o los azules?
    Which ones did they choose, the red or the blue?

- Often, either **qué** or **cuál(es)** may be used in the same sentence, but the meaning is different.

    ¿Qué quieres comer de postre?
    What do you want to eat for dessert?

    Tengo una manzana y una naranja. **¿Cuál** quieres comer de postre?
    I have an apple and an orange. Which one do you want to eat for dessert?

- **Cuál(es)** is not used before nouns. **Qué** is used instead, regardless of the type of information requested.

    ¿Qué ideas tienen ustedes?
    What ideas do you have?

    ¿Peligro? **¿Qué** peligro?
    Danger? What danger?

    ¿Qué regalo te gusta más?
    Which gift do you like better?

    ¿Qué libros leyeron este verano?
    Which books did you read this summer?

- **Qué** and **cuál(es)** are sometimes used in declarative sentences that imply a question or unknown information.

    No sé **qué** hacer.
    I don't know what to do.

    No sé **cuál** de los dos escoger.
    I don't know which of the two to choose.

    Elena quiere saber **qué** pasó ayer por la mañana.
    Elena wants to know what happened yesterday morning.

    Él me preguntó **cuál** de las dos películas prefería.
    He asked me which of the two movies I preferred.

- **Qué** is also used frequently in exclamations. In this case it means *What...!* or *How...!*

    Señor Acosta, ¡**qué** gusto verlo de nuevo!
    Mr. Acosta, what a pleasure to see you again!

    Mira esa luna llena, ¡**qué** bella!
    Look at that full moon. How beautiful!

    ¡**Qué** niño más irresponsable!
    What an irresponsible child!

    ¡**Qué** triste te ves!
    How sad you look!

Práctica

1 Elige Lee las preguntas y elige la opción correcta para cada una.

	¿Qué	¿Cuál	¿Cuáles	
1.	☐	☐	☐	... de los dos es tu conejo?
2.	☐	☐	☐	... tipo de ave te gusta más?
3.	☐	☐	☐	... es la deforestación?
4.	☐	☐	☐	... son los problemas que te preocupan más?
5.	☐	☐	☐	... es tu lugar favorito?
6.	☐	☐	☐	... parques están contaminados?
7.	☐	☐	☐	... usaron, las limpias o las contaminadas?

2 Completar Completa las preguntas con **¿qué?** o **¿cuál(es)?**, según el contexto.

1. ¿_____ de los dos paisajes es tu favorito?
2. ¿_____ piensas del calentamiento global?
3. ¿_____ son tus animales favoritos?
4. ¿_____ haces para proteger el medio ambiente?
5. ¿_____ problema ecológico es el más importante?
6. ¿_____ son tus ovejas, las blancas o las negras?
7. ¿_____ es tu opinión sobre la deforestación de nuestros bosques?
8. ¿_____ fuentes alternativas de energía usas?
9. ¿_____ son las especies que están en peligro de extinción?

3 Preguntas Usa **¿qué?** o **¿cuál(es)?** para escribir la pregunta correspondiente a cada respuesta.

1. _____
   El animal que más me gusta es el león.

2. _____
   Este fin de semana quiero disfrutar del mar y el sol.

3. _____
   Mis pasatiempos favoritos son nadar y salir con mis amigos.

4. _____
   Opino que la contaminación de los mares debe detenerse.

5. _____
   Éstas son las botellas que vamos a reciclar.

6. _____
   El plato favorito de Rosa es el pollo con papas.

Manual de gramática

MANUAL DE GRAMÁTICA

5.5 The neuter *lo*

- The definite articles **el, la, los,** and **las** modify masculine or feminine nouns. The neuter article **lo** is used to refer to concepts that have no gender.

Me están volviendo loco.
*¡Eso es **lo** que pasa!*

- In Spanish, the construction **lo** + [*masculine singular adjective*] is used to express general characteristics and abstract ideas. The English equivalent of this construction is *the* + [*adjective*] + *thing*.

    Lo difícil es promover el desarrollo económico sin contaminar.
    The difficult thing is to promote economic development without polluting.

    Este río está muy contaminado; **lo bueno** es que los vecinos se han organizado para limpiarlo bien y salvar los peces.
    This river is very polluted; the good thing is that the neighbors have organized themselves to clean it well and save the fish.

- To express the idea of *the most* or *the least*, **más** and **menos** can be added after **lo**. **Lo mejor** and **lo peor** mean *the best/worst* (*thing*).

    Para proteger el medio ambiente, **lo más importante** es conservar los recursos.
    To protect the environment, the most important thing is to conserve resources.

    ¡Aún no te he contado **lo peor** del viaje!
    I still haven't told you about the worst part of the trip!

- The construction **lo** + [*adjective* or *adverb*] + **que** is used to express the English *how* + [*adjective*]. In these cases, the adjective agrees in number and gender with the noun it modifies.

lo + [*adjective*] + **que**	**lo** + [*adverb*] + **que**

    ¿No te das cuenta de **lo bella que** eres?   Recuerda **lo bien que** te fue en su clase.
    Don't you realize how beautiful you are?   *Remember how well you did in his class.*

- **Lo que** is equivalent to the English *what, that, which*. It is used to refer to an abstract idea, or to a previously mentioned situation or concept.

    ¿Qué fue **lo que** más te gustó de tu viaje a Ecuador?
    What was the thing that you enjoyed most about your trip to Ecuador?

    Lo que más me gustó fue el paisaje.
    The thing I liked best was the scenery.

¡ATENCIÓN!

The phrase **lo** + [*adjective* or *adverb*] + **que** may be replaced by **qué** + [*adjective* or *adverb*].

No sabes *qué difícil* es hablar con él.
You don't know how difficult it is to talk to him.

Fíjense en *qué pronto* agotaremos los recursos.
Just think about how soon we'll use up our resources.

Práctica

1. Completar Completa las oraciones con **lo** o **lo que**.

1. Las grandes empresas no quieren aceptar _____ les piden los ecologistas.
2. _____ más peligroso es la destrucción de la capa de ozono.
3. ¿Me cuentas _____ se decidió en la reunión del grupo de conservación de parques?
4. _____ malo es que no se puede ver el paisaje desde aquí.
5. _____ piden sus hijos es que deje de cazar animales.
6. _____ positivo del proyecto es que vamos a tener muchos más árboles en la ciudad.
7. _____ me gusta de este lugar es que se respira aire puro.

2. Opiniones Combina las frases para formar oraciones que contengan la estructura **lo** + [*adjetivo/adverbio*] + **que**.

> **Modelo** parecer mentira / qué poco te preocupas por el medio ambiente
> Parece mentira lo poco que te preocupas por el medio ambiente.

1. asombrarme / qué lejos está el centro de reciclaje
   _____
2. sorprenderme / qué obediente es tu gato
   _____
3. no poder creer / qué contaminado está el lago
   _____
4. ser increíble / qué bien se vive en este pueblo
   _____
5. ser una sorpresa / qué limpio conservan este bosque
   _____

3. La mascota Julián se va de vacaciones y le ha pedido a su amigo Sergio que cuide de su mascota (*pet*). Usa frases de la lista para completar las recomendaciones que le da Julián a Sergio.

lo contaminado que	lo mejor	lo potable
lo interesante que	lo peor	lo que más
lo más		lo rápido que

1. _____ le gusta es tomar el sol.
2. _____ difícil es darle su ducha diaria.
3. Es increíble _____ es vivir con él.
4. _____ es cuando te trae el periódico por la mañana.
5. Ya verás _____ se hacen amigos.
6. _____ es que lo voy a extrañar mucho.

Manual de gramática

MANUAL DE GRAMÁTICA

6.4 Adverbs

- Adverbs (**adverbios**) describe *how*, *when*, and *where* actions take place. They usually follow the verbs they modify and precede adjectives or other adverbs.

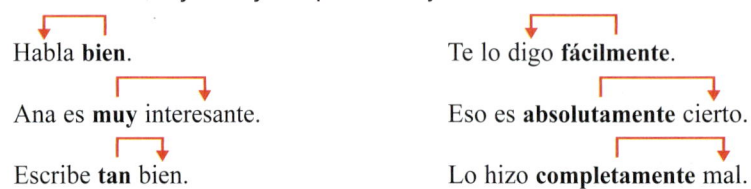

  Habla **bien**. Te lo digo **fácilmente**.

  Ana es **muy** interesante. Eso es **absolutamente** cierto.

  Escribe **tan** bien. Lo hizo **completamente** mal.

- Many Spanish adverbs are formed by adding the suffix **–mente** to the feminine singular form of an adjective. The **–mente** ending is equivalent to the English *–ly*.

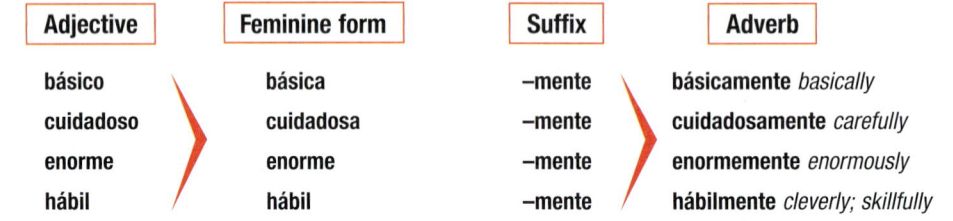

Adjective	Feminine form	Suffix	Adverb
básico	básica	–mente	básicamente *basically*
cuidadoso	cuidadosa	–mente	cuidadosamente *carefully*
enorme	enorme	–mente	enormemente *enormously*
hábil	hábil	–mente	hábilmente *cleverly; skillfully*

> **¡ATENCIÓN!**
> If an adjective has a written accent, it is kept when the suffix **–mente** is added. If an adjective does not have a written accent, no accent is added to the adverb ending in **–mente**.

- If two or more adverbs modify the same verb, only the final adverb uses the suffix **–mente**.

  Se marchó **lenta** y **silenciosamente**. Lo explicó **clara** y **cuidadosamente**.
  He left slowly and silently. *She explained it clearly and carefully.*

- The construction **con** + [*noun*] is often used instead of long adverbs that end in **–mente**.

  cuidadosamente = **con cuidado** **frecuentemente** = **con frecuencia**

- Here are some common adverbs and adverbial phrases:

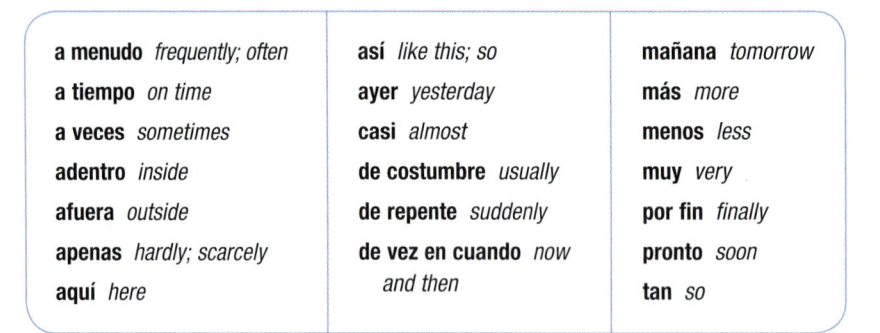

a menudo *frequently; often*	**así** *like this; so*	**mañana** *tomorrow*
a tiempo *on time*	**ayer** *yesterday*	**más** *more*
a veces *sometimes*	**casi** *almost*	**menos** *less*
adentro *inside*	**de costumbre** *usually*	**muy** *very*
afuera *outside*	**de repente** *suddenly*	**por fin** *finally*
apenas *hardly; scarcely*	**de vez en cuando** *now and then*	**pronto** *soon*
aquí *here*		**tan** *so*

A veces salimos a tomar un café. **Casi** terminé el libro.
Sometimes we go out for coffee. *I almost finished the book.*

- The adverbs **poco** and **bien** frequently modify adjectives. In these cases, **poco** is often the equivalent of the English prefix *un–*, while **bien** means *well, very, rather* or *quite*.

  La situación está **poco** clara. El plan estuvo **bien** pensado.
  The situation is unclear. *The plan was well thought out.*

> **¡ATENCIÓN!**
> Some adverbs and adjectives have the same forms.
>
> ADJ: **bastante dinero**
> *enough money*
> ADV: **bastante difícil**
> *rather difficult*
> ADJ: **poco tiempo**
> *little time*
> ADV: **habla poco**
> *speaks very little*

Práctica

1 Adverbios Escribe el adverbio que se deriva de cada adjetivo.

1. básico _____
2. feliz _____
3. fácil _____
4. inteligente _____
5. alegre _____
6. común _____
7. injusto _____
8. asombroso _____
9. insistente _____
10. silencioso _____

2 Instrucciones para ser feliz Completa cada oración de forma lógica con un adverbio derivado de un adjetivo de la lista.

| cuidadoso | frecuente | malo | triste |
| enorme | inmediato | tranquilo | último |

1. Tienes que amar a tu pareja _____.
2. Haz ejercicio _____.
3. Debes gastar el dinero _____.
4. Si eres injusto/a con alguien, debes pedir perdón _____.
5. Desayuna todas las mañanas _____.

3 Recomendaciones Los padres de Mario y Paola salieron de viaje por dos semanas. Lee las recomendaciones que les dejaron a los chicos pegadas en el refrigerador. Completa los espacios con un adverbio o expresión adverbial de la lista.

| a menudo | adentro | así | mañana |
| a tiempo | afuera | de vez en cuando | tan |

Lunes, 19 de octubre

1. Pasar la aspiradora _____. (¡Todos los días!)
2. Si llueve, poner los muebles del jardín _____.
3. Llegar a la escuela _____.
4. _____, llevar a Botitas al veterinario para su cita.
5. Dejar que el gato juegue _____ si no llueve.
6. Sólo ir _____ al centro comercial.

MANUAL DE GRAMÁTICA

6.5 Diminutives and augmentatives

- Diminutives and augmentatives (**diminutivos y aumentativos**) are frequently used in conversational Spanish. They emphasize size or express shades of meaning like affection or ridicule. Diminutives and augmentatives are formed by adding a suffix to the root of nouns or adjectives (which agree in gender and number), and occasionally adverbs.

- The most common diminutive suffixes are forms of **–ito/a** and **–illo/a**.

    Huguillo, ¿me traes un **cafecito** con unos **panecillos**?
    Little Hugo, would you bring me a little cup of coffee with a few rolls?

    Ahorita, abuelita, se los preparo **rapidito**.
    Right away, Granny, I'll have them ready in a jiffy.

- Most words form the diminutive by adding **–ito/a** or **–illo/a**. For words ending in vowels (except **–e**), the last vowel is dropped before the suffix.

bajo → bajito *very short; very quietly*	**ventana → ventan**illa *little window*
Miguel → Miguelito *Mikey*	**campana → campan**illa *handbell*

- Most words that end in **–e, –n,** or **–r** use the forms **–cito/a** or **–cillo/a**. However, one-syllable words often use **–ecito/a** or **–ecillo/a**.

Carmen → Carmencita *little Carmen*	**pan → pan**ecillo *roll*
amor → amorcito *sweetheart*	**pez → pec**ecito *little fish*

- The most common augmentative suffixes are forms of **–ón/–ona, –ote/–ota,** and **–azo/–aza**.

    Hijo, ¿por qué tienes ese **chichonazo** en la cabeza?
    Son, how'd you get that huge bump on your head?

    Le dije **panzón** al **gordote** de la otra cuadra, ¡y me dio un **golpetazo**!
    I said Fatty *to the big fat guy from the next block, and he really socked me one!*

- Most words form the augmentative by simply adding the suffix to the word. For words ending in vowels, the final vowel is usually dropped.

hombre → hombrón *big man; tough guy*	**casa → cas**ona *big house; mansion*
perro → perrazo *big, scary dog*	**palabra → palabr**ota *swear word*

- Note that many feminine nouns become masculine in the augmentative when the suffix **–ón** is used, unless they refer specifically to someone's gender.

la silla → el sillón *armchair*	**la mujer → la mujer**ona *big woman*
la mancha → el manchón *large stain*	**la soltera → la solter**ona *old maid*

- In regions where diminutives and augmentatives are used heavily in conversational Spanish, double endings are frequently used for additional emphasis.

    chico/a → chiquito/a → chiquitito/a   **grande → grandote/a → grandotote/a**

- Some words change meaning completely when a suffix is added.

manzana → **manzanilla**	**pera** → **perilla**
apple *camomile*	*pear* *goatee*

¡ATENCIÓN!

Diminutive and augmentative suffixes may vary from one region to another, and sometimes convey different meanings or connotations. For example, while **–ito/a** and **–illo/a** may both mean *small*, **–ito/a** may imply *cute, nice,* or *dear,* while **–illo** may be used lightly, depreciatively, or for things of little importance.

¡Ay, qué **perrito** más lindo!
Oh, what a cute little puppy!

¡Ay, qué **perrillo** más feo!
Oh, what an ugly little mutt!

¡ATENCIÓN!

Note the following spelling changes:

chico → chiquillo
amigo → amiguito
agua → agüita
luz → lucecita

¡ATENCIÓN!

The masculine suffix **–azo** can also mean *blow* or *shot*.

flecha → flechazo *arrow wound; love at first sight*
rodilla → rodillazo *a blow to the knee*

The letters **–t–** or **–et–** are occasionally added to the beginning of augmentative endings.

reggae → reggaetón
guapa → guapetona
golpe → golpetazo

¡ATENCIÓN!

For words ending in **–s** (singular or plural), diminutive and augmentative endings precede the final **–s**.

besos → besitos

Lección 6

Práctica

1. La carta Completa el párrafo con la forma indicada de cada palabra. Haz los cambios que creas necesarios.

> Querido (1) _____ (nieto, –ito):
>
> Cuando yo era (2) _____ (pequeño, –ito) como tú, jugaba siempre en la calle. Mi (3) _____ (abuela, –ita) me decía que no fuera con los (4) _____ (amigos, –ote) de mi hermano porque ellos eran mayores que yo y eran (5) _____ (hombres, –ón). Yo, entonces, era muy (6) _____ (cabeza, –ón) y nunca hacía lo que ella decía. Una tarde, estaba jugando al fútbol, y uno de ellos me dio un (7) _____ (rodilla, –azo) que me rompió la (8) _____ (nariz, –ota). Nunca más jugué con ellos y, desde entonces, sólo salí con mis (9) _____ (amigos, –ito). Espero que me vengas a visitar (10) _____ (pronto, –ito).
>
> Tu abuelo César

2. Completar Completa las oraciones con el aumentativo o el diminutivo que corresponda a la definición entre paréntesis.

1. ¿Por qué no les gusta a los profesores que los estudiantes digan _____ (palabras feas y desagradables)?
2. El _____ (perro pequeño) de mi novia es muy lindo y amistoso.
3. Ese abogado tiene una buena _____ (nariz grande) para adivinar los problemas de sus clientes.
4. Mis abuelos viven en una _____ (casa grande) muy vieja.
5. La cantante Samantha siempre lleva una _____ (flor pequeña) en el cabello.
6. El presidente del partido tiene una excelente _____ (cabeza grande) para memorizar sus discursos.
7. A mi _____ (hermana menor) le fascina ir a la playa y hacer excursiones en el campo.

3. ¿Qué palabra es? Combina las palabras para formar diminutivos y aumentativos.

1. muy grande _____
2. lago pequeño _____
3. cuarto grande y amplio _____
4. sillas para niños _____
5. libro grande y grueso _____
6. gato bebé _____
7. hombre alto y fuerte _____
8. muy cerca _____
9. abuelo querido _____
10. soldados de juguete _____

MANUAL DE GRAMÁTICA

Presentation

The present perfect

*Siempre **hemos tenido** un carro rojo.*

- In Spanish, as in English, the present perfect tense (**el pretérito perfecto**) expresses what *has happened*. It generally refers to recently completed actions or to a past that still bears relevance in the present.

  La gerente **ha cambiado** mi horario de trabajo dos veces este mes.
  The manager has changed my work schedule twice this month.

  Josefina se jubiló el año pasado, pero aún no **ha decidido** qué va a hacer.
  Josefina retired last year, but she still hasn't decided what she is going to do.

- Form the present perfect with the present tense of the verb **haber** and a past participle. Regular past participles are formed by adding **–ado** to the stem of **–ar** verbs, and **–ido** to the stem of **–er** and **–ir** verbs.

The present perfect		
comprar	beber	recibir
he comprado	he bebido	he recibido
has comprado	has bebido	has recibido
ha comprado	ha bebido	ha recibido
hemos comprado	hemos bebido	hemos recibido
habéis comprado	habéis bebido	habéis recibido
han comprado	han bebido	han recibido

- Note that past participles do not change form in the present perfect tense.

  No **he recibido** la tarjeta de débito. Mis hijos no **han recibido** las suyas tampoco.
  I haven't received the debit card. My children haven't received theirs, either.

  No se la **hemos mandado** porque el contador no **ha mandado** el correo todavía.
  We haven't sent it to you because the accountant hasn't sent the mail yet.

- To express that something *has just happened*, use **acabar de** + [*infinitive*], not the present perfect.

  Le **acabamos de ofrecer** el puesto.
  We have just offered him/her the position.

TALLER DE CONSULTA

When used as adjectives (**la puerta *abierta*, los documentos *escritos***), past participles must agree in number and gender with the noun or pronoun they modify. See this **Manual de gramática, p. 284**.

While English speakers often use the present perfect to express actions that *continue* into the present time, Spanish uses the phrase **hace** + [*period of time*] + **que** + [*present tense*]. See this **Manual de gramática, p. 278**.

260   Estructuras adicionales

- When the stem of an **–er** or **–ir** verb ends in **a, e,** or **o**, the past participle requires a written accent (**–ído**) to maintain the correct stress. No accent mark is needed for stems ending in **u**.

    ca-er → ca**í**do   le-er → le**í**do

    o-ír → o**í**do   constru-ir → constru**i**do

    Hemos leído toda la tarde en el parque.

- Several verbs have irregular past participles.

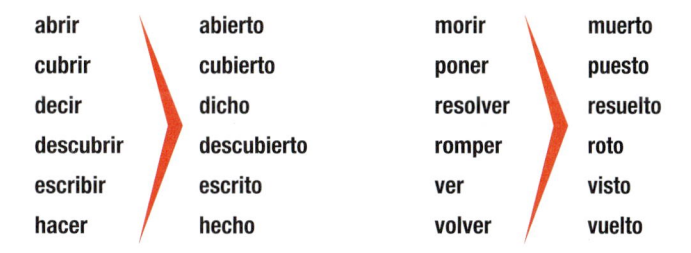

abrir	abierto	morir	muerto
cubrir	cubierto	poner	puesto
decir	dicho	resolver	resuelto
descubrir	descubierto	romper	roto
escribir	escrito	ver	visto
hacer	hecho	volver	vuelto

    He escrito varias veces al gerente. ¿Por qué no me **ha abierto** la cuenta?
    I have written the manager several times. Why hasn't he opened the account for me?

    Hablé con el gerente y ya **hemos resuelto** el problema.
    I spoke with the manager, and we have already resolved the problem.

- In the present perfect, pronouns and the word **no** precede the verb **haber**.

    ¿Por qué **no has depositado** más dinero en tu cuenta de ahorros?
    Why haven't you deposited more money in your savings account?

    Porque ya **lo he invertido** en la bolsa de valores.
    Because I have already invested it in the stock market.

    *Desde ese día **no nos hemos vuelto** a ver.*

Manual de gramática

Práctica

1 Mentiras Completa el diálogo con las formas del pretérito perfecto de los verbos entre paréntesis.

DIRECTORA ¿Dónde (1) _____ (estar) tú toda la mañana y qué (2) _____ (hacer) con mi computadora portátil?

SECRETARIO Ay, (yo) (3) _____ (tener) la peor mañana de mi vida... Resulta que ayer fui a cinco bancos con su computadora portátil y creo que la olvidé en alguna parte.

DIRECTORA Me estás mintiendo, en realidad la (4) _____ (romper), ¿no?

SECRETARIO No, no la (5) _____ (romper); la (6) _____ (perder). Por eso esta mañana (7) _____ (volver) a todos los bancos y le (8) _____ (preguntar) a todo el mundo si la (9) _____ (ver).

DIRECTORA ¿Y?

SECRETARIO Todos los gerentes me (10) _____ (decir) que vuelva mañana.

2 Completar Escribe oraciones completas usando los elementos dados. Cambia los verbos a pretérito perfecto.

1. Carlos / decirle / la verdad a su novia

2. ustedes / encontrar / la solución al problema

3. nosotros / escribirles / postales a nuestros amigos

4. mis padres / oír / las noticias

5. tú / abrir / la puerta de la casa

6. yo / poner / la mesa

3 ¿Qué has hecho? Escribe una oración indicando si has hecho o no cada actividad. Si no la has hecho, añade más información.

Modelo ir a Bolivia
No he ido a Bolivia, pero he viajado a Paraguay.

1. viajar a un país hispanohablante
2. ganar la lotería
3. estar bajo presión
4. estar en bancarrota
5. comer caracoles (*snails*)
6. ahorrar diez mil dólares
7. conocer al presidente del país
8. estar despierto/a por más de dos días
9. tener una entrevista de trabajo
10. enfermarse durante unas vacaciones

MANUAL DE GRAMÁTICA

4 **Empleo** Juan Carlos le cuenta a su amigo Marcos todo lo que ha hecho hasta ahora para buscar un empleo como programador. Pon en orden cronológico lo que ha hecho y luego escribe lo que Juan Carlos le cuenta a Marcos utilizando el pretérito perfecto.

Modelo Primero he...

_____ a. leer los anuncios del diario	_____ d. enviar el currículum vitae
_____ b. entrevistarme con el gerente	_____ e. planear una entrevista con el gerente
_____ c. escribir un currículum vitae (*résumé*)	_____ f. estudiar programas de computación en la universidad

5 **Lo que han hecho** Escribe oraciones con información real sobre las experiencias de los sujetos de la izquierda en cada una de las categorías de la derecha. Sigue el modelo.

Modelo yo / los parques nacionales
He visitado el Parque Nacional Madidi./
No he visitado el Parque Nacional Madidi.

- mis padres
- mi mejor amigo/a
- las personas famosas
- el gobierno
- mis hermanos/as y yo
- el rector de mi universidad
- yo

- otros países
- los deportes
- los idiomas extranjeros
- las compras
- la comida
- los empleos
- el cine

6 **Carta** Imagina que estás de vacaciones en Bolivia. Escribe una carta contándole a un(a) amigo/a qué actividades has realizado hasta ahora de acuerdo a los dibujos. Usa el pretérito perfecto y ¡sé creativo/a!

Nota CULTURAL

El **Parque Nacional Madidi** de Bolivia, ubicado en la cordillera de **los Andes**, cuenta con uno de los ecosistemas mejor preservados de **Suramérica**. En sus 1,8 millones de hectáreas (4,4 millones de acres) viven más especies protegidas que en cualquier otro parque en el mundo.

MANUAL DE GRAMÁTICA

Presentation

The present perfect subjunctive

*¡Espero que **hayas recordado** lavar la ropa!*

TALLER DE CONSULTA

To review the present and past subjunctive, see **3.1, pp. 96–98; 4.1, pp. 136–137; 6.1, pp. 212–213;** and **6.2, pp. 216–217.**

- The present perfect subjunctive (**el pretérito perfecto del subjuntivo**) is formed with the present subjunctive of **haber** and a past participle.

The present perfect subjunctive

cerrar	perder	asistir
haya cerrado	haya perdido	haya asistido
hayas cerrado	hayas perdido	hayas asistido
haya cerrado	haya perdido	haya asistido
hayamos cerrado	hayamos perdido	hayamos asistido
hayáis cerrado	hayáis perdido	hayáis asistido
hayan cerrado	hayan perdido	hayan asistido

- The present perfect subjunctive is used to refer to recently completed actions or past actions that still bear relevance in the present. It is used mainly in the subordinate clause of a sentence whose main clause expresses will, emotion, doubt, or uncertainty.

Present perfect indicative

Luis **ha dejado** de usar su tarjeta de crédito.
Luis has stopped using his credit card.

Present perfect subjunctive

No creo que Luis **haya dejado** de usar su tarjeta de crédito.
I don't think Luis has stopped using his credit card.

- Note the different contexts in which you must use the subjunctive tenses you have learned so far.

Present subjunctive

Las empresas multinacionales **buscan** empleados que **hablen** varios idiomas.
Multinational companies are looking for employees who speak several languages.

Present perfect subjunctive

Prefieren contratar a los que **hayan viajado** al extranjero.
They prefer to hire those who have traveled abroad.

Past subjunctive

Antes, casi todas **insistían** en que los solicitantes **tuvieran** cinco años de experiencia.
In the past, almost all of them insisted that applicants have five years of experience.

¡ATENCIÓN!

In a multiple-clause sentence, the choice of tense for the verb in the subjunctive depends on *when* the action takes place in each clause. The present perfect subjunctive is used primarily when the action of the main clause is in the present tense, but the action in the subordinate clause is in the past.

Estructuras adicionales

MANUAL DE GRAMÁTICA

Práctica

1 Preferencias Anita es una chica muy particular. Lee sus preferencias y complétalas usando el verbo correcto de la lista en pretérito perfecto del subjuntivo.

| estudiar | preocuparse | resolver | ser |
| luchar | publicar | respetar | vivir |

1. Busco una compañera de cuarto que _____ en el extranjero.
2. Prefiero salir con chicos que _____ arquitectura o filosofía.
3. Necesito un abogado que _____ activista en sus años de juventud.
4. Quiero viajar a países cuyos gobiernos siempre _____ los derechos humanos de los ciudadanos.
5. Me interesa conocer a una persona que _____ varios libros.
6. Deseo compartir mis ideas con personas que _____ por la paz internacional.
7. Quiero vivir en una ciudad que _____ los problemas de contaminación.
8. Quiero un gobierno que _____ por proteger el medio ambiente.

2 Seleccionar Elige la opción correcta.

1. Es imposible que el nivel de desempleo (ha/haya) subido.
2. Prefieren contratar a un empleado que (ha/haya) trabajado en una empresa multinacional.
3. Estoy casi seguro de que el nuevo gerente se (ha/haya) aprendido todos nuestros nombres.
4. Busco al joven que (ha/haya) solicitado empleo en el Museo del Barro.
5. No creo que declarar la bancarrota (ha/haya) sido la mejor opción.

3 Mentirosa Tu amiga Isabel te ha llamado para contarte todos sus éxitos en España. Contesta diciéndole que no crees nada de lo que te dice. Usa el pretérito perfecto del subjuntivo y los verbos y expresiones de la lista.

| No creo | Es imposible | No es cierto |
| Dudo | Es improbable | No es probable |

Isabel	Tú
1. He ido de compras con Leticia Ortiz, la futura reina de España.	1. _____
2. Mi jefe me ha aumentado el sueldo un cien por ciento.	2. _____
3. Mi compañía me ha declarado la mejor empleada del año.	3. _____
4. El rey Juan Carlos ha visitado la oficina donde trabajo.	4. _____
5. El gerente me ha pedido que me quede en España para siempre.	5. _____

Nota CULTURAL

El **Centro de Artes Visuales**, en **Asunción, Paraguay**, es el resultado de la unión de tres museos: el **Museo del Barro**, que presenta colecciones de arte popular; el **Museo de Arte Indígena**, que muestra colecciones de arte de las diferentes etnias y el **Museo Paraguayo de Arte Contemporáneo**, que exhibe obras de arte urbano iberoamericano.

Manual de gramática 265

MANUAL DE GRAMÁTICA

The past perfect

- The past perfect tense (**el pluscuamperfecto**) is formed with the imperfect of **haber** and a past participle. As with other perfect tenses, the past participle does not change form.

The past perfect		
viajar	perder	incluir
había viajado	había perdido	había incluido
habías viajado	habías perdido	habías incluido
había viajado	había perdido	había incluido
habíamos viajado	habíamos perdido	habíamos incluido
habíais viajado	habíais perdido	habíais incluido
habían viajado	habían perdido	habían incluido

- In Spanish, as in English, the past perfect expresses what someone *had done* or what *had occurred* before another action or condition in the past.

Decidí comprar una cámara digital nueva porque la vieja se me **había roto** varias veces.
I decided to buy a new digital camera because the old one had broken several times.

Cuando por fin les dieron la patente, otros ingenieros ya **habían inventado** una tecnología mejor.
When they were finally given the patent, other engineers had already invented a better technology.

- **Antes, aún, nunca, todavía,** and **ya** are often used with the past perfect to indicate that one past action occurred before another. Note that these adverbs, as well as pronouns and the word **no,** may not come between **haber** and the past participle.

*Cuando Alina llegó a la estación, el tren **ya** se **había ido**.*

Cuando apagué la computadora, **aún no había guardado** el documento. ¡Lo perdí!
When I shut off the computer, I hadn't yet saved the document. I lost it!

Ya me **había explicado** la teoría, pero no la entendí hasta que vi el experimento.
He had already explained the theory to me, but I didn't understand it until I saw the experiment.

Nunca había visto una estrella fugaz tan luminosa **antes**.
I had never seen such a bright shooting star before.

Los ovnis **todavía no habían aterrizado,** pero los terrícolas ya estaban corriendo.
The UFOs hadn't yet landed, but the Earthlings were already running.

¡ATENCIÓN!

Note that in English, an adverb may come between the verb *to have* and a past participle. This is not the case in Spanish.

Los humanos ya habían llegado a la Luna cuando mandaron una nave a Júpiter.
Humans had already reached the Moon when they sent a spacecraft to Jupiter.

MANUAL DE GRAMÁTICA

Práctica

1 Completar Jorge Báez, un médico dedicado a la genética, ha recibido un premio por su trabajo. Completa su discurso de agradecimiento con el pluscuamperfecto.

Muchas gracias por este premio. Recuerdo que antes de cumplir doce años ya (1) _____ (decidir) ser médico. A esa edad, mi madre ya me (2) _____ (llevar) al hospital donde ella trabajaba y recuerdo que la primera vez me (3) _____ (fascinar) los médicos vestidos de blanco. Luego, cuando cumplí veintiséis años, ya me (4) _____ (pasar) tres años estudiando las propiedades de los genes humanos, en especial desde que (5) _____ (ver) un programa en la televisión sobre la clonación. Cuando terminé mis estudios de postgrado, ya se (6) _____ (hacer) grandes adelantos científicos…

2 Explicación Reescribe las oraciones usando el pluscuamperfecto.

> **Modelo** Me duché a las 7:00. Antes de ducharme hablé con mi hermano.
> Ya había hablado con mi hermano antes de ducharme.

1. Salí de casa a las 8:00. Antes de salir de casa miré mi correo electrónico.
2. Llegué a la oficina a las 8:30. Antes de llegar a la oficina tomé un café.
3. Se apagó la computadora a las 10:00. Guardé los documentos a las 9:55.
4. Fui a tomar un café. Antes, comprobé que todo estaba bien.

3 Informe Eres policía y debes preparar un informe sobre este accidente. Inventa una historia sobre lo que había ocurrido en las vidas de los personajes dos horas antes, dos minutos antes y dos segundos antes del accidente. Usa el pluscuamperfecto y las expresiones de la lista.

atravesarse	doblar en la esquina	revisar el auto
acabar de conseguir la licencia	escuchar radio	tener prisa
discutir	poner gasolina	no ver

> **Modelo** He concluido las investigaciones del accidente. Linda ya había doblado en la esquina cuando…

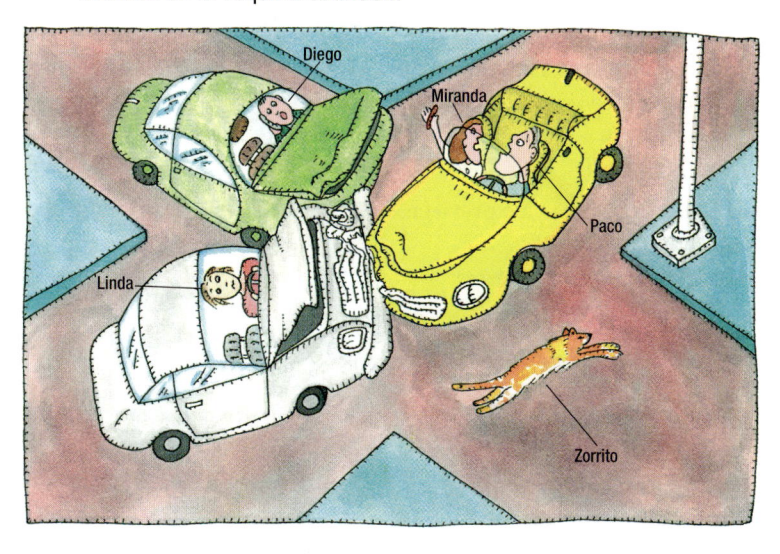

Manual de gramática 267

MANUAL DE GRAMÁTICA

Presentation

The passive voice

*Este viernes, los ganadores del concurso **serán escogidos** por un jurado muy calificado.*

TALLER DE CONSULTA

Passive statements may also be expressed with the passive **se**. See **p. 270**.

- In the active voice (**la voz activa**), a person or thing (agent) performs an action on an object (recipient). The agent is emphasized as the subject of the sentence. Statements in the active voice usually follow the pattern [*agent*] + [*verb*] + [*recipient*].

AGENT = SUBJECT	VERB	RECIPIENT
El policía	**vigila**	**la frontera.**
The police officer	*guards*	*the border.*
El departamento de inmigración	**ha detenido**	**a diez personas.**
The department of immigration	*has detained*	*ten people.*

- In the passive voice (**la voz pasiva**), the recipient of the action becomes the subject of the sentence. Passive statements emphasize the thing that was done or the person that was acted upon. They follow the pattern [*recipient*] + **ser** + [*past participle*] + **por** + [*agent*].

RECIPIENT = SUBJECT	SER + PAST PARTICIPLE	POR + AGENT
La frontera	**es vigilada**	**por el policía.**
The border	*is guarded*	*by the police officer.*
Diez personas	**han sido detenidas**	**por el departamento de inmigración.**
Ten people	*have been detained*	*by the department of immigration.*

- Note that singular forms of **ser** (**es, ha sido, fue,** etc.) are used with singular recipients, and plural forms (**son, han sido, fueron,** etc.) are used with plural recipients.

  La manifestación **es organizada** por un grupo de activistas.
  The demonstration is organized by a group of activists.

  Los dos candidatos **fueron rechazados** por el comité.
  The two candidates were rejected by the committee.

- In addition, the past participle must agree in number and gender with the recipient(s).

  La **disminución** de empleos fue **prevista** por el Secretario de Economía.
  The decline in jobs was predicted by the Treasury Secretary.

  Los **problemas** han sido **resueltos** por el jefe.
  The problems have been resolved by the boss.

- Note that **por** + [*agent*] may be omitted if the agent is unknown or not specified.

  Las metas fueron alcanzadas.
  The goals were reached.

  El maltrato no ha sido eliminado.
  Abuse has not been eradicated.

MANUAL DE GRAMÁTICA

Práctica

1 **Cambio de país** Completa las oraciones en voz pasiva con la forma adecuada del participio pasado.

1. Una fiesta fue _____ (organizar) por sus familiares para despedir a la familia Villar.
2. En el aeropuerto, sus pasaportes y visas fueron _____ (revisar) por los agentes de aduana.
3. Su equipaje fue _____ (examinar) antes de subir al avión.
4. Ya en los Estados Unidos, los jóvenes de la familia fueron _____ (admitir) en las escuelas de la comunidad.
5. Los hijos de los Villar ya no son _____ (considerar) extranjeros.
6. Cuando volvieron a visitar Argentina, los Villar fueron _____ (recibir) en el aeropuerto por todos sus familiares.

2 **El artículo** Lee las notas que tomó una periodista sobre un caso de robo y escribe el artículo utilizando la voz pasiva.

Modelo   Hace 25 años fue asaltado el Museo de Bellas Artes...

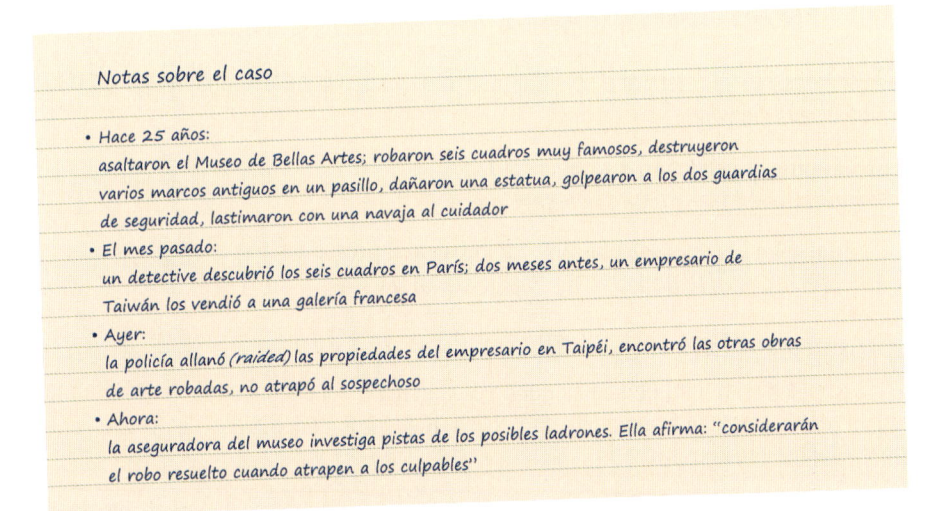

Notas sobre el caso

- Hace 25 años:
  asaltaron el Museo de Bellas Artes; robaron seis cuadros muy famosos, destruyeron varios marcos antiguos en un pasillo, dañaron una estatua, golpearon a los dos guardias de seguridad, lastimaron con una navaja al cuidador
- El mes pasado:
  un detective descubrió los seis cuadros en París; dos meses antes, un empresario de Taiwán los vendió a una galería francesa
- Ayer:
  la policía allanó *(raided)* las propiedades del empresario en Taipéi, encontró las otras obras de arte robadas, no atrapó al sospechoso
- Ahora:
  la aseguradora del museo investiga pistas de los posibles ladrones. Ella afirma: "considerarán el robo resuelto cuando atrapen a los culpables"

3 **Titulares** Elige uno de los siguientes titulares y escribe un breve artículo para el periódico de tu universidad. Utilizando la voz pasiva y las palabras de la lista, explica dónde y cómo fue el evento, quiénes participaron y qué consecuencias tuvo.

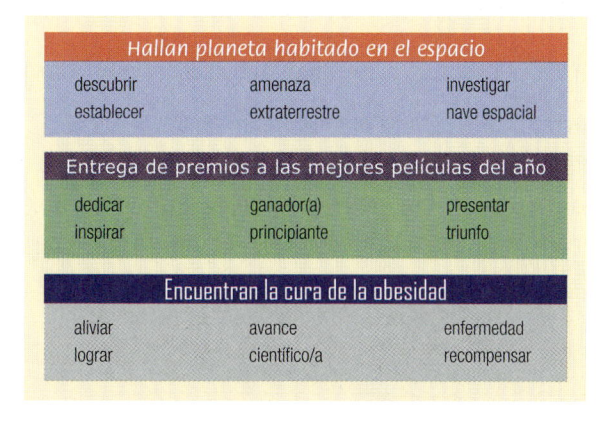

Hallan planeta habitado en el espacio		
descubrir	amenaza	investigar
establecer	extraterrestre	nave espacial

Entrega de premios a las mejores películas del año		
dedicar	ganador(a)	presentar
inspirar	principiante	triunfo

Encuentran la cura de la obesidad		
aliviar	avance	enfermedad
lograr	científico/a	recompensar

Manual de gramática

MANUAL DE GRAMÁTICA

Uses of *se*

The passive *se*

- In Spanish, the pronoun **se** is often used to express the passive voice when the agent performing the action is not stated. The third person singular verb form is used with singular nouns, and the third person plural form is used with plural nouns.

    Se subirán los impuestos a final de año.
    Taxes will be raised at the end of the year.

    Se necesita un cajero automático en este edificio.
    An ATM is needed in this building.

    *En esta tienda no **se aceptan** cheques.*

- When the passive **se** refers to a specific person or persons, the personal **a** is used and the verb is always singular.

    Se despidió al vendedor por llegar tarde.
    The salesperson was fired for being late.

    Se informó a los dueños sobre los cambios en el presupuesto.
    The owners were informed of the budget changes.

The impersonal *se*

- **Se** is also used with third person singular verbs in impersonal constructions where the subject of the sentence is indefinite. In English, the words *one, people, we, you,* or *they* are often used for this purpose.

    Se habla mucho de la crisis.
    People are talking about the crisis a lot.

    ¿**Se puede** vivir sin dinero?
    Can one live without money?

    Se dice que es mejor prestar que pedir prestado.
    They say it is better to lend than to borrow.

    No **se debe** invertir todo en la bolsa de valores.
    You shouldn't invest everything in the stock market.

- Constructions with the impersonal **se** are often used on signs and warnings.

    Se habla español.
    We speak Spanish.

    Se alquilan apartamentos.
    Apartments for rent.

    Se busca camarero.
    Waiter wanted.

    No **se aceptan** tarjetas de crédito.
    We don't accept credit cards.

TALLER DE CONSULTA

In passive constructions, the object of a verb becomes the subject of the sentence.

Active: **La compañía necesita más fondos.** *The company needs more funds.*
Passive: **Se necesitan más fondos.** *More funds are needed.*

For more on the passive voice, see this **Manual de gramática, p. 268.**

Se to express unexpected events

*A mis amigos **se les ocurrió** hacerme una fiesta sorpresa de cumpleaños.*

- **Se** is also used in statements that describe accidental or unplanned incidents. In this construction, the agent who performs the action is de-emphasized, implying that the incident is not his or her direct responsibility.

	INDIRECT OBJECT PRONOUN	VERB	SUBJECT
Se	me	perdió	el reloj.

- In this construction, the person(s) to whom the event happened is/are expressed as an indirect object. What would normally be the direct object of the English sentence becomes the subject of the Spanish sentence.

	INDIRECT OBJECT PRONOUN	VERB	SUBJECT
	me	acabó	el dinero.
	te	cayeron	las gafas.
Se	le	ocurrió	una buena idea.
	nos	dañó	la radio.
	os	olvidaron	las llaves.
	les	perdió	el documento.

- These verbs are frequently used with **se** to describe unplanned events.

acabar *to finish, to run out*	**olvidar** *to forget*
caer *to fall, to drop*	**perder** (e:ie) *to lose*
dañar *to damage, to break*	**quedar** *to leave behind*
ocurrir *to occur*	**romper** *to break*

Se me quedó la tarjeta de crédito en el almacén.
I left my credit card at the store.

Se nos dañó la computadora en la reunión con los ejecutivos.
Our computer broke at the meeting with the executives.

- To clarify or emphasize the person(s) to whom the unexpected occurrence happened, the construction sometimes begins with **a** + [*noun*] or **a** + [*prepositional pronoun*].

A María siempre se le olvida pagar los impuestos.
María always forgets to pay her taxes.

A mí se me cayeron todos los documentos en medio de la calle.
I dropped all the documents in the middle of the street.

MANUAL DE GRAMÁTICA

Práctica

1 **Unir** Une las frases de la columna A con las frases correspondientes de la columna B.

A	B
____ 1. A la empresa	a. se les pagó el sueldo mínimo.
____ 2. A los empleados	b. se le dio un aumento.
____ 3. A mí	c. se nos depositó el sueldo en la cuenta.
____ 4. A nosotros	d. se le exigió pagar más impuestos.
____ 5. A ti	e. se te olvidó pagar la tarjeta de crédito.
	f. se me dañó la computadora.

2 **Completar** La empresa para la que trabajas ha cambiado algunas reglas. Complétalas con frases impersonales con **se**.

> **Las nuevas reglas de la oficina son:**
>
> 1. _____ (trabajar) de ocho a seis.
> 2. No _____ (deber) comer en las oficinas.
> 3. _____ (prohibir) los teléfonos celulares.
> 4. _____ (tener) sólo veinte minutos para almorzar.
> 5. No _____ (permitir) las llamadas telefónicas personales.
> 6. _____ (prohibir) escuchar la radio en la oficina.

3 **Accidentes**

A. Describe qué sucedió en cada situación. Usa **se** y el verbo entre paréntesis.

>   **Modelo** No encuentro las llaves por ningún lado. (perder)
>   Se me perdieron las llaves.

1. Dejamos el presupuesto en la oficina. (olvidar)
2. Un virus atacó la computadora que compré hace poco. (dañar)
3. Después de pagar todas las deudas, Julián y Pati no tenían más dinero en la cuenta. (acabar)
4. Tienes varias ideas buenas para luchar contra la pobreza. (ocurrir)
5. Tony no recuerda dónde puso las solicitudes (*applications*) que llevaba para las entrevistas. (perder)
6. Iba con demasiada prisa y tropecé (*tripped*). Ahora los papeles están por todo el suelo. (caer)
7. No pensamos que las copas de cristal estuvieran en peligro en el nuevo lavaplatos. (romper)
8. Carlos y Emilia dijeron que traerían las fotos de sus últimas vacaciones, pero no las tienen. (olvidar)

B. Usando las oraciones anteriores como modelo, describe tres situaciones que te hayan pasado a ti o a alguien que conoces.

4 La escuela Marcos y Marta son estudiantes y les cuentan a sus padres qué se hace en la escuela. Describe lo que se hace usando el **se** impersonal y las notas de Marcos y Marta.

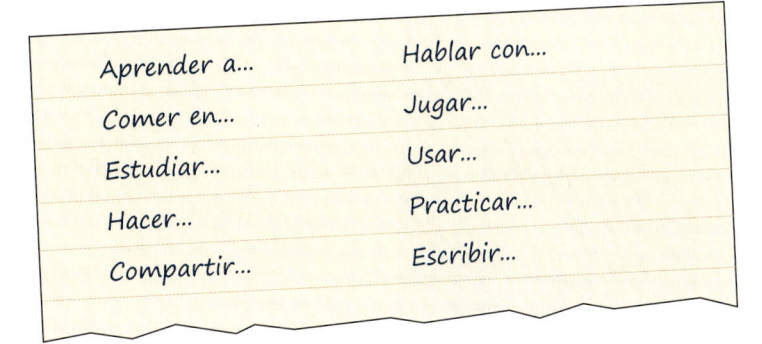

> Aprender a...
> Comer en...
> Estudiar...
> Hacer...
> Compartir...
> Hablar con...
> Jugar...
> Usar...
> Practicar...
> Escribir...

5 Oraciones Imagina que eres dueño de una empresa y vas a hablar con tus empleados sobre algunas decisiones que se han tomado. Forma oraciones con los elementos de la lista e inventa otros.

se contratarán	el dinero
se exige	dos ingenieros/as
no se puede	mientras usan la computadora
se decidió	nuevos/as empleados/as
se despidió	para el puesto
se entrevistaron	para los sueldos
se me acabó	perezosos/as
se premiará	tres estudiantes

6 Carteles Imagina dónde se encuentra cada cartel y qué actividades se hacen allí. Escribe oraciones usando **se**.

Modelo La biblioteca
Se prestan libros. Se estudia y se consultan diccionarios. Se pide y se da información para hacer investigaciones.

Se prohíbe hablar.

Se venden insectos.

Se leen las manos.

Se necesitan estudiantes de español.

Sólo se habla guaraní.

MANUAL DE GRAMÁTICA

Si clauses

- **Si** (*if*) clauses express a condition or event upon which another condition or event depends. Sentences with **si** clauses are often hypothetical statements. They contain a subordinate clause (**si** clause) and a main clause (result clause).

Si el proyecto es rentable, seguramente lo aprobarán.

- The **si** clause may be the first or second clause in a sentence. Note that a comma is used only when the **si** clause comes first.

   Si tienes tiempo, ven con nosotros al parque de atracciones.
   If you have time, come with us to the amusement park.

   Iré con ustedes **si** no tengo que trabajar.
   I'll go with you if I don't have to work.

Hypothetical statements about possible events

- In hypothetical statements about conditions or events that are possible or likely to occur, the **si** clause uses the present indicative. The main clause may use the present indicative, the future indicative, **ir a** + [*infinitive*], or a command.

Si clause: Present indicative		Main clause
Si usted no **juega** a la lotería, *If you don't play the lottery,*	PRESENT TENSE	no **puede** ganar. *you can't win.*
Si Gisela **está** dispuesta a hacer cola, *If Gisela is willing to wait in line,*	FUTURE TENSE	**conseguirá** entradas, seguro. *she'll definitely get tickets.*
Si marcan un solo gol más, *If they score just one more goal,*	IR A + [INFINITIVE]	**van a ganar** el partido. *they are going to win the game.*
Si sales temprano del trabajo, *If you finish work early,*	COMMAND	**vámonos** a un concierto. *let's go to a concert.*

TALLER DE CONSULTA

For other transitional expressions that express cause and effect, see this **Manual de gramática, p. 280**.

¡ATENCIÓN!

Si (*if*) does not carry a written accent. However, **sí** (*yes*) does carry a written accent.

Si puedes, ven.
Come if you can.

Sí, puedo.
Yes, I can.

---

274   Estructuras adicionales

MANUAL DE GRAMÁTICA

Hypothetical statements about improbable situations

- In hypothetical statements about current conditions or events that are improbable or contrary-to-fact, the **si** clause uses the past subjunctive. The main clause uses the conditional.

Si clause: Past subjunctive	Main clause: Conditional
Si tuviéramos boletos, *If we had tickets,*	**iríamos** al concierto. *we would go to the concert.*
Si no **estuviera** tan cansada, *If I weren't so tired,*	**saldría** a cenar contigo. *I'd go out to dinner with you.*

¡ATENCIÓN!

A contrary-to-fact situation is one that is possible, but will probably not happen and/or has not occurred.

Hypothetical statements about the past

- In hypothetical statements about contrary-to-fact situations in the past, the **si** clause describes what *would have happened* if another event or condition *had occurred*. The **si** clause uses the past perfect subjunctive. The main clause uses the conditional perfect.

Si clause: Past perfect subjunctive	Main clause: Conditional perfect
Si no me **hubiera lastimado** el pie, *If I hadn't injured my foot,*	**habría ganado** la carrera. *I would have won the race.*
Si me **hubieras llamado** antes, *If you had called me sooner,*	**habríamos podido** reunirnos. *we would have been able to get together.*

¡ATENCIÓN!

The past perfect subjunctive is formed with the past subjunctive of **haber** and a past participle.

The conditional perfect is formed with the conditional of **haber** and a past participle.

Habitual conditions and actions in the past

- In statements that express habitual past actions that are not contrary-to-fact, both the **si** clause and the main clause use the imperfect.

Si clause: Imperfect	Main clause: Imperfect
Si Milena **tenía** tiempo libre, *If Milena had free time,*	siempre **iba** a la playa. *she would always go to the beach.*
De niño, **si iba** a la feria, *As a child, if I'd go to the fair,*	siempre **me montaba** en la montaña rusa. *I would always ride the roller coaster.*

*Los fines de semana, **si hacía** buen tiempo, **íbamos** a caminar por un bosque cerca de casa.*

Manual de gramática

MANUAL DE GRAMÁTICA

Práctica

1 Situaciones Completa las oraciones.

A. Situaciones probables o posibles

1. Si mi amiga Teresa no _____ (venir) pronto, tendremos que hacer cola.
2. Si tú no _____ (trabajar) hoy, vamos a la feria.

B. Situaciones hipotéticas sobre eventos improbables

3. Si mis padres estuvieran aquí, yo no _____ (poder) salir con mis amigos todas las noches.
4. Si mi novia tuviera más tiempo libre, ella _____ (pasar) todo el día jugando al tenis.

C. Situaciones hipotéticas sobre el pasado

5. Si mi tía la aguafiestas no hubiera venido a pasar las vacaciones conmigo, yo _____ (divertirse) mucho más.
6. Si el anfitrión _____ (ser) más simpático, la fiesta habría sido más divertida.

2 Si trabajara menos Completa el diálogo con el condicional o el imperfecto del subjuntivo.

CAROLINA Estoy todo el día en la oficina, pero si (1) _____ (trabajar) menos, tendría más tiempo para divertirme. Si sólo viniera a la oficina algunas horas por semana, (2) _____ (practicar) el andinismo más a menudo.

LETICIA ¿Andinismo? ¡Qué aburrido! Si yo tuviera más tiempo libre, (3) _____ (hacer) todas las noches lo mismo: (4) _____ (ir) al teatro, luego (5) _____ (salir) a cenar y, para terminar la noche, (6) _____ (hacer) una fiesta para celebrar que ya no tengo que ir a trabajar por la mañana. Si nosotras (7) _____ (tener) la suerte de no tener que trabajar nunca más, (8) _____ (pasarse) todo el día sin hacer absolutamente nada.

CAROLINA ¿Te imaginas? Si la vida (9) _____ (ser) así, seríamos mucho más felices, ¿no crees?

3 Emparejar Escribe en cada espacio en blanco la letra del final que completa mejor cada oración.

1. Si los conservadores aprueban la controvertida ley, ___
2. Si yo pudiera ayudarte, ___
3. Elena y yo no nos habríamos perdido ___
4. Si mi hermano tuviera talento para escribir y fuera objetivo, ___
5. Si Manuel tenía un minuto libre, ___
6. Roberto, si lees la crónica deportiva, ___
7. Si los políticos querían influir en nuestro punto de vista, ___
8. Si los activistas lo hubieran sabido, ___

a. sin duda sería periodista.
b. lo pasaba navegando la red.
c. habrían ignorado las amenazas.
d. salvemos el medio ambiente.
e. sabían cómo hacerlo.
f. van a perder las elecciones.
g. habrían prevenido la tragedia.
h. llámame y hablamos.
i. si nos hubieras dado la dirección correcta.
j. lo haría, pero no puedo.

Estructuras adicionales

MANUAL DE GRAMÁTICA

4 Si yo hubiera sido Imagina cómo habría sido tu vida si hubieras sido uno de estos personajes.

> **Modelo** uno de los Beatles
> Si yo hubiera sido uno de los Beatles, habría tenido millones de aficionados a mi música y habría viajado por todo el mundo.

- Madre Teresa de Calcuta
- Benjamin Franklin
- Elvis Presley
- Ray Charles
- la Princesa Diana de Inglaterra
- Jorge Luis Borges
- ¿?

5 ¿Qué harías? Mira los dibujos y escribe qué harías si te ocurriera lo que muestra cada dibujo. Sigue el modelo y sé creativo.

> **Modelo** Te encuentras diez mil dólares en la calle.
> Si yo encontrara diez mil dólares en la calle, seguramente llamaría a la policía y preguntaría si alguien los había reclamado.

1. Tu suegro viene de visita sin avisar.
2. Te invitan a bailar tango. 
3. Se descompone tu carro en el desierto. 
4. Te quedas atrapado/a en un ascensor. 

6 ¿Qué pasaría? Responde qué hacías, haces, harías o habrías hecho en las siguientes situaciones.

> **Modelo** Si fueras un(a) atleta famoso/a.
> Si fuera un(a) atleta famoso/a, donaría parte de mi sueldo para construir más escuelas.

1. Si hoy hubieras tenido el día libre.
2. Si, de niño/a, tus padres te regañaban.
3. Si suspendieran las clases durante una semana.
4. Si ves a tu novio/a con otro/a en el cine.
5. Si descubrieras que tienes el poder de ser invisible.

Nota CULTURAL

El **tango** nació en **Buenos Aires** a mediados del siglo XIX. Este género musical, de aire triste y nostálgico, es el resultado de la mezcla de culturas nativas de **Argentina** con otras venidas de países como **España** e **Italia**, entre otros. En un principio, escuchar o bailar tango estaba mal visto en la sociedad argentina, pero poco a poco fue ganando prestigio hasta hacerse popular en todo el mundo.

MANUAL DE GRAMÁTICA

Time expressions with *hacer*

- In Spanish, the verb **hacer** is used to describe how long something has been happening or how long ago an event occurred.

Time expressions with **hacer**

PRESENT	**Hace** + [*period of time*] + **que** + [*verb in present tense*]
	Hace tres semanas que busco trabajo.
	I've been looking for work for three weeks.
PRETERITE	**Hace** + [*period of time*] + **que** + [*verb in the preterite*]
	Hace seis meses que fueron a Bolivia.
	They went to Bolivia six months ago.
IMPERFECT	**Hacía** + [*period of time*] + **que** + [*verb in the imperfect*]
	Hacía treinta años que trabajaba con nosotros cuando por fin se jubiló.
	He had been working with us for thirty years when he finally retired.

- To express the duration of an event that continues into the present, Spanish uses the construction **hace** + [*period of time*] + **que** + [*present tense verb*]. Note that **hace** does not change form.

  ¿Cuánto tiempo **hace que vives** en Paraguay?
  How long have you lived in Paraguay?

  Hace siete años **que vivo** en Paraguay.
  I've lived in Paraguay for seven years.

- To make a sentence negative, add **no** before the conjugated verb. Negative time expressions with **hacer** often translate as *since* in English.

  ¿Hace mucho tiempo que **no** recibe un aumento de sueldo?
  Has it been a long time since you got a raise?

  ¡Uy, hace años que **no** recibo un aumento de sueldo!
  It's been years since I got a raise!/ I haven't gotten a raise in years!

- To tell how long ago an event occurred, use **hace** + [*period of time*] + **que** + [*preterite tense verb*].

  ¿Cuánto tiempo **hace que** te **despidieron**?
  How long ago were you fired?

  Hace cuatro días que me **despidieron**.
  I was fired four days ago.

- **Hacer** is occasionally used in the imperfect to describe how long an event had been happening before another event occurred. Note that both **hacer** and the conjugated verb use the imperfect.

  Hacía dos años que no estudiaba español cuando decidió tomar otra clase.
  She hadn't studied Spanish for two years when she decided to take another class.

¡ATENCIÓN!

The construction [*present tense verb*] + **desde hace** + [*period of time*] may also be used. **Desde** can be omitted.

Estudia español (desde) hace un año. *He's been studying Spanish for a year.*

No come chocolate (desde) hace un mes. *It's been a month since he ate chocolate.*

¡ATENCIÓN!

Expressions of time with **hacer** can also be used without **que**.

¿Hace cuánto (tiempo) te despidieron?

Me despidieron hace cuatro días.

---

278   Estructuras adicionales

MANUAL DE GRAMÁTICA

Práctica

1 **Oraciones** Escribe oraciones utilizando expresiones de tiempo con **hacer**. Usa el tiempo presente en las oraciones 1 a 3 y el pretérito en las oraciones 4 a 6.

> **Modelo** Ana / hablar por teléfono / veinte minutos
> Hace veinte minutos que Ana habla por teléfono.

1. Roberto y Miguel / estudiar / tres horas
   _____

2. nosotros / estar enfermos / una semana
   _____

3. tú / trabajar en esta empresa / seis meses
   _____

4. Sergio / visitar Bolivia / un mes
   _____

5. yo / ir a Paraguay / un año
   _____

6. Esteban y Lisa / casarse / dos años
   _____

2 **Minidiálogos** Completa los minidiálogos con las palabras adecuadas.

1. **GRACIELA** ¿_____ tiempo hace que vives en esta ciudad?
   SUSANA Mmm... _____ dos años que _____ aquí.
2. **GUSTAVO** Hacía veinte años que Miguel _____ con nosotros cuando decidió jubilarse, ¿verdad?
   ARMANDO No, _____ quince años que trabajaba con nosotros cuando se jubiló.
3. **MARÍA** _____ a visitar a tu novia hace dos meses, ¿no?
   PEDRO Sí, _____ dos meses que fui a visitar a mi novia. ¡La extraño mucho!
4. **PACO** ¿Cuánto tiempo _____ que _____ español?
   ANA Estudio español _____ hace tres años.

3 **Preguntas** Responde a las preguntas con oraciones completas. Utiliza las palabras entre paréntesis.

1. ¿Cuánto tiempo hace que fuiste de vacaciones a la playa? (cinco años)
   _____

2. ¿Hace cuánto tiempo que estudias economía? (dos semanas)
   _____

3. ¿Cuánto tiempo hace que despidieron a Nicolás? (un mes)
   _____

4. ¿Cuánto tiempo hace que llegaron Irene y Natalia? (una hora)
   _____

5. ¿Hace cuánto tiempo que ustedes trabajan aquí? (cuatro días)
   _____

Transitional expressions

- Transitional words and phrases express the connections between ideas and details.

*La relación entre ellos era tensa, pues, **por una parte,** mi hermana era muy rebelde y, **por la otra,** mis padres le exigían mucho.*

- Many transitional words and phrases function to narrate time and sequence.

al final *at the end, in the end*	**hoy** *today*
al mismo tiempo *at the same time*	**luego** *then, next*
al principio *in the beginning*	**mañana** *tomorrow*
anteayer *the day before yesterday*	**mientras** *while*
antes (de) *before*	**pasado mañana** *the day after tomorrow*
ayer *yesterday*	**por fin** *finally*
después (de) *after, afterward*	**primero** *first*
entonces *then, at that time*	**segundo** *second*
finalmente *finally*	**siempre** *always*

- Several other transitional expressions compare or contrast ideas and details.

además *furthermore*	**ni... ni...** *neither... nor...*
al contrario *on the contrary*	**o... o...** *either... or...*
al mismo tiempo *at the same time*	**por otra parte/otro lado** *on the other hand*
aunque *although*	
con excepción de *with the exception of*	**por un lado... por el otro...** *on one hand... on the other...*
de la misma manera *similarly*	
del mismo modo *similarly*	**por una parte... por la otra...** *on one hand... on the other...*
igualmente *likewise*	**sin embargo** *however, yet*
mientras que *meanwhile, whereas*	**también** *also*

- Transitional expressions are also used to express cause and effect relationships.

así que *so; therefore*	**por consiguiente** *therefore*
como *since*	**por eso** *therefore*
como resultado (de) *as a result (of)*	**por esta razón** *for this reason*
dado que *since*	**por lo tanto** *therefore*
debido a *due to*	**porque** *because*

Práctica

1. Ordena los hechos Reconstruye el orden de los hechos asignando un número para cada uno. Ten en cuenta las expresiones de transición.

____ a. Primero envié mi currículum por correo.

____ b. Después de la entrevista, el gerente se despidió muy contento.

____ c. Antes de la entrevista, tuve que escribir una carta de presentación.

____ d. Al principio de la entrevista, el gerente de la empresa me pidió la carta y la leyó.

____ e. Mañana empiezo a trabajar.

____ f. Luego, el gerente me recibió en su oficina.

____ g. Finalmente el gerente alabó mi experiencia y mi disposición.

____ h. Dos semanas después, me citaron para una entrevista con el gerente.

2. Escoge Completa las oraciones con una de las opciones entre paréntesis.

1. Me gustan las actividades al aire libre, _____ (sin embargo / por eso) voy a esquiar todos los inviernos.

2. Eres aficionado al boliche y, _____ (por esta razón / por otra parte), te encanta leer.

3. Jugamos con todo el corazón y _____ (sin embargo / debido a eso) perdimos el partido.

4. Me lastimé el pie _____ (como resultado / con excepción) de la carrera.

5. Después de dos meses de búsqueda, _____ (como / por fin) conseguí entradas para el concierto.

6. Es un aguafiestas, _____ (mientras que / por consiguiente) no fue a la feria con nosotros.

7. Julia fue al teatro anoche, pero _____ (ni / además) se divirtió _____ (también / ni) aplaudió.

3. Completar Completa el relato de Marcos con las expresiones de la lista. Puedes usar algunas expresiones más de una vez.

además	del mismo modo	por eso
al contrario	mientras que	por un lado
debido a eso	por el otro	sin embargo

Hoy estoy muy contento, (1) _____ ven en mi cara una sonrisa. ¡Hice un viaje maravilloso por Argentina! (2) _____, no fue estresante, (3) _____, descansé mucho. Mi paseo fue muy variado, (4) _____, pasé varios días en Buenos Aires y (5) _____, recorrí la pampa argentina, donde hice muchos amigos. Buenos Aires es una ciudad llena de historia, (6) _____ su carácter contemporáneo la mantiene entre las capitales más activas de Suramérica. (7) _____, todo lo que empieza tiene que acabar y mi viaje terminó antes de lo que esperaba, (8) _____, pienso volver el próximo año.

MANUAL DE GRAMÁTICA

Pero vs. *sino*

*Queríamos entrar al espectáculo, **pero** había una fila larguísima.*

*Al final no hicimos paracaidismo, **sino** rafting.*

- In Spanish, both **pero** and **sino** are used to introduce contradictions or qualifications, but the two words are not interchangeable.

- **Pero** means *but* (in the sense of *however*). It may be used after either affirmative or negative clauses.

    Votaré por este partido, **pero** no me gusta su candidato.
    I will vote for this party, but I don't like its candidate.

    Él no decía que era religioso, **pero** siempre iba a misa.
    He didn't say he was religious, but he always went to mass.

- **Sino** also means *but* (in the sense of *but rather* or *on the contrary*). It is used only after negative clauses. **Sino** introduces a contradicting idea that clarifies or qualifies the previous information.

    No me interesan las excusas, **sino** las soluciones.
    I'm not interested in excuses, but rather in solutions.

    La casa **no** está en el centro de la ciudad, **sino** en las afueras.
    The house is not in the center of the city, but rather in the outskirts.

- When **sino** is used before a conjugated verb, the conjunction **que** is added.

    No quiero que vayas a la fiesta, **sino que** hagas tu tarea.
    I don't want you to go to the party, but to do your homework instead.

    No iba a su casa, **sino que** se quedaba en la capital.
    She was not going home, but was staying in the capital instead.

- *Not only… but also* is expressed with the phrase **no sólo… sino (que) también/además**.

    No sólo quiero pastel, **sino también** quiero helado.
    I not only want cake, but I also want ice cream.

- The phrase **pero tampoco** means *but neither* or *but not either*.

    No apoyan la globalización, **pero tampoco** son aislacionistas.
    They don't support globalization, but they're not isolationists either.

¡ATENCIÓN!

Pero también (*but also*) is used after affirmative clauses.

Pedro es inteligente, pero también es cabezón.
Pedro is smart, but he is also stubborn.

Estructuras adicionales

MANUAL DE GRAMÁTICA

Práctica

1 Columnas Completa cada oración con la opción correcta de la segunda columna.

1. Sofía no quiere viajar mañana y Marta _____.
2. Mi compañero de cuarto no es de Madrid, _____ de Barcelona.
3. Mis padres querían que yo trabajara, _____ yo me fui de viaje a Europa.
4. No fui al partido de fútbol, _____ fui al concierto de rock.

a. pero
b. pero tampoco
c. sino
d. tampoco

2 Completar Completa cada oración con **no sólo, pero, sino (que)** o **tampoco**.

1. Las cartas no llegaron el miércoles, _____ el jueves.
2. Mis amigos no quieren ir al cine esta noche y yo _____.
3. No me gusta conducir por la noche, _____ te llevaré a la fiesta en mi carro.
4. Carlos no me llamaba por teléfono, _____ me enviaba correos electrónicos con frecuencia.
5. Yo _____ esperaba aprobar el examen, _____ también sacar una A.
6. Mis amigos no pensaban votar en las próximas elecciones, _____ yo los convencí para que lo hicieran.
7. Quiero aclarar que Juan no llegó temprano, _____ muy tarde.

3 El mundo de hoy Completa la conversación con las palabras y expresiones de la lista.

no sólo	sino
pero	sino que
pero tampoco	

TOMÁS El mundo de hoy es muy complejo, (1) _____ hay que reconocer que hemos avanzado mucho.

FELIPE Yo no estoy de acuerdo. Me da la sensación de que últimamente (2) _____ hemos avanzado poco, (3) _____ vamos para atrás.

TOMÁS ¡Cómo puedes decir eso, Felipe!

FELIPE El mundo no es (4) _____ consumismo en los países ricos y miseria en los países pobres.

TOMÁS Ése es un problema grave, (5) _____ creo que esa miseria ya existía antes. Acepto que tienes razón, (6) _____ vas a negar que hay inventos que han mejorado nuestra calidad de vida.

FELIPE La verdad es que yo no podría vivir sin el teléfono, el automóvil o la electricidad.

TOMÁS Pues a eso me refería yo.

Manual de gramática   283

MANUAL DE GRAMÁTICA

Presentation

Past participles used as adjectives

- Past participles are used with **haber** to form compound tenses, such as the present perfect and the past perfect, and with **ser** to express the passive voice. They are also frequently used as adjectives.

- When a past participle is used as an adjective, it agrees in number and gender with the noun it modifies.

    un proyecto complicado
    a complicated project

    una oficina bien organizada
    a well-organized office

    los trabajadores destacados
    the prominent workers

    las reuniones aburridas
    the boring meetings

- Past participles are often used with the verb **estar** to express a state or condition that results from the action of another verb. They frequently express physical or emotional states.

    Felicia, ¿**estás despierta?**
    Felicia, are you awake?

    No, **estoy dormida**.
    No, I'm asleep.

    Marco, **estoy enfadado**.
    ¿Por qué no depositaste los cheques?
    Marco, I'm furious.
    Why didn't you deposit the checks?

    Perdón, don Humberto.
    Es que el banco ya **estaba cerrado**.
    I'm sorry, Don Humberto.
    It's that the bank was already closed.

- Past participles may be used as adjectives with other verbs, as well.

    Empezó a llover y **llegué empapada** a la reunión.
    It started to rain and I arrived at the meeting soaking wet.

    Ese libro **es** tan **aburrido**.
    That book is so boring.

    Después de las vacaciones, **nos sentimos descansados**.
    After vacation, we felt rested.

    ¿Los documentos? Ya los **tengo corregidos**.
    The documents? I already have them corrected.

    Después de limpiar, **quedó** *muy* **cansado.**

- Note that past participles are often used as adjectives to describe physical or emotional states.

aburrido/a	confundido/a	enojado/a	muerto/a
(des)cansado/a	enamorado/a	estresado/a	sorprendido/a

Estructuras adicionales

Práctica

1. Entrevista de trabajo Completa cada pregunta de Julieta con el participio del verbo entre paréntesis.

1. ¿Por qué crees que estás _____ (preparar) para este puesto?
2. ¿Estás _____ (informar) sobre nuestros productos?
3. ¿Te sientes _____ (sorprender) de todos los beneficios que ofrecemos?
4. ¿Por qué estás _____ (interesar) en este puesto en particular?
5. ¿Trajiste tu currículum _____ (escribir) en computadora?
6. ¿Cómo manejarás el estrés cuando ya estés _____ (contratar)?

2. ¿Cómo están ellos? Mira las imágenes y relaciónalas con los verbos de la lista. Después completa cada frase usando **estar** + [*participio*].

| aburrir | enamorar | esconder | preparar |
| cansar | enojar | lastimar | sorprender |

1. Ellos _____
2. Juanito _____
3. Eva _____
4. Ellos _____
5. Marta _____

3. Dicho de otra forma Transforma las oraciones usando **estar** y el participio pasado del verbo correspondiente. Sigue el modelo.

Modelo Envió las cartas.
Las cartas están enviadas.

1. El enfermo se despertó.
2. Cubrieron todas las salidas.
3. No preparó el plan todavía.
4. Ya filmaron la película.
5. Por desgracia, rompieron su compromiso.
6. El bar abre sólo por la tarde.
7. Los dos se enamoraron profundamente.
8. Hizo su cama y guardó las cosas en su valija.

Manual de gramática

MANUAL DE GRAMÁTICA

Prepositions: *a, hacia,* and *con*

- The preposition **a** can mean *to, at, for, upon, within, of, on, from,* or *by*, depending on the context. Sometimes it has no direct translation in English.

  Fueron **al** cine.
  They went to the movies.

  Terminó **a** las doce.
  It ended at midnight.

  Lucy estaba **a** mi derecha.
  Lucy was on my right.

  Al llegar **a** casa, me sentí feliz.
  Upon returning home, I felt happy.

- The preposition **a** introduces indirect objects.

  Le mandó un mensaje de texto **a** su novio.
  She sent a text message to her boyfriend.

  Le prometió **a** María que saldrían el viernes.
  He promised María they'd go out on Friday.

- When a direct object noun is a person (or a pet), it is preceded by the personal **a**, which has no equivalent in English. If the person in question is not specific, the personal **a** is omitted, except before the words **alguien, nadie, alguno/a,** and **ninguno/a**.

  ¿Viste **a** tus amigos?
  Did you see your friends?

  No, no he visto **a** nadie.
  No, I haven't seen anyone.

  Necesitamos un buen ingeniero.
  We need a good engineer.

  Conozco **a** una ingeniera excelente.
  I know an excellent engineer.

- With movement, either literal or figurative, **hacia** means *toward* or *to*.

  Él se dirige **hacia** Chile para ver el eclipse.
  He is going to Chile to see the eclipse.

  La actitud de René **hacia** él fue negativa.
  René's attitude toward him was negative.

- With time, **hacia** means *approximately, around, about,* or *toward*.

  Hacia la una de la mañana, vi una luz extraña en el cielo.
  Around one o'clock in the morning, I saw a strange light in the sky.

  Sus teorías se hicieron populares **hacia** la segunda mitad del siglo XX.
  His theories became popular toward the second half of the twentieth century.

- The preposition **con** means *with*.

  Trabajó **con** los mejores investigadores.
  She worked with the best researchers.

  Quiero una computadora **con** reproductor de DVD.
  I want a computer with a DVD player.

- **Con** can also mean *but, even though,* or *in spite of* when used to convey surprise at an apparent conflict between two known facts.

  No han podido descubrir la cura.
  They've been unable to discover a cure.

  ¡**Con** todo el dinero que reciben!
  In spite of all the money they get!

¡ATENCIÓN!

Some verbs require **a** when used with an infinitive, such as **aprender a, ayudar a, comenzar a, enseñar a, ir a,** and **volver a**.

Aprendí **a** manejar.
I learned to drive.
Me ayudó **a** arreglar el coche.
He helped me fix the car.

A + [*infinitive*] can be used as a command.

¡**A** comer! *Let's eat!*
¡**A** dormir! *To bed!*

¡ATENCIÓN!

There is no accent mark on the **i** in the preposition **hacia**. The stress falls on the first **a**. The word **hacía** is a form of the verb **hacer**.

¡ATENCIÓN!

Spanish adverbs are often expressed with **con** + [*noun*].

con cuidado *carefully (with care)*
con cariño *affectionately (with affection)*

Note the following contractions:

con + mí = conmigo

con + ti = contigo

con + Ud./él/ella = consigo

con + Uds./ellos/ellas = consigo

It is never correct to say "con mí" or "con ti", but it is possible to use **con él mismo/con ella misma** instead of **consigo**.

Práctica

1. Unir Elige el elemento de la segunda columna que completa correctamente cada frase de la primera columna.

1. La clase de ciencias comenzará _____
2. El químico se negó _____
3. Trata de estar al día _____
4. Cuando terminó el experimento, caminó _____
5. Manchó la ropa _____
6. El reportero hizo reír _____
7. La actitud de Alberto _____

a. hacia la salida.
b. con las noticias.
c. con el café.
d. a la astrónoma.
e. hacia mí fue muy positiva.
f. a realizar ese experimento.
g. hacia las nueve y media.

2. Completar Coloca la preposición **a** sólo en los casos que sea correcto.

1. Vio _____ la cámara digital que quiere comprar.
2. La astronauta salió _____ la calle.
3. Le presentó _____ la ingeniera el proyecto de construcción.
4. El periódico publicó _____ un artículo sobre el descubrimiento.
5. Vimos _____ un ovni anoche.
6. El matemático dio un informe _____ los periodistas.
7. _____ la investigadora no le gusta levantarse temprano.
8. ¿Conoces _____ un buen restaurante cerca de aquí?

3. Oraciones Escribe oraciones completas con los elementos dados. En cada una debes usar **a, con** o **hacia** por lo menos una vez. Haz los cambios que creas necesarios.

1. estrella fugaz / estarse moviendo / ese planeta
   _____
2. biólogo / hablar / jefe / laboratorio
   _____
3. hace dos días / químico / salir / comer / científica
   _____
4. nosotros / enseñarle / teoría / grupo
   _____
5. yo / compartir / información / mis compañeros
   _____
6. ayer / María / darle / contraseña / Manuel
   _____
7. anoche / ovni / volar / bosque
   _____
8. tú / grabar / CD / fotos de la fiesta
   _____

Manual de gramática 287

MANUAL DE GRAMÁTICA

Prepositions: *de, desde, en, entre, hasta,* and *sin*

- **De** often corresponds to *of* or the possessive endings *'s/s'* in English.

Uses of *de*

Possession	Description	Material	Position	Origin	Contents
la superficie **del** sol	la fórmula **de** larga duración	el recipiente **de** vidrio	la pantalla **de** enfrente	El científico es **de** Perú.	el vaso **de** agua destilada
the sun's surface	the long-lasting formula	the glass container	the facing screen	The scientist is from Peru.	the glass of distilled water

- **Desde** expresses direction *(from)* and time *(since)*.

  El cohete viajó **desde** la Tierra a la Luna.
  The rocket traveled from the Earth to the Moon.

  No hemos oído de ellos **desde** el martes.
  We haven't heard from them since Tuesday.

- **En** corresponds to several English prepositions, such as *in, on, into, onto, by,* and *at*.

  El microscopio está **en** la mesa.
  The microscope is on the table.

  El profesor entró **en** la clase.
  The professor went into the classroom.

  Los resultados se encuentran **en** el cuaderno.
  The results can be found in the notebook.

  Luisa y Marta se encontraron **en** el museo.
  Luisa and Marta met at the museum.

- **Entre** generally corresponds to the English prepositions *between* and *among*.

  entre 1976 y 1982
  between 1976 and 1982

  entre ellos
  among themselves

- **Entre** is not followed by **ti** and **mí**, the usual pronouns that serve as objects of prepositions. Instead, the subject pronouns **tú** and **yo** are used.

  Entre tú y yo... *Between you and me...*

- **Hasta** corresponds to *as far as* in spatial relationships, *until* in time relationships, and *up to* for quantities. It can also be used as an adverb to mean *even* or *including*.

  Avanzaron **hasta** las murallas del palacio.
  They advanced as far as the palace walls.

  Hasta 1898, Cuba fue colonia de España.
  Until 1898, Cuba was a colony of Spain.

  Haremos **hasta** veinte experimentos.
  We'll do up to twenty experiments.

  Hasta el presidente quedó sorprendido.
  Even the president was surprised.

- **Sin** corresponds to *without* in English. It is often followed by a noun, but it can also be followed by the infinitive form of a verb.

  No veo nada **sin** los lentes.
  I can't see a thing without glasses.

  Lo hice **sin** pensar.
  I did it without thinking.

¡ATENCIÓN!

De is often used in prepositional phrases of location: **al lado de, a la derecha de, cerca de, debajo de, detrás de, encima de.**

¡ATENCIÓN!

Common phrases with **de**:

de nuevo *again*
de paso *on the way*
de pie *standing up*
de repente *suddenly*
de todos modos *in any case*
de vacaciones *on vacation*
de vuelta *back*

Cuando entró la jueza, todos se pusieron de pie.
When the judge entered, everyone stood up.

Common phrases with **en**:

en broma *as a joke*
en cambio *on the other hand*
en contra *against*
en fila *in a row*
en serio *seriously*
en tren *by train*
en vano *in vain*

No lo digo en broma; te estoy hablando en serio.
I don't mean this as a joke; I'm talking to you in all seriousness.

Estructuras adicionales

MANUAL DE GRAMÁTICA

Práctica

1 **Completar** Completa cada oración con la opción correcta.

1. _____ la patente no podremos vender nuestro invento.
   a. En b. Hasta c. Sin

2. Una computadora como ésta puede costar _____ tres mil dólares.
   a. hasta b. sin c. en

3. ¿Estás segura de que el ovni va a aterrizar _____ nuestro jardín?
   a. de b. en c. sin

4. Nos vemos a las once en el laboratorio _____ biología.
   a. entre b. de c. desde

5. _____ mi ventana vi una estrella fugaz y pedí un deseo.
   a. Desde b. En c. Hasta

6. Este descubrimiento debe quedar sólo _____ tú y yo.
   a. entre b. de c. desde

2 **Un artículo** Completa el texto con las preposiciones **de**, **desde** o **en**.

(1) _____ la Tierra puedes ver hasta 3.000 estrellas. (2) _____ una noche clara también puedes ver una nube (3) _____ estrellas llamada Vía Láctea. Podrás descubrir rayos (*rays*) (4) _____ luz que se llaman estrellas fugaces. La estrella que está más cerca (5) _____ la Tierra es el Sol. (6) _____ el Sol hasta la Tierra hay unos 150 millones (7) _____ kilómetros.

   ¿Sabías que (8) _____ los inicios de la humanidad los hombres creían que el Sol era una pelota (9) _____ fuego? Los chinos, por ejemplo, pensaban que el Sol había salido (10) _____ la boca (11) _____ un dragón.

   (12) _____ el Sol llegan a la Tierra diferentes tipos (13) _____ rayos. La capa (14) _____ ozono no deja pasar los rayos ultravioleta que son peligrosos para la salud (15) _____ personas, animales y plantas. Por eso, los agujeros (*holes*) (16) _____ la capa (17) _____ ozono se estudian constantemente (18) _____ los laboratorios científicos.

3 **La hipótesis** Completa las oraciones con las preposiciones **entre**, **hasta** o **sin**.

1. Hay varias hipótesis sobre el origen de los humanos en el continente americano. _____ ellas, la del antropólogo argentino Florentino Ameghino.

2. Ameghino decía que la especie humana se había originado en América. Hoy sabemos que Ameghino formuló esa idea _____ demasiados fundamentos.

3. _____ mediados del siglo XX, aún no se había encontrado en América ningún rastro de humanos parecidos al Neandertal.

4. _____ todos los esqueletos encontrados, no hay ninguno que se diferencie mucho del de los humanos modernos.

5. _____ embargo, sí se han encontrado restos (*remains*) de animales extintos desde hace cientos de miles de años.

6. _____ ellos están el mastodonte de Ecuador, un bisonte (*bison*) fósil y un elefante antiguo.

Manual de gramática 289

Verb conjugation tables

Below you will find the infinitive of the verbs introduced as active vocabulary in **SUEÑA**, as well as other common verbs. Each verb is followed by a model verb conjugated on the same pattern. The number in parentheses indicates where in the verb tables, pages **292–299**, you can find the conjugated forms of the model verb. Many of these verbs can be used reflexively. To check the verb conjugation, use the tables on pages **292–299**. For placement of the reflexive pronouns, see page **300**.

abandonar like hablar (1)
abastecer (c:zc) like conocer (35)
abrazar (z:c) like cruzar (37)
abrir like vivir (3) *except* past participle is abierto
aburrir like vivir (3)
abusar like hablar (1)
acabar like hablar (1)
acariciar like hablar (1)
acercar (c:qu) like tocar (43)
acordar (o:ue) like contar (24)
acosar like hablar (1)
acostar (o:ue) like contar (24)
acostumbrar like hablar (1)
actuar like graduar (40)
acudir like vivir (3)
adaptar like hablar (1)
adivinar like hablar (1)
adjuntar like hablar (1)
administrar like hablar (1)
afeitar like hablar (1)
afligir (g:j) like proteger (42) for consonant change only
agotar like hablar (1)
agradecer (c:zc) like conocer (35)
aguantar like hablar (1)
ahogar (g:gu) like llegar (41)
ahorrar like hablar (1)
alcanzar (z:c) like cruzar (37)
alejar like hablar (1)
alimentar like hablar (1)
aliviar like hablar (1)
amanecer (c:zc) like conocer (35)
amar like hablar (1)
amenazar (z:c) like cruzar (37)
andar like hablar (1) *except* preterite stem is anduv-
animar like hablar (1)
anotar like hablar (1)
anticipar like hablar (1)
añadir like vivir (3)
aparcar (c:qu) like tocar (43)
aplaudir like vivir (3)
apostar (o:ue) like contar (24)
apoyar like hablar (1)
aprender like comer (2)
aprobar (o:ue) like contar (24)

aprovechar like hablar (1)
apuntar like hablar (1)
arreglar like hablar (1)
arrepentir (e:ie) like sentir (33)
arriesgar (g:gu) like llegar (41)
arruinar like hablar (1)
ascender (e:ie) like entender (27)
asimilar like hablar (1)
asistir like vivir (3)
aterrizar (z:c) like cruzar (37)
atraer like traer (21)
atrever like comer (2)
aumentar like hablar (1)
averiguar like hablar (1)
ayudar like hablar (1)
bailar like hablar (1)
bajar like hablar (1)
bañar like hablar (1)
batir like vivir (3)
beber like comer (2)
besar like hablar (1)
borrar like hablar (1)
brindar like hablar (1)
burlar like hablar (1)
buscar (c:qu) like tocar (43)
caber (4)
caer (5)
callar like hablar (1)
cambiar like hablar (1)
caminar like hablar (1)
capacitar like hablar (1)
casar like hablar (1)
castigar (g:gu) like llegar (41)
cazar (z:c) like cruzar (37)
ceder like comer (2)
celebrar like hablar (1)
cepillar like hablar (1)
cerrar (e:ie) like pensar (30)
chantajear like hablar (1)
charlar like hablar (1)
clonar like hablar (1)
cobrar like hablar (1)
coleccionar like hablar (1)
colocar (c:qu) like tocar (43)
comer (2)
cometer like comer (2)

compartir like vivir (3)
comportar like hablar (1)
comprar like hablar (1)
comprobar (o:ue) like contar (24)
compulsar like hablar (1)
conducir (c:zc) (6)
confiar like enviar (39)
congelar like hablar (1)
conocer (c:zc) (35)
conquistar like hablar (1)
conseguir (e:i) (gu:g) like seguir (32)
conservar like hablar (1)
considerar like hablar (1)
construir (y) like destruir (38)
consultar like hablar (1)
consumir like vivir (3)
contagiar like hablar (1)
contaminar like hablar (1)
contar (o:ue) (24)
contentar like hablar (1)
contratar like hablar (1)
contribuir (y) like destruir (38)
construir (y) like destruir (38)
convencer (c:z) like vencer (44)
conversar like hablar (1)
convertir (e:ie) like sentir (33)
convivir like vivir (3)
convocar (c:qu) like tocar (43)
cooperar like hablar (1)
coquetear like hablar (1)
correr like comer (2)
cortar like hablar (1)
crear like hablar (1)
crecer (c:zc) like conocer (35)
creer (y) (36)
criar like enviar (39)
cruzar (z:c) (37)
cubrir like vivir (3) *except* past participle is cubierto
cuidar like hablar (1)
cultivar like hablar (1)
curar like hablar (1)
dañar like hablar (1)
dar (7)
deber like comer (2)
decir (e:i) (8)

dedicar (c:qu) like tocar (43)
defender (e:ie) like entender (27)
dejar like hablar (1)
depositar like hablar (1)
derogar (g:gu) like llegar (41)
derretir (e:i) like pedir (29)
derrocar (c:qu) like tocar (43)
derrotar like hablar (1)
desafiar like enviar (39)
desaparecer (c:zc) like conocer (35)
desaprovechar like hablar (1)
desarrollar like hablar (1)
descargar (g:gu) like llegar (41)
desconfiar like enviar (39)
descongelar like hablar (1)
descubrir like vivir (3) *except* past participle is descubierto
desmayar like hablar (1)
despedir (e:i) like pedir (29)
despertar (e:ie) like pensar (30)
despreciar like hablar (1)
destacar (c:qu) like tocar (43)
destrozar (z:c) like cruzar (37)
destruir (y) (38)
detener (e:ie) like tener (20)
difundir like vivir (3)
dirigir (g:j) like proteger (42) for consonant change only
disculpar like hablar (1)
discutir like vivir (3)
disentir (e:ie) like sentir (33)
diseñar like hablar (1)
disfrutar like hablar (1)
disimular like hablar (1)
disminuir (y) like destruir (38)
disparar like hablar (1)
disponer like poner (15)
distinguir (gu:g) like extinguir (46)
divertir (e:ie) like sentir (33)
divorciar like hablar (1)
doblar like hablar (1)
dominar like hablar (1)
dormir (o:ue) (25)
duchar like hablar (1)
echar like hablar (1)
ejercer (c:z) like vencer (44)

VERB TABLES

elegir (e:i) like pedir (29) *except* (g:j) before a and o
emigrar like hablar (1)
empatar like hablar (1)
empeorar like hablar (1)
empezar (e:ie) (z:c) (26)
enamorar like hablar (1)
encabezar (z:c) like cruzar (37)
encarcelar like hablar (1)
engañar like hablar (1)
enojar like hablar (1)
enriquecer (c:zc) like conocer (35)
enrojecer (c:zc) like conocer (35)
ensayar like hablar (1)
enseñar like hablar (1)
entender (e:ie) (27)
enterar like hablar (1)
enterrar (e:ie) like pensar (30)
entretener (e:ie) like tener (20)
entrevistar like hablar (1)
enviar (39)
esconder like comer (2)
escribir like vivir (3) *except* past participle is escrito
esparcir (c:z) (45)
espiar like enviar (39)
establecer (c:zc) like conocer (35)
estar (9)
estrenar like hablar (1)
exigir (g:j) like proteger (42) for consonant change only
experimentar like hablar (1)
explorar like hablar (1)
exportar like hablar (1)
expulsar like hablar (1)
extinguir (gu:g) (46)
extrañar like hablar (1)
fabricar (c:qu) like tocar (43)
festejar like hablar (1)
fijar like hablar (1)
filmar like hablar (1)
financiar like hablar (1)
firmar like hablar (1)
flotar like hablar (1)
fortalecer (c:zc) like conocer (35)
ganar like hablar (1)
garantizar (z:c) like cruzar (37)
gastar like hablar (1)
gobernar (e:ie) like pensar (30)
golpear like hablar (1)
gozar (z:c) like cruzar (37)
grabar like hablar (1)
graduar (40)
gritar like hablar (1)
guardar like hablar (1)
guiar like enviar (39)
haber (10)
hablar (1)
hacer (11)
heredar like hablar (1)

homenajear like hablar (1)
huir (y) like destruir (38)
hundir like vivir (3)
incorporar like hablar (1)
incluir (y) like destruir (38)
independizar (z:c) like cruzar (37)
indicar (c:qu) like tocar (43)
influir (y) like destruir (38)
integrar like hablar (1)
intentar like hablar (1)
intercambiar like hablar (1)
intoxicar (c:qu) like tocar (43)
inventar like hablar (1)
invertir (e:ie) like sentir (33)
investigar (g:gu) like llegar (41)
ir (12)
jubilar like hablar (1)
jugar (u:ue) (g:gu) (28)
jurar like hablar (1)
juzgar (g:gu) like llegar (41)
lamentar like hablar (1)
lastimar like hablar (1)
lavar like hablar (1)
leer (y) like creer (36)
levantar like hablar (1)
ligar (g:gu) like llegar (41)
llegar (g:gu) (41)
llevar like hablar (1)
lograr like hablar (1)
luchar like hablar (1)
madrugar (g:gu) like llegar (41)
malcriar like enviar (39)
malgastar like hablar (1)
maquillar like hablar (1)
marcar (c:qu) like tocar (43)
marchar like hablar (1)
marear like hablar (1)
matar like hablar (1)
mejorar like hablar (1)
merecer (c:zc) like conocer (35)
meter like comer (2)
mezclar like hablar (1)
mimar like hablar (1)
morir (o:ue) like dormir (25) *except* past participle is muerto
mudar like hablar (1)
navegar (g:gu) like llegar (41)
obedecer (c:zc) like conocer (35)
odiar like hablar (1)
oír (y) (13)
olvidar like hablar (1)
opinar like hablar (1)
oprimir like vivir (3)
otorgar (g:gu) like llegar (41)
parar like hablar (1)
parecer (c:zc) like conocer (35)
partir like vivir (3)
pasar like hablar (1)
pasear like hablar (1)
patear like hablar (1)

pedir (e:i) (29)
pegar (g:gu) like llegar (41)
peinar like hablar (1)
pelear like hablar (1)
pensar (e:ie) (30)
perder (e:ie) like entender (27)
perdonar like hablar (1)
pertenecer (c:zc) like conocer (35)
planificar (c:qu) like tocar (43)
plantar like hablar (1)
poblar (o:ue) like contar (24)
podar like hablar (1)
poder (o:ue) (14)
poner (15)
portar like hablar (1)
predecir (e:i) like decir (8)
preguntar like hablar (1)
preocupar like hablar (1)
prescindir like vivir (3)
presenciar like hablar (1)
prestar like hablar (1)
prevenir (e:ie) like venir (22)
producir (c:zc) like conducir (6)
promover (o:ue) like volver (34) *except* past participle is regular
promulgar (g:gu) like llegar (41)
proteger (g:j) (42)
protestar like hablar (1)
publicar (c:qu) like tocar (43)
quedar like hablar (1)
quejar like hablar (1)
quemar like hablar (1)
querer (e:ie) (16)
quitar like hablar (1)
realizar (z:c) like cruzar (37)
rechazar (z:c) like cruzar (37)
recibir like vivir (3)
reciclar like hablar (1)
reconocer (c:zc) like conocer (35)
recorrer like comer (2)
reemplazar (z:c) like cruzar (37)
regañar like hablar (1)
regresar like hablar (1)
reír (e:i) (31)
relajar like hablar (1)
remodelar like hablar (1)
renunciar like hablar (1)
residir like vivir (3)
resistir like vivir (3)
resolver (o:ue) like volver (34)
respetar like hablar (1)
respirar like hablar (1)
reunir like vivir (3)
robar like hablar (1)
rodar (o:ue) like contar (24)
rodear like hablar (1)
romper like comer (2) *except* past participle is roto
rumorear like hablar (1)
saber (17)

sacrificar (c:qu) like tocar (43)
salir (18)
saltar like hablar (1)
salvar like hablar (1)
secar (c:qu) like tocar (43)
secuestrar like hablar (1)
seguir (e:i) (gu:g) (32)
sellar like hablar (1)
sembrar (e:ie) like pensar (30)
sentir (e:ie) (33)
señalar like hablar (1)
ser (19)
serrar (e:ie) like pensar (30)
significar (c:qu) like tocar (43)
silbar like hablar (1)
simbolizar (z:c) like cruzar (37)
sobresalir like salir (18)
sobrevivir like vivir (3)
solicitar like hablar (1)
soñar (o:ue) like contar (24)
soportar like hablar (1)
sorprender like comer (2)
sospechar like hablar (1)
subir like vivir (3)
subscribir like vivir (3) *except* past participle is subscrito
suceder like comer (2)
superar like hablar (1)
surgir (g:j) like proteger (42) for consonant change only
sustituir (y) like destruir (38)
tardar like hablar (1)
tener (e:ie) (20)
titular like hablar (1)
tocar (c:qu) (43)
tomar like hablar (1)
traducir (c:zc) like conducir (6)
traer (21)
transmitir like vivir (3)
trasladar like hablar (1)
trasnochar like hablar (1)
tratar like hablar (1)
urbanizar (z:c) like cruzar (37)
valer like tener (20) *except* no stem change, regular preterite and regular imperative
valorar like hablar (1)
vencer (c:z) (44)
vender like comer (2)
vengar (g:gu) like llegar (41)
venir (e:ie) (22)
ver (23)
vestir (e:i) like pedir (29)
viajar like hablar (1)
vigilar like hablar (1)
vivir (3)
volar (o:ue) like contar (24)
voltear like hablar (1)
volver (o:ue) (34)
votar like hablar (1)

Verb conjugation tables

VERB TABLES

Verb conjugation tables

Regular verbs: simple tenses

Infinitive	INDICATIVE					SUBJUNCTIVE		IMPERATIVE
	Present	Imperfect	Preterite	Future	Conditional	Present	Past	
1 hablar	hablo	hablaba	hablé	hablaré	hablaría	hable	hablara	
	hablas	hablabas	hablaste	hablarás	hablarías	hables	hablaras	habla tú (no hables)
	habla	hablaba	habló	hablará	hablaría	hable	hablara	hable Ud.
Participles:	hablamos	hablábamos	hablamos	hablaremos	hablaríamos	hablemos	habláramos	hablemos
hablando	habláis	hablabais	hablasteis	hablaréis	hablaríais	habléis	hablarais	hablad (no habléis)
hablado	hablan	hablaban	hablaron	hablarán	hablarían	hablen	hablaran	hablen Uds.
2 comer	como	comía	comí	comeré	comería	coma	comiera	
	comes	comías	comiste	comerás	comerías	comas	comieras	come tú (no comas)
	come	comía	comió	comerá	comería	coma	comiera	coma Ud.
Participles:	comemos	comíamos	comimos	comeremos	comeríamos	comamos	comiéramos	comamos
comiendo	coméis	comíais	comisteis	comeréis	comeríais	comáis	comierais	comed (no comáis)
comido	comen	comían	comieron	comerán	comerían	coman	comieran	coman Uds.
3 vivir	vivo	vivía	viví	viviré	viviría	viva	viviera	
	vives	vivías	viviste	vivirás	vivirías	vivas	vivieras	vive tú (no vivas)
	vive	vivía	vivió	vivirá	viviría	viva	viviera	viva Ud.
Participles:	vivimos	vivíamos	vivimos	viviremos	viviríamos	vivamos	viviéramos	vivamos
viviendo	vivís	vivíais	vivisteis	viviréis	viviríais	viváis	vivierais	vivid (no viváis)
vivido	viven	vivían	vivieron	vivirán	vivirían	vivan	vivieran	vivan Uds.

All verbs: compound tenses

PERFECT TENSES

INDICATIVE				SUBJUNCTIVE	
Present Perfect	Past Perfect	Future Perfect	Conditional Perfect	Present Perfect	Past Perfect
he	había	habré	habría	haya	hubiera
has	habías	habrás	habrías	hayas	hubieras
ha } hablado	había } hablado	habrá } hablado	habría } hablado	haya } hablado	hubiera } hablado
hemos } comido	habíamos } comido	habremos } comido	habríamos } comido	hayamos } comido	hubiéramos } comido
habéis } vivido	habíais } vivido	habréis } vivido	habríais } vivido	hayáis } vivido	hubierais } vivido
han	habían	habrán	habrían	hayan	hubieran

292 Verb conjugation tables

VERB TABLES

PROGRESSIVE TENSES

INDICATIVE

Present Progressive	Past Progressive	Future Progressive	Conditional Progressive
estoy	estaba	estaré	estaría
estás	estabas	estarás	estarías
está hablando	estaba hablando	estará hablando	estaría hablando
estamos comiendo	estábamos comiendo	estaremos comiendo	estaríamos comiendo
estáis viviendo	estabais viviendo	estaréis viviendo	estaríais viviendo
están	estaban	estarán	estarían

SUBJUNCTIVE

Present Progressive	Past Progressive
esté	estuviera
estés	estuvieras
esté hablando	estuviera hablando
estemos comiendo	estuviéramos comiendo
estéis viviendo	estuvierais viviendo
estén	estuvieran

Irregular verbs

4. caber
Participles: cabiendo, cabido

	INDICATIVE					SUBJUNCTIVE		IMPERATIVE
	Present	Imperfect	Preterite	Future	Conditional	Present	Past	
	quepo	cabía	cupe	cabré	cabría	quepa	cupiera	
	cabes	cabías	cupiste	cabrás	cabrías	quepas	cupieras	cabe tú (no quepas)
	cabe	cabía	cupo	cabrá	cabría	quepa	cupiera	quepa Ud.
	cabemos	cabíamos	cupimos	cabremos	cabríamos	quepamos	cupiéramos	quepamos
	cabéis	cabíais	cupisteis	cabréis	cabríais	quepáis	cupierais	cabed (no quepáis)
	caben	cabían	cupieron	cabrán	cabrían	quepan	cupieran	quepan Uds.

5. caer
Participles: cayendo, caído

	Present	Imperfect	Preterite	Future	Conditional	Present	Past	
	caigo	caía	caí	caeré	caería	caiga	cayera	
	caes	caías	caíste	caerás	caerías	caigas	cayeras	cae tú (no caigas)
	cae	caía	cayó	caerá	caería	caiga	cayera	caiga Ud. (no caiga)
	caemos	caíamos	caímos	caeremos	caeríamos	caigamos	cayéramos	caigamos
	caéis	caíais	caísteis	caeréis	caeríais	caigáis	cayerais	caed (no caigáis)
	caen	caían	cayeron	caerán	caerían	caigan	cayeran	caigan Uds.

6. conducir (c:zc)
Participles: conduciendo, conducido

	Present	Imperfect	Preterite	Future	Conditional	Present	Past	
	conduzco	conducía	conduje	conduciré	conduciría	conduzca	condujera	
	conduces	conducías	condujiste	conducirás	conducirías	conduzcas	condujeras	conduce tú (no conduzcas)
	conduce	conducía	condujo	conducirá	conduciría	conduzca	condujera	conduzca Ud. (no conduzca)
	conducimos	conducíamos	condujimos	conduciremos	conduciríamos	conduzcamos	condujéramos	conduzcamos
	conducís	conducíais	condujisteis	conduciréis	conduciríais	conduzcáis	condujerais	conducid (no conduzcáis)
	conducen	conducían	condujeron	conducirán	conducirían	conduzcan	condujeran	conduzcan Uds.

Verb conjugation tables

VERB TABLES

	Infinitive	INDICATIVE Present	Imperfect	Preterite	Future	Conditional	SUBJUNCTIVE Present	Past	IMPERATIVE
7	dar **Participles:** dando dado	**doy** das da damos **dais** dan	daba dabas daba dábamos dabais daban	**di** **diste** **dio** **dimos** **disteis** **dieron**	daré darás dará daremos daréis darán	daría darías daría daríamos daríais darían	**dé** des **dé** demos **deis** den	diera dieras diera diéramos dierais dieran	da tú (no des) **dé** Ud. demos dad (no **deis**) den Uds.
8	decir (e:i) **Participles:** **diciendo** **dicho**	**digo** **dices** **dice** decimos decís **dicen**	decía decías decía decíamos decíais decían	**dije** **dijiste** **dijo** **dijimos** **dijisteis** **dijeron**	**diré** **dirás** **dirá** **diremos** **diréis** **dirán**	**diría** **dirías** **diría** **diríamos** **diríais** **dirían**	**diga** **digas** **diga** **digamos** **digáis** **digan**	dijera dijeras dijera dijéramos dijerais dijeran	**di** tú (no **digas**) **diga** Ud. **digamos** decid (no **digáis**) **digan** Uds.
9	estar **Participles:** estando estado	**estoy** **estás** **está** estamos estáis **están**	estaba estabas estaba estábamos estabais estaban	estuve estuviste estuvo estuvimos estuvisteis estuvieron	estaré estarás estará estaremos estaréis estarán	estaría estarías estaría estaríamos estaríais estarían	**esté** **estés** **esté** estemos estéis **estén**	estuviera estuvieras estuviera estuviéramos estuvierais estuvieran	**está** tú (no **estés**) **esté** Ud. estemos estad (no estéis) **estén** Uds.
10	haber **Participles:** habiendo habido	**he** **has** **ha** **hemos** habéis **han**	había habías había habíamos habíais habían	**hube** **hubiste** **hubo** **hubimos** **hubisteis** **hubieron**	**habré** **habrás** **habrá** **habremos** **habréis** **habrán**	**habría** **habrías** **habría** **habríamos** **habríais** **habrían**	**haya** **hayas** **haya** **hayamos** **hayáis** **hayan**	hubiera hubieras hubiera hubiéramos hubierais hubieran	
11	hacer **Participles:** haciendo **hecho**	**hago** haces hace hacemos hacéis hacen	hacía hacías hacía hacíamos hacíais hacían	**hice** **hiciste** **hizo** **hicimos** **hicisteis** **hicieron**	**haré** **harás** **hará** **haremos** **haréis** **harán**	**haría** **harías** **haría** **haríamos** **haríais** **harían**	**haga** **hagas** **haga** **hagamos** **hagáis** **hagan**	hiciera hicieras hiciera hiciéramos hicierais hicieran	**haz** tú (no **hagas**) **haga** Ud. **hagamos** haced (no **hagáis**) **hagan** Uds.
12	ir **Participles:** **yendo** ido	**voy** **vas** **va** **vamos** **vais** **van**	**iba** **ibas** **iba** **íbamos** **ibais** **iban**	**fui** **fuiste** **fue** **fuimos** **fuisteis** **fueron**	iré irás irá iremos iréis irán	iría irías iría iríamos iríais irían	**vaya** **vayas** **vaya** **vayamos** **vayáis** **vayan**	fuera fueras fuera fuéramos fuerais fueran	**ve** tú (no **vayas**) **vaya** Ud. **vamos** (no **vayamos**) id (no **vayáis**) **vayan** Uds.
13	oír (y) **Participles:** **oyendo** oído	**oigo** **oyes** **oye** **oímos** oís **oyen**	oía oías oía oíamos oíais oían	oí oíste **oyó** oímos oísteis **oyeron**	oiré oirás oirá oiremos oiréis oirán	oiría oirías oiría oiríamos oiríais oirían	**oiga** **oigas** **oiga** **oigamos** **oigáis** **oigan**	oyera oyeras oyera oyéramos oyerais oyeran	**oye** tú (no **oigas**) **oiga** Ud. **oigamos** oíd (no **oigáis**) **oigan** Uds.

VERB TABLES

	Infinitive	INDICATIVE Present	Imperfect	Preterite	Future	Conditional	SUBJUNCTIVE Present	Past	IMPERATIVE
14	poder (o:ue) **Participles:** **pudiendo** podido	**puedo** **puedes** **puede** podemos podéis **pueden**	podía podías podía podíamos podíais podían	**pude** **pudiste** **pudo** **pudimos** **pudisteis** **pudieron**	**podré** **podrás** **podrá** **podremos** **podréis** **podrán**	**podría** **podrías** **podría** **podríamos** **podríais** **podrían**	**pueda** **puedas** **pueda** podamos podáis **puedan**	**pudiera** **pudieras** **pudiera** **pudiéramos** **pudierais** **pudieran**	**puede** tú (no **puedas**) **pueda** Ud. podamos poded (no podáis) **puedan** Uds.
15	poner **Participles:** poniendo **puesto**	**pongo** pones pone ponemos ponéis ponen	ponía ponías ponía poníamos poníais ponían	**puse** **pusiste** **puso** **pusimos** **pusisteis** **pusieron**	**pondré** **pondrás** **pondrá** **pondremos** **pondréis** **pondrán**	**pondría** **pondrías** **pondría** **pondríamos** **pondríais** **pondrían**	**ponga** **pongas** **ponga** **pongamos** **pongáis** **pongan**	pusiera pusieras pusiera pusiéramos pusierais pusieran	**pon** tú (no **pongas**) **ponga** Ud. **pongamos** poned (no **pongáis**) **pongan** Uds.
16	querer (e:ie) **Participles:** queriendo querido	**quiero** **quieres** **quiere** queremos queréis **quieren**	quería querías quería queríamos queríais querían	**quise** **quisiste** **quiso** **quisimos** **quisisteis** **quisieron**	**querré** **querrás** **querrá** **querremos** **querréis** **querrán**	**querría** **querrías** **querría** **querríamos** **querríais** **querrían**	**quiera** **quieras** **quiera** queramos queráis **quieran**	**quisiera** **quisieras** **quisiera** **quisiéramos** **quisierais** **quisieran**	**quiere** tú (no **quieras**) **quiera** Ud. queramos quered (no queráis) **quieran** Uds.
17	saber **Participles:** sabiendo sabido	**sé** sabes sabe sabemos sabéis saben	sabía sabías sabía sabíamos sabíais sabían	**supe** **supiste** **supo** **supimos** **supisteis** **supieron**	**sabré** **sabrás** **sabrá** **sabremos** **sabréis** **sabrán**	**sabría** **sabrías** **sabría** **sabríamos** **sabríais** **sabrían**	**sepa** **sepas** **sepa** **sepamos** **sepáis** **sepan**	**supiera** **supieras** **supiera** **supiéramos** **supierais** **supieran**	sabe tú (no **sepas**) **sepa** Ud. **sepamos** sabed (no **sepáis**) **sepan** Uds.
18	salir **Participles:** saliendo salido	**salgo** sales sale salimos salís salen	salía salías salía salíamos salíais salían	salí saliste salió salimos salisteis salieron	**saldré** **saldrás** **saldrá** **saldremos** **saldréis** **saldrán**	**saldría** **saldrías** **saldría** **saldríamos** **saldríais** **saldrían**	**salga** **salgas** **salga** **salgamos** **salgáis** **salgan**	saliera salieras saliera saliéramos salierais salieran	**sal** tú (no **salgas**) **salga** Ud. **salgamos** salid (no **salgáis**) **salgan** Uds.
19	ser **Participles:** siendo sido	**soy** **eres** **es** **somos** **sois** **son**	**era** **eras** **era** **éramos** **erais** **eran**	**fui** **fuiste** **fue** **fuimos** **fuisteis** **fueron**	seré serás será seremos seréis serán	sería serías sería seríamos seríais serían	**sea** **seas** **sea** **seamos** **seáis** **sean**	**fuera** **fueras** **fuera** **fuéramos** **fuerais** **fueran**	**sé** tú (no **seas**) **sea** Ud. **seamos** sed (no **seáis**) **sean** Uds.
20	tener (e:ie) **Participles:** teniendo tenido	**tengo** **tienes** **tiene** tenemos tenéis **tienen**	tenía tenías tenía teníamos teníais tenían	**tuve** **tuviste** **tuvo** **tuvimos** **tuvisteis** **tuvieron**	**tendré** **tendrás** **tendrá** **tendremos** **tendréis** **tendrán**	**tendría** **tendrías** **tendría** **tendríamos** **tendríais** **tendrían**	**tenga** **tengas** **tenga** **tengamos** **tengáis** **tengan**	**tuviera** **tuvieras** **tuviera** **tuviéramos** **tuvierais** **tuvieran**	**ten** tú (no **tengas**) **tenga** Ud. **tengamos** tened (no **tengáis**) **tengan** Uds.

Verb conjugation tables

VERB TABLES

		INDICATIVE					SUBJUNCTIVE		IMPERATIVE
Infinitive	Present	Imperfect	Preterite	Future	Conditional		Present	Past	
21 traer	**traigo**	traía	**traje**	traeré	traería		**traiga**	**trajera**	
	traes	traías	**trajiste**	traerás	traerías		**traigas**	**trajeras**	trae tú (no **traigas**)
Participles:	trae	traía	**trajo**	traerá	traería		**traiga**	**trajera**	**traiga** Ud.
trayendo	traemos	traíamos	**trajimos**	traeremos	traeríamos		**traigamos**	**trajéramos**	**traigamos**
traído	traéis	traíais	**trajisteis**	traeréis	traeríais		**traigáis**	**trajerais**	traed (no **traigáis**)
	traen	traían	**trajeron**	traerán	traerían		**traigan**	**trajeran**	**traigan** Uds.
22 venir (e:ie)	**vengo**	venía	**vine**	**vendré**	**vendría**		**venga**	**viniera**	
	vienes	venías	**viniste**	**vendrás**	**vendrías**		**vengas**	**vinieras**	**ven** tú (no **vengas**)
Participles:	**viene**	venía	**vino**	**vendrá**	**vendría**		**venga**	**viniera**	**venga** Ud.
viniendo	venimos	veníamos	**vinimos**	**vendremos**	**vendríamos**		**vengamos**	**viniéramos**	**vengamos**
venido	venís	veníais	**vinisteis**	**vendréis**	**vendríais**		**vengáis**	**vinierais**	venid (no **vengáis**)
	vienen	venían	**vinieron**	**vendrán**	**vendrían**		**vengan**	**vinieran**	**vengan** Uds.
23 ver	**veo**	**veía**	**vi**	veré	vería		**vea**	viera	
	ves	**veías**	viste	verás	verías		**veas**	vieras	ve tú (no **veas**)
Participles:	ve	**veía**	**vio**	verá	vería		**vea**	viera	**vea** Ud.
viendo	vemos	**veíamos**	vimos	veremos	veríamos		**veamos**	viéramos	**veamos**
visto	**veis**	**veíais**	visteis	veréis	veríais		**veáis**	vierais	ved (no **veáis**)
	ven	**veían**	vieron	verán	verían		**vean**	vieran	**vean** Uds.

Stem-changing verbs

		INDICATIVE					SUBJUNCTIVE		IMPERATIVE
Infinitive	Present	Imperfect	Preterite	Future	Conditional		Present	Past	
24 contar (o:ue)	**cuento**	contaba	conté	contaré	contaría		**cuente**	contara	
	cuentas	contabas	contaste	contarás	contarías		**cuentes**	contaras	**cuenta** tú (no **cuentes**)
Participles:	**cuenta**	contaba	contó	contará	contaría		**cuente**	contara	**cuente** Ud.
contando	contamos	contábamos	contamos	contaremos	contaríamos		contemos	contáramos	contemos
contado	contáis	contabais	contasteis	contaréis	contaríais		contéis	contarais	contad (no contéis)
	cuentan	contaban	contaron	contarán	contarían		**cuenten**	contaran	**cuenten** Uds.
25 dormir (o:ue)	**duermo**	dormía	dormí	dormiré	dormiría		**duerma**	**durmiera**	
	duermes	dormías	dormiste	dormirás	dormirías		**duermas**	**durmieras**	**duerme** tú (no **duermas**)
Participles:	**duerme**	dormía	**durmió**	dormirá	dormiría		**duerma**	**durmiera**	**duerma** Ud.
durmiendo	dormimos	dormíamos	dormimos	dormiremos	dormiríamos		**durmamos**	**durmiéramos**	**durmamos**
dormido	dormís	dormíais	dormisteis	dormiréis	dormiríais		**durmáis**	**durmierais**	dormid (no **durmáis**)
	duermen	dormían	**durmieron**	dormirán	dormirían		**duerman**	**durmieran**	**duerman** Uds.
26 empezar	**empiezo**	empezaba	**empecé**	empezaré	empezaría		**empiece**	empezara	
(e:ie) (z:c)	**empiezas**	empezabas	empezaste	empezarás	empezarías		**empieces**	empezaras	**empieza** tú (no **empieces**)
	empieza	empezaba	empezó	empezará	empezaría		**empiece**	empezara	**empiece** Ud.
Participles:	empezamos	empezábamos	empezamos	empezaremos	empezaríamos		**empecemos**	empezáramos	**empecemos**
empezando	empezáis	empezabais	empezasteis	empezaréis	empezaríais		**empecéis**	empezarais	empezad (no **empecéis**)
empezado	**empiezan**	empezaban	empezaron	empezarán	empezarían		**empiecen**	empezaran	**empiecen** Uds.

VERB TABLES

	Infinitive	INDICATIVE Present	Imperfect	Preterite	Future	Conditional	SUBJUNCTIVE Present	Past	IMPERATIVE
27	entender (e:ie) **Participles:** entendiendo entendido	**entiendo** **entiendes** **entiende** entendemos entendéis **entienden**	entendía entendías entendía entendíamos entendíais entendían	entendí entendiste entendió entendimos entendisteis entendieron	entenderé entenderás entenderá entenderemos entenderéis entenderán	entendería entenderías entendería entenderíamos entenderíais entenderían	**entienda** **entiendas** **entienda** entendamos entendáis **entiendan**	entendiera entendieras entendiera entendiéramos entendierais entendieran	**entiende** tú (no **entiendas**) **entienda** Ud. entendamos entended (no entendáis) **entiendan** Uds.
28	jugar (u:ue) (g:gu) **Participles:** jugando jugado	**juego** **juegas** **juega** jugamos jugáis **juegan**	jugaba jugabas jugaba jugábamos jugabais jugaban	**jugué** jugaste jugó jugamos jugasteis jugaron	jugaré jugarás jugará jugaremos jugaréis jugarán	jugaría jugarías jugaría jugaríamos jugaríais jugarían	**juegue** **juegues** **juegue** **juguemos** **juguéis** **jueguen**	jugara jugaras jugara jugáramos jugarais jugaran	**juega** tú (no **juegues**) **juegue** Ud. **juguemos** jugad (no **juguéis**) **jueguen** Uds.
29	pedir (e:i) **Participles:** pidiendo pedido	**pido** **pides** **pide** pedimos pedís **piden**	pedía pedías pedía pedíamos pedíais pedían	pedí pediste **pidió** pedimos pedisteis **pidieron**	pediré pedirás pedirá pediremos pediréis pedirán	pediría pedirías pediría pediríamos pediríais pedirían	**pida** **pidas** **pida** **pidamos** **pidáis** **pidan**	**pidiera** **pidieras** **pidiera** **pidiéramos** **pidierais** **pidieran**	**pide** tú (no **pidas**) **pida** Ud. **pidamos** pedid (no **pidáis**) **pidan** Uds.
30	pensar (e:ie) **Participles:** pensando pensado	**pienso** **piensas** **piensa** pensamos pensáis **piensan**	pensaba pensabas pensaba pensábamos pensabais pensaban	pensé pensaste pensó pensamos pensasteis pensaron	pensaré pensarás pensará pensaremos pensaréis pensarán	pensaría pensarías pensaría pensaríamos pensaríais pensarían	**piense** **pienses** **piense** pensemos penséis **piensen**	pensara pensaras pensara pensáramos pensarais pensaran	**piensa** tú (no **pienses**) **piense** Ud. pensemos pensad (no penséis) **piensen** Uds.
31	reír (e:i) **Participles:** riendo reído	**río** **ríes** **ríe** **reímos** reís **ríen**	reía reías reía reíamos reíais reían	reí **reíste** **rió** **reímos** **reísteis** **rieron**	reiré reirás reirá reiremos reiréis reirán	reiría reirías reiría reiríamos reiríais reirían	**ría** **rías** **ría** **riamos** **riáis** **rían**	riera rieras riera riéramos rierais rieran	**ríe** tú (no **rías**) **ría** Ud. **riamos** reíd (no **riáis**) **rían** Uds.
32	seguir (e:i) (gu:g) **Participles:** siguiendo seguido	**sigo** **sigues** **sigue** seguimos seguís **siguen**	seguía seguías seguía seguíamos seguíais seguían	seguí seguiste **siguió** seguimos seguisteis **siguieron**	seguiré seguirás seguirá seguiremos seguiréis seguirán	seguiría seguirías seguiría seguiríamos seguiríais seguirían	**siga** **sigas** **siga** **sigamos** **sigáis** **sigan**	**siguiera** **siguieras** **siguiera** **siguiéramos** **siguierais** **siguieran**	**sigue** tú (no **sigas**) **siga** Ud. **sigamos** seguid (no **sigáis**) **sigan** Uds.
33	sentir (e:ie) **Participles:** sintiendo sentido	**siento** **sientes** **siente** sentimos sentís **sienten**	sentía sentías sentía sentíamos sentíais sentían	sentí sentiste **sintió** sentimos sentisteis **sintieron**	sentiré sentirás sentirá sentiremos sentiréis sentirán	sentiría sentirías sentiría sentiríamos sentiríais sentirían	**sienta** **sientas** **sienta** **sintamos** **sintáis** **sientan**	**sintiera** **sintieras** **sintiera** **sintiéramos** **sintierais** **sintieran**	**siente** tú (no **sientas**) **sienta** Ud. **sintamos** sentid (no **sintáis**) **sientan** Uds.

Verb conjugation tables 297

VERB TABLES

34 volver (o:ue)

Participles: volviendo, **vuelto**

INDICATIVE

Present	Imperfect	Preterite	Future	Conditional
vuelvo	volvía	volví	volveré	volvería
vuelves	volvías	volviste	volverás	volverías
vuelve	volvía	volvió	volverá	volvería
volvemos	volvíamos	volvimos	volveremos	volveríamos
volvéis	volvíais	volvisteis	volveréis	volveríais
vuelven	volvían	volvieron	volverán	volverían

SUBJUNCTIVE

Present	Past
vuelva	volviera
vuelvas	volvieras
vuelva	volviera
volvamos	volviéramos
volváis	volvierais
vuelvan	volvieran

IMPERATIVE

vuelve tú (no **vuelvas**)
vuelva Ud.
volvamos
volved (no volváis)
vuelvan Uds.

Verbs with spelling changes only

35 conocer (c:zc)

Participles: conociendo, conocido

INDICATIVE

Present	Imperfect	Preterite	Future	Conditional
conozco	conocía	conocí	conoceré	conocería
conoces	conocías	conociste	conocerás	conocerías
conoce	conocía	conoció	conocerá	conocería
conocemos	conocíamos	conocimos	conoceremos	conoceríamos
conocéis	conocíais	conocisteis	conoceréis	conoceríais
conocen	conocían	conocieron	conocerán	conocerían

SUBJUNCTIVE

Present	Past
conozca	conociera
conozcas	conocieras
conozca	conociera
conozcamos	conociéramos
conozcáis	conocierais
conozcan	conocieran

IMPERATIVE

conoce tú (no **conozcas**)
conozca Ud.
conozcamos
conoced (no **conozcáis**)
conozcan Uds.

36 creer (y)

Participles: **creyendo**, **creído**

INDICATIVE

Present	Imperfect	Preterite	Future	Conditional
creo	creía	creí	creeré	creería
crees	creías	**creíste**	creerás	creerías
cree	creía	**creyó**	creerá	creería
creemos	creíamos	**creímos**	creeremos	creeríamos
creéis	creíais	**creísteis**	creeréis	creeríais
creen	creían	**creyeron**	creerán	creerían

SUBJUNCTIVE

Present	Past
crea	**creyera**
creas	**creyeras**
crea	**creyera**
creamos	**creyéramos**
creáis	**creyerais**
crean	**creyeran**

IMPERATIVE

cree tú (no creas)
crea Ud.
creamos
creed (no creáis)
crean Uds.

37 cruzar (z:c)

Participles: cruzando, cruzado

INDICATIVE

Present	Imperfect	Preterite	Future	Conditional
cruzo	cruzaba	**crucé**	cruzaré	cruzaría
cruzas	cruzabas	cruzaste	cruzarás	cruzarías
cruza	cruzaba	cruzó	cruzará	cruzaría
cruzamos	cruzábamos	cruzamos	cruzaremos	cruzaríamos
cruzáis	cruzabais	cruzasteis	cruzaréis	cruzaríais
cruzan	cruzaban	cruzaron	cruzarán	cruzarían

SUBJUNCTIVE

Present	Past
cruce	cruzara
cruces	cruzaras
cruce	cruzara
crucemos	cruzáramos
crucéis	cruzarais
crucen	cruzaran

IMPERATIVE

cruza tú (no **cruces**)
cruce Ud.
crucemos
cruzad (no **crucéis**)
crucen Uds.

38 destruir (y)

Participles: **destruyendo**, destruido

INDICATIVE

Present	Imperfect	Preterite	Future	Conditional
destruyo	destruía	destruí	destruiré	destruiría
destruyes	destruías	destruiste	destruirás	destruirías
destruye	destruía	**destruyó**	destruirá	destruiría
destruimos	destruíamos	destruimos	destruiremos	destruiríamos
destruís	destruíais	destruisteis	destruiréis	destruiríais
destruyen	destruían	**destruyeron**	destruirán	destruirían

SUBJUNCTIVE

Present	Past
destruya	**destruyera**
destruyas	**destruyeras**
destruya	**destruyera**
destruyamos	**destruyéramos**
destruyáis	**destruyerais**
destruyan	**destruyeran**

IMPERATIVE

destruye tú (no **destruyas**)
destruya Ud.
destruyamos
destruid (no **destruyáis**)
destruyan Uds.

39 enviar

Participles: enviando, enviado

INDICATIVE

Present	Imperfect	Preterite	Future	Conditional
envío	enviaba	envié	enviaré	enviaría
envías	enviabas	enviaste	enviarás	enviarías
envía	enviaba	envió	enviará	enviaría
enviamos	enviábamos	enviamos	enviaremos	enviaríamos
enviáis	enviabais	enviasteis	enviaréis	enviaríais
envían	enviaban	enviaron	enviarán	enviarían

SUBJUNCTIVE

Present	Past
envíe	enviara
envíes	enviaras
envíe	enviara
enviemos	enviáramos
enviéis	enviarais
envíen	enviaran

IMPERATIVE

envía tú (no **envíes**)
envíe Ud.
enviemos
enviad (no enviéis)
envíen Uds.

VERB TABLES

	Infinitive	INDICATIVE Present	Imperfect	Preterite	Future	Conditional	SUBJUNCTIVE Present	Past	IMPERATIVE
40	graduar **Participles:** graduando graduado	**gradúo** **gradúas** **gradúa** graduamos graduáis **gradúan**	graduaba graduabas graduaba graduábamos graduabais graduaban	gradué graduaste graduó graduamos graduasteis graduaron	graduaré graduarás graduará graduaremos graduaréis graduarán	graduaría graduarías graduaría graduaríamos graduaríais graduarían	**gradúe** **gradúes** **gradúe** graduemos graduéis **gradúen**	graduara graduaras graduara graduáramos graduarais graduaran	 **gradúa** tú (no **gradúes**) **gradúe** Ud. graduemos graduad (no graduéis) **gradúen** Uds.
41	llegar (g:gu) **Participles:** llegando llegado	llego llegas llega llegamos llegáis llegan	llegaba llegabas llegaba llegábamos llegabais llegaban	**llegué** llegaste llegó llegamos llegasteis llegaron	llegaré llegarás llegará llegaremos llegaréis llegarán	llegaría llegarías llegaría llegaríamos llegaríais llegarían	**llegue** **llegues** **llegue** **lleguemos** **lleguéis** **lleguen**	llegara llegaras llegara llegáramos llegarais llegaran	 llega tú (no **llegues**) **llegue** Ud. **lleguemos** llegad (no **lleguéis**) **lleguen** Uds.
42	proteger (g:j) **Participles:** protegiendo protegido	**protejo** proteges protege protegemos protegéis protegen	protegía protegías protegía protegíamos protegíais protegían	protegí protegiste protegió protegimos protegisteis protegieron	protegeré protegerás protegerá protegeremos protegeréis protegerán	protegería protegerías protegería protegeríamos protegeríais protegerían	**proteja** **protejas** **proteja** **protejamos** **protejáis** **protejan**	protegiera protegieras protegiera protegiéramos protegierais protegieran	 protege tú (no **protejas**) **proteja** Ud. **protejamos** proteged (no **protejáis**) **protejan** Uds.
43	tocar (c:qu) **Participles:** tocando tocado	toco tocas toca tocamos tocáis tocan	tocaba tocabas tocaba tocábamos tocabais tocaban	**toqué** tocaste tocó tocamos tocasteis tocaron	tocaré tocarás tocará tocaremos tocaréis tocarán	tocaría tocarías tocaría tocaríamos tocaríais tocarían	**toque** **toques** **toque** **toquemos** **toquéis** **toquen**	tocara tocaras tocara tocáramos tocarais tocaran	 toca tú (no **toques**) **toque** Ud. **toquemos** tocad (no **toquéis**) **toquen** Uds.
44	vencer (c:z) **Participles:** venciendo vencido	**venzo** vences vence vencemos vencéis vencen	vencía vencías vencía vencíamos vencíais vencían	vencí venciste venció vencimos vencisteis vencieron	venceré vencerás vencerá venceremos venceréis vencerán	vencería vencerías vencería venceríamos venceríais vencerían	**venza** **venzas** **venza** **venzamos** **venzáis** **venzan**	venciera vencieras venciera venciéramos vencierais vencieran	 vence tú (no **venzas**) **venza** Ud. **venzamos** venced (no **venzáis**) **venzan** Uds.
45	esparcir (c:z) **Participles:** esparciendo esparcido	**esparzo** esparces esparce esparcimos esparcís esparcen	esparcía esparcías esparcía esparcíamos esparcíais esparcían	esparcí esparciste esparció esparcimos esparcisteis esparcieron	esparciré esparcirás esparcirá esparciremos esparciréis esparcirán	esparciría esparcirías esparciría esparciríamos esparciríais esparcirían	**esparza** **esparzas** **esparza** **esparzamos** **esparzáis** **esparzan**	esparciera esparcieras esparciera esparciéramos esparcierais esparcieran	 esparce tú (no **esparzas**) **esparza** Ud. **esparzamos** esparcid (no **esparzáis**) **esparzan** Uds.
46	extinguir (gu:g) **Participles:** extinguiendo extinguido	**extingo** extingues extingue extinguimos extinguís extinguen	extinguía extinguías extinguía extinguíamos extinguíais extinguían	extinguí extinguiste extinguió extinguimos extinguisteis extinguieron	extinguiré extinguirás extinguirá extinguiremos extinguiréis extinguirán	extinguiría extinguirías extinguiría extinguiríamos extinguiríais extinguirían	**extinga** **extingas** **extinga** **extingamos** **extingáis** **extingan**	extinguiera extinguieras extinguiera extinguiéramos extinguierais extinguieran	 extingue tú (no **extingas**) **extinga** Ud. **extingamos** extinguid (no **extingáis**) **extingan** Uds.

Verb conjugation tables

VERB TABLES

Reflexive verbs: simple tenses

- In all simple indicative and subjunctive tenses, the reflexive pronoun is placed before the verb. In the imperative, the reflexive pronoun is attached to the verb in affirmative commands, but precedes the verb in negative commands.

Infinitive	SIMPLE INDICATIVE TENSES	SIMPLE SUBJUNCTIVE TENSES	IMPERATIVE
casarse	me caso	me case	
	te casas	te cases	cásate tú (no te cases)
	se casa	se case	cásese Ud. (no se case)
	nos casamos	nos casemos	casémonos (no nos casemos)
	os casáis	os caséis	casaos (no os caséis)
	se casan	se casen	cásense Uds. (no se casen)

Reflexive verbs: compound tenses

- In all compound tenses, the reflexive pronoun is placed before the verb.

Infinitive	COMPOUND INDICATIVE TENSES	COMPOUND SUBJUNCTIVE TENSES
casarse	me he casado	me haya casado
	te has casado	te hayas casado
	se ha casado	se haya casado
	nos hemos casado	nos hayamos casado
	os habéis casado	os hayáis casado
	se han casado	se hayan casado

Vocabulary

This glossary contains the words and expressions listed on the **Vocabulario** page found at the end of each lesson in **SUEÑA** as well as other useful vocabulary. A numeral following an entry indicates the lesson where the word or expression was introduced.

Note on alphabetization
For purposes of alphabetization, **ch** and **ll** are not treated as separate letters, but **ñ** follows **n**.

Abbreviations used in this glossary

adj.	adjective	*indef.*	indefinite	*poss.*	possessive
adv.	adverb	*interj.*	interjection	*prep.*	preposition
art.	article	*i.o.*	indirect object	*pron.*	pronoun
conj.	conjunction	*m.*	masculine	*sing.*	singular
def.	definite	*n.*	noun	*sub.*	subject
d.o.	direct object	*obj.*	object	*v.*	verb
f.	feminine	*pej.*	pejorative		
fam.	familiar	*p.p.*	past participle		
form.	formal	*pl.*	plural		

Español-Inglés

A

a *prep.* at; to **1**
  ¿A qué hora...? At what time...?
  a bordo aboard
  a dieta on a diet
  a la derecha to the right
  a la izquierda to the left
  a la plancha grilled
  a la(s) + *time* at + *time*
  a menos que unless
  a menudo *adv.* often
  a nombre de in the name of
  a plazos in installments
  A sus órdenes. At your service.
  a tiempo *adv.* on time
  a veces *adv.* sometimes
  a ver let's see
abajo *adv.* down
abeja *f.* bee
abandonar *v.* to leave **1**
abastecer *v.* to supply
abierto/a *adj.* open
abogado/a *m., f.* lawyer **6**
abrazar(se) *v.* to hug; to embrace (each other)
abrazo *m.* hug
abrigarse *v.* to wear warm clothes **3**
abrigo *m.* coat
abril *m.* April
abrir *v.* to open

abuelo/a *m., f.* grandfather; grandmother
abuelos *pl.* grandparents
aburrido/a *adj.* bored; boring
aburrir *v.* to bore
aburrirse *v.* to get bored
abusar *v.* to abuse **6**
abuso *m.* abuse **6**
acabar de (+ *inf.*) *v.* to have just done something
acampar *v.* to camp
acariciar *v.* to caress
accidente *m.* accident
acción *f.* action
  de acción action (genre)
aceite *m.* oil
acento *m.* accent
acera *f.* sidewalk **2**
ácido/a *adj.* acid
acomodarse *v.* to adapt
acompañar *v.* to go with; to accompany
aconsejar *v.* to advise
acontecimiento *m.* event **3**
acordarse (de) (o:ue) *v.* to remember
acosar *v.* to harass
acostarse (o:ue) *v.* to go to bed
acostumbrar *v.* to do as a custom/habit **2**
actitud *f.* attitude
activista *m., f.* activist **6**
activo/a *adj.* active
actor *m.* actor **3**
actriz *f.* actress **3**
actualidad *f.* news; current events **3**

actualizado/a *adj.* up-to-date **3**
actuar *v.* to act
acuático/a *adj.* aquatic
adaptar(se) *v.* to adapt
adelgazar *v.* to lose weight; to slim down
además (de) *adv.* furthermore; besides
adicional *adj.* additional
adiós *interj.* good-bye
adivinar *v.* to guess
adjetivo *m.* adjective
adjuntar (un archivo) *v.* to attach (a file)
administración *f.* **de empresas** business administration
administrar *v.* to manage, to run
administrativo/a *adj.* administrative
ADN *m.* DNA
adolescencia *f.* adolescence **4**
adolescente *m., f.* adolescent **4**
¿adónde? *adv.* where (to)? (destination)
aduana *f.* customs
adulto/a *m., f.* adult **4**
aeróbico/a *adj.* aerobic
aeropuerto *m.* airport
afectado/a *adj.* affected
afeitarse *v.* to shave
aficionado/a *adj.* fan
afirmativo/a *adj.* affirmative
afligirse *v.* to be distressed; to get upset **2**
afueras *f., pl.* suburbs **2**

Español-Inglés

301

VOCABULARY

agencia *f.* **de viajes** travel agency
agente *m., f.* **de viajes** travel agent
agobiado/a *adj.* overwhelmed 1
agosto *m.* August
agotado/a *adj.* exhausted;
  adj. sold out
agotar *v.* to use up 5
agradable *adj.* pleasant
agradecer *v.* to thank 4
agua *f.* water
  agua mineral mineral water
aguafiestas *m., f.* party pooper
aguantar *v.* to put up with;
  to tolerate 5
águila *f.* eagle 5
agujero *m.* pothole 2
agujero negro *m.* black hole
ahogar(se) *v.* to suffocate; to drown;
  to stifle 5
ahora *adv.* now
  ahora mismo right now
ahorrar *v.* to save (money)
ahorros *m.* savings
aire *m.* air
aislado/a *adj.* isolated 4
ajedrez *m.* chess 4
ajo *m.* garlic
al (*contraction of* **a + el**)
  al aire libre open-air; outdoors 5
  al contado in cash
  (al) este (to the) east
  al fondo (de) at the end (of)
  al lado de beside
  (al) norte (to the) north
  (al) oeste (to the) west
  (al) sur (to the) south
ala: el ala *f.***/las alas** wing(s)
alcalde(sa) *m., f.* mayor 2
alcanzar *v.* to be enough; to
  reach; to attain
  alcanzar un sueño to fulfill
    a dream
  alcanzar una meta to reach
    a goal
alcoba *f.* bedroom
alcohol *m.* alcohol
alcohólico/a *adj.* alcoholic
alegrarse (de) *v.* to be happy
alegre *adj.* happy; joyful
alegría *f.* happiness
alejarse *v.* to move away
alemán, alemana *adj.* German
alérgico/a *adj.* allergic
alfombra *f.* carpet; rug
algo *pron.* something; anything
algodón *m.* cotton
alguien *pron.* someone; somebody;
  anyone
algún; alguna; algunos/as *adj.* any;
  some
alguno/a(s) *pron.* any; some
alimentar *v.* to feed
alimento *m.* food

alimentación *f.* diet
aliviado/a *adj.* relieved
aliviar *v.* to reduce; to relieve;
  to soothe 5
  aliviar el estrés/la tensión
    to reduce stress/tension
allí *adv.* there
  allí mismo right there
alma *f.* soul
  el alma gemela soulmate,
    kindred spirit 1
almacén *m.* department store;
  warehouse
almohada *f.* pillow
almorzar (o:ue) *v.* to have lunch
almuerzo *m.* lunch
aló *interj.* hello (*on the telephone*)
alpinismo *m.* mountain climbing
alquilar *v.* to rent
alquiler *m.* rent (payment)
alrededores *m., pl.* the outskirts 2
alternador *m.* alternator
altillo *m.* attic
alto/a *adj.* tall
aluminio *m.* aluminum
alumno/a *m., f.* pupil, student 6
ama de casa *m., f.* housekeeper;
  caretaker
amable *adj.* nice; friendly
amado/a *m., f.* loved one,
  sweetheart 1
amanecer *m.* dawn;
  v. to wake up
amar(se) *v.* to love (each other) 1
amarillo/a *adj.* yellow
amenaza *f.* threat 6
amenazar *v.* to threaten 5
amigo/a *m., f.* friend
amistad *f.* friendship 1
amnistía *f.* amnesty
amor *m.* love
analfabeto/a *adj.* illiterate 6
anaranjado/a *adj.* orange
anciano/a *m., f.* elderly person
andar *v.* **en patineta**
  to skateboard
andinismo *m.* mountain climbing
anfitrión/anfitriona *m., f.*
  host/hostess
ánimo *m.* spirit, mood 1
animado/a *adj.* lively
animal *m.* animal
aniversario (de bodas) *m.*
  (wedding) anniversary
anoche *adv.* last night
anotar un gol *v.* to score a goal
ansioso/a *adj.* anxious 1
anteayer *adv.* the day
  before yesterday
antepasado *m.* ancestor 4
antes *adv.* before
  antes (de) que *conj.* before
  antes de *conj.* before

antibiótico *m.* antibiotic
anticipar *v.* to anticipate;
  to expect
antídoto *m.* antidote 5
antipático/a *adj.* unfriendly 4
anunciar *v.* to announce; to advertise
anuncio *m.* advertisement;
  commercial 3
año *m.* year
  año pasado last year
añoranza *f.* homesickness
apagar *v.* to turn off
aparato *m.* appliance
aparcamiento *m.* parking space 5
aparcar *v.* to park 2, 5
apartamento *m.* apartment
apellido *m.* last name
apenas *adv.* hardly; scarcely; just 3
apetecer *v.* to feel like 4
aplaudir *v.* to applaud; to clap
apodo *m.* nickname 4
apostar (o:ue) *v.* to bet
apoyar(se) *v.* to support
  (each other) 4
apreciar *v.* to appreciate
aprender (a + *inf.***)** *v.* to learn
aprobar (o:ue) *v.* to approve
  aprobar una ley *v.* to pass a law 6
aprovechar *v.* to take advantage of
apurarse *v.* to hurry; to rush
aquel, aquella *adj.* that; those
  (over there)
aquél, aquélla *pron.* that; those
  (over there)
aquello *neuter, pron.* that; that thing;
  that fact
aquellos/as *pl. adj.* those (over there)
aquéllos/as *pl. pron.* those (ones)
  (over there)
aquí *adv.* here
  Aquí está... Here it is...
  aquí mismo right here
árbol *m.* tree 5
archivo *m.* file
arma *f.* weapon; gun 6
armada *f.* navy 6
armario *m.* closet
arqueólogo/a *m., f.* archaeologist
arquitecto/a *m., f.* architect
arrancar *v.* to start (a car)
arreglar *v.* to fix; to arrange;
  to neaten; to straighten up
arrepentirse *v.* to regret 1
arriba *adv.* up
arriesgarse *v.* to take a risk
arroba *f.* @ symbol
arroz *m.* rice
arruinar *v.* to ruin
arte *m.* art
artes *f., pl.* arts
artesanía *f.* craftsmanship; crafts
artículo *m.* article
artista *m., f.* artist

artístico/a *adj.* artistic
arveja *m.* pea
asado/a *adj.* roast
ascendencia *f.* heritage 4
ascender *v.* to rise, to be promoted
ascenso *m.* promotion
ascensor *m.* elevator
asesor(a) *m., f.* consultant, advisor
así *adv.* like this; so (*in such a way*)
   así así so so
asimilación *f.* assimilation
asimilar(se) *v.* to assimilate
asistir (a) *v.* to attend
aspiradora *f.* vacuum cleaner
aspirante *m., f.* candidate; applicant
aspirina *f.* aspirin
atraer *v.* to attract
astronauta *m., f.* astronaut
astrónomo/a *m., f.* astronomer
ataúd *m.* casket
aterrizar *v.* to land
atleta *m., f.* athlete
atrasado/a *adj.* late 2
atreverse *v.* to dare
atrevido/a *adj.* daring
atún *m.* tuna
aumentar *v.* to grow
   aumentar de peso to gain weight
aumento *m.* increase
   aumento de sueldo pay raise
aunque *conj.* although
autobús *m.* bus
autoestima *f.* self-esteem 4
automático/a *adj.* automatic
auto(móvil) *m.* auto(mobile)
autopista *f.* highway
autoridad *f.* authority 6
avance *m.* advance; breakthrough
avanzado/a *adj.* advanced
ave *f.* bird 5
avenida *f.* avenue 2
aventura *f.* adventure
   de aventura adventure (genre)
avergonzado/a *adj.* embarrassed
averiguar *v.* to find out
avión *m.* airplane
¡Ay! *interj.* Oh!
   ¡Ay, qué dolor! Oh, what a pain!
ayer *adv.* yesterday
ayudar(se) *v.* to help (each other) 1
ayuntamiento *m.* city hall 2
azúcar *m.* sugar
azul *adj.* blue

B

bailar *v.* to dance
bailarín/bailarina *m., f.* dancer
baile *m.* dance
bajar *v.* to get down 3
   bajar(se) de *v.* to get off of/out of (a vehicle)
bajo *m.* bass 3
bajo/a *adj.* short (*in height*)
bajo control under control
balcón *m.* balcony
ballena *f.* whale 5
balón *m.* ball
baloncesto *m.* basketball
banana *f.* banana
banco *m.* bank
banda *f.* band
   banda sonora soundtrack 3
bandera *f.* flag 6
bancarrota *f.* bankruptcy
bañar(se) *v.* to bathe; to take a bath
baño *m.* bathroom
barato/a *adj.* cheap
barco *m.* boat
barrer *v.* to sweep
   barrer el suelo *v.* to sweep the floor
barrio *m.* neighborhood 2
barro *m.* mud; clay
bastante *adv.* enough; rather; pretty
basura *f.* trash 5
baúl *m.* trunk
beber *v.* to drink
bebida *f.* drink
   bebida alcohólica alcoholic beverage
beca *f.* grant
béisbol *m.* baseball
bellas artes *f., pl.* fine arts
belleza *f.* beauty
beneficio *m.* benefit
besar(se) *v.* to kiss (each other) 1
beso *m.* kiss
biblioteca *f.* library
bicicleta *f.* bicycle
bien *adj.* well
   bien educado *adj.* well-mannered 4
bienes *m., pl.* goods
bienestar *m.* well-being 2
bienvenido/a(s) *adj.* welcome
bilingüe *adj.* bilingual
billar *m.* billiards
billete *m.* paper money; ticket
billón *m.* trillion
biología *f.* biology
biólogo/a *m., f.* biologist
bioquímico/a *m., f.* biochemist; *adj.* biochemical
bisabuelo/a *m., f.* great-grandfather/ grandmother 4
bistec *m.* steak
bizcocho *m.* biscuit
blanco/a *adj.* white
blog *m.* blog
bluejeans *m., pl.* jeans
blusa *f.* blouse
bobo/a *m.f.* fool 6
boca *f.* mouth
boda *f.* wedding
boleto *m.* ticket
boliche *m.* bowling
bolsa *f.* purse, bag
   la bolsa de valores stock market
bombero/a *m., f.* firefighter
bonito/a *adj.* pretty
borracho/a *adj.* drunk 2
borrador *m.* eraser
borrar *v.* to erase; to delete
bosque *m.* forest 5
   bosque tropical tropical forest; rainforest
bota *f.* boot
botar *v.* to fire, throw out
botella *f.* bottle
   botella de vino bottle of wine
botones *m., f. sing.* bellhop
brazo *m.* arm
brecha *f.* **generacional** generation gap 4
brindar *v.* to toast (*drink*)
bucear *v.* to scuba dive
bueno *adv.* well
buen, bueno/a *adj.* good
   ¡Buen viaje! Have a good trip!
   buena forma good shape (*physical*)
   Buena idea. Good idea.
   Buenas noches. Good evening; Good night.
   Buenas tardes. Good afternoon.
   ¿Bueno? Hello. (*on telephone*)
   Buenos días. Good morning.
buenísimo/a extremely good
bulevar *m.* boulevard
burlarse (de) *v.* to mock
buscador *m.* search engine
buscar *v.* to look for
buzón *m.* mailbox

C

caballo *m.* horse
cabaña *f.* cabin
caber *v.* to fit 3
   no cabe duda de there's no doubt
cabeza *f.* head
cada *adj. m., f.* each
cadena *f.* network 3
caerse *v.* to fall (down)
café *m.* café; *m.* coffee; *adj.* brown
cafeína *f.* caffeine
cafetera *f.* coffee maker
cafetería *f.* cafeteria
caído/a *p.p.* fallen
caja *f.* cash register, box
cajero/a *m., f.* cashier 2
   cajero automático *m.* ATM
calcetín (calcetines) *m.* sock(s)
calculadora *f.* calculator
calcular *v.* to estimate 3

VOCABULARY

caldo *m.* soup
   caldo de patas *m.* beef soup
calentamiento *m.* warming 5
calentarse (e:ie) *v.* to warm up
calidad *f.* quality
   calidad de vida standard of living 1
callar *v.* to silence
calle *f.* street 2
calor *m.* heat
caloría *f.* calorie
calzar *v.* to take size... shoes
cama *f.* bed
cámara *f.* camera
   cámara de video video camera
   cámara digital digital camera
camarero/a *m., f.* waiter/waitress
camarón *m.* shrimp
cambiar (de) *v.* to change
cambio *m.* change
   cambio de moneda currency exchange
caminar *v.* to walk
camino *m.* road
camión *m.* truck; bus
camisa *f.* shirt
camiseta *f.* t-shirt
campeonato *m.* championship
campo *m.* countryside
canadiense *adj.* Canadian
canal *m.* (TV) channel
cancha *f.* field
canción *f.* song
candidato/a *m., f.* candidate
cansado/a *adj.* tired
cantante *m., f.* singer 3
cantar *v.* to sing
cantera *f.* quarry
caos *m.* chaos
capa de ozono *f.* ozone layer 5
capacitar *v.* to prepare
capaz *adj.* capable; competent
capilla *f.* chapel
capital *f.* capital city
capó *m.* hood
cara *f.* face
carácter *m.* character; personality 4
característica *f.* characteristic 2
caramelo *m.* caramel
cárcel *f.* prison; jail 6
cargo *m.* position
cariñoso/a *adj.* affectionate 1
carne *f.* meat
   carne de res beef
carnicería butcher shop
carnicero/a *m., f.* butcher
caro/a *adj.* expensive
carpintero/a *m., f.* carpenter
carrera *f.* career; race
carretera *f.* highway
carro *m.* car; automobile
carta *f.* letter; (playing) card
cartel *m.* poster

cartera *f.* wallet
cartero/a *m., f.* mail carrier
casa *f.* house; home
casado/a *adj.* married 1
casarse (con) *v.* to get married (to) 1
casi *adv.* almost
castigar *v.* to punish
castigo *m.* punishment 3
catorce *adj.* fourteen
causa *f.* cause
cazar *v.* to hunt 5
CD-ROM *m.* CD-ROM
cebolla *f.* onion
ceder *v.* to give up 6
celda *f.* (prison, jail) cell
celebrar *v.* to celebrate
celos *m.* jealousy 1
celoso/a *adj.* jealous 1
célula *f.* cell
celular *adj.* cellular
cena *f.* dinner
cenar *v.* to have dinner
censura *f.* censorship 3
centro *m.* downtown
   centro comercial mall 2
cepillarse *v.* **los dientes/el pelo** to brush one's teeth/one's hair
cerámica *f.* pottery
cerca de *prep.* near
cerdo *m.* pork
cereales *m., pl.* cereal; grains
cero *m.* zero
cerrado/a *adj.* closed
cerrar (e:ie) *v.* to close
certeza *f.* certainty
cerveza *f.* beer
césped *m.* grass
ceviche *m.* marinated fish dish
   ceviche de camarón lemon-marinated shrimp
chaleco *m.* vest
chamán *m.* shaman 5
champán *m.* champagne
champiñón *m.* mushroom
champú *m.* shampoo
chantajear *v.* to blackmail 6
chaqueta *f.* jacket
charlar *v.* to chat 3
chato/a *m., f.* sweetie 3
chau *fam. interj.* bye
chaval(a) *m., f.* kid; youngster 6
cheque *m.* (bank) check
   cheque (de viajero) (traveler's) check
chévere *adj., fam.* terrific; great; fantastic
chico/a *m., f.* boy/girl
chillar *v.* to scream 4
chisme *m.* gossip 1
chino/a *adj.* Chinese
chocar (con) *v.* to run into
chocolate *m.* chocolate
chompa *f.* sweater 3

choque *m.* collision; crash 2
chuleta *f.* chop (*food*)
   chuleta de cerdo pork chop
cibercafé *m.* cybercafé
ciberespacio *m.* cyber space
ciclismo *m.* cycling
cielo *m.* sky
cien(to) one hundred
ciencia *f.* science
   de ciencia ficción *f.* science fiction (genre)
científico/a *m., f.* scientist
cierto/a *adj.* certain
   (No) es cierto. It's (not) certain
cinco *adj.* five
cincuenta *adj.* fifty
cine *m.* movie theater; cinema; movies 2, 3
cinta *f.* (audio)tape
cinta caminadora *f.* treadmill
cinturón *m.* belt
circulación *f.* traffic
cita *f.* date; appointment
   cita a ciegas blind date 1
ciudad *f.* city 3
ciudadano/a *m., f.* citizen 2
civilización *f.* civilization 4
Claro (que sí). *fam.* Of course.
clase *f.* class
   clase de (ejercicios) aeróbicos aerobics class
clásico/a *adj.* classical
cliente/a *m., f.* customer
clínica *f.* clinic
clon *m.* clone
clonar *v.* to clone
club deportivo *m.* sports club
cobrar *v.* to charge; to be paid
coche *m.* car; automobile 5
cocina *f.* kitchen; stove
cocinar *v.* to cook
cocinero/a *m., f.* cook; chef
cofre *m.* hood
cola *f.* line
coleccionar *v.* to collect
colega *m., f.* buddy 4
colesterol *m.* cholesterol
color *m.* color
combustible *m.* fuel 5
comedia *f.* comedy; play
comedor *m.* dining room
comenzar (e:ie) *v.* to begin
comer *v.* to eat
comercial *adj.* commercial; business-related
comercio *m.* trade, commerce
comida *f.* food; meal
comisaría *f.* police station 2
como *adv.* like; as
¿cómo? *adv.* what?; how?
   ¿Cómo es...? What's... like?
   ¿Cómo está usted? *form.* How are you?
   ¿Cómo estás? *fam.* How are you?

VOCABULARY

¿Cómo les fue…? *pl.* How did … go for you?
¿Cómo se llama (usted)? *form.* What's your name?
¿Cómo te llamas (tú)? *fam.* What's your name?
cómoda *f.* chest of drawers
cómodo/a *adj.* comfortable
compañero/a *m., f.* **de clase** classmate
compañero/a *m., f.* **de cuarto** roommate
compañía *f.* company; firm
compartir *v.* to share **1**
completamente *adv.* completely
compositor(a) *m., f.* composer
compra *f.* purchase
comprar *v.* to buy
compras *f., pl.* purchases
   ir de compras *v.* to go shopping
comprender *v.* to understand
comprensión *f.* understanding **4**
comprensivo/a *adj.* understanding
comprobar (o:ue) *v.* to check; to prove; to confirm
comprometerse (con) *v.* to get engaged (to)
compromiso *m.* commitment; responsibility; engagement **1**
computación *f.* computer science
computadora *f.* computer
   computadora portátil portable computer; laptop
comunicación *f.* communication
comunicarse (con) *v.* to communicate (with)
comunidad *f.* community
con *prep.* with
   con frecuencia *adv.* frequently
   Con permiso. Pardon me; Excuse me.
   con tal (de) que provided (that)
concierto *m.* concert
concordar *v.* to agree
concurso *m.* game show; contest
conducir *v.* to drive
conductor(a) *m., f.* driver **2**
confianza *f.* trust **6**
confiar (en) *v.* to trust (in) **1, 6**
confirmar *v.* to confirm
   confirmar una reservación to confirm a reservation
conformista *adj.* conformist
confundido/a *adj.* confused
congelador *m.* freezer
congestionado/a *adj.* congested; stuffed-up
conjunto musical *m.* musical group; band
conmigo *pron.* with me
conocer *v.* to know; to be acquainted with
conocido *adj., p.p.* known
conocimiento *m.* knowledge **4**

conquista *f.* conquest **4**
conseguir (e:i) *v.* to get; to obtain
   conseguir entradas to get tickets
consejero/a *m., f.* counselor; advisor
consejo *m.* advice
conservación *f.* conservation
conservador(a) *adj.* conservative **6**
conservar *v.* to conserve; to preserve **2, 5**
construir *v.* to build **2**
consultorio *m.* doctor's office
consumir *v.* to consume
consumo *m.* **de energía** energy consumption **5**
contabilidad *f.* accounting
contador(a) *m., f.* accountant
contagiar *v.* to infect; to be contagious **5**
contaminación *f.* pollution **5**
   contaminación del aire/del agua air/water pollution
contaminado/a *adj.* polluted
contaminar *v.* to pollute **5**
contar (o:ue) *v.* to count; to tell
   contar (con) *v.* to count (on); rely on **1**
contentarse con *v.* to be contented/satisfied with **1**
contento/a *adj.* happy; content
contestadora *f.* answering machine
contestar *v.* to answer
contigo *fam. pron.* with you
contraseña *f.* password
contratar *v.* to hire
contribuir *v.* to contribute
control *m.* control
   control de armas gun control
   control remoto remote control
controlar *v.* to control
controvertido/a *adj.* controversial **3**
conversación *f.* conversation
conversar *v.* to converse; to talk; to chat **2**
convertirse (e:ie) en (algo) *v.* to turn into (something)
convivencia *f.* coexistence
convivir *v.* to live together; to coexist **2**
convocar *v.* to summon **6**
cooperar *v.* to cooperate **2**
copa *f.* wineglass; goblet
coquetear *v.* to flirt **1**
coraje *m.* courage
corazón *m.* heart **1**
corbata *f.* tie
cordillera *f.* mountain range **5**
corrector *m.* **ortográfico** spell checker
corredor(a) *m., f.* **de bolsa** stockbroker
correo *m.* mail; post office
   correo electrónico *m.* e-mail

correr *v.* to run
   correr la voz *v.* to spread the word
cortar *v.* to cut **5**
cortesía *f.* courtesy
cortinas *f., pl.* curtains
corto/a *adj.* short (*in length*)
   a corto plazo *adj.* short-term
corto(metraje) *adj.* short film **1**
cosa *f.* thing
costa *f.* coast **5**
costar (o:ue) *v.* to cost
costumbre *f.* custom; habit **2**
cotidiano/a *adj.* everyday **2**
cráter *m.* crater
crear *v.* to create
crecer *v.* to grow (up)
crecimiento *m.* growth **3**
creencia *f.* belief **4, 6**
creer (en) *v.* to believe (in)
creído/a *adj., p.p.* believed
crema *f.* **de afeitar** shaving cream
criar *v.* to raise (children) **4**
crimen *m.* crime; murder
crisis económica *f.* economic crisis
crítico/a de cine *m., f.* film critic **3**
crueldad *f.* cruelty **6**
cruzar *v.* to cross **2**
cuaderno *m.* notebook
cuadra *f.* city block **2**
¿cuál(es)? which?; which one(s)?
   ¿Cuál es la fecha de hoy? What is today's date?
cuadro *m.* picture
cuadros *m., pl.* plaid
cuando *conj.* when
¿cuándo? *adv.* when?
¿cuánto/a(s)? *pron.* how much/how many?
   ¿Cuánto cuesta…? How much does… cost?
   ¿Cuántos años tienes? How old are you?
cuarenta *adj.* forty
cuarto *m.* room
   cuarto de baño bathroom
cuarto/a *adj.* fourth
   menos cuarto quarter to (*time*)
   y cuarto quarter after (*time*)
cuatro *adj.* four
cuatrocientos/as *adj.* four hundred
cubierto/a *p.p.* covered
cubiertos *m., pl.* silverware
cubrir *v.* to cover
cuchara *f.* spoon
cucharada *f.* spoonful **5**
   a cucharadas in spoonfuls **5**
cuchillo *m.* knife
cuello *m.* neck
cuenta *f.* bill; account
   cuenta corriente checking account
   cuenta de ahorros savings account
cuento *m.* short story
cuerpo *m.* body

Español-Inglés

VOCABULARY

cuidado *m.* care 2
cuidadoso/a *adj.* careful 1
cuidar *v.* to take care (of) 1
   ¡**Cuídense!** Take care!
culpa *f.* fault
cultivar *v.* to cultivate 4
cultivo *m.* farming; cultivation 4
cultura *f.* culture
cumpleaños *m., sing.* birthday
cumplir años *v.* to have
   a birthday
cuñado/a *m., f.* brother/sister-in law 4
cura *m.* priest
curandero/a *m., f.* folk healer 5
curar *v.* to cure
currículum *m.* résumé
curso *m.* course

D

danza *f.* dance
dañar *v.* to damage; to break down
dañino/a *adj.* harmful 5
daño *m.* harm
dar *v.* to give
   dar un consejo *v.* to give advice
   dar un paseo *v.* to take a stroll 2
   dar una vuelta *v.* to take
   a walk/ride 2
   dar una vuelta en bicicleta/carro/
   motocicleta *v.* to take a bike/car/
   motorcycle walk 2
   darse con *v.* to bump into; to
   run into (something)
   darse cuenta *v.* to realize
   dar para vivir *v.* to yield enough to
   live with
   darse prisa *v.* to hurry; to rush
dardos *m., pl.* darts
de *prep.* of; from
   ¿**De dónde eres?** *fam.*
   Where are you from?
   ¿**De dónde es (usted)?** *form.*
   Where are you from?
   ¿**De parte de quién?** Who is
   calling? (*on telephone*)
   ¿**de quién…?** *sing.* whose…?
   ¿**de quiénes…?** *pl.* whose…?
   de algodón (made) of cotton
   de aluminio (made) of aluminum
   de buen humor in a good mood
   de compras shopping
   de cuadros plaid
   de excursión hiking
   de hecho in fact
   de ida y vuelta roundtrip
   de la mañana in the morning; A.M.
   de la noche in the evening;
   at night; P.M.
   de la tarde in the afternoon;
   in the early evening; P.M.
   de lana (made) of wool

   de lunares polka-dotted
   de mal humor in a bad mood
   de mi vida of my life
   de moda in fashion
   De nada. You're welcome.
   De ninguna manera. No way.
   de niño/a as a child
   de parte de on behalf of
   de plástico (made) of plastic
   de rayas striped
   de repente suddenly
   de seda (made) of silk
   de vaqueros western (*genre*)
   de vez en cuando
   from time to time
   de vidrio (made) of glass
debajo de *prep.* below; under
deber (+ *inf.*) *v.* should; must;
   ought to
deber (dinero) *v.* to owe (money)
deber *m.* responsibility; obligation
debido a due to (the fact that)
débil *adj.* weak
decepción *f.* disappointment 5
decidido/a *adj.* decided;
   determined 2
decidir (+ *inf.*) *v.* to decide
décimo/a *adj.* tenth
decir (e:i) *v.* to say; to tell
   decir la verdad to tell the truth
   decir mentiras to tell lies
   decir que to say that
declarar *v.* to declare; to say
dedicarse a *v.* to devote oneself to 6
dedo *m.* finger
   dedo del pie *m.* toe
defender (e:ie) *v.* to defend 6
deforestación *f.* deforestation 5
dejar *v.* to let; to quit; to leave
   behind
   dejar a alguien *v.* to leave
   someone 1
   dejar de (+ *inf.*) *v.* to stop
   (*doing something*)
   dejar plantado/a *v.* to stand some
   one up 1
   dejar una propina *v.* to leave a tip
del (*contraction of* **de + el**) of the;
   from the
delante de *prep.* in front of
   por delante *adv.* ahead (of)
delantero/a *m., f.* forward
   (*sport position*)
delgado/a *adj.* thin; slender
delicioso/a *adj.* delicious
demás *adj.* the rest
demasiado *adj., adv.* too much
democracia *f.* democracy 6
dentista *m., f.* dentist
dentro de (diez años) within (ten
   years); inside
dependiente/a *m., f.* clerk

deporte *m.* sport
   deportes extremos
   extreme sports
deportista *m.* sports person; athlete
deportivo/a *adj.* sports-related
depositar *v.* to deposit
deprimido/a *adj.* depressed 1
derecha *f.* right
derecho *adj.* straight (ahead)
   a la derecha de to the right of
derechos *m., pl.* rights 6
   derechos humanos
   human rights 6
derogar *v.* to abolish 6
derrocar *v.* to overflow 6
derrotar *v.* to defeat 6
desafiar *v.* to challenge
desafío *m.* challenge
desagradecido/a *adj.* ungrateful 4
desamparo *m.* helplessness 2
desaparecer *v.* to disappear 5
desaparición *f.* disappearance 3
desaprovechar *v.* to not take
   advantage of
desarrollar *v.* to develop
desarrollo *m.* development 5
desastre (natural) *m.* (natural)
   disaster
desatender (e:ie) *v.* to neglect 5
desayunar *v.* to have breakfast
desayuno *m.* breakfast
descafeinado/a *adj.* decaffeinated
descansar *v.* to rest
descargar *v.* to download
descompuesto/a *adj.* not working;
   out of order
desconfiar *v.* to be suspicious,
   to not trust
desconocido/a *m., f.* stranger 2
desconsiderado/a *m., f.*
   inconsiderate 3
descontrolado/a *adj.* out of control 5
describir *v.* to describe
descrito/a *p.p.* described
descubierto/a *p.p.* discovered
descubrimiento *m.* discovery
descubrir *v.* to discover
desde *prep.* from
desdén *m.* disdain 4
desear *v.* to wish; to desire
desechable *adj.* disposable 5
desempleado/a *adj.* unemployed
desempleo *m.* unemployment
desenlace *m.* ending; outcome 2
deseo *m.* desire 1
desesperación *f.* desperation 3
desesperado/a *m., f.* desperate
desgracia *f.* misfortune; tragedy
desgraciado/a *adj.* ungrateful 4
desierto *m.* desert 5
desigual *adj.* unequal 6
desigualdad *f.* inequality 6

VOCABULARY

desinterés *m.* lack of interest 5
desobediencia *f.* disobedience 6
　desobediencia civil civil disobedience 6
desordenado/a *adj.* disorderly
despacio *adv.* slowly
desaparición *f.* disappearance 4
despedida *f.* farewell; good-bye
despedir (e:i) *v.* to fire
despedirse (de) (e:i) *v.* to say goodbye (to)
despejado/a *adj.* clear (*weather*)
despertador *m.* alarm clock
despertarse (e:ie) *v.* to wake up
desplazado/a *adj.* documents 2
despreciar *v.* to look down on 4
después *adv.* afterwards; then
　después de *conj.* after
　después de que *conj.* after
destacado/a *adj.* prominent 3
destino *m.* destination
destrozar *v.* to destroy 6
destruir *v.* to destroy 5
detenerse (e:ie) *v.* to stop
detrás de *prep.* behind
deuda *f.* debt
día *m.* day
　día de fiesta holiday
diálogo *m.* dialogue
diario *m.* diary; newspaper 3
diario/a *adj.* daily
dibujar *v.* to draw
dibujo *m.* drawing
　dibujos animados *m., pl.* cartoons
diccionario *m.* dictionary
dicho/a *p.p.* said
diciembre *m.* December
dictadura *f.* dictatorship 6
diecinueve *adj.* nineteen
dieciocho *adj.* eighteen
dieciséis *adj.* sixteen
diecisiete *adj.* seventeen
diente *m.* tooth
dieta *f.* diet
diez *adj.* ten
difícil *adj.* difficult; hard
difundir (noticias) *v.* to spread (news) 2
Diga. *interj.* Hello. (*on telephone*)
digno/a *adj.* worthy 4
diligencia *f.* errand
diminuto/a *adj.* tiny
dinero *m.* money
dirección *f.* address 2
　dirección electrónica e-mail address
director(a) *m., f.* director; (*musical*) conductor 3
dirigir *v.* to direct
　dirigirse a *v.* to address
disco *m.* **compacto** compact disc (CD)
discoteca *f.* dance club 2

discriminación *f.* discrimination
discurso *m.* speech
discutir *v.* to argue 1
disentir *v.* to dissent; to disagree 6
diseñador(a) *m., f.* designer
diseño *m.* design
disfrutar (de) *v.* to enjoy; to reap the benefits (of) 2
disgustado/a *adj.* disgusted 1
disminuir *v.* to decrease; to reduce; to diminish
disparar *v.* to shoot
disparate *m.* silly remark/action; nonsense 4
disponible (estar) *m., f.* (to be) available 3
dispuesto/a (a) *adj.* ready, willing (to)
diversidad *f.* diversity 6
diversión *f.* fun activity; entertainment; recreation
divertido/a *adj.* fun
divertirse (e:ie) *v.* to have fun; to have a good time
divorciado/a *adj.* divorced 1
divorciarse (de) *v.* to get divorced (from) 1
divorcio *m.* divorce 1
doblaje *m.* dubbing 3
doblar *v.* to turn 2
doble *adj.* double
　doble moral *f.* double standard 6
doce *adj.* twelve
doctor(a) *m., f.* doctor
documental *m.* documentary 3
documentos de viaje *m., pl.* travel documents
dolencia *f.* ailment 5
doler (o:ue) *v.* to hurt
dolor *m.* ache; pain 2
　dolor de cabeza *m.* headache
doméstico/a *adj.* domestic
dominar *v.* to dominate
domingo *m.* Sunday
don/doña title of respect used with a person's first name
donde *adv.* where
　¿dónde? where?
　¿Dónde está...? Where is...?
dormir (o:ue) *v.* to sleep
dormirse (o:ue) *v.* to go to sleep; to fall asleep
dormitorio *m.* bedroom
dos *adj.* two
　dos veces *adv.* twice; two times
doscientos/as *adj.* two hundred
drama *m.* drama; play
dramático/a *adj.* dramatic
dramaturgo/a *m., f.* playwright
droga *f.* drug
drogadicto/a *adj.* drug addict
ducha *f.* shower

ducharse *v.* to shower; to take a shower
duda *f.* doubt
dudar *v.* to doubt
dueño/a *m., f.* owner; landlord
dulces *m., pl.* sweets; candy
durante *prep.* during
durar *v.* to last

E

e *conj.* and (*used instead of* **y** *before words beginning with* **i** *and* **hi**)
echar *v.* to throw; to throw away 5
　echar (una carta) al buzón *v.* to put (a letter) in the mailbox; to mail
　echar de menos *v.* to miss 1
ecología *f.* ecology
economía *f.* economics
ecoturismo *m.* ecotourism
Ecuador *m.* Ecuador
ecuatoriano/a *adj.* Ecuadorian
edad *f.* age
　edad adulta adulthood 4
edificio *m.* building 2
　edificio de apartamentos apartment building
(en) efectivo *m.* cash
efecto *m.* **invernadero** greenhouse effect 5
efectos *m., pl.* **especiales** special effects 3
egoísta *adj.* selfish 4
ejecución *f.* execution 6
ejecutivo(a) *m., f.* executive
ejercer *v.* to exercise, to exert 6
　ejercer el poder to exercise/exert power 6
ejercicio *m.* exercise
　ejercicios aeróbicos aerobic exercises
　ejercicios de estiramiento stretching exercises
ejército *m.* army 6
el *m., sing., def. art.* the
él *sub. pron.* he; *adj. pron.* him
elecciones *f., pl.* election
electricista *m., f.* electrician
electrodoméstico *m.* electric appliance
elegante *adj.* elegant
elegir (e:i) *v.* to elect 6
ella *sub. pron.* she; *obj. pron.* her
ellos/as *sub. pron.* they; them
elogiar *v.* to praise 6
embarazada *adj.* pregnant 6
emergencia *f.* emergency
emigrante *m., f.* emigrant
emigrar *v.* to emigrate 1
emitir *v.* to broadcast
emocionado/a *adj.* excited 1

Español-Inglés

VOCABULARY

emocionante *adj.* exciting
empatar *v.* to tie (a game)
empate *m.* tie
empeorar *v.* to get worse 5
empezar (e:ie) *v.* to begin
empleado/a *m., f.* employee
empleo *m.* job; employment
empresa *f.* company; firm
   empresa multinacional multinational company
en *prep.* in; on; at
   en casa at home
   en caso (de) que in case (that)
   en cuanto as soon as
   en directo live 3
   en efectivo in cash
   en exceso in excess; too much
   en línea in-line; online
   ¡En marcha! Let's get going!
   en mi nombre in my name
   en punto on the dot; exactly; sharp (*time*)
   en qué in what; how
   ¿En qué puedo servirles? How can I help you?
   en vivo live 3
enamorado/a (de) *adj.* in love (with) 1
enamorarse (de) *v.* to fall in love (with) 1
encabezar *v.* to lead 6
encantado/a *adj.* delighted; pleased to meet you
encantar *v.* to like very much; to love (*inanimate objects*)
   ¡Me encantó! I loved it!
encarcelar *v.* to imprison 6
encargado/a *m., f.* person in charge 5
encima de *prep.* on top of
enclenque *adj.* weakling 4
encontrar (o:ue) *v.* to find
encontrar(se) (o:ue) *v.* to meet (each other); to run into (each other)
encuesta *f.* poll; survey
energía *f.* energy 5
   energía eólica wind energy 5
   energía nuclear nuclear energy 5
   energía renovable renewable energy 5
   energía solar solar energy 5
enero *m.* January
enfermarse *v.* to get sick
enfermedad *f.* illness
enfermero/a *m., f.* nurse
enfermo/a *adj.* sick
enfrente de *adv.* opposite; facing
engañar *v.* to cheat, to deceive; to trick 1
engordar *v.* to gain weight
enhorabuena congratulations 1
enigma *m.* enigma
enlace *m.* link
enloquecido/a *adj.* ecstatic

enojado/a *adj.* mad; angry 1
enojarse (con) *v.* to get angry (with) 1
enriquecerse *v.* to become enriched
ensalada *f.* salad
ensayar *v.* to rehearse 3
enseguida *adv.* right away
enseñar *v.* to teach
ensuciar *v.* to get (*something*) dirty
entender (e:ie) *v.* to understand
entendimiento *m.* understanding
enterarse (de) *v.* to become informed (about) 3
enterrado/a *adj.* buried
enterrar (e:ie) *v.* to bury
entierro *m.* burial 2
entonces *adv.* then
entrada *f.* entrance; ticket 6
entre *prep.* between; among
entremeses *m., pl.* hors d'oeuvres; appetizers
entrenador(a) *m., f.* trainer
entrenarse *v.* to practice; to train
entretener *v.* to entertain 3
entretenerse (e:ie) *v.* to amuse oneself
entretenido/a *adj.* entertaining
entrevista *f.* interview
entrevistador(a) *m., f.* interviewer
entrevistar *v.* to interview 3
envase *m.* container
envejecer *v.* to age 2
enviar *v.* to send; to mail
envidioso/a *adj.* envious; jealous
época *f.* season 1
equilibrado/a *adj.* balanced
equipado/a *adj.* equipped
equipaje *m.* luggage
equipo *m.* team
equivocado/a *adj.* wrong
eres *fam.* you are
erosión *f.* erosion 5
es he/she/it is
   Es bueno que... It's good that...
   Es de... He/She is from...
   es extraño it's strange
   Es importante que... It's important that...
   es imposible it's impossible
   es improbable it's improbable
   Es la una. It's one o'clock.
   Es malo que... It's bad that...
   Es mejor que... It's better that...
   Es necesario que... It's necessary that...
   es obvio it's obvious
   es ridículo it's ridiculous
   es seguro it's sure
   es terrible it's terrible
   es triste it's sad
   Es urgente que... It's urgent that...
   es una lástima it's a shame
   es verdad it's true
esa(s) *f., adj.* that; those

ésa(s) *f., pron.* that (one); those (ones)
escalar *v.* to climb
   escalar montañas to climb mountains
escalera *f.* stairs; stairway
escama *f.* scale
escándalo *m.* scandal 6
escasez *f.* shortage
escaso/a *adj.* scant; scarce 5
escoger *v.* to choose
escombros *m., pl.* rubble 2
esconder *v.* to hide
escribir *v.* to write
   escribir a máquina *v.* to type 4
   escribir un mensaje electrónico to write an e-mail message
   escribir una carta to write a letter
   escribir una postal to write a postcard
escrito/a *p.p.* written
escritor(a) *m., f.* writer
escritorio *m.* desk
escuchar *v.* to listen to
   escuchar la radio to listen (to) the radio
   escuchar música to listen (to) music
escuela *f.* school
esculpir *v.* to sculpt
escultor(a) *m., f.* sculptor
escultura *f.* sculpture
ese *m., sing., adj.* that
ése *m., sing., pron.* that one
eso *neuter pron.* that; that thing
esos *m., pl., adj.* those
ésos *m., pl., pron.* those (ones)
espacio *m.* space
España *f.* Spain
español *m.* Spanish (*language*)
español(a) *adj.* Spanish; Spaniard
esparcir *v.* to spread
espárragos *m., pl.* asparagus
especialización *f.* major
especializado/a *adj.* specialized
especie *f.* **en peligro (de extinción)** endangered species 5
espectacular *adj.* spectacular
espectáculo *m.* show; performance
espectador(a) *m., f.* spectator
espejo *m.* mirror
esperanza *f.* hope 4
esperar *v.* to hope; to wish
   esperar (+ *inf.*) *v.* to wait (for); to hope
espiar *v.* to spy 6
esposo/a *m., f.* husband/wife; spouse 4
esquí *m.* skiing
   esquí acuático *m.* (water) skiing
   esquí alpino *m.* downhill skiing
   esquí de fondo *m.* cross country skiing

VOCABULARY

esquiar *v.* to ski
esquina *f.* corner 2
está he/she/it is; you are
  Está bien. That's fine.
  Está (muy) despejado. It's (very) clear. (*weather*)
  Está lloviendo. It's raining.
  Está nevando. It's snowing.
  Está (muy) nublado. It's (very) cloudy. (*weather*)
esta(s) *f., adj.* this; these
  esta noche tonight
ésta(s) *f., pron.* this (one); these (ones)
  Ésta es... This is... (*introducing someone*)
establecer (se) *v.* to start; to establish (oneself)
estación *f.* station; season 2
  estación de autobuses bus station 2
  estación de bomberos fire station 2
  estación del metro subway station
  estación de policía police station 2
  estación de tren(es) train station 2
estacionamiento *m.* parking lot 2
estacionar *v.* to park
estadio *m.* stadium 2
estado civil *m.* marital status
Estados Unidos *m., pl.* (EE.UU.; E.U.) United States
estadounidense *adj.* from the United States
estampado/a *adj.* print
estampilla *f.* stamp
estante *m.* bookcase; bookshelves
estantería *f.* bookcase 3
estar *v.* to be
  estar a la/en venta *v.* to be on sale
  estar a (veinte kilómetros) de aquí to be (twenty kilometers) from here
  estar a dieta to be on a diet
  estar aburrido/a to be bored
  estar afectado/a (por) to be affected (by)
  estar bajo control to be under control
  estar bajo presión *v.* to be under pressure
  estar cansado/a to be tired
  estar contaminado/a to be polluted
  estar de acuerdo to agree
  Estoy (completamente) de acuerdo. I agree (completely).
  No estoy de acuerdo. I don't agree.
  estar de moda to be in fashion
  estar de vacaciones *f., pl.* to be on vacation
  estar embarazada to be pregnant 1
  estar en buena forma to be in good shape
  estar enfermo/a to be sick
  estar harto/a to be fed up (with); to be sick (of) 1
  estar listo/a to be ready
  estar perdido/a to be lost 2
  estar roto/a to be broken
  estar seguro/a to be sure
  estar torcido/a to be twisted; to be sprained
estatua *f.* statue
Este *m.* East
este *m., sing., adj.* this
éste *m., sing., pron.* this (one)
  Éste es... *m.* This is... (*introducing someone*)
estéreo *m.* stereo
estilo *m.* style 3
estiramiento *m.* stretching
esto *neuter pron.* this; this thing
estómago *m.* stomach
estornudar *v.* to sneeze
estos *m., pl., adj.* these
éstos *m., pl., pron.* these (ones)
estrella *f.* star 3
  estrella de cine *m., f.* movie star 3
  estrella fugaz shooting star
estrenar (una película) *v.* to release (a movie)
estreno *m.* premiere; new movie 3
estrés *m.* stress
estresado/a *adj.* stressed (out)
estricto/a *adj.* strict 4
estudiante *m., f.* student
estudiantil *adj.* student
estudiar *v.* to study
estufa *f.* stove
estupendo/a *adj.* stupendous
etapa *f.* stage
ético/a *adj.* ethical
  poco ético/a unethical
etnia *f.* ethnic group 4
evitar *v.* to avoid
examen *m.* test; exam
  examen médico physical exam
excelente *adj.* excellent
exceso *m.* excess; too much
excluido/a *adj.* excluded
excursión *f.* hike; tour; excursion
excursionista *m., f.* hiker
exigente *adj.* demanding 4
exigir *v.* to demand
exiliado/a *m., f.* exile
  exiliado/a político/a political exile
éxito *m.* success 3
exitoso/a *adj.* successful
expansión *f.* **(urbana)** (urban) sprawl 5
experiencia *f.* experience
experimento *m.* experiment
explicar *v.* to explain
explorar *v.* to explore
expresión *f.* expression
extinción *f.* extinction
extinguirse *v.* to become extinct 5
extranjero/a *adj.* foreign; *m., f.* foreigner; alien 4
extrañar *v.* to miss
extraño/a *adj.* strange
extraterrestre *adj.* extraterrestrial; alien

F

fabricar *v.* to manufacture
fabuloso/a *adj.* fabulous
facciones *f., pl.* features 2
facha *f.* look
fácil *adj.* easy
falda *f.* skirt
fallecido/a *adj.* deceased
falso/a *adj.* insincere 1
falta (de) *f.* lack (of)
faltar *v.* to lack; to need
fama *f.* fame 3
familia *f.* family
familiares *m.* relatives 1
famoso/a *adj.* famous
fantasma *m.* ghost
fantástico/a *adj.* imaginary
farmacia *f.* pharmacy
fascinar *v.* to fascinate
favorito/a *adj.* favorite
fax *m.* fax (machine)
fe *f.* faith 4
febrero *m.* February
fecha *f.* date
felicidad *f.* happiness 5
  ¡Felicidades! Congratulations!
  ¡Felicitaciones! Congratulations!
feliz *adj.* happy
  ¡Feliz cumpleaños! Happy birthday!
fenomenal *adj.* great; phenomenal
feo/a *adj.* ugly
feria *f.* fair
festejar *v.* to celebrate
festival *m.* festival
fidelidad *f.* faithfulness 1
fiebre *f.* fever
fiesta *f.* party
fijarse *v.* to pay attention 3
fijo/a *adj.* fixed; set
fila *f.* line 2
fin *m.* end
  fin de semana weekend
finalmente *adv.* finally
financiero/a *adj.* financial
firmar *v.* to sign (*a document*)

Español-Inglés

VOCABULARY

física *f.* physics
físico/a *m., f.* physicist
flan (de caramelo) *m.* crème caramel, custard
flauta *f.* flute 3
flexible *adj.* flexible
flor *f.* flower
foca *f.* seal 5
folclórico/a *adj.* folk; folkloric
folleto *m.* brochure
fondo *m.* end
forma *f.* shape
formulario *m.* form
fortalecer(se) *v.* to grow stronger; to strengthen 1, 6
foto(grafía) *f.* photograph
fotógrafo/a *m., f.* photographer 3
fracaso *m.* failure 6
fraile (fray) *m.* friar; monk (Brother) 4
francés, francesa *adj.* French
frasquito *m.* little bottle 5
frecuentemente *adv.* frequently
frenos *m., pl.* brakes
fresco/a *adj.* cool
frijoles *m., pl.* beans
frío/a *adj.* cold
frito/a *adj.* fried
frontera *f.* border
fruta *f.* fruit
frutería *f.* fruit store
frutilla *f.* strawberry
fuego *m.* fire
fuente *f.* source 5
fuente *f.* **de fritada** platter of fried food
fuera *adv.* outside
fuerte *adj.* strong
fuerza *f.* force 6
fumar *v.* to smoke
funcionar *v.* to work; to function
fútbol *m.* soccer
fútbol americano *m.* football
futuro/a *adj.* future
   en el futuro in the future

G

gafas (de sol) *f., pl.* (sun)glasses
gafas (oscuras) *f., pl.* (sun)glasses
galaxia *f.* galaxy
galleta *f.* cookie
ganancia *f.* profit
ganar *v.* to win; to earn (money)
   ganar las elecciones to win elections 6
   ganar un partido to win a game
   ganarse la vida to earn a living
ganga *f.* bargain
garaje *m.* garage; (mechanic's) repair shop; garage (*in a house*)
garganta *f.* throat
garra *f.* claw

gasoducto *m.* gas pipeline
gasolina *f.* gasoline
gasolinera *f.* gas station
gastar *v.* to spend (*money*)
gato *m.* cat
gemelo/a *m., f.* twin 4
gen *m.* gene
género *m.* genre 3
genética *f.* genetics
genial *adj.* wonderful 1
gente *f.* people 2
geografía *f.* geography
gerente *m., f.* manager
gimnasio *m.* gymnasium
gobernar (e:ie) *v.* to govern 6
gobierno *m.* government 6
golf *m.* golf
golpe *m.* blow, hit
   golpe de estado coup d'état 6
golpear *v.* to beat (a drum) 3
gordo/a *adj.* fat
gozar (de) *v.* to enjoy
grabadora *f.* tape recorder
grabar *v.* to record 3
   grabar (un CD) to burn (a CD)
gracias *f., pl.* thank you; thanks
   Gracias por todo. Thanks for everything.
   Gracias una vez más. Thanks again.
gracioso/a *adj.* funny 1
graduarse (de/en) *v.* to graduate (from/in)
gran, grande *adj.* big; large
grasa *f.* fat
gratis *adj.* free of charge
grave *adj.* grave; serious
gravedad *f.* gravity
gravísimo/a *adj.* extremely serious
grillo *m.* cricket
gripe *f.* flu
gris *adj.* gray
gritar *v.* to scream; to shout
grupo *m.* **musical** musical group, band
guagua *f.* child 3
guantes *m., pl.* gloves
guapo/a *adj.* handsome; good-looking
guardar *v.* to save (on a computer)
guerra *f.* war 6
   guerra civil civil war 6
guía *m., f.* guide
guiar *v.* to guide
gustar *v.* to be pleasing to; to like
   Me gustaría… I would like…
gusto *m.* pleasure
   El gusto es mío. The pleasure is mine.
   Gusto de verlo/la. *form.* It's nice to see you.
   Gusto de verte. *fam.* It's nice to see you.

   Mucho gusto. Pleased to meet you.
   ¡Qué gusto volver a verlo/la! *form.* I'm happy to see you again!
   ¡Qué gusto volver a verte! *fam.* I'm happy to see you again!

H

haber *(auxiliar) v.* to have (done something)
   Ha sido un placer. It's been a pleasure.
habitación *f.* room
   habitación doble double room
   habitación individual single room
habitante *m., f.* inhabitant 2
hablar *v.* to talk; to speak
hacer *v.* to do; to make
   Hace buen tiempo. The weather is good.
   Hace (mucho) calor. It's (very) hot. (*weather*)
   Hace fresco. It's cool. (*weather*)
   Hace (mucho) frío. It's (very) cold. (*weather*)
   Hace mal tiempo. The weather is bad.
   Hace (mucho) sol. It's (very) sunny. (*weather*)
   Hace (mucho) viento. It's (very) windy. (*weather*)
   hacer caso to obey 3
   hacer cola to stand in line; to wait in line
   hacer diligencias to run errands 2
   hacer ejercicio to exercise
   hacer ejercicios aeróbicos to do aerobics
   hacer ejercicios de estiramiento to do stretching exercises
   hacer el papel (de) to play the role (of)
   hacer falta to be necessary 5
   hacer gimnasia to work out
   hacer juego (con) to match (with)
   hacer la cama to make the bed
   hacer las maletas to pack (one's) suitcases
   hacer quehaceres domésticos to do household chores
   hacer turismo to go sightseeing
   hacer un esfuerzo to make an effort
   hacer un viaje to take a trip
   hacer una excursión to go on a hike; to go on a tour
hacia *prep.* toward
hallazgo *m.* discovery 3
hambre *f.* hunger
hamburguesa *f.* hamburger
hasta *prep.* until; toward
   Hasta la vista. See you later.

VOCABULARY

Hasta luego. See you later.
Hasta mañana. See you tomorrow.
hasta que until
Hasta pronto. See you soon.
hay there is; there are
   Hay (mucha) contaminación.
     It's (very) smoggy.
   Hay (mucha) niebla.
     It's (very) foggy.
   Hay que... It is necessary that...
   No hay duda de...
     There's no doubt ...
   No hay de qué. You're welcome.
hecho *m.* fact 5
hecho/a *p.p.* done
heladería *f.* ice cream shop
helado/a *adj.* iced
helado *m.* ice cream
heredar *v.* to inherit 4
herencia *f.* heritage
   herencia cultural
     cultural heritage 6
hermanastro/a *m., f.* stepbrother/
   stepsister 4
hermano/a *m., f.* brother/sister
   hermano/a gemelo/a *m., f.* twin
     brother/sister 4
   hermano/a mayor/menor *m., f.* older/
     younger brother/sister
hermanos *m., pl.* siblings (brothers
   and sisters)
hermoso/a *adj.* beautiful
herramienta *f.* tool
heterogéneo/a *adj.* heterogeneous
híbrido/a *adj.* hybrid 5
hierba *f.* grass
hijastro/a *m., f.* stepson/stepdaughter
hijo/a *m., f.* son/daughter
   hijo/a único/a *m., f.* only child 4
   hijos *m., pl.* children
hipocresía *f.* hypocrisy 6
hiriente *adj.* hurtful 4
historia *f.* history; story
historiador(a) *m., f.* historian 4
hockey *m.* hockey
hogar *m.* home
hoja *f.* leaf 5
hola *interj.* hello; hi
hombre *m.* man
   hombre de negocios *m.*
     businessman
   homenajear a los dioses *v.* to pay
     homage to the gods 4
homogeneidad *f.* homogeneity
honrado/a *adj.* honest 4
hora *f.* hour; the time
horario *m.* schedule
   horario de trabajo
     work schedule
horno *m.* oven
   horno de microondas
     microwave oven
horóscopo *m.* horoscope 3

horror *m.* horror
   de horror horror (genre)
hospital *m.* hospital
hotel *m.* hotel
hoy *adv.* today
   hoy (en) día *adv.* nowadays
   Hoy es... Today is…
huelga *f.* strike (labor) 6
hueso *m.* bone
huésped *m., f.* guest
huevo *m.* egg
huir *v.* to flee 6
humanidad *f.* humankind
humanidades *f., pl.* humanities
huracán *m.* hurricane 5
huraño/a *adj.* unsociable 4

I

ida *f.* one way (travel)
idea *f.* idea
ideales *m., pl.* principles; ideals
idioma *m.* language
   idioma oficial *m.*
     official language
iglesia *f.* church
igual *adj.* equal 6
igualdad *f.* equality 6
igualmente *adv.* likewise
ilegal *adj.* illegal 4
ilusión *m.* dream 2
impasible *adj.* impassively 2
imparcial *adj.* impartial; unbiased 3
impedir *v.* to prevent 2
impermeable *m.* raincoat
importante *adj.* important
importar *v.* to be important to;
   to matter
imposible *adj.* impossible
imprenta *f.* printer 1
impresora *f.* printer
imprimir *v.* to print
improbable *adj.* improbable
impuesto *m.* tax
inalámbrico/a *adj.* wireless
incapaz *adj.* incapable;
   incompetent
incendio *m.* fire 5
incertidumbre *f.* uncertainty
inconformista *adj.* nonconformist
increíble *adj.* incredible
independizarse *v.* to
   become independent 4
indicar el camino *v.*
   to give directions 2
indiferencia *f.* indifference
indignarse *v.* to be outraged 2
individual *adj.* private (room)
inesperado/a *adj.* unexpected 2
inestabilidad *f.* instability
infección *f.* infection
infidelidad *f.* unfaithfulness 1
inflación *f.* inflation

influencia *f.* influence 2
influir *v.* to influence 6
influyente *adj.* influential 3
informar *v.* to inform
informática *f.* computer science
informe *m.* report; paper
   (written work) 6
ingeniero/a *m., f.* engineer
ingenuo/a *adj.* naïve 2
inglés *m.* English (language)
inglés, inglesa *adj.* English
injusticia *f.* injustice 6
injusto/a *adj.* unfair 6
inmigración *f.* immigration
inmigrante *m., f.* immigrant 1
innovador(a) *adj.* innovative
inocencia *f.* innocence
inodoro *m.* toilet
inolvidable *adj.* unforgettable 1
inseguridad *f.* insecurity; lack
   of safety 6
inseguro/a *adj.* insecure 1
insensible *adj.* insensitive
insistir (en) *v.* to insist (on)
insoportable *adj.* unbearable
inspector(a) *m., f.* **de aduanas**
   customs inspector
instituto *m.* high school 6
integración *f.* integration
integrarse (a) *v.* to become part (of);
   to fit in
inteligente *adj.* intelligent
intentar *v.* to try
intercambiar *v.* to exchange
interesante *adj.* interesting
interesar *v.* to be interesting to;
   to interest
internacional *adj.* international
Internet Internet 3
intoxicar *v.* to poison 5
intruso/a *m., f.* intruder
inundación *f.* flood 5
inventar *v.* to invent
invento *m.* invention
inversionista *m., f.* investor
invertir (e:ie) *v.* to invest
investigador(a) *m., f.* researcher
investigar *v.* to research;
   to investigate 3
invierno *m.* winter
invisible *adj.* invisible
invitado/a *m., f.* guest (at a function)
invitar *v.* to invite
inyección *f.* injection
ir *v.* to go
   ir a (+ inf.) to be going to
     do something
   ir de compras to go shopping
   ir de excursión (a las montañas)
     to go for a hike (in the mountains)
   ir de pesca to go fishing
   ir de vacaciones to go on vacation
   ir en autobús to go by bus

Español-Inglés

VOCABULARY

ir en auto(móvil) to go by auto(mobile); to go by car
ir en avión to go by plane
ir en barco to go by boat
ir en metro to go by subway
ir en motocicleta to go by motorcycle
ir en taxi to go by taxi
ir en tren to go by train
irse *v.* to go away; to leave
italiano/a *adj.* Italian
izquierdo/a *adj.* left
a la izquierda de to the left of

J

jabón *m.* soap
jamás *adv.* never; not ever
jamón *m.* ham
japonés, japonesa *adj.* Japanese
jardín *m.* garden; yard
jefe/a *m., f.* boss
joven *adj.* young
joven *m., f.* youth; young person
joyería *f.* jewelry store
jubilarse *v.* to retire (*from work*)
juego *m.* game
juego de mesa board game
jueves *m., sing.* Thursday
juez(a) *m., f.* judge 6
jugador(a) *m., f.* player
jugar (u:ue) *v.* to play
jugar a las cartas *f., pl.* to play cards
jugo *m.* juice
jugo de fruta *m.* fruit juice
juguete *m.* toy
juicio *m.* judgment 6
julio *m.* July
jungla *f.* jungle
junio *m.* June
juntos/as *adj.* together
jurar *v.* to promise
justicia *f.* justice 6
justo/a *adj.* just; fair 2, 6
juventud *f.* youth 4
juzgar *v.* to judge 6

K

kilómetro *m.* kilometer

L

la *f., sing., def. art.* the
la *f., sing., d.o. pron.* her, it; *form.* you
laboratorio *m.* laboratory
ladrillo *m.* brick
ladrón/ladrona *m., f.* thief 6
lagarto *m.* lizard 5
lago *m.* lake
laico/a *adj.* secular; lay 6
lamentable *adv.* regrettable

lamentar *v.* to regret 4
lámpara *f.* lamp
lana *f.* wool
langosta *f.* lobster
lápiz *m.* pencil
largo/a *adj.* long
a largo plazo *adj.* long-term
las *f., pl., def. art.* the
las *f., pl., d.o. pron.* them; *form.* you
lástima *f.* shame
lastimar(se) *v.* to injure (oneself)
lastimarse el pie to injure one's foot
lata *f.* (*tin*) can
lavabo *m.* sink
lavadora *f.* washing machine
lavandería *f.* laundromat
lavaplatos *m., sing.* dishwasher
lavar *v.* to wash
lavar (el suelo, los platos) to wash (the floor, the dishes)
lavarse *v.* to wash oneself
lavarse la cara to wash one's face
lavarse las manos to wash one's hands
lazo *m.* tie 1
le *sing., i.o. pron.* to/for him; her; *form.* you
Le presento a… *form.* I would like to introduce… to you.
lección *f.* lesson
leche *f.* milk
lechuga *f.* lettuce
leer *v.* to read
leer correo electrónico to read e-mail
leer un periódico to read a newspaper
leer una revista to read a magazine
legal *adj.* legal 4
leído/a *p.p.* read
lejos de *prep.* far from
lengua *f.* language 4
lenguas extranjeras *f., pl.* foreign languages
lengua materna mother tongue
lenguaje corporal *m.* body language
lentes *m., pl.* **de contacto** contact lenses
lentes (de sol) (sun)glasses
lento/a *adj.* slow
león *m.* lion 5
les *pl., i.o. pron.* to/for them; *form* you
letra *f.* lyrics 3
letrero *m.* sign; billboard 2
levantar *v.* to lift
levantar pesas to lift weights
levantarse *v.* to get up
ley *f.* law 6
liado/a *adj.* busy 1

liberal *adj.* liberal 6
libertad *f.* liberty; freedom 6
libertad de prensa freedom of the press 3
libre *adj.* free
librería *f.* bookstore
libro *m.* book
licencia de conducir *f.* driver's license
ligar *v.* to flirt; to hook up 1
limón *m.* lemon
limpiar *v.* to clean
limpiar la casa *v.* to clean the house
limpieza *f.* cleaning
limpieza étnica ethnic cleaning
limpio/a *adj.* clean
línea *f.* line
lío *m.* mess
listo/a *adj.* ready; smart
literatura *f.* literature
llamar *v.* to call
llamar por teléfono to call on the phone
llamarse *v.* to be called; to be named
llanta *f.* tire
llave *f.* key
llegada *f.* arrival
llegar *v.* to arrive
llenar *v.* to fill
llenar el tanque to fill the tank
llenar (un formulario) to fill out (a form)
lleno/a *adj.* full 2
llevar *v.* to carry; *v.* to wear; to take
llevar una vida sana to lead a healthy lifestyle
llevarse bien/mal/fatal (con) to get along well/badly/terribly (with) 1
llover (o:ue) *v.* to rain
Llueve. It's raining.
lluvia *f.* rain 5
lluvia ácida acid rain
lo *m., sing. d.o. pron.* him, it; *form.* you
¡Lo hemos pasado de película! We've had a great time!
¡Lo hemos pasado maravillosamente! We've had a great time!
lo mejor the best (thing)
Lo pasamos muy bien. We had a very good time.
lo peor the worst (thing)
lo que that which; what
Lo siento. I'm sorry.
Lo siento muchísimo. I'm so sorry.
lobo *m.* wolf 5
loco/a *adj.* crazy
locutor(a) (de radio/televisión) *m., f.* (radio/TV) announcer 3
lograr *v.* to attain; to achieve
lomo *m.* **a la plancha** grilled tenderloin
los *m., pl., def. art.* the

VOCABULARY

los *m. pl., d.o. pron.* them; *form.* you
lotería *f.* lottery
lucha *f.* struggle; fight 6
luchar (contra/por) *v.* to fight; to struggle (against/for)
luego *adv.* then; *adv.* later
lugar *m.* place
lujo *m.* luxury
luna *f.* moon 5
lunares *m.* polka dots
lunes *m., sing.* Monday
luz *f.* light; electricity

M

madera *f.* wood 5
madrastra *f.* stepmother 4
madre *f.* mother
madrugada *f.* early morning
madurez *f.* maturity; middle age
maduro/a *adj.* mature 1
maestro/a *m., f.* teacher
magnífico/a *adj.* magnificent
maíz *m.* corn
mal, malo/a *adj.* bad
maleducado/a *adj.* ill-mannered 4
malcriado/a *m., f.* rude 3
malcriar *v.* to spoil 4
maleta *f.* suitcase
malgastar *v.* to waste 5
maltrato *m.* abuse; mistreatment
mamá *f.* mom
manchado/a *m., f.* stained 2
mandar *v.* to order; to send; to mail
mandón/mandona *adj.* bossy 4
manejar *v.* to drive
manera *f.* way
manifestación *f.* protest
manifestante *m., f.* demonstrator 6
mano *f.* hand
manta *f.* blanket
mantener (e:ie) *v.* to maintain
　mantenerse en forma to stay in shape
mantenimiento *m.* maintenance
mantequilla *f.* butter
manzana *f.* apple
mañana *f.* morning, A.M.; tomorrow
mapa *m.* map
maqueta *f.* model
maquillaje *m.* makeup
maquillarse *v.* to put on makeup
máquina *f.* machine
mar *m.* sea 5
maravilloso/a *adj.* marvelous
marcar (un gol/un punto) *v.* to score (a goal/a point)
marcharse *v.* to leave
mareado/a *adj.* dizzy; nauseated
margarina *f.* margarine
mariscos *m., pl.* shellfish
marrón *adj.* brown
martes *m., sing.* Tuesday

martillo *m.* hammer
marzo *m.* March
más *pron.* more
　más de (+ *number*) more than
　más tarde later (on)
　más… que more… than
masaje *m.* massage
matar *v.* to kill
matarse *v.* to kill oneself
matemáticas *f., pl.* mathematics
matemático/a *m., f.* mathematician
materia *f.* course
matriarcado *m.* matriarchy 2
matrimonio *m.* marriage 1
máximo/a *adj.* maximum
mayo *m.* May
mayonesa *f.* mayonnaise
mayor *adj.* older
　el/la mayor *adj.* eldest/oldest
me *sing., d.o. pron.* me; *sing. i.o. pron.* to/for me
　Me duele mucho. It hurts me a lot.
　Me gusta… I like…
　No me gustan nada. I don't like them at all.
　Me gustaría(n)… I would like…
　Me llamo… My name is…
　Me muero por… I'm dying to/for…
mecánico/a *m., f.* mechanic
mediano/a *adj.* medium
medianoche *f.* midnight
medias *f., pl.* pantyhose; stockings
medicamento *m.* medication 5
medicina *f.* medicine
médico/a *m., f.* doctor; *adj.* medical
medio/a *adj.* half
　medio *m.* ambiente environment 5
　y media thirty minutes past the hour (*time*)
　medio/a hermano/a *m., f.* half brother/sister 4
mediodía *m.* noon
medios *m., pl.* **(de comunicación)** means of communication; media 3
mejor *adj.* better
　el/la mejor *m., f.* the best
mejora *f.* improvement
mejorar *v.* to improve 5
melocotón *m.* peach
mendigar *v.* to beg 2
menor *adj.* younger
　el/la menor *m., f.* youngest
menos *adv.* less
　menos cuarto…, menos quince… quarter to… (*time*)
　menos de (+ *number*) fewer than
　menos… que less… than
mensaje *m.* message
　mensaje de texto text message
　mensaje electrónico e-mail message
mente *f.* mind

mentira *f.* lie
mentiroso/a *adj.* lying; liar 1
menú *m.* menu
mercado *m.* market
　mercado al aire libre open-air market
merecer *v.* to deserve 1
merendar (e:ie) *v.* to snack; to have an afternoon snack
merienda *f.* afternoon snack
mes *m.* month
mesa *f.* table
mesero/a *m., f.* waiter/waitress
mesita *f.* end table
　mesita de noche night stand
meta *f.* goal
metro *m.* subway 2
mexicano/a *adj.* Mexican
México *m.* Mexico
mezclar *v.* to mix
mí *pron., obj. of prep.* me
mi(s) *poss. adj.* my
microondas *f., sing.* microwave
　horno *m.* **de microondas** microwave oven
miedo *m.* fear
mientras *adv.* while
miércoles *m., sing.* Wednesday
mil *m.* one thousand
　mil millones billion
　Mil perdones. I'm so sorry. (*lit.* A thousand pardons.)
milla *f.* mile
millón *m.* million
millones (de) *m.* millions (of)
milonga *f.* type of dance/music from the Río de la Plata area in Argentina
mimar *v.* to pamper 4
mineral *m.* mineral
minuto *m.* minute
mío/a(s) *poss.* my; (of) mine
mirada *f.* gaze
mirar *v.* to look (at); to watch
　mirar (la) televisión to watch television
misa *f.* mass
mismo/a *adj.* same
mito *m.* myth 2
mochila *f.* backpack
moda *f.* fashion
módem *m.* modem
moderno/a *adj.* modern
modo *m.* means; manner
molestar *v.* to bother; to annoy
monitor *m.* (computer) monitor
monitor(a) *m., f.* trainer
mono *m.* monkey 5
monolingüe *adj.* monolingual
montaña *f.* mountain
montar *v.* **a caballo** to ride a horse
monumento *m.* monument
mora *f.* blackberry
morado/a *adj.* purple

Español-Inglés

VOCABULARY

moreno/a *adj.* brunet(te)
morir (o:ue) *v.* to die
mostrador *m.* counter **2**
mostrar (o:ue) *v.* to show
motocicleta *f.* motorcycle
motor *m.* motor
muchacho/a *m., f.* boy; girl
mucho/a *adj., adv.* a lot of; much; many
   (Muchas) gracias. Thank you (very much); Thanks (a lot).
   muchas veces *adv.* a lot; many times
   Muchísimas gracias. Thank you very, very much.
   Mucho gusto. Pleased to meet you.
muchísimo very much
mudarse *v.* to move (from one house to another) **1, 4**
muebles *m., pl.* furniture
muela *f.* tooth
muerte *f.* death **4**
muerto/a *p.p.* died
mujer *f.* woman
   mujer de negocios *f.* business woman
   mujer policía *f.* policewoman **2**
mujeriego *m.* womanizer
multa *f.* fine **2**
mundial *adj.* worldwide
Mundial *m.* World Cup
mundo *m.* world
municipal *adj.* municipal
músculo *m.* muscle
museo *m.* museum **2**
música *f.* music
musical *adj.* musical
músico/a *m., f.* musician
musulmán/musulmana *m., f.* Muslim **6**
muy *adv.* very
   Muy amable. That's very kind of you.
   (Muy) bien, gracias. (Very) well, thanks.

N

nacer *v.* to be born
nacimiento *m.* birth **4**
nacional *adj.* national
nacionalidad *f.* nationality
nada *pron.* nothing; not anything
   nada mal not bad at all
nadar *v.* to swim
nadie *pron.* no one, nobody; not anyone
naipes *m., pl.* (playing) cards
naranja *f.* orange
nariz *f.* nose
natación *f.* swimming
natalidad *f.* birthrate
natural *adj.* natural

naturaleza *f.* nature
navegar *v.* **(en la red, en Internet)** to surf (the web, the Internet) **3**
Navidad *f.* Christmas
necesario/a *adj.* necessary
necesitar (+ *inf.*) *v.* to need
negar (e:ie) *v.* to deny
negativo/a *adj.* negative
negocios *m., pl.* business; commerce
negro/a *adj.* black
nervioso/a *adj.* nervous
nevar (e:ie) *v.* to snow
   Nieva. It's snowing.
ni… ni neither… nor
niebla *f.* fog
nieto/a *m., f.* grandson/granddaughter **4**
nieve *f.* snow
ningún, ningunos/as *adj.* no; not any
ninguno/a(s) *pron.* none; not any
niñato/a *m., f.* spoiled brat (Esp.) **4**
niñez *f.* childhood **4**
niño/a *m., f.* child **4**
nivel *m.* level
   nivel de vida standard of living
no *adv.* no; not
   ¿no? right?
   No cabe duda de… There is no doubt…
   No es así. That's not the way it is
   No es para tanto. It's not a big deal.
   no es seguro it's not sure
   no es verdad it's not true
   No está nada mal. It's not bad at all.
   no estar de acuerdo to disagree
   No estoy seguro. I'm not sure.
   no hay there is/are not
   No hay de qué. You're welcome.
   No hay duda de… There is no doubt…
   No hay problema. No problem.
   No más only **3**
   ¡No me diga(s)! You don't say!
   No me gustan nada. I don't like them at all.
   no muy bien not very well
   No quiero. I don't want to.
   No sé. I don't know.
   No se preocupe. *form.* Don't worry.
   No te preocupes. *fam.* Don't worry.
   no tener razón to be wrong
noche *f.* night
nombre *m.* name
   nombre de usuario user name
Norte *m.* North
norteamericano/a *adj.* (North) American
nos *pl., d.o. pron.* us; *pl., i.o. pron.* to/for us

   Nos divertimos mucho. We had a lot of fun.
   Nos vemos. See you.
nosotros/as *sub. pron.* we; *ob. pron.* us
nostalgia *f.* nostalgia
noticias (internacionales/locales/ nacionales) *f., pl.* (international/local/national) news **3**
noticiero *m.* newscast
novecientos/as *adj.* nine hundred
novedad *f.* new development
noveno/a *adj.* ninth
noventa *adj.* ninety
noviembre *m.* November
novio/a *m., f.* boyfriend/girlfriend
nube *f.* cloud
nublado/a *adj.* cloudy
   Está (muy) nublado. It's very cloudy.
nuclear *adj.* nuclear
nuera *f.* daughter-in-law **4**
nuestro/a(s) *poss. adj.* our; (of ours)
nueve *adj.* nine
nuevo/a *adj.* new
número *m.* number; (shoe) size
nunca *adj.* never; not ever
nutrición *f.* nutrition
nutricionista *m., f.* nutritionist

O

o *conj.* or
o… o *conj.* either… or
obedecer *v.* to obey
obra *f.* work (*of art, literature, music, etc.*)
   obra maestra masterpiece
   obra de teatro theater play
obrero/a *m., f.* blue-collar worker
obtener *v.* to obtain; to get
obvio/a *adj.* obvious
océano *m.* ocean
ochenta *adj.* eighty
ocho *adj.* eight
ochocientos/as *adj.* eight hundred
ocio *m.* leisure
octavo/a *adj.* eighth
octubre *m.* October
ocupación *f.* occupation
ocupado/a *adj.* busy
ocurrir *v.* to occur; to happen
odiar *v.* to hate **1**
Oeste *m.* West
oferta *f.* offer
oficina *f.* office
oficio *m.* trade
ofrecer *v.* to offer
oído *m.* (sense of) hearing; inner ear
oído/a *p.p.* heard
oír *v.* to hear

VOCABULARY

Oiga./Oigan. *form., sing./pl.* Listen. (*in conversation*)
Oye. *fam., sing.* Listen. (*in conversation*)
ojalá (que) *interj.* I hope (that); I wish (that)
ojo *m.* eye
olor *m.* smell
olvidar *v.* to forget
olvido *m.* forgetfulness; oblivion 1
once *adj.* eleven
ópera *f.* opera
operación *f.* operation
opinar *v.* to express an opinion; to think 3
opresión *f.* oppression 4
oprimido/a *adj.* oppressed 6
ordenado/a *adj.* orderly
ordinal *adj.* ordinal (*number*)
oreja *f.* (outer) ear
orgullo *m.* pride
orgulloso/a *adj.* proud 1
orquesta *f.* orchestra
ortografía *f.* spelling
ortográfico/a *adj.* spelling
os *fam., pl. d.o. pron.* you; *fam., pl. i.o. pron.* to/for you
oso *m.* bear 5
otoño *m.* autumn
otro/a *adj.* other; another
  otra vez again
oyente *m., f.* listener 3

P

paciencia *f.* patience
paciente *m., f.* patient
pacífico/a *adj.* peaceful 6
pacifista *adj.* pacifist 6
padrastro *m.* stepfather 4
padre *m.* father
padres *m., pl.* parents
pagar *v.* to pay
  pagar a plazos to pay in installments
  pagar al contado to pay in cash
  pagar en efectivo to pay in cash
  pagar la cuenta to pay the bill
página *f.* page
  página principal home page
país *m.* country
paisaje *m.* landscape; scenery 5
pájaro *m.* bird 5
palabra *f.* word
pan *m.* bread
  pan tostado *m.* toasted bread
panadería *f.* bakery
pancarta *f.* banner; sign
pantalla *f.* screen 3
pantalones *m., pl.* pants
  pantalones cortos *m., pl.* shorts
pantuflas *f.* slippers
pañuelo *m.* headscarf 6

papa *f.* potato
  papas fritas *f., pl.* fried potatoes; French fries
papá *m.* dad
  papás *m., pl.* parents
papel *m.* paper; role
papeles *m., pl.* documents 3
papelera *f.* wastebasket
paquete *m.* package
par *m.* pair
  par de zapatos pair of shoes
para *prep.* for; in order to; by; used for; considering
  para que so that
parabrisas *m., sing.* windshield
parada *f.* stop 2
  parada de autobús bus stop 2
  parada de metro subway stop 2
parar *v.* to stop 2
parcial *adj.* biased 3
parcialidad *f.* bias 3
parco/a *adj.* tight-lipped
parecer *v.* to seem
parecerse (c:zc) *v.* to resemble; to look like 4, 2
pared *f.* wall
pareja *f.* (married) couple; partner 1
pariente *m., f.* relative 4
  parientes *m., pl.* relatives
parque *m.* park
  parque de atracciones amusement park
parquear *v.* to park 3
párrafo *m.* paragraph
parte: de parte de on behalf of
partido *m.* game; match (*sports*)
  partido político *m.* political party 6
partir *v.* to split
pasado/a *adj.* last; past
pasado *p.p.* passed
pasaje *m.* ticket
  pasaje de ida y vuelta *m.* round trip ticket
pasajero/a *m., f.* passenger 2; *adj.* fleeting 1
pasaporte *m.* passport
pasar *v.* to go through; to pass 6
  pasar la aspiradora to vacuum
  pasar por el banco to go by the bank
  pasar por la aduana to go through customs
  pasar tiempo to spend time
  pasarlo bien/mal *v.* to have a good/bad time 2
pasatiempo *m.* pastime; hobby
pasear *v.* to take a walk; to stroll; to go for a walk
  pasear en bicicleta to ride a bicycle
  pasear por to walk around
pasillo *m.* hallway

pasta *f.* **de dientes** toothpaste
pastel *m.* cake; pie
  pastel de chocolate chocolate cake
  pastel de cumpleaños birthday cake
pastelería *f.* pastry shop
pastilla *f.* pill; tablet
pata *f.* **de conejo** rabbit's foot 5
patata *f.* potato
  patatas fritas *f., pl.* fried potatoes; French fries
patear *v.* to kick
patente *f.* patent
patinar (en línea) *v.* to (in-line) skate
patineta *f.* skateboard
patio *m.* patio; yard
patria *f.* homeland 1, 4
pavo *m.* turkey
paz *f.* peace 6
peatón/peatona *m., f.* pedestrian 2
pedazo *m.* piece 5
  pedazo de lata piece of junk
pedir (e:i) *v.* to ask for; to request; to order (*food*)
  pedir prestado *v.* to borrow
  pedir un préstamo *v.* to apply for a loan
pegar *v.* to hit 6
peinarse *v.* to comb one's hair
pelear(se) *v.* to fight with (one another) 4, 6
película *f.* movie 3
peligro *m.* danger 5
peligroso/a *adj.* dangerous
pelirrojo/a *adj.* red-haired
pelo *m.* hair
pelota *f.* ball
peluquería *f.* beauty salon
peluquero/a *m., f.* hairdresser
penicilina *f.* penicillin
pensar (e:ie) *v.* to think
  pensar (+ *inf.***)** *v.* to intend to; to plan to (do something)
  pensar en *v.* to think about
pensión *f.* boardinghouse
peor *adj.* worse
  el/la peor *adj.* the worst
pequeño/a *adj.* small
pera *f.* pear
perder (e:ie) *v.* to lose; to miss
  perder las elecciones to lose elections 6
  perder un partido to lose a game
pérdida *f.* loss
perdido/a *adj.* lost
Perdón. Pardon me.; Excuse me.
perdonar *v.* to forgive 2
perezoso/a *adj.* lazy
perfecto/a *adj.* perfect
periódico *m.* newspaper 3
periodismo *m.* journalism

Español-Inglés 315

VOCABULARY

periodista *m., f.* journalist **3**
permiso *m.* permission
permitir *v.* to allow **2**
pero *conj.* but
perro *m.* dog
persecución *f.* persecution
persiana *f.* shutter **2**
persona *f.* person
personaje *m.* character
    personaje principal *m.* main character
pertenecer *v.* to belong
pesas *f. pl.* weights
pesca *f.* fishing
pescadería *f.* fish market
pescado *m.* fish (*cooked*)
pescador(a) *m., f.* fisherman/fisherwoman
pescar *v.* to fish
peso *m.* weight
petróleo *m.* oil **5**
pez *m.* fish (*live*) **5**
pie *m.* foot
piedra (esculpida) *f.* (sculpted) stone
pierna *f.* leg
pimienta *f.* black pepper
pintar *v.* to paint
pintor(a) *m., f.* painter
pintura *f.* painting; picture
piña *f.* pineapple
piscina *f.* swimming pool
piso *m.* floor (*of a building*)
pista de baile *f.* dance floor **3**
pizarra *f.* blackboard
placer *m.* pleasure
    Ha sido un placer. It's been a pleasure.
planchar *v.* **la ropa** to iron the clothes
planes *m., pl.* plans
planeta *m.* planet
planificar *v.* to plan
plano *m.* blueprint; plan
planta *f.* plant
    planta baja *f.* ground floor
plantar *v.* to plant **5**
plástico *m.* plastic
plato *m.* dish (*in a meal*); *m.* plate
    plato principal *m.* main dish
playa *f.* beach
plaza *f.* city or town square **2**
plazos *m., pl.* periods; time
    a corto/largo plazo *adj.* short/long-term
pluma *f.* pen
población *f.* population
poblar *v.* to settle; to populate **2**
pobre *adj.* poor
pobreza *f.* poverty
poco/a *adj.* little; few
podar *v.* to prune **5**
poder (o:ue) *v.* to be able to; can
poder *m.* power **6**
poderoso/a *adj.* powerful **4**
poema *m.* poem

poesía *f.* poetry
poeta *m., f.* poet
polémica *f.* controversy
policía *f.* police (force)
policía *m.* policeman **2**
política *f.* politics **6**
político/a *m., f.* politician; *adj.* political **6**
pollo *m.* chicken
    pollo asado *m.* roast chicken
ponchar *v.* to go flat
poner *v.* to put; to place; *v.* to turn on (*electrical appliances*)
    poner la mesa *v.* to set the table
    poner un disco compacto *v.* to play a CD
    poner una inyección *v.* to give an injection
ponerse (+ *adj.*) *v.* to become; to put on
    ponerse pesado/a to become annoying **1**
por *prep.* in exchange for; for; by; in; through; around; along; during; because of; on account of; on behalf of; in search of; by way of; by means of
    por aquí around here
    por delante *adv.* ahead (of)
    por ejemplo for example
    por eso that's why; therefore
    por favor please
    por fin finally
    por la mañana in the morning
    por la noche at night
    por la tarde in the afternoon
    por lo menos at least
    ¿por qué? why?
    Por supuesto. Of course.
    por su cuenta on his/her own **1**
    por teléfono by phone; on the phone
    por último finally
porque *conj.* because
portada *f.* front page; cover **3**
portátil *m.* portable
porvenir *m.* future **5**
    ¡Por el porvenir! Here's to the future!
posesivo/a *adj.* possessive
posible *adj.* possible
    (no) es posible it's (not) possible
postal *f.* postcard
postre *m.* dessert
potable *adj.* drinkable **5**
practicar *v.* to practice
    practicar deportes to play sports
práctico/a *adj.* useful; practical
precio (fijo) *m.* (fixed; set) price
predecir (e:i) *v.* to predict
preferir (e:ie) *v.* to prefer
pregunta *f.* question
preguntar *v.* to ask (*a question*)
    preguntar el camino to ask for directions **2**

prejucio social *m.* social prejudice **4**
premio *m.* prize; award
prender *v.* to turn on
prensa (sensacionalista) *f.* (sensationalist) press **3**
preocupación *f.* concern
preocupado/a (por) *adj.* worried (about) **1**
preocuparse (por) *v.* to worry (about)
preparar *v.* to prepare
preposición *f.* preposition
presagio *m.* omen
prescindir (de) *v.* to do without
presentación *f.* introduction
presentar *v.* to introduce; to present; to put on (*a performance*)
    Le presento a... I would like to introduce (*name*) to you (*form.*)
    Te presento a... I would like to introduce (*name*) to you (*fam.*)
presentimiento *m.* premonition
presidente/a *m., f.* president **6**
presiones *f., pl.* pressures
preso/a *m., f.* prisoner **5**
prestado/a *adj.* borrowed
préstamo *m.* loan
prestar *v.* to lend; to loan
presupuesto *m.* budget
prevenir (e:ie) *v.* to prevent **5**
previo/a *adj.* prior to
previsto/a *adj.* foreseen
primavera *f.* spring
primer, primero/a *adj.* first
primo/a *m., f.* cousin **4**
principal *adj.* main
principio *m.* principle **2**
prisa *f.* haste
    darse prisa *v.* to hurry; to rush
probable *adj.* probable
    (no) es probable it's (not) probable
probar (o:ue) *v.* to taste; to try
probarse (o:ue) *v.* to try on
problema *m.* problem
profesión *f.* profession
profesor(a) *m., f.* teacher
programa *m. program* **3**
    programa (de computación) software
    programa de concursos game show **3**
    programa de entrevistas talk show
    programa de telerrealidad reality show **3**
programador(a) *m., f.* computer programmer
progreso *m.* progress
prohibir *v.* to prohibit; to forbid
prometido/a *m., f.* fiancé(e) **1**
promulgar *v.* to enact (a law) **6**
pronombre *m.* pronoun
pronto *adv.* soon
propina *f.* tip

VOCABULARY

propio/a *adj.* own
protagonista *m., f.* protagonist
proteger *v.* to protect 5
protegido/a *adj.* protected 5
proteína *f.* protein
protesta *f.* complaint 2
protestar *v.* to protest
proveniente *adj.* (coming) from
próximo/a *adj.* next
prueba *f.* test; quiz; proof
psicología *f.* psychology
psicólogo/a *m., f.* psychologist
publicar *v.* to publish 3
publicidad *f.* advertising 3
público *m.* audience; public 3
pueblo *m.* town
puente *m.* bridge 2
puerta *f.* door
Puerto Rico *m.* Puerto Rico
puertorriqueño/a *adj.* Puerto Rican
pues *conj.* well
puesto *m.* position; job
puesto/a *p.p.* put
pulmón *m.* lung 5
pulsar *v.* to press 4
puro/a *adj.* pure, clean 5

Q

que *pron.* that; which; who
  ¿En qué...? In which...?
  ¡Qué...! How...!
  ¡Qué dolor! What pain!
  ¡Qué ropa más bonita!
    What pretty clothes!
  ¡Qué sorpresa! What a surprise!
  ¿qué? what?
  ¿Qué día es hoy? What day is it?
  ¿Qué hay de nuevo? What's new?
  ¿Qué hora es? What time is it?
  ¿Qué les parece? What do you
    (*pl.*) think?
  ¿Qué pasa? What's happening?
    What's going on?
  ¿Qué pasó? What happened?
  ¿Qué precio tiene? What is
    the price?
  ¿Qué tal...? How are you?;
    How is it going?; How is/are...?
  ¿Qué talla lleva/usa? What size
    do you wear?
  ¿Qué tiempo hace? How's
    the weather?
quedar *v.* to be left over; to fit
  (*clothing*); to be left behind;
  to be located 2
quedarse *v.* to stay; to remain 2
quehaceres domésticos *m., pl.*
  household chores
quejarse (de) *v.* to complain
  (about) 4
quemado/a *adj.* burned (out)

quemar *v.* to burn
querer(se) (e:ie) *v.* to want; to love
  (each other) 1
queso *m.* cheese
quien(es) *pron.* who; whom; that
  ¿quién(es)? who?; whom?
  ¿Quién es...? Who is...?
  ¿Quién habla? Who is speaking?
    (*telephone*)
química *f.* chemistry
químico/a *m., f.* chemist
quince *adj.* fifteen
  menos quince quarter to (*time*)
  y quince quarter after (*time*)
quinceañera *f.* fifteen-year-old girl
quinientos/as *adj.* five hundred
quinto/a *adj.* fifth
quisiera *v.* I would like
quitar *v.* to remove 5
  quitar el polvo *v.* to dust
  quitar la mesa *v.* to clear the table
  quitarse *v.* to take off
quizás *adv.* maybe

R

racismo *m.* racism
radio *f.* radio
radioemisora *f.* radio station 3
radiografía *f.* X-ray
raíz *f.* root 4
rancho *m.* ranch
rápido/a *adv.* quickly
raro/a *adj.* weird 6
rascacielos *m.* skyscraper 2
rasgo *m.* feature
rato *m.* while 1, 6
ratón *m.* mouse
ratos libres *m., pl.* free time
raya *f.* stripe
razón *f.* reason
realizar *v.* to carry out
realizarse *v.* to become true 4
rebaja *f.* sale
rebelde *adj.* rebellious 4
recado *m.* (*telephone*) message
receta *f.* prescription; recipe 4
recetar *v.* to prescribe
rechazar *v.* to reject; *v.* to turn
  down 2
recibir *v.* to receive
reciclaje *m.* recycling 5
reciclar *v.* to recycle 5
recién casado/a *m., f.* newly-wed
recogedor *m.* dustpan 4
recoger *v.* to pick up
recomendar (e:ie) *v.* to recommend
reconocer (c:zc) *v.* to recognize
recordar (o:ue) *v.* to remember
recorrer *v.* to travel (around a city) 2
recorrido *m.* route; trip
recreo *m.* recreation

recursos *m., pl.* resources 5
  recurso natural
    natural resource
red *f.* network; the Web
  red de apoyo support network 1
redactor(a) *m., f.* editor 3
reducir *v.* to reduce
reemplazar *v.* to replace
refresco *m.* soft drink
refrigerador *m.* refrigerator
refugiado/a *m., f.* refugee
  refugiado/a de guerra *m., f.*
    war refugee
  refugiado/a político/a *m., f.*
    political refugee
regalar *v.* to give (a gift)
regalo *m.* gift
regañar *v.* to scold 4
regatear *v.* to bargain
región *f.* region; area
regla *f.* rule 6
regresar *v.* to return
regular *adj.* so-so; OK
reído *p.p.* laughed
reírse (e:i) *v.* to laugh
relaciones *f., pl.* relationships
  relaciones exteriores *f., pl.*
    foreign relations 6
relajarse *v.* to relax 2
religión *f.* religion 4
reloj *m.* clock; watch
remodelar *v.* to remodel
renovable *adj.* renewable 5
renunciar *v.* to quit
repartir *v.* to distribute; hand out
repentino/a *adj.* sudden 2
repetir (e:i) *v.* to repeat
repleto/a *adj.* crowded 2
reportaje *m.* (news) report 3
reportero/a *m., f.* reporter;
  journalist 3
represa *f.* dam
representante *m., f.* representative
reprochar *v.* to blame 1
reproductor de DVD *m.*
  DVD player
reproductor de MP3 *m.*
  MP3 player
rescatado/a *adj.* rescued 6
reseña *f.* review 1
resfriado *m.* cold (*illness*)
residencia estudiantil *f.* dormitory
residir *v.* to reside 2
resolver (o:ue) *v.* to solve;
  to resolve 5
respetar *v.* to respect 4
respirar *v.* to breathe 5
respuesta *f.* answer
restaurante *m.* restaurant
resuelto/a *p.p.* resolved
reto *m.* challenge 5
retroceder *v.* to move backward 2

Español-Inglés

317

VOCABULARY

reunión *f.* meeting
reunirse (con) *v.* to get together (with)
revisar *v.* to check
   revisar el aceite *v.* to check the oil
revista *f.* magazine 3
revolucionario/a *adj.* revolutionary
rico/a *adj.* rich; *adj.* tasty; delicious
ridículo/a *adj.* ridiculous
riesgo *m.* risk 1
río *m.* river 5
riqueza *f.* wealth
riquezas *f., pl.* riches
riquísimo/a *adj.* extremely delicious
ritmo *m.* rhythm 3
rito sagrado *m.* sacred ritual 4
rivalidad *f.* rivalry
rodar (o:ue) *v.* to shoot (a movie) 3
rodeado/a *adj.* surrounded
rodear *v.* to surround 4
rodilla *f.* knee
rogar (o:ue) *v.* to beg; to plead
rojo/a *adj.* red
romántico/a *adj.* romantic
romper *v.* to break
   romper con *v.* to break up with 1
   romperse la pierna *v.* to break one's leg
rompimiento *m.* breakup 1
ropa *f.* clothing; clothes
   ropa interior *f.* underwear
rosado/a *adj.* pink
roto/a *adj.* broken
rubio/a *adj.* blond(e)
ruido *m.* noise
ruidoso/a *adj.* noisy 2
rumorear *v.* to be rumored (that)
ruso/a *adj.* Russian
rutina *f.* routine 5
   rutina diaria daily routine 5

S

sábado *m.* Saturday
saber *v.* to know; to know how; to taste
   saber a to taste like
sabrosísimo/a *adj.* extremely delicious
sabroso/a *adj.* tasty; delicious
sacar *v.* to take out
   sacar fotos to take photos
   sacar la basura to take out the trash
   sacar(se) un diente to have a tooth removed
sacerdote *m.* priest 4
sacrificar *v.* to sacrifice 4
sacudir *v.* to dust
   sacudir los muebles to dust the furniture
sal *f.* salt
sala *f.* living room; room
   sala de emergencia(s) emergency room

salario *m.* salary
salchicha *f.* sausage
salida *f.* departure; exit
salir *v.* to leave; to go out
   salir (con) to go out (with); to date 1
   salir a comer algo to go out to eat
   salir a la venta to go on sale 3
   salir a tomar algo to go out to have a drink
   salir con to go out with 1
   salir de to leave from
   salir para to leave for (*a place*)
salmón *m.* salmon
salón *m.* **de belleza** beauty salon
saltar *v.* to jump
salud *f.* health
saludable *adj.* healthy
saludar(se) *v.* to greet (each other)
saludo *m.* greeting
   saludos a... greetings to...
salvar *v.* to save 4
sandalia *f.* sandal
sandía *f.* watermelon
sándwich *m.* sandwich
sangre *f.* blood
sano/a *adj.* healthy
se *ref. pron.* himself; herself; itself; *form.* yourself; themselves; yourselves
se *impersonal* one
   Se hizo... He/she/it became...
   Se nos dañó... The... broke down.
   Se nos pinchó una llanta. We had a flat tire.
secadora *f.* clothes dryer
secarse *v.* to dry oneself
sección de (no) fumar *f.* (non) smoking section
sección de sociedad *f.* lifestyle section 3
sección deportiva *f.* sports section 3
seco/a *adj.* dry 5
secretario/a *m., f.* secretary
secuencia *f.* sequence
secuestrar *v.* to kidnap; to hijack 6
secuestro *m.* kidnapping 6
sed *f.* thirst
seda *f.* silk
sedentario/a *adj.* sedentary; related to sitting
seguir (e:i) *v.* to follow; to continue
según according to
segundo/a *adj.* second
seguridad *f.* security; safety 6
seguro/a *adj.* sure; safe; secure; confident 1
seis *adj.* six
seiscientos/as *adj.* six hundred
selva *f.* jungle; rainforest 5
   selva tropical tropical rainforest 5
semáforo *m.* traffic light 2

semana *f.* week
   fin *m.* **de semana** weekend
   semana pasada last week
sembrar *v.* to plant
semejante *adj.* similar
semestre *m.* semester
semilla *f.* seed 5
sendero *m.* trail; trailhead
sensible *adj.* sensitive 1
sentarse (e:ie) *v.* to sit down
sentido *m.* sense
   sentido común common sense
sentimiento *m.* feeling 1
sentir(se) (e:ie) *v.* to feel; to be sorry; to regret 1
   sentirse realizado/a to feel fulfilled
señal *f.* sign
   señal de tráfico road sign 2
señor (Sr.); don *m.* Mr.; sir
señora (Sra.); doña *f.* Mrs.; ma'am
señorita (Srta.) *f.* Miss
separado/a *adj.* separated 1
separarse (de) *v.* to separate (from)
septiembre *m.* September
séptimo/a *adj.* seventh
sequía *f.* drought 5
ser *v.* to be
   ser aficionado/a (a) to be a fan (of)
   ser alérgico/a (a) to be allergic (to)
   ser gratis to be free of charge
   ser parcial to be biased 3
ser humano *m.* human being 3
serio/a *adj.* serious
serpiente *f.* snake 5
serrar *v.* to saw 5
servilleta *f.* napkin
servir (e:i) *v.* to serve; to help
sesenta *adj.* sixty
setecientos/as *adj.* seven hundred
setenta *adj.* seventy
sexismo *m.* sexism
sexo *m.* gender 4
sexto/a *adj.* sixth
sí *adv.* yes
si *conj.* if
sí mismo/a himself/herself 4
SIDA *m.* AIDS
sido *p.p.* been
siempre *adv.* always
siete *adj.* seven
significar *v.* to mean 2
silbar (a) *v.* to whistle (at) 6
silla *f.* seat
sillón *m.* armchair
símbolo *m.* symbol 5
similar *adj.* similar
simpático/a *adj.* nice; likeable
sin *prep.* without
   sin duda without a doubt
   sin embargo however
   sin que *conj.* without

VOCABULARY

sincerarse *v.* to come clean
sindicato *m.* labor union
sino *conj.* but (rather)
síntoma *m.* symptom
sitio *m.* **web** website 3
situado/a *p.p.* located
smog *m.* smog 5
sobre *m.* envelope; *prep.* on; over
sobrevivir *v.* to survive 4
sobrino/a *m., f.* nephew/niece 4
socio/a *m., f.* partner; member
sociología *f.* sociology
sofá *m.* couch; sofa
sol *m.* sun 5
solar *adj.* solar
soldado *m., f.* soldier
soleado/a *adj.* sunny
soledad *f.* loneliness
solicitar *v.* to apply
solicitud (de trabajo) *f.*
  (job) application
sólo *adv.* only
solo/a *adj.* alone
soltero/a *adj.* single 1
solución *f.* solution
sombrero *m.* hat
Son las dos. It's two o'clock.
sonar (o:ue) *v.* to ring
sonreído *p.p.* smiled
sonreír (e:i) *v.* to smile
soñar (o:ue) *v.* to dream
  soñar con to dream about 1
sopa *f.* soup
soportar *v.* to put up with 5
sorprender *v.* to surprise
sorprendido/a *m., f.* surprised 2
sorpresa *f.* surprise
sospecha *f.* suspicion 3
sospechar *v.* to suspect
sospechoso/a *adj.* suspicious
sótano *m.* basement; cellar
soy I am
  Soy de… I'm from…
  Soy yo. That's me.
su(s) *poss. adj.* his; her; its;
  form. your; their
subir *v.* to go up; to upload (*on a computer*) 2
subir(se) a *v.* to get on/into
  (*a vehicle*)
subsistir *v.* to survive 2
subtítulos *m., pl.* subtitles 3
suburbio *m.* suburb 2
suceder *v.* to happen
sucio/a *adj.* dirty
sucre *m.* former
  Ecuadorian currency
sudar *v.* to sweat
suegro/a *m., f.* father/mother-in-law 4
sueldo *m.* salary
  sueldo mínimo minimum wage
suelo *m.* floor; ground 3
sueño *m.* sleep

suerte *f.* luck
suéter *m.* sweater
sufrir *v.* to suffer
  sufrir muchas presiones
    to be under a lot of pressure
  sufrir una enfermedad
    to suffer an illness
sugerir (e:ie) *v.* to suggest
sumiso/a *adj.* submissive 4
superar(se) *v.* to overcome;
  to better oneself 4
supermercado *m.* supermarket
superpoblación *f.* overpopulation
supersticioso/a *m., f.* superstitious
supervivencia *f.* survival
suponer *v.* to suppose
Sur *m.* South
surgir *v.* to emerge, to arise
suscribirse (a) *v.* to subscribe (to) 3
sustantivo *m.* noun
sustituir *v.* to substitute
suyo(s)/a(s) *poss.* (of) his/her; (of)
  hers; (of) its; (of); *form.* your; (of)
  yours; (of) their

T

tacaño/a *adj.* cheap; stingy 1
tal vez *adv.* maybe
talentoso/a *adj.* talented
talla *f.* size
  talla grande *f.* large (*size*)
taller *m.* **mecánico** garage;
  mechanic's repairshop
tamaño *m.* size
también *adv.* also; too
tambor *m.* drum 3
tampoco *adv.* neither; not either
tan *adv.* so
  tan… como as… as
  tan pronto como *conj.* as soon as
tanque *m.* tank
tanto *adv.* so much
  tanto… como as much… as
  tantos/as… como as many… as
tarde *adv.* late; *f.* afternoon;
  evening; P.M.
tarea *f.* homework
tarjeta *f.* (post) card
  tarjeta de débito debit card
  tarjeta de crédito credit card
  tarjeta postal postcard
taxi *m.* taxi
taza *f.* cup
te *sing., fam., d.o. pron.* you;
  sing., fam., i.o. pron. to/for you
  Te presento a… *fam.* I would like
    to introduce… to you
  ¿Te gustaría? Would you like to?
  ¿Te gusta(n)…? Do you like…?
té *m.* tea
  té helado iced tea

teatro *m.* theater
techo *m.* ceiling
teclado *m.* keyboard
técnico/a *m., f.* technician
tejido *m.* weaving
teleadicto/a *m., f.* couch potato
(teléfono) celular *m.* cell (phone)
telenovela *f.* soap opera 3
telepatía *f.* telepathy
telescopio *m.* telescope
teletrabajo *m.* telecommuting
televidente *m., f.* television viewer 3
televisión *f.* television
televisión por cable *f.*
  cable television
televisor *m.* television set
tembloroso/a *adj.* trembling 4
temer *v.* to fear
temor *m.* fear 6
temperatura *f.* temperature
tempestuoso/a *adj.* stormy 1
temporada *f.* season 3
temprano *adv.* early
tendero/a *m., f.* storekeeper
tenedor *m.* fork
tener *v.* to have
  tener… años to be… years old
  Tengo… años. I'm… years old.
  tener buena fama to have a
    good reputation 3
  tener (mucho) calor to be (very) hot
  tener celos (de) to be jealous (of) 1
  tener conexiones *v.*
    to have connections;
    to have influence
  tener (mucho) cuidado to be
    (very) careful
  tener (la) culpa to be at fault 1
  tener derecho a to have the right to 6
  tener dolor to have a pain
  tener éxito to be successful
  tener fiebre to have a fever
  tener (mucho) frío to be (very) cold
  tener ganas de (+ *inf.***)** to feel
    like (doing something)
  tener (mucha) hambre *f.* to be
    (very) hungry
  tener mala fama to have
    a bad reputation 3
  tener (mucho) miedo (de)
    to be (very) afraid (of);
    to be (very) scared (of)
  tener miedo (de) que to be
    afraid that
  tener planes to have plans
  tener (mucha) prisa to be in
    a (big) hurry 1
  tener que (+ *inf.***)** *v.* to have to
    (*do something*)
  tener razón *f.* to be right
  tener (mucha) sed *f.* to be
    (very) thirsty

Español-Inglés

319

VOCABULARY

tener (mucho) sueño to be (very) sleepy
tener (mucha) suerte to be (very) lucky
tener tiempo to have time
tener una cita to have a date; to have an appointment
tener vergüenza (de) to be ashamed (of) 1
tenis *m.* tennis
tensión *f.* tension
teoría *f.* theory
tercer, tercero/a *adj.* third
terminar *v.* to end; to finish
terminar de (+ inf.) *v.* to finish (*doing something*)
ternura *f.* tenderness 2
terremoto *m.* earthquake 5
terreno *m.* terrain
terrible *adj.* terrible
territorio *m.* territory
terrorismo *m.* terrorism 6
terrorista *m., f.* terrorist 6
ti *prep., obj. of prep., fam.* you
tibio/a *m., f.* warm 3
tiempo *m.* time; weather
tiempo libre free time
tienda *f.* shop; store
tienda de campaña tent
tierra *f.* land; earth; soil 5
Tierra *f.* Earth 5
tigre *m.* tiger 5
timidez *f.* shyness
tímido/a *adj.* shy 1
tinto/a *adj.* red (wine)
tío/a *m., f.* uncle/aunt
tío/a abuelo/a *m.* great uncle/aunt 4
tíos *m., pl.* aunts and uncles
tira cómica *f.* comic strip 3
titular *m.* headline 3
título *m.* title
tiza *f.* chalk
toalla *f.* towel
tobillo *m.* ankle
tocadiscos compacto *m., sing.* compact disc player
tocar *v.* to play (*a musical instrument*) 3; to touch
todavía *adv.* yet; still
todo *m.* everything
Todo está bajo control. Everything is under control.
todos/as *m., f., pl.* all of us; *m., pl.* everybody; everyone
¡Todos a bordo! All aboard!
todo(s)/a(s) *adj.* all; whole; every; *adv.* completely
en todo el mundo throughout the world
todos los días every day
(todo) derecho straight ahead

tomar *v.* to take; to drink
tomar clases *f., pl.* to take classes
tomar el sol to sunbathe
tomar el pelo to pull someone's leg
tomar en cuenta to take into account
tomar fotos *f., pl.* to take photos
tomar la temperatura to take someone's temperature
tomate *m.* tomato
tonto/a *adj.* silly; fool; foolish
torcerse (o:ue) (el tobillo) *v.* to sprain (one's ankle)
torcido/a *adj.* twisted; sprained
tormenta *f.* storm
tornado *m.* tornado
torpe *adj.* clumsy 4
tortilla *f.* tortilla
tortilla de maíz corn tortilla
tortuga *f.* **(marina)** (sea) turtle 5
tos *f., sing.* cough
toser *v.* to cough
tostado/a *adj.* toasted
tostadora *f.* toaster
tóxico/a *adj.* toxic 5
trabajador(a) *adj.* hard-working
trabajar *v.* to work
trabajo *m.* job; work
traducir *v.* to translate
traer *v.* to bring
tráfico *m.* traffic 2
tragedia *f.* tragedy
traído/a *p.p.* brought
traje *m.* suit
traje de baño *m.* bathing suit
trámite *m.* process
trampa *f.* trap 6
tranquilo/a *adj.* calm; quiet 1
Tranquilo. Don't worry.; Be cool.
transbordador espacial *m.* space shuttle
transmisión *f.* broadcast 3
transmitir *v.* to broadcast 3
transporte *m.* transportation 2
transporte público public transportation 2
tras *prep.* after 3
trasnochar *v.* to stay up late
tratar de (+ inf.) *v.* to try (*to do something*)
trato *m.* treatment 2
trece *adj.* thirteen
treinta *adj.* thirty
y treinta thirty minutes past the hour (*time*)
tren *m.* train
tres *adj.* three
trescientos/as *adj.* three hundred
tribunal *m.* court 6

trimestre *m.* trimester; quarter
triste *adj.* sad
tronco *m.* trunk 5
trotamundos *m., f.* globetrotter 1
tú *fam. sub. pron.* you
Tú eres... You are...
tu(s) *fam. poss. adj.* your
turismo *m.* tourism
turista *m., f.* tourist
turístico/a *adj.* touristic
tuyo/a(s) *fam. poss. pron.* your; (of) yours

U

u *conj.* (*used instead of* **o** *before words beginning with* **o** *and* **ho**) or
ubicado/a *adj.* located
último/a *adj.* last
un, uno/a *indef. art.* a; one
uno/a *m., f., sing. pron.* one
a la una at one o'clock
una vez once; one time
una vez más one more time
único/a *adj.* only
unido/a *adj.* close-knit 4
universidad *f.* university; college
universo *m.* universe
unos/as *m., f., pl., indef. art.* some
unos/as *pron.* some
urbanizar *v.* to urbanize 5
urgente *adj.* urgent
usar *v.* to wear; to use
usted (Ud.) *form., sing.* you
ustedes (Uds.) *form., pl.* you
útil *adj.* useful
utilidad *f.* usefulness 5
uva *f.* grape

V

vaca *f.* cow
vacaciones *f. pl.* vacation
vacío/a *adj.* empty 2
valer la pena *v.* to be worth it
valle *m.* valley
valorar *v.* to value 2
valores *m., pl.* values
vamos let's go
vanguardia *f.* vanguard
vaquero *m.* cowboy
de vaqueros *m., pl.* western (*genre*)
varios/as *adj. m., f., pl.* various; several
vaso *m.* glass
veces *f., pl.* times
vecino/a *m., f.* neighbor
veinte *adj.* twenty
veinticinco *adj.* twenty-five
veinticuatro *adj.* twenty-four
veintidós *adj.* twenty-two
veintinueve *adj.* twenty-nine

VOCABULARY

veintiocho *adj.* twenty-eight
veintiséis *adj.* twenty-six
veintisiete *adj.* twenty-seven
veintitrés *adj.* twenty-three
veintiún, veintiuno/a *adj.* twenty-one
vejez *f.* old age **4**
velocidad *f.* speed
   velocidad máxima *f.* speed limit
vencer *v.* to defeat
vendedor(a) *m., f.* salesman/saleswoman
vender *v.* to sell
venir *v.* to come
venta *f.* sale
ventana *f.* window
ver *v.* to see
   a ver *v.* let's see
   ver películas *f., pl.* to see movies
verano *m.* summer
verbo *m.* verb
verdad *f.* truth
   ¿verdad? right?
verde *adj.* green
verduras *f., pl.* vegetables
vergüenza *f.* embarrassment
vestido *m.* dress
vestirse (e:i) *v.* to get dressed
vez *f.* time
viajar *v.* to travel
viaje *m.* trip
viajero/a *m., f.* traveler
víctima *f.* victim **6**
victoria *f.* victory **6**
vida *f.* life
   vida nocturna *f.* nightlife **2**
video *m.* video
video musical *m.* music video **3**

video(casete) *m.* video(cassette)
videocasetera *f.* VCR
videoconferencia *f.* videoconference
videojuego *m.* video game
vidrio *m.* glass
viejo/a *adj.* old
viento *m.* wind
viernes *m., sing.* Friday
vigilar *v.* to watch; keep an eye on; keep watch on **3**
vinagre *m.* vinegar
vino *m.* wine
   vino blanco *m.* white wine
   vino tinto *m.* red wine
violencia *f.* violence **6**
violonchelo *m.* cello **3**
visitar *v.* to visit
   visitar monumentos *m., pl.* to visit monuments
visto/a *p.p.* seen
vitamina *f.* vitamin
viudo/a *adj.* widower/widow
vivienda *f.* housing; home **2**
vivir *v.* to live
vivo/a *adj.* bright; lively; living
volante *m.* steering wheel
volar (o:ue) *v.* to fly
volcán *m.* volcano
vóleibol *m.* volleyball
voltear *v.* to turn back
voluntad *f.* will **1**
volver (o:ue) *v.* to return
   volver a ver(te/lo/la) to see (you/him/her) again
vos *pron.* you
vosotros/as *form., pl.* you
votar *v.* to vote

vuelta *f.* return trip
vuelto/a *p.p.* returned
vuestro/a(s) *poss. adj.* your; *fam.* (of) yours

Y

y *conj.* and
   y cuarto quarter after (time)
   y media half-past (time)
   y quince quarter after (time)
   y treinta thirty (minutes past the hour)
   ¿Y tú? *fam.* And you?
   ¿Y usted? *form.* And you?
ya *adv.* already
yacimiento *m.* deposit
yerno *m.* son-in-law **4**
yo *sub. pron.* I
   Yo soy... I'm…
yogur *m.* yogurt

Z

zanahoria *f.* carrot
zapatería *f.* shoe store
zapatos de tenis *m., pl.* tennis shoes; sneakers

Español-Inglés

VOCABULARY

English-Spanish

A

a un/(a) *m., f., sing.; indef. art.* **1**
@ (*symbol*) arroba *f.*
A.M. mañana *f.*
able: be able to poder (o:ue) *v.*
aboard a bordo
abolish derogar *v.* **6**
abuse abusar *v.* **6**
abuse abuso *m.* **6**; maltrato *m.*
accent acento *m.*
accident accidente *m.*
accompany acompañar *v.*
account cuenta *f.*
  on account of por *prep.*
accountant contador(a) *m., f.*
accounting contabilidad *f.*
ache dolor *m.*
achieve lograr *v.* 0
acid ácido/a *adj.*
  acid rain lluvia ácida
acquainted: be acquainted with conocer *v.*
act actuar *v.*
action (genre) de acción *f.*
active activo/a *adj.*
activist activista *m., f.* **6**
actor actor *m.*, actriz *f.* **3**
actress actriz *f.* **3**
adapt acomodarse *v.*; adaptarse *v.*
addict (drug) drogadicto/a *adj.*
additional adicional *adj.*
address dirección *f.* **2**; dirigirse *v.*
adjective adjetivo *m.*
administrative administrativo/a *adj.*
adolescence adolescencia *f.* **4**
adolescent adolescente *m., f.* **4**
adult adulto/a *m., f.* **4**
adulthood edad adulta *f.* **4**
advance avance *m.*
advanced avanzado/a *adj.*
adventure (genre) de aventura *f.*
advertise anunciar *v.*
advertisement anuncio *m.* **3**
advertising publicidad *f.* **3**
advice consejo *m.*
  give advice dar consejos
advise aconsejar *v.*
advisor consejero/a *m., f.*; asesor(a) *m., f.*
aerobic aeróbico/a *adj.*
  aerobics class clase de (ejercicios) aeróbicos
  to do aerobics hacer (ejercicios) aeróbicos
affected afectado/a *adj.*
  be affected (by) estar *v.* afectado (por)
affection afecto *m.*
affectionate cariñoso/a *adj.* **1**

affirmative afirmativo/a *adj.*
afraid: be (very) afraid (of) tener (mucho) miedo (de)
  be afraid that tener miedo (de) que
after después de *prep.*; después de que *conj.*; tras *prep.* **3**
afternoon tarde *f.*
afterward después *adv.*
again otra vez
age edad *f.*; envejecer *v.* **2**
agree concordar *v.*
agree estar *v.* de acuerdo
  I agree (completely). Estoy (completamente) de acuerdo.
  I don't agree. No estoy de acuerdo.
agreement acuerdo *m.*
ahead (of) por delante *adv.*
AIDS SIDA *m.*
ailment dolencia *f.* **5**
air aire *m.*
  air pollution contaminación del aire
airplane avión *m.*
airport aeropuerto *m.*
alarm clock despertador *m.*
alcohol alcohol *m.*
  to consume alcohol consumir alcohol
alcoholic alcohólico/a *adj.*
alien extranjero/a *m., f.*; extraterrestre *adj.*
all todo(s)/a(s) *adj.*
  All aboard! ¡Todos a bordo!
  all of us todos
  all over the world en todo el mundo
allergic alérgico/a *adj.*
  be allergic (to) ser alérgico/a
alleviate aliviar *v.*
allow permitir *v.*
almost casi *adv.*
alone solo/a *adj.*
along por *prep.*
already ya *adv.*
also también *adv.*
alternator alternador *m.*
although aunque *conj.*
aluminum aluminio *m.*
  (made) of aluminum de aluminio
always siempre *adv.*
American (North) norteamericano/a *adj.*
amnesty amnistía *f.*
among entre *prep.*
amuse oneself entretenerse (e:ie) *v.*
amusement diversión *f.*
amusement park parque *m.* de atracciones
ancestor antepasado *m.* **4**
and y *conj.*; e *conj.* (*before words beginning with* **i** *or* **hi**)
  And you? ¿Y tú? *fam.*; ¿Y usted? *form.*

angry enojado/a *adj.* **1**
  get angry (with) enojarse *v.* (con) **1**
animal animal *m.*
ankle tobillo *m.*
anniversary aniversario *m.*
  (wedding) anniversary aniversario *m.* (de bodas)
announce anunciar *v.*
announcer (TV/radio) locutor(a) *m., f.* (de televisión/radio) **3**
annoy molestar *v.*
annoying pesado/a *adj.* **1**
another otro/a *adj.*
answer contestar *v.*; respuesta *f.*
answering machine contestadora *f.*
antibiotic antibiótico *m.*
anticipate anticipar *v.*
antidote antídoto *m.* **5**
anxious ansioso/a *adj.* **1**
any algún, alguno/a(s) *adj.*
anyone alguien *pron.*
anything algo *pron.*
apartment apartamento *m.*
apartment building edificio de apartamentos
appear aparecer *v.*
appetizers entremeses *m., pl.*
applaud aplaudir *v.*
apple manzana *f.*
appliance (electric) electrodoméstico *m.*
applicant aspirante *m., f.*
application solicitud *f.*
  job application solicitud de trabajo
apply (*for a job*) solicitar *v.*
  apply for a loan pedir (e:ie) *v.* un préstamo
appointment cita *f.*
  have an appointment tener *v.* una cita
appreciate apreciar *v.*
April abril *m.*
aquatic acuático/a *adj.*
archaeologist arqueólogo/a *m., f.*
architect arquitecto/a *m., f.*
area región *f.*
argue discutir *v.* **1**
arise surgir *v.*
arm brazo *m.*
armchair sillón *m.*
army ejército *m.* **6**
around por *prep.*
  around here por aquí
arrange arreglar *v.*
arrival llegada *f.*
arrive llegar *v.*
art arte *m.*
  (fine) arts bellas artes *f., pl.*
article *m.* artículo
artist artista *m., f.*
artistic artístico/a *adj.*
arts artes *f., pl.*
as como
  as a child de niño/a

VOCABULARY

as... as tan... como
   as many... as tantos/as... como
   as much... as tanto... como
   as soon as en cuanto *conj.*;
     tan pronto como *conj.*
ask (*a question*) preguntar *v.*
   ask for pedir (e:i) *v.*
   ask for directions preguntar
     el camino *v.* **2**
asparagus espárragos *m., pl.*
aspirin aspirina *f.*
assimilate asimilar *v.*
assimilation asimilación *f.*
astronaut astronauta *m., f.*
astronomer astrónomo/a *m., f.*
at a *prep.*; en *prep.*
   at + *time* a la(s) + *time*
   at home en casa
   at least por lo menos
   at night por la noche
   at the end (of) al fondo (de)
   At what time...? ¿A qué hora...?
   At your service. A sus órdenes.
athlete atleta *m., f.*; deportista *m., f.*
ATM cajero *m.* automático
attach (a file) adjuntar (un archivo) *v.*
attain alcanzar *v.*; lograr *v.*
attend asistir (a) *v.*
attic altillo *m.*
attitude actitud *f.*
attract atraer *v.*
audience público *m.* **3**
August agosto *m.*
aunt tía *f.* **4**
   aunts and uncles tíos *m., pl.*
authority autoridad *f.* **6**
automobile automóvil *m.*; carro *m.*; coche *m.*
autumn otoño *m.*
available (to be) disponible (estar) *m., f.* **3**
avenue avenida *f.* **2**
avoid evitar *v.*
award premio *m.*

B

backpack mochila *f.*
bad mal, malo/a *adj.*
   have a bad reputation tener (e:ie) mala fama *v.* **3**
   It's bad that... Es malo que...
   It's not at all bad. No está nada mal.
bag bolsa *f.*
bakery panadería *f.*
balanced equilibrado/a *adj.*
balcony balcón *m.*
ball pelota *f.*; balón *m.*
banana banana *f.*
band banda *f.*; conjunto/grupo *m.* musical

bank banco *m.*
bankruptcy bancarrota *f.*
banner pancarta *f.* **4**
bargain ganga *f.*; regatear *v.*
baseball (*game*) béisbol *m.*
basement sótano *m.*
basketball (*game*) baloncesto *m.*
bass bajo *m.* **3**
bathe bañar(se) *v.*
bathing suit traje *m.* de baño
bathroom baño *m.*; cuarto de baño *m.*
be ser *v.*; estar *v.*
   be at fault tener la culpa *v.* **1**
   be ashamed tener vergüenza **1**
   be biased ser parcial **3**
   be contagious contagiar **5**
   be distressed afligirse
   be enough alcanzar **4**
   be located quedar *v.* **2**
   be lost estar perdido/a **2**
   be necessary hacer falta **5**
   be on sale estar a la venta
   be outraged indignarse *v.* **2**
   be paid cobrar
   be pregnant estar embarazada
   be promoted ascender
   be rumored (that) rumorear
   be suspicious desconfiar
   be under pressure estar bajo presión
   be worth it valer la pena
   be... years old tener... años
beach playa *f.*
beans frijoles *m., pl.*
bear oso *m.* **5**
beat (*a drum*) golpear *v.* **3**
beautiful hermoso/a *adj.*
beauty belleza *f.*
   beauty salon peluquería *f.*; salón *m.* de belleza
because porque *conj.*
   because of por *prep.*
become (+ *adj.*) ponerse; convertirse *v.*
   become annoying ponerse *v.* pesado/a **1**
   become enriched enriquecerse *v.*
   become extinct extinguirse *v.* **5**
   become independent independizarse *v.* **4**
   become informed (about) enterarse (de) *v.* **3**
   become part (of) integrarse (a) *v.*
   become true realizarse *v.* **4**
bed cama *f.*
   go to bed acostarse (o:ue) *v.*
bedroom alcoba *f.*; dormitorio *m.*; recámara *f.*
beef carne de res *f.*
   beef soup caldo de patas
been sido *p.p.*
beer cerveza *f.*

before antes *adv.*; antes de *prep.*; antes (de) que *conj.*
beg rogar (o:ue) *v.;* mendigar *v.* **2**
begin comenzar (e:ie) *v.*; empezar (e:ie) *v.*
behalf: on behalf of de parte de
behind detrás de *prep.*
being (human) ser humano *m.*
belief creencia *f.* **4, 6**
believe (in) creer *v.* (en); creer *v.*
believed creído/a *p.p.*
bellhop botones *m., f. sing.*
belong pertenecer *v.*
below debajo de *prep.*
beloved amado/a *m., f.* **1**
belt cinturón *m.*
benefit beneficio *m.*
beside al lado de *prep.*
besides además (de) *adv.*
best mejor *adj.*
   the best el/la mejor *m., f.*; lo mejor *neuter*
bet apostar (o:ue) *v.*
better mejor *adj.*
   It's better that... Es mejor que...
better oneself superarse *v.*
between entre *prep.*
beverage bebida *f.*
   alcoholic beverage bebida alcohólica *f.*
bias parcialidad *f.* **3**
biased parcial *adj.* **3**
bicycle bicicleta *f.*
big gran, grande *adj.*
bilingual bilingüe *adj.*
bill cuenta *f.*
billboard letrero *m.* **2**
billion mil millones
billiards billar *m.*
biology biología *f.*
biochemical bioquímico/a *adj.*
biochemist bioquímico/a *m., f.*
biologist biólogo/a *m., f.*
bird ave *f.*; pájaro *m.* **5**
birth nacimiento *m.* **4**
birthday cumpleaños *m., sing.*
   have a birthday cumplir *v.* años
birthrate natalidad *f.*
black negro/a *adj.*
black hole agujero negro *m.*
blackberry mora *f.*
blackboard pizarra *f.*
blackmail chantajear *v.* **6**
blame reprochar *v.* **1**
blanket manta *f.*
block (city) cuadra *f.* **2**
blog blog *m.*
blond(e) rubio/a *adj.*
blood sangre *f.*
blouse blusa *f.*
blue azul *adj. m., f.*
blue-collar worker obrero/a *m., f.*
blueprint plano *m.*

English-Spanish   323

VOCABULARY

boad game juego *m.* de mesa
boarding house pensión *f.*
boat barco *m.*
body cuerpo *m.*
   body language lenguaje corporal *m.*
bone hueso *m.*
book libro *m.*
bookcase estante *m.*; estantería *f.* **3**
bookshelves estante *m.*
bookstore librería *f.*
boot bota *f.*
border frontera *f.*
bore aburrir *v.*
bored aburrido/a *adj.*
   be bored estar *v.* aburrido/a
   get bored aburrirse *v.*
boring aburrido/a *adj.*
born: be born nacer *v.*
borrow pedir (e:ie) *v.* prestado
borrowed prestado/a *adj.*
boss jefe/a *m., f.*
bossy mandón/mandona *adj* **4**.
bother molestar *v.*
bottle botella *f.*
   bottle of wine botella de vino
   little bottle frasquito *m.* **5**
bottom fondo *m.*
boulevard bulevar *m.*
bowling boliche *m.*
box caja *f.*
boy chico *m.*; muchacho *m.*
boyfriend novio *m.*
brakes frenos *m., pl.*
bread pan *m.*
break romper *v.*
   break (one's leg) romperse (la pierna)
   break down dañar *v.*
   The… broke down. Se nos dañó el/la…
   break up (with) romper (con) **1**
breakfast desayuno *m.*
   have breakfast desayunar *v.*
breakthrough avance *m.*
breakup rompimiento *m.* **1**
breathe respirar *v.* **5**
brick ladrillo *m.*
bridge puente *m.* **2**
bring traer *v.*
broadcast transmisión *f.* **3**; transmitir *v.*; emitir *v.* **3**
brochure folleto *m.*
broken roto/a *adj.*
   be broken estar roto/a
brother hermano *m.*
   brother-in-law cuñado *m.* **4**
   brothers and sisters hermanos *m., pl.*
brought traído/a *p.p.*
brown café *adj.*; marrón *adj.*
brunet(te) moreno/a *adj.*
brush cepillar *v.*
   brush one's hair cepillarse el pelo
   brush one's teeth cepillarse los dientes

buddy colega *m., f.* **4**
budget presupuesto *m.*
build construir *v.* **2**
building edificio *m.* **2**
bump into (*something accidentally*) darse con; (*someone*) encontrarse *v.*
burial entierro *m.* **2**
burn quemar *v.*
   burn (a CD) grabar (un CD) *v.*
burned (out) quemado/a *adj.*
buried enterrado/a *adj.*
bury enterrar (e:ie) *v.*
bus autobús *m.*
   bus station estación *f.* de autobuses **2**
   bus stop parada *f.* de autobús **2**
business negocios *m. pl.*
   Business Administration Comercio *m.*
   business-related comercial *adj.*
businessman hombre *m.* de negocios
businesswoman mujer *f.* de negocios
busy ocupado/a *adj.*; liado/a *adj.* **1**
but pero *conj.*; (**rather**) sino *conj.* (*in negative sentences*)
butcher carnicero/a *m., f.*
butcher shop carnicería *f.*
butter mantequilla *f.*
buy comprar *v.*
by por *prep.*; para *prep.*
   by means of por *prep.*
   by phone por teléfono
   by plane en avión
   by way of por *prep.*
bye chau *interj. fam.*

C

cabin cabaña *f.*
cable television televisión *f.* por cable *m.*
café café *m.*
cafeteria cafetería *f.*
caffeine cafeína *f.*
cake pastel *m.*
   chocolate cake pastel de chocolate
calculator calculadora *f.*
call llamar *v.*
   be called llamarse *v.*
   call on the phone llamar por teléfono
calm tranquilo/a *adj.* **1**
calorie caloría *f.*
camera cámara *f.*
camp acampar *v.*
can (*tin*) lata *f.*
can poder (o:ue) *v.*
Canadian canadiense *adj.*
candidate aspirante *m., f.*; candidato/a *m., f.*
candy dulces *m., pl.*

capable capaz *adj.*
capital city capital *f.*
car coche *m.* **5**; carro *m.*; auto(móvil) *m.*
caramel caramelo *m.*
card tarjeta *f.*; (*playing*) carta *f.*
care cuidado *m.* **2**
   Take care! ¡Cuídense! *v.*
   take care of cuidar *v.* **1**
career carrera *f.*
careful cuidadoso/a *adj.* **1**
   be (very) careful tener *v.* (mucho) cuidado
caress acariciar *v.*
caretaker ama *m., f.* de casa
carpenter carpintero/a *m., f.*
carpet alfombra *f.*
carrot zanahoria *f.*
carry llevar *v.*
carry out realizar *v.*
cartoons dibujos *m, pl.* animados
case: in case (that) en caso (de) que
cash (a check) cobrar *v.*
   cash (en) efectivo
   cash register caja *f.*
   pay in cash pagar *v.* al contado; pagar en efectivo
cashier cajero/a *m., f.* **2**
cat gato *m.*
cause causa *f.*
CD-ROM CD-ROM *m.*
ceiling techo *m.*
celebrate celebrar *v.*; festejar *v.*
celebration celebración *f.*
cell célula *f.*; celda *f.* **6**
cell (phone) (teléfono) celular *m.*
cellar sótano *m.*
cello violonchelo *m.* **3**
censorship censura *f.* **3**
cereal cereales *m., pl.*
certain cierto *m.*; seguro *m.*
   it's (not) certain (no) es cierto/seguro
certainty certeza *f.*
chalk tiza *f.*
challenge reto *m.* **5**; desafío *m.*; desafiar *v.*
champagne champán *m.*
championship campeonato *m.*
change cambiar *v.* (de)
channel (*TV*) canal *m.*
chaos caos *m.*
chapel capilla *f.*
character (*fictional*) personaje *m.*; carácter *m.* **4**
   (main) character *m.* personaje (principal); protagonista *m., f.*
characteristic característica *f.* **2**
charge cobrar *v.*
chat conversar *v.*; charlar *v.* **3**
chauffeur conductor(a) *m., f.*
cheap (*inexpensive*) barato/a *adj.*; (*stingy*) tacaño/a *adj.* **1**
cheat engañar *v.* **1**

VOCABULARY

check comprobar (o:ue) *v.*; revisar *v.*; (*bank*) cheque *m.*
   check the oil revisar el aceite
checking account cuenta *f.* corriente
cheese queso *m.*
chef cocinero/a *m., f.*
chemist químico/a *m., f.*
chemistry química *f.*
chess ajedrez *m.* 4
chest of drawers cómoda *f.*
chicken pollo *m.*
child niño/a *m., f.*; guagua *f.* 3 4
childhood niñez *f.* 4
children hijos *m., pl.*
Chinese chino/a *adj.*
chocolate chocolate *m.*
   chocolate cake pastel *m.* de chocolate
cholesterol colesterol *m.*
choose escoger *v.*
chop (*food*) chuleta *f.*
Christmas Navidad *f.*
church iglesia *f.*
cinema cine *m.* 3
citizen ciudadano/a *adj.*
city ciudad *f.* 2
   city hall ayuntamiento *m.* 2
civil civil *adj.*
   city block cuadra *f.* 2
   civil disobedience desobediencia civil *f.* 6
   civil war guerra civil *f.* 6
civilization civilización *f.* 4
citizen ciudadano/a *m., f.* 2
clap aplaudir *v.*
class clase *f.*
   take classes tomar *v.* clases
classical clásico/a *adj.*
classmate compañero/a *m., f.* de clase
claw garra *f.*
clay barro *m.*
clean limpio/a *adj.*; puro/a *adj.* 5; limpiar *v.*
clean the house limpiar *v.* la casa
clear (*weather*) despejado/a *adj.*
   clear the table quitar *v.* la mesa
   It's (very) clear. (*weather*) Está (muy) despejado.
clerk dependiente/a *m., f.*
climb escalar *v.*
   climb mountains escalar montañas
climbing: mountain climbing alpinismo *m.*; andinismo *m.*
clinic clínica *f.*
clock reloj *m.*
clone clon *m.*; clonar *v.*
close cerrar (e:ie) *v.*
close-knit unido/a *adj.* 4
closed cerrado/a *adj.*
closet armario *m.*
clothes ropa *f.*
   clothes dryer secadora *f.*

clothing ropa *f.*
cloud nube *f.*
cloudy nublado/a *adj.*
   It's (very) cloudy. Está (muy) nublado.
clumsy torpe *adj.* 4
coast costa *f.* 5
coat abrigo *m.*
coexist convivir *v.* 2
coexistence convivencia *f.*
coffee café *m.*
   coffee maker cafetera *f.*
cold frío *m.*; (*illness*) resfriado *m.*
   be (*feel*) **(very) cold** tener (mucho) frío
   It's (very) cold. (*weather*) Hace (mucho) frío.
collect coleccionar *v.*
college universidad *f.*
collision choque *m.*
color color *m.*
comb one's hair peinarse *v.*
come venir *v.*
   come clean sincerarse *v.*
comedy comedia *f.*
comfortable cómodo/a *adj.*
comic strip tira cómica *f.* 3
coming from proveniente *adj.*
commerce comercio *m. sing*; negocios *m., pl.*
commercial anuncio *m.* 3; comercial *adj.*
commitment compromiso *m.* 1
common común *adj.*
   common sense sentido *m.* común
communicate (with) comunicarse *v.* (con)
communication comunicación *f.*
   means of communication medios *m. pl.* de comunicación
community comunidad *f.*
compact disc (CD) disco *m.* compacto
   compact disc player tocadiscos *m. sing.* compacto
company compañía *f.*; empresa *f.*
comparison comparación *f.*
competent capaz *adj.*
complain (about) quejarse (de) *v.* 4
complaint protesta *f.* 2
completely completamente *adv.*
composer compositor(a) *m., f.*
computer computadora *f.*
   computer disc disco *m.*
   computer monitor monitor *m.*
   computer programmer programador(a) *m., f.*
   computer science computación *f.*; informática *f.*
concern preocupación *f.*
concert concierto *m.*
conductor (musical) director(a) *m., f.*
confident seguro/a *adj.* 1

confirm confirmar *v.*; comprobar (o:ue) *v.*
   confirm a reservation confirmar una reservación
conformist conformista *adj.*
confused confundido/a *adj.*
congested congestionado/a *adj.*
Congratulations! ¡Felicidades!; *f., pl.* ¡Felicitaciones!; enhorabuena *f.* 1
conquest conquista *f.* 4
conservation conservación *f.*
conservative conservador(a) *adj.* 6
conserve conservar *v.*
consultant asesor(a) *m., f.*
consume consumir *v.*
container envase *m.*
contamination contaminación *f.*
content contento/a *adj.*
   to be contented with contentarse con *v.* 1
contest concurso *m.*
continue seguir (e:i) *v.*
contribute contribuir *v.*
control control *m.*; controlar *v.*
   be under control estar bajo control
controversial controvertido/a *adj.* 3
controversy polémica *f.*
conversation conversación *f.*
converse conversar *v.*
cook cocinar *v.*; cocinero/a *m., f.*
cookie galleta *f.*
cool fresco/a *adj.*
   Be cool. Tranquilo.
   It's cool. (*weather*) Hace fresco.
cooperate cooperar *v.* 2
corn maíz *m.*
corner esquina *f.* 2
cost costar (o:ue) *v.*
cotton algodón *f.*
   (made of) cotton de algodón
couch sofá *m.*
couch potato teleadicto/a *m., f.*
cough tos *f.*; toser *v.*
counselor consejero/a *m., f.*
count (on) contar (o:ue) *v.* (con) 1
counter mostrador *m.* 2
country (*nation*) país *m.*
countryside campo *m.*
coup d'état golpe de estado *m.* 6
couple pareja *f.* 1
courage coraje *m.*
course curso *m.*; materia *f.*
court tribunal *m.* 6
courtesy cortesía *f.*
cousin primo/a *m., f.* 4
cover portada *f.* 3; cubrir *v.*
covered cubierto/a *p.p.*
cow vaca *f.*
crafts artesanía *f.*
craftsmanship artesanía *f.*
crash choque *m.* 2
crater cráter *m.*

English-Spanish

325

VOCABULARY

crazy loco/a *adj.*
create crear *v.*
credit crédito *m.*
   credit card tarjeta *f.* de crédito
crime crimen *m.*; delito *m.* **3**
cross cruzar *v.* **2**
crowded repleto/a *adj.* **2**
cruelty crueldad *f.* **6**
cultivate cultivar *v.* **4**
cultivation cultivo *m.* **4**
cultural cultural *adj.*
   cultural heritage
      herencia cultural *f.*
culture cultura *f.*
cup taza *f.*
cure curar *v.*
currency exchange cambio *m.*
   de moneda
current events actualidad *f.*;
   actualidades *f., pl.* **3**
curtains cortinas *f., pl.*
custard (*crème caramel*) flan *m.*
custom costumbre *f.* **2**
customer cliente/a *m., f.*
customs aduana *f.*
   customs inspector inspector(a)
      m., f. de aduanas
cut cortar *v.* **5**
cyber space ciberespacio *m.*
cybercafé cibercafé *m.*
cycling ciclismo *m.*

D

dad papá *m.*
daily diario/a *adj.*
   daily routine rutina *f.* diaria **5**
dam represa *f.*
damage dañar *v.*
dance bailar *v.*; danza *f.*; baile *m.*
   dance club discoteca *f.* **2**
   dance floor pista *f.* de baile **3**
dancer bailarín/bailarina *m., f.*
danger peligro *m.* **5**
dangerous peligroso/a *adj.*
dare atreverse *v.*
daring atrevido/a *adj.*
darts dardos *m., pl.*
date (*appointment*) cita *f.* **1**;
   (*calendar*) fecha *f.*; (*someone*) salir
   v. con (alguien)
   blind date cita a ciegas **1**
   have a date tener una cita
daughter hija *f.*
daughter-in-law nuera *f.* **4**
dawn amanecer *m.*
day día *m.*
   day before yesterday
      anteayer *adv.* **deal** trato *m.*
   It's not a big deal.
      No es para tanto.
   You've got a deal! ¡Trato hecho!

death muerte *f.* **4**
debit card tarjeta *f.* de débito
debt deuda *f.*
decaffeinated descafeinado/a *adj.*
deceased fallecido/a *adj.*
deceive engañar *v.* **1**
December diciembre *m.*
decide decidir *v.* (+ *inf.*)
decided decidido/a *adj. p.p.*
declare declarar *v.*
decrease disminuir *v.*
defeat derrotar *v.* **6**; vencer *v.*
defend defender (e:ie) *v.* **6**
deforestation deforestación *f.* **5**
delete borrar *v.*
delicious delicioso/a *adj.*; rico/a *adj.*;
   sabroso/a *adj.*
delighted encantado/a *adj.*
demand exigir *v.*
demanding exigente *adj.* **4**
democracy democracia *f.* **6**
demonstrator manifestante *m., f.* **6**
dentist dentista *m., f.*
deny negar (e:ie) *v.*
   not to deny no dudar
department store almacén *m.*
departure salida *f.*
deposit depositar *v.*;
   yacimiento *m.*
   quarry cantera *f.*
depressed deprimido/a *adj.* **1**
describe describir *v.*
described descrito/a *p.p.*
desert desierto *m.* **5**
deserve merecer *v.* **1**
design diseño *m.*
designer diseñador(a) *m., f.*
desire desear *v.*; deseo *m.* **1**
desk escritorio *m.*
desperate desesperado/a *adj.*
desperation desesperación *f.* **3**
dessert postre *m.*
destination destino *m.*
destroy destruir *v.* **5, 6**
determined decidido/a *adj.* **2**
develop desarrollar *v.*
devote oneself to dedicarse a *v.* **6**
development desarrollo *m.* **5**
dialogue diálogo *m.*
diary diario *m.*
dictatorship dictadura *f.* **6**
dictionary diccionario *m.*
die morir (o:ue) *v.*
died muerto/a *p.p.*
diet dieta *f.*; alimentación *f.*
   balanced diet dieta equilibrada
   be on a diet estar a dieta
difficult difícil *adj.*
digital camera cámara *f.* digital
diminish disminuir *v.*
dining room comedor *m.*
dinner cena *f.*
   have dinner cenar *v.*

direct dirigir *v.*
director director(a) *m., f.* **3**
dirty ensuciar *v.*; sucio/a *adj.*
   get (something) dirty ensuciar *v.*
disagree no estar de acuerdo *v.*;
   disentir *v.* **6**
disappear desaparecer *v.* **5**
disappearance desaparición *f.* **3**
disappointment decepción *f.* **5**
disaster desastre *m.*
discover descubrir *v.*; (*find out*)
   averiguar *v.*
discovered descubierto/a *p.p.*
discovery hallazgo *m.* **3**;
   descubrimiento *m.*
discrimination discriminación *f.*
disdain desdén *m.* **4**
dish plato *m.*
   main dish *m.* plato principal
dishwasher lavaplatos *m., sing.*
disk disco *m.*
disorderly desordenado/a *adj.*
disposable desechable *adj.* **5**
dissent disentir *v.* **6**
distribute repartir *v.*
dive bucear *v.*
diversity diversidad *f.* **6**
divorce divorcio *m.* **1**
divorced divorciado/a *adj.* **1**
   get divorced (from)
      divorciarse (de) *v.* **1**
dizzy mareado/a *adj.*
DNA ADN *m.*
do hacer *v.*
   do aerobics hacer
      (ejercicios) aeróbicos
   do as a custom/habit
      acostumbrar *v.*
   do household chores hacer
      quehaceres domésticos
   do stretching exercises hacer
      ejercicios de estiramiento
   (I) don't want to. No quiero.
   do without prescindir (de) *v.*
doctor doctor(a) *m., f.*; médico/a *m., f.*
documentary (*film*) documental *m.* **3**
documents papeles *m., pl.* **3**
dog perro *m.*
domestic doméstico/a *adj.*
   domestic appliance
      electrodoméstico *m.*
dominate dominar *v.*
done hecho/a *p.p.*
door puerta *f.*
dormitory residencia *f.* estudiantil
double doble *adj.*
   double room habitación *f.* doble
   double standard doble moral *f.* **6**
doubt duda *f.*; dudar *v.*
   There is no doubt that...
      No cabe duda de...
      No hay duda de...
Down with... ! ¡Abajo el/la...!

VOCABULARY

download descargar *v.*
downtown centro *m.*
drama drama *m.*
dramatic dramático/a *adj.*
draw dibujar *v.*
drawing dibujo *m.*
dream ilusión *m.* **2**; soñar (o:ue) *v.* **1**
dress vestido *m.*
   get dressed vestirse (e:i) *v.*
drink beber *v.*; bebida *f.*; tomar *v.*
drinkable potable *adj.* **5**
drive conducir *v.*; manejar *v.*
driver conductor(a) *m., f.* **2**
drought sequía *f.* **5**
drown ahogar(se) *v.* **5**
drug droga *f.*
   drug addict drogadicto/a *adj.*
drum tambor *m.* **3**
drunk borracho/a *adj.* **2**
dry seco/a *adj.* **5**
dry oneself secarse *v.*
dubbing doblaje *m.* **3**
during durante *prep.*; por *prep.*
dust sacudir *v.*; quitar *v.* el polvo
   dust the furniture sacudir los muebles
   dustpan recogedor *m.* **4**
DVD player reproductor *m.* de DVD

E

each cada *adj.*
eagle águila *f.* **5**
ear (outer) oreja *f.*
early temprano *adv.*
early morning madrugada *f.*
earn ganar *v.*
   earn a living ganarse la vida *v.*
earth tierra *f.* **5**
Earth Tierra *f.* **5**
earthquake terremoto *m.* **5**
ease aliviar *v.*
east Este *m.*
   to the east al este
easy fácil *adj. m., f.*
eat comer *v.*
ecology ecología *f.*
economic económico/a *adj.*
   economic crisis crisis *f.* económica
economics economía *f.*
ecotourism ecoturismo *m.*
ecstatic enloquecido/a *adj.*
Ecuador Ecuador *m.*
Ecuadorian ecuatoriano/a *adj.*
editor redactor(a) *m., f.* **3**
effective eficaz *adj. m., f.*
effects (special) efectos *m.* especiales **3**
effort esfuerzo *m.*
egg huevo *m.*
eight ocho *adj.*

eight hundred ochocientos/as *adj.*
eighteen dieciocho *adj.*
eighth octavo/a *adj.*
eighty ochenta *adj.*
either… or o… o *conj.*
elderly person anciano/a *m., f.*
eldest el/la mayor
elect elegir (e:i) *v.* **6**
election elecciones *f. pl.*
electric appliance electrodoméstico *m.*
electrician electricista *m., f.*
electricity luz *f.*
elegant elegante *adj.*
elevator ascensor *m.*
eleven once *adj.*
e-mail correo *m.* electrónico
e-mail address dirrección *f.* electrónica
   e-mail message mensaje *m.* electrónico
   read e-mail leer *v.* el correo electrónico
embarrassed avergonzado/a *adj.*
embarrassment vergüenza *f.*
embrace (each other) abrazar(se) *v.*
emerge surgir *v.*
emergency emergencia *f.*
   emergency room sala *f.* de emergencia
emigrant emigrante *m., f.*
emigrate emigrar *v.* **1**
employee empleado/a *m., f.*
employment empleo *m.*
empty vacío/a *adj.* **2**
enact (a law) promulgar *v.* **6**
end fin *m.*; terminar *v.*
   end table mesita *f.*
ending desenlace *m.* **2**
energy energía *f.* **5**
   energy consumption consumo *m.* de energía **5**
   nuclear energy energía nuclear **5**
   renewable energy energía renovable **5**
   solar energy energía solar **5**
   wind energy energía eólica **5**
engaged: get engaged (to) comprometerse (con) *v.*
engagement compromiso *m.* **1**
engineer ingeniero/a *m., f.*
English (*language*) inglés *m.*; inglés, inglesa *adj.*
enigma enigma *f.*
enjoy disfrutar (de) *v.*; gozar (de) *v.* **2**
enough bastante *adv.*
entertain entretener *v.* **3**
entertaining entretenido/a *adj.*
entertainment diversión *f.*
entrance entrada *f.*
envelope sobre *m.*
envious envidioso/a *adj.*

environment medio ambiente *m.* **5**
equal igual *adj.* **6**
equality igualdad *f.* **6**
equipped equipado/a *adj.*
erase borrar *v.*
eraser borrador *m.*
erosion erosión *f.* **5**
errand diligencia *f.*
establish establecer *v.*
   establish oneself establecerse *v.*
estimate calcular *v.* **3**
ethical ético/a *adj.*
ethnic cleansing limpieza étnica *f.*
ethnic group etnia *f.* **4**
evening tarde *f.*
event acontecimiento *m.* **3**
every day todos los días
everyday cotidiano/a *adj.* **2**
everybody todos/as *m., f., pl.*
everything todo *m.*
   Everything is under control. Todo está bajo control.
exactly (time) en punto
exam examen *m.*
excellent excelente *adj.*
excess exceso *m.*
   in excess en exceso
exchange intercambiar *v.*
   in exchange for por
excited emocionado/a *adj.* **1**
exciting emocionante *adj.*
excluded excluido/a *adj.*
excursion excursión *f.*
excuse disculpar *v.*
Excuse me. (*May I?*) Con permiso.; (*I beg your pardon.*) Perdón.
execution ejecución *m.* **6**
executive ejecutivo/a *m., f.*
exhausted agotado/a *adj.*
exercise ejercicio *m*; hacer *v.* ejercicio
   exercise (power) ejercer (el poder) *v.* **6**
exert (power) ejercer (el poder) *v.* **6**
exile exiliado/a *m., f.*
exit salida *f.*
expect anticipar *v.*
expensive caro/a *adj.*
experience experiencia *f.*
experiment experimento *m.*
explain explicar *v.*
explore explorar *v.*
express (an opinion) opinar *v.* **3**
expression expresión *f.*
extinction extinción *f.*
extraterrestrial extraterrestre *adj.*
extreme sports deportes extremos *m., pl.*
extremely delicious riquísimo/a *adj.*
extremely serious gravísimo *adj.*
eye ojo *m.*
   keep an eye on vigilar *v.* **3**

English-Spanish

VOCABULARY

F

fabulous fabuloso/a *adj.*
face cara *f.*
facing enfrente de *prep.*
fact hecho *m.* 5
  in fact de hecho
failure fracaso *m.* 6
faith fe *f.* 4
faithfulness fidelidad *f.* 1
fair justo/a *adj.* 2, 6; feria *f.*
fall (down) caerse *v.*
  fall asleep dormirse (o:ue) *v.*
  fall in love (with)
    enamorarse *v.* (de) 1
  fall (season) otoño *m.*
fallen caído/a *p.p.*
fame fama *f.* 3
family familia *f.*
famous famoso/a *adj.*
fan aficionado/a *adj.*
  be a fan (of) ser aficionado/a (a)
fantastic chévere *adj.* 4
far from lejos de *prep.*
farewell despedida *f.*
farm cultivar *v.* 4
farming cultivo *m.* 4
fascinate fascinar *v.*
fashion moda *f.*
  be in fashion estar de moda
fast rápido/a *adj.*
fat gordo/a *adj.*; grasa *f.*
father padre *m.*
father-in-law suegro *m.* 4
fault culpa *f.*
favorite favorito/a *adj.*
fax (machine) fax *m.*
fear miedo *m.*; temor *m.* 6
fear temer *v.*
feature rasgo *m.*; facciones *f., pl.* 2
February febrero *m.*
feel sentir(se) (e:ie) *v.* 1
  feel fulfilled sentirse realizado/a *v.*
  feel like (*doing something*) tener
    ganas de (+ *inf.*); apetecer 4
feeling sentimiento *m.* 1
festival festival *m.*
fever fiebre *f.*
  have a fever tener *v.* fiebre
few pocos/as *adj. pl.*
  fewer than menos de (+ *number*)
fiancé(e) *m., f.* prometido/a 1
field cancha *f.*
field: major field of study
    especialización *f.*
fifteen quince *adj.*
  fifteen-year-old girl quinceañera *f.*
fifth quinto/a *adj.*
fifty cincuenta *adj.*
fight luchar, pelear *v.* 6
  fight (for/against) luchar
    (por/contra)

fight with (one another)
    pelear(se) *v.* 4
fight lucha *f.* 6
figure (*number*) cifra *f.*
file archivo *m.*
fill llenar *v.*
  fill out (a form) llenar
    (un formulario)
  fill the tank llenar el tanque
film critic crítico/a de cine *m., f.* 3
finally finalmente *adv.*; por último;
  por fin
financial financiero/a *adj.*
find encontrar (o:ue) *v.*
  find (each other) encontrar(se)
  find out averiguar
fine multa *f.*
  That's fine. Está bien.
(fine) arts bellas artes *f., pl.*
finger dedo *m.*
finish terminar *v.*
  finish (*doing something*)
    terminar *v.* de (+ *inf.*)
fire incendio *m.* 5; despedir
  (e:i) *v.*; botar *v.* 4; fuego *m.*
  fire station estación *f.*
    de bomberos 2
firefighter bombero/a *m., f.*
firm compañía *f.*; empresa *f.*
first primer *adj.*; primero/a *adj.*
fish (*food*) pescado *m.*; pescar *v.*;
  (*live*) pez *m.* 5
  fish market pescadería *f.*
fisherman pescador *m.*
fisherwoman pescadora *f.*
fishing pesca *f.*
fit (*clothing*) quedar *v.*
  fit in integrarse (a) *v.*
five cinco *adj.*
five hundred quinientos/as *adj.*
fix arreglar *v.*
fixed fijo/a *adj.*
flag bandera *f.* 6
flank steak lomo *m.*
flat tire: We had a flat tire. Se nos
  pinchó una llanta.
flee huir *v.* 6
fleeting pasajero/a *adj.* 1
flexible flexible *adj.*
flirt coquetear *v.* 1
flood inundación *f.* 5
floor (*of a building*) piso *m.*; suelo *m.*
  dance floor pista *f.* de baile 3
  ground floor planta *f.* baja
  top floor planta *f.* alta
flower flor *f.*
flu gripe *f.*
flute flauta *f.* 3
fly volar *v.*
fog niebla *f.*
folk folclórico/a *adj.*
folk healer curandero/a *m., f.* 5

follow seguir (e:i) *v.*
food comida *f.*; alimento
fool tonto/a *m., f.*; bobo/a *m., f.* 6
foolish tonto/a *adj.*
foot pie *m.*
football fútbol *m.* americano
for para *prep.*; por *prep.*
  for example por ejemplo
  for me para mí
forbid prohibir *v.*
force fuerza *f.* 6
foreign extranjero/a *adj.*
  foreign languages
    lenguas extranjeras *f., pl.*
  foreign relations
    relaciones exteriores *f., pl.* 6
foreseen previsto/a *adj.*
forest bosque *m.* 5
forget olvidar *v.*
forgetfulness olvido *m.* 1
forgive perdonar *v.* 2
fork tenedor *m.*
form formulario *m.*
forty cuarenta *m.*
forward (*sports position*)
    delantero/a *m., f.*
four cuatro *adj.*
four hundred cuatrocientos/as *adj.*
fourteen catorce *adj.*
fourth cuarto/a *adj.*
free libre *adj. m., f.*
  be free (of charge) ser gratis
  free time tiempo libre;
    ratos libres
freedom (of the press) libertad *f.*
  (de prensa) 3, 6
freezer congelador *m.*
French francés, francesa *adj.*
  French fries papas *f., pl.*
    fritas; patatas *f., pl.* fritas
frequently frecuentemente *adv.*; con
    frecuencia *adv.*
friar (monk) fraile (Fray) *m.* 4
Friday viernes *m., sing.*
fried frito/a *adj.*
  fried potatoes papas *f., pl.* fritas;
    patatas *f., pl.* fritas
friend amigo/a *m., f.*
friendly amable *adj.*
friendship amistad *f.* 1
from de *prep.*; desde *prep.*;
    proveniente *adj.*
  from the United States
    estadounidense *adj.*
  from time to time de vez
    en cuando
  He/She/It is from… Es de…
  I'm from… Soy de…
front page portada *f.* 3
fruit fruta *f.*
  fruit juice jugo *m.* de fruta
  fruit store frutería *f.*
fuel combustible *m.* 5

fulfill (a dream) alcanzar (un sueño) *v.*
full lleno/a *adj.* 2
fun divertido/a *adj.*
   fun activity diversión *f.*
   have fun divertirse (e:ie) *v.*
function funcionar *v.*
funny gracioso/a *adj.* 1
furniture muebles *m., pl.*
furthermore además (de) *adv.*
future futuro *adj.*; porvenir *m.* 5
   Here's to the future!
     ¡Por el porvenir!
   in the future en el futuro

G

gain weight aumentar *v.* de peso; engordar *v.*
galaxy galaxia *f.*
game juego *m.*; (*match*) partido *m.*
   game show programa *m.* de concursos 3
garage (*in a house*) garaje *m.*; garaje *m.*; taller (mecánico)
garden jardín *m.*
garlic ajo *m.*
gas pipeline gasoducto *m.*
gas station gasolinera *f.*
gasoline gasolina *f.*
gaze mirada *f.*
gender sexo *m.* 4
gene gen *m.*
generation gap brecha generacional *f.* 4
   genetics genética *f.*
genre género *m.* 3
geography geografía *f.*
German alemán, alemana *adj.*
get conseguir (e:i) *v.*; obtener *v.*
   get along well/badly/terribly (with) llevarse bien/mal/fatal (con) 1
   get angry enojarse *v.* 1
   get bored aburrirse *v.*
   get off of (a vehicle) bajar(se) de *v.* 2
   get on/into (a vehicle) subir(se) a *v.* 2
   get out of (a vehicle) bajar(se) de *v.*
   get tickets conseguir (e:i) *v.* entradas
   get together (with) reunirse (con) *v.*
   get up levantarse *v.*
   get upset afligirse *v.* 2
   get worse empeorar *v.* 5
ghost fantasma *m.*
gift regalo *m.*
girl chica *f.*; muchacha *f.*
girlfriend novia *f.*
give dar *v.*; (*as a gift*) regalar *v.*
   give directions indicar *v.* el camino 2
   give up ceder *v.* 6

glass (*drinking*) vaso *m.*; vidrio *m.*
   (made) of glass de vidrio
glasses gafas *f., pl.*
   sunglasses gafas *f., pl.* de sol
globetrotter trotamundos *m., f.* 1
gloves guantes *m., pl.*
go ir *v.*
   go away irse
   go by boat ir en barco
   go by bus ir en autobús
   go by car ir en auto(móvil)
   go by motorcycle ir en moto(cicleta)
   go by taxi ir en taxi
   go by the bank pasar por el banco
   go down bajar(se) *v.* 2
   go for a walk pasear *v.*
   go on a hike (in the mountains) ir de excursión (a las montañas)
   go on sale salir a la venta *v.* 3
   go out salir *v.*
   go out to eat salir a comer algo
   go out to have a drink salir a tomar algo
   go out (with) salir *v.* (con) 1
   go up subir *v.* 2
   go with acompañar *v.*
   Let's go. Vamos.
goal meta *f.*
goblet copa *f.*
going to: be going to (*do something*) ir a (+ *inf.*)
golf golf *m.*
good buen, bueno/a *adj.*
   Good afternoon. Buenas tardes.
   Good evening. Buenas noches.
   Good idea. Buena idea.
   Good morning. Buenos días.
   Good night. Buenas noches.
   have a good reputation tener (e:ie) buena fama *v.* 3
   It's good that… Es bueno que…
goodbye adiós *interj.*
   say goodbye (to) despedirse (e:i) *v.* (de)
good-looking guapo/a *adj.*
goods bienes *m., pl.*
gossip chisme *m.* 1
govern gobernar (e:ie) *v.* 6
government gobierno *m.* 6
graduate (from/in) graduarse *v.* (de/en)
grains cereales *m., pl.*
granddaughter nieta *f.* 4
grandfather abuelo *m.*
grandmother abuela *f.*
grandparents abuelos *m., pl.*
grandson nieto *m.* 4
grant beca *f.*
grape uva *f.*
grass hierba *f.*
grave grave *adj.*
gravity gravedad *f.*

gray gris *adj. m., f.*
great fenomenal *adj.*
   chévere *adj.* 4
great aunt tía abuela *f.* 4
great-grandfather bisabuelo *m.* 4
great-grandmother bisabuela *f.* 4
great uncle tío abuelo *m.* 4
green verde *adj.*
greenhouse effect efecto invernadero *m.* 5
greet (each other) saludar(se) *v.*
greeting saludo *m.*
   Greetings to… Saludos a…
grilled (*food*) a la plancha
   grilled tenderloin lomo *m.* a la plancha
ground suelo *m.* 3
   ground floor planta baja *f.*
grow (up) aumentar; crecer *v.*
growth crecimiento *m.* 3
guess adivinar *v.* 3
guest (*at a house/hotel*) huésped *m., f.*; (*invited to a function*) invitado/a *m., f.*
guide guía *m., f.*; guiar *v.*
gun arma *f.*
   gun control control *m.* de armas
gymnasium gimnasio *m.*

H

habit costumbre *f.* 2
hair pelo *m.*
hairdresser peluquero/a *m., f.*
half medio/a *adj.*
   half-brother/sister medio/a hermano/a *m., f.* 4
   half-past… (*time*) … y media
hallway pasillo *m.*
ham jamón *m.*
hamburger hamburguesa *f.*
hammer martillo *m.*
hand mano *f.*
hand out repartir *v.*
Hands up! ¡Manos arriba!
handsome guapo/a *adj.*
happen ocurrir *v.*; suceder *v*
happiness alegría *f.*; felicidad *f.* 5
Happy birthday! ¡Feliz cumpleaños!
happy alegre *adj.*; contento/a *adj.*; feliz *adj. m., f.*
   be happy alegrarse *v.* (de)
harass acosar *v.*
hard difícil *adj.*
hard-working trabajador(a) *adj.*
hardly apenas *adv.* 3
harm daño *m.*
harmful dañino/a *adj.* 5
haste prisa *f.*
hat sombrero *m.*
hate odiar *v.* 1
have tener (e:ie) *v.*
   have a bad reputation tener mala fama 3

English-Spanish

VOCABULARY

have a bad time pasarlo mal 2
have connections tener conexiones
have a good reputation tener buena fama 3
have a good time divertirse (e:ie); pasarlo bien 2
Have a good trip! ¡Buen viaje!
have influence tener conexiones
have the right to tener derecho a 6
have time tener tiempo
have to (*do something*) tener que (+ *inf.*); deber (+ *inf.*)
have a tooth removed sacar(se) un diente
he él *m., sing., pron.*
head cabeza *f.*
headache dolor *m.* de cabeza
headline titular *m.* 3
headscarf pañuelo *m.* 6
health salud *f.*
healthy saludable *adj.*; sano/a *adj.*
   lead a healthy lifestyle llevar *v.* una vida sana
hear oír *v.*
heard oído/a *p.p.*
hearing: sense of hearing oído *m.*
heart corazón *m.* 1
heat calor *m.*
Hello. Hola.; (*on the telephone*) Aló.; ¿Bueno?; Diga.
help ayudar *v.*; servir (e:i) *v.*
   help each other ayudarse *v.* 1
helplessness desamparo *m.* 2
her su(s) *poss. adj.*
   (of) hers suyo(s)/a(s) *poss.*
her la *f., sing., d.o. pron.*
   to/for her le *f., sing., i.o. pron.*
here aquí *adv.*
   Here it is. Aquí está.
herself sí misma 4
heritage ascendencia *f.* 4
heterogeneous heterogéneo/a *adj.*
Hi. Hola. *interj.*
hide esconder *v.*
high alto/a *adj.*
   high school instituto *m.* 6
highway autopista *f.*; carretera *f.*
hijack secuestrar *v.* 6
hike excursión *f.*
   go on a hike hacer una excursión; ir de excursión
hiker excursionista *m., f.*
hiking de excursión; excursionismo *m.*
him: to/for him le *m., sing., i.o. pron.*
himself sí mismo 4
hire contratar *v.*
his su(s) *poss. adj.*
   (of) his suyo(s)/a(s) *poss. pron.*
his lo *m., sing., d.o. pron.*
historian historiador(a) *m., f.* 4
history historia *f.*
hit pegar *v.* 6

hobby pasatiempo *m.*
hockey hockey *m.*
holiday día *m.* de fiesta
home casa *f.*; hogar *m.*; vivienda *f.* 2
   home page página *f.* principal
   home country patria *f.* 1
homeland patria *f.* 4
homesickness añoranza *f.*
homework tarea *f.*
homogeneity homogeneidad *f.*
honest honrado/a *adj.* 4
hood capó *m.*; cofre *m.*
hook up ligar *v.* 1
hope esperar *v.* (+ *inf.*); esperar *v.*; esperanza *f.* 4
   I hope (that) ojalá (que)
horoscope horóscopo *m.* 3
horror (genre) de horror *m.*
hors d'oeuvres entremeses *m., pl.*
horse caballo *m.*
hospital hospital *m.*
host anfitrión *m.*
hostess anfitriona *f.*
hot: be (*feel*) **(very) hot** tener (mucho) calor
   It's (very) hot. Hace (mucho) calor.
hotel hotel *m.*
hour hora *f.*
house casa *f.*
household chores quehaceres *m. pl.* domésticos
housekeeper ama *m., f.* de casa
housing vivienda *f.* 2
How…! ¡Qué…!
   how ¿cómo? *adv.*
   How are you? ¿Qué tal?
   How are you? ¿Cómo estás? *fam.*
   How are you? ¿Cómo está usted? *form.*
   How can I help you? ¿En qué puedo servirles?
   How did it go for you…? ¿Cómo le/les fue…?
   How is it going? ¿Qué tal?
   How is/are…? ¿Qué tal…?
   How is the weather? ¿Qué tiempo hace?
   How much/many? ¿Cuánto/a(s)?
   How much does… cost? ¿Cuánto cuesta…?
   How old are you? ¿Cuántos años tienes? *fam.*
however sin embargo
hug (each other) abrazar(se) *v.*
human humano/a *adj.*
   human being ser humano *m.*
   human rights derechos humanos *m., pl.* 6
humanities humanidades *f., pl.*
humankind humanidad *f.*
hundred cien, ciento *adj; m.*

hunger hambre *f.*
hungry: be (very) hungry tener *v.* (mucha) hambre
hunt cazar *v.* 5
hurricane huracán *m.* 5
hurry apurarse *v.*; darse prisa *v.*
   be in a (big) hurry tener *v.* (mucha) prisa
hurt doler (o:ue) *v.*
   It hurts me a lot… Me duele mucho…
hurtful hiriente *adj.* 4
husband esposo *m.* 4
hybrid híbrido/a *adj.* 5
hypocrisy hipocresía *f.* 6

I

I yo
   I am… Yo soy…
   I hope (that) Ojalá (que) *interj.*
   I wish (that) Ojalá (que) *interj.*
ice cream helado *m.*
   ice cream shop heladería *f.*
iced helado/a *adj.*
   iced tea té *m.* helado
idea idea *f.*
ideals ideales *m., pl.*
if si *conj.*
ill-mannered maleducado/a *adj.* 4
illiterate analfabeto/a *adj.* 6
illness enfermedad *f.*
imaginary fantástico/a *adj.*
immigrant inmigrante *m., f.* 1
immigration inmigración *f.*
impartial imparcial *adj.* 3
impassively impasible *adj.* 2
important importante *adj.*
   be important to importar *v.*
   It's important that… Es importante que…
impossible imposible *adj.*
   it's impossible es imposible
imprison encarcelar *v.* 6
improbable improbable *adj.*
   it's improbable es improbable
improve mejorar *v.* 5
improvement mejora *f.*
in en *prep.*; por *prep.*
   in the afternoon de la tarde; por la tarde
   in a bad mood de mal humor
   in the direction of para *prep.*
   in the early evening de la tarde
   in the evening de la noche; por la noche
   in fact de hecho *adv.*
   in front of delante de *prep.*
   in a good mood de buen humor
   in the morning de la mañana; por la mañana
   in love (with) enamorado/a (de)
   in search of por *prep.*

VOCABULARY

incapable incapaz *adj.*
incompetent incapaz *adj.*
inconsiderate desconsiderado/a *m., f.* **3**
increase aumento *m.*
incredible increíble *adj.*
indifference indiferencia *f.*
inequality desigualdad *f.* **6**
infect contagiar *v.* **5**
infection infección *f.*
inflation inflación *f.*
influence influir *v.* **6**
influence influencia *f.* **2**
influential influyente *adj.* **3**
inform informar *v.*
informed: become informed about enterarse (de) *v.* **3**
inhabitant habitante *m., f.* **2**
inherit heredar *v.* **4**
injection inyección *f.*
　give an injection poner *v.* una inyección
injure (oneself) lastimar(se) *v.*
　injure (one's foot) lastimarse (el pie)
injustice injusticia *f.* **6**
inner ear oído *m.*
innocence inocencia *f.*
innovative innovador(a) *adj.*
insecure inseguro/a *adj.* **1**
insecurity inseguridad *f.* **6**
insensitive insensible *adj.*
inside dentro *adv.*
insincere falso/a *adj.* **1**
insist (on) insistir (en) *v.*
instability inestabilidad *f.*
installments: pay in installments pagar *v.* a plazos
instrument: play an instrument tocar *v.* (un instrumento) **3**
integration integración *f.*
intelligent inteligente *adj.*
intend to pensar *v.* (+ *inf.*)
interest interesar *v.*
interesting interesante *adj.*
　be interesting to interesar *v.*
international internacional *adj.*
　international news noticias *f.* internacionales **3**
Internet Internet **3**
interview entrevista *f.*
interview entrevistar *v.* **3**
interviewer entrevistador(a) *m., f.*
introduction presentación *f.*
　I would like to introduce (name) to you… Le presento a… *form.*; Te presento a… *fam.*
intruder intruso/a *m., f.*
invent inventar *v.*
invention invento *m.*
invest invertir (e:ie) *v.*
investigate investigar *v.* **3**
investor inversionista *m., f.*

invisible invisible *adj.*
invite invitar *v.*
iron hierro *m.*
　iron (clothes) planchar *v.* (la ropa)
isolated aislado/a *adj.* **4**
it lo/la *sing., d.o., pron.*
Italian italiano/a *adj.*
its su(s) *poss. adj.*
　suyo(s)/a(s) *poss. pron.*
It's me. Soy yo.

J

jacket chaqueta *f.*
jail celda *f.* **6**
　(jail) cell celda *f.* **6**
January enero *m.*
Japanese japonés, japonesa *adj.*
jealous celoso/a *adj.* **1**; envidioso/a *adj.*
　to be jealous (of) tener celos (de) **1**
jealousy celos *m., pl.* **1**
jeans bluejeans *m., pl.*
jewelry store joyería *f.*
job empleo *m.*; puesto *m.*; trabajo *m.*
　job application solicitud *f.* de trabajo
jog correr *v.*
journalism periodismo *m.*
journalist periodista *m., f.* **3**; reportero/a *m., f.*
joy alegría *f.*
　give joy dar *v.* alegría
joyful alegre *adj.*
judge juez(a) *m., f.* **6**
judge juzgar *v.* **6**
judgment juicio *m.* **6**
juice jugo *m.*
July julio *m.*
jump saltar *v.*
June junio *m.*
jungle selva, jungla *f.*
just apenas *adv.* **3**; justo/a *adj.* **2**
　have just done something acabar de (+ *inf.*)
justice justicia *f.* **6**

K

keep conservar *v.*
　keep an eye on vigilar *v.* **3**
　keep watch on vigilar *v.* **6**
key llave *f.*; clave *f.* **8**
keyboard teclado *m.*
kick patear *v.*
kid chaval(a) *m., f.* **6**
kidnap secuestrar *v.* **6**
kidnapping secuestro *m.* **6**
kill matar *v.*
　kill oneself matarse *v.*

kilometer kilómetro *m.*
kind: That's very kind of you. Muy amable.
kiss beso *m.*
　kiss (each other) besar(se) *v.* **1**
kitchen cocina *f.*
knee rodilla *f.*
knife cuchillo *m.*
know saber *v.*; conocer *v.*
knowledge conocimiento *m.* **4**
know how saber *v.*

L

labor union sindicato *m.*
laboratory laboratorio *m.*
lack faltar *v.*
　lack (of) falta (de) *f.*
　lack of interest desinterés *m.* **5**
　lack of safety inseguridad *f.* **6**
lazy perezoso/a *adj.*
lake lago *m.*
lamp lámpara *f.*
land tierra *f.* **5**; aterrizar *v.*
landlord dueño/a *m., f.*
landscape paisaje *m.* **5**
language lengua *f.* **4**
　official language lengua *f.* oficial
laptop (computer) computadora *f.* portátil
large grande *adj.*
large (*clothing size*) talla grande
last durar *v.*; pasado/a *adj.*; último/a *adj.*
　last name apellido *m.*
　last night anoche *adv.*
　last week semana *f.* pasada
　last year año *m.* pasado
late atrasado/a *adj.* **2**
late tarde *adv.*
later (on) más tarde
　See you later. Hasta la vista.; Hasta luego.
laugh reírse (e:i) *v.*
laughed reído *p.p.*
laundromat lavandería *f.*
law ley *f.* **6**
lawyer abogado/a *m., f.* **6**
lay laico/a *adj.* **6**
lazy perezoso/a *adj.*
lead encabezar *v.* **6**
leaf hoja *f.* **5**
learn aprender *v.* (a + *inf.*)
least: at least por lo menos
leave salir *v.*; irse *v.*; abandonar *v.* **1**; marcharse *v.*
　leave a tip dejar una propina
　leave behind dejar *v.*
　leave for (*a place*) salir para
　leave from salir de
　leave someone dejar a alguien *v.* **1**

English-Spanish

VOCABULARY

left izquierdo/a *adj.*
   be left over quedar *v.*
   to the left of a la izquierda de
leg pierna *f.*
leisure ocio *m.*
lemon limón *m.*
lend prestar *v.*
less menos *adv.*
   less... than menos... que
   less than menos de (+ *number*)
lesson lección *f.*
let dejar *v.*
let's see a ver
letter carta *f.*
lettuce lechuga *f.*
liar mentiroso/a *m., f.* **1**
liberal liberal *adj.* **6**
liberty libertad *f.*
library biblioteca *f.*
license (*driver's*) licencia *f.* de conducir
lie mentira *f.*
life vida *f.*
   of my life de mi vida
lifestyle: lead a healthy lifestyle
   llevar una vida sana
   lifestyle section sección *f.*
   de sociedad **3**
lift levantar *v.*
   lift weights levantar pesas
light luz *f.*
   traffic light semáforo *f.* **2**
like como *adv.*; gustar *v.*
   I don't like them at all.
      No me gustan nada.
   I like... Me gusta(n)...
   like this así *adv.*
   like very much encantar *v.*;
      fascinar *v.*
   Do you like...? ¿Te gusta(n)...?
likeable simpático/a *adj.*
likewise igualmente *adv.*
line línea *f.*; cola (*queue*) *f.*; fila *f.* **2**
link enlace *m.*
lion león *m.* **5**
listen (to) escuchar *v.*
   Listen! (*command*) ¡Oye! *fam., sing.*; ¡Oiga/Oigan! *form., sing./pl.*
   listen to music escuchar música
   listen (to) the radio escuchar la radio
listener oyente *m., f.* **3**
literature literatura *f.*
little (*quantity*) poco/a *adj*; poco *adv.*
live vivir *v.*; en directo/vivo **3**
   live together convivir *v.* **2**
lively animado/a *adj.*
living room sala *f.*
lizard lagarto *m.* **5**
loan préstamo *m.*; prestar *v.*
lobster langosta *f.*
local: local news
   noticias *f.* locales **3**

located situado/a *adj.*; *adj.* ubicado/a
   be located quedar *v.*
loneliness soledad *f.*
long largo/a *adj.*
   long term a largo plazo *adj.*
look facha *f.*
look (at) mirar *v.*
   look down on despreciar *v.* **4**
   look for buscar *v.*
   look like parecerse (c:zc) *v.* **2, 4**
lose perder (e:ie) *v.*
   lose a game perder un partido
   lose elections perder las elecciones **6**
   lose weight adelgazar
loss pérdida *f.*
lost perdido/a *adj.* **2**
   be lost estar perdido/a **2**
lot, a muchas veces *adv.*
lot of, a mucho/a *adj.*
lottery lotería *f.*
love (*another person*) querer (e:ie) *v.*;
   (*each other*) amarse; quererse (e:ie)
   v. **1**; (*inanimate objects*) encantar
   v.; amor *m.*
   in love enamorado/a *adj.* **1**
   I loved it! ¡Me encantó!
luck suerte *f.*
lucky: be (very) lucky tener (mucha) suerte
luggage equipaje *m.*
lunch almuerzo *m.*
   have lunch almorzar (o:ue) *v.*
lung pulmón *m.* **5**
luxury lujo *m.*
lyrics letra *f.* **3**
lying mentiroso/a *adj.* **1**

M

ma'am señora (Sra.); doña *f.*
machine máquina *f.*
mad enojado/a *adj.* **1**
magazine revista *f.* **3**
magnificent magnífico/a *adj.*
mail correo *m.*; enviar *v.*, mandar *v.*; echar una carta al buzón
   mail carrier cartero *m.*
mailbox buzón *m.*
main principal *adj.*
maintain mantener *v.*
maintenance mantenimiento *m.*
major especialización *f.*
make hacer *v.*
   make an effort hacer un esfuerzo
   make the bed hacer la cama
makeup maquillaje *m.*
   put on makeup maquillarse *v.*
mall centro comercial *m.* **2**
man hombre *m.*

manage administrar *v.*
manager gerente *m., f.*
manner modo *m.*
manufacture fabricar *v.*
many mucho/a *adj.*
   many times muchas veces
map mapa *m.*
March marzo *m.*
margarine margarina *f.*
marinated fish ceviche *m.*
   lemon-marinated shrimp ceviche *m.* de camarón
marital status estado *m.* civil
market mercado *m.*
   open-air market mercado al aire libre
marriage matrimonio *m.* **1**
married casado/a *adj.* **1**
   get married (to) casarse (con) *v.* **1**
marry casar *v.*
marvelous maravilloso/a *adj.*
marvelously maravillosamente *adv.*
mask: ski mask pasamontañas *m., sing.*
mass misa *f.*
massage masaje *m.*
masterpiece obra maestra *f.*
match (*sports*) partido *m.*
match (with) hacer *v.* juego (con)
mathematician matemático/a *m., f.*
mathematics matemáticas *f., pl.*
matriarchy matriarcado *m.* **2**
matter importar *v.*
mature maduro/a *adj.* **1**
maturity madurez *f.*
maximum máximo/a *adj.*
May mayo *m.*
maybe tal vez; quizás
mayonnaise mayonesa *f.*
mayor alcalde(sa) *m., f.* **2**
me me *sing., d.o. pron.*
   to/for me me *sing., i.o. pron.*
meal comida *f.*
mean significar *v.* **2**
means modo *m.*
means of communication medios *m., pl.* de comunicación
meat carne *f.*
mechanic mecánico/a *m., f.*
   mechanic's repair shop taller mecánico
media medios *m., pl.* (de comunicación) **3**
medical médico/a *adj.*
medication medicamento *m.* **5**
medicine medicina *f.*
medium mediano/a *adj.*
meet (each other) encontrar(se) *v.*; conocerse(se) *v.*
meeting reunión *f.*
member socio/a *m., f.*
menu menú *m.*
mess lío *m.*

332   Vocabulary

VOCABULARY

message recado *m.*; mensaje *m.*
   text message mensaje de texto
Mexican mexicano/a *adj.*
Mexico México *m.*
microwave microondas *f.*
   microwave oven horno *m.* de microondas
middle age madurez *f.*
midnight medianoche *f.*
mile milla *f.*
milk leche *f.*
million millón *m.*
   million of millón de
mind mente *f.*
mine mío/a(s) *poss.*
mineral mineral *m.*
   mineral water agua *f.* mineral
minimum mínimo/a *adj.*
   minimum wage sueldo *m.* mínimo
minute minuto *m.*
mirror espejo *m.*
misfortune desgracia *f.*
Miss señorita (Srta.) *f.*
miss perder (e:ie) *v.*; echar *v.* de menos *v.* 1; extrañar *v.*
mistaken equivocado/a *adj.*
mistreatment maltrato *m.*
mix mezclar *v.*
mock burlarse (de) *v.*
model maqueta *f.*
modem módem *m.*
modern moderno/a *adj.*
mom mamá *f.*
Monday lunes *m., sing.*
money dinero *m.*
monitor monitor *m.*
monkey mono *m.* 5
monolingual monolingüe *adj.*
month mes *m.*
monument monumento *m.*
mood ánimo *m.* 1
moon luna *f.* 5
more más
   more... than más... que
   more than más de (+ *number*)
morning mañana *f.*
mother madre *f.*
   mother tongue lengua materna *f.*
mother-in-law suegra *f.* 4
motor motor *m.*
motorcycle motocicleta *f.*
mountain montaña *f.*
   mountain range cordillera *f.* 5
mouse ratón *m.*
mouth boca *f.*
move (*from one house to another*) mudarse *v.* 1, 4
   move away alejarse *v.*
   move backward retroceder *v.* 2

movie película *f.* 3
   movie star estrella *f.* de cine 3
   movie theater cine *m.* 2
   new movie estreno *m.* 3
   shoot (a movie) rodar (o:ue) *v.* 3
movies cine *m.* 3
MP3 player reproductor *m.* de MP3
Mr. señor (Sr.); don *m.*
Mrs. señora (Sra.); doña *f.*
much mucho/a *adj.*
   very much muchísimo/a *adj.*
mud barro *m.*
multinational multinacional *adj. m., f.*
   multinational company empresa *f.* multinacional
municipal municipal *adj.*
murder crimen *m.*
muscle músculo *m.*
museum museo *m.* 2
mushroom champiñón *m.*
music música *f.*
   music video video *m.* musical 3
musical musical *adj.*
   musical group conjunto/grupo *m.* musical
musician músico/a *m., f.*
Muslim musulmán/musulmana *adj.* 6
must deber *v.* (+ *inf.*)
   It must be... Debe ser...
my mi(s) *poss. adj.*; mío/a(s) *poss pron.*
myth mito *m.* 2

N

naïve ingenuo/a *adj.* 2
name nombre *m.*
   be named llamarse *v.*
   in the name of a nombre de
   last name apellido *m.*
   My name is... Me llamo...
   user name nombre de usuario
napkin servilleta *f.*
national nacional *adj.*
   national news noticias *f., pl.* nacionales 3
nationality nacionalidad *f.*
natural natural *adj.*
   natural disaster desastre *m.* natural
   natural resource recurso *m.* natural
nature naturaleza *f.*
nauseated mareado/a *adj.*
navy armada *f.* 6
near cerca de *prep.*
neaten arreglar *v.*
necessary necesario/a *adj.*
   It is necessary that... Hay que...
neck cuello *m.*
need faltar *v.*; necesitar *v.* (+ *inf.*)
negative negativo/a *adj.*
neglect desatender (e:ie) *v.* 5

neighbor vecino/a *m., f.*
neighborhood barrio *m.* 2
neither tampoco *adv.*
neither... nor ni... ni *conj.*
nephew sobrino *m.* 4
nervous nervioso/a *adj.*
network cadena *f.* 3; red *f.* 1
never nunca *adj.*; jamás
new nuevo/a *adj.*
   new movie estreno *m.* 3
   new development novedad *f.*
newlywed recién casado/a *m., f.*
news noticias *f., pl.* 3; actualidades *f., pl.*
   international news noticias internacionales 3
   local news noticias locales 3
   national news noticias nacionales 3
   news report reportaje *m.* 3
newscast noticiero *m.*
newspaper periódico *m.* 3; diario *m.* 3
next próximo/a *adj.*
   next to al lado de *prep.*
nice simpático/a *adj.*; amable *adj.*
nickname apodo *m.* 4
niece sobrina *f.* 4
night noche *f.*
   night stand mesita *f.* de noche
nightlife vida *f.* nocturna 2
nine nueve *adj.*
nine hundred novecientos/as *adj.*
nineteen diecinueve *adj.*
ninety noventa *adj.*
ninth noveno/a *adj.*
no no; ningún, ninguno/a(s) *adj.*
   no one nadie *pron.*
   No problem. No hay problema.
   no way de ninguna manera
nobody nadie *pron.*
noise ruido *m.*
noisy ruidoso/a *adj.* 2
nonconformist inconformista *adj.*
none ninguno/a(s) *pron.*
noon mediodía *m.*
nor ni *conj.*
north Norte *m.*
   to the north al norte
nose nariz *f.*
nostalgia nostalgia *f.*
not no *adv.*
   not any ningún, ninguno/a(s) *adj., adv.*; ningunos/as *pron.*
   not anyone nadie *pron.*
   not anything nada *pron.*
   not bad at all nada mal
   not either tampoco *adv.*
   not ever nunca *adv.*; jamás *adv.*
   not trust desconfiar *v.*
   not very well no muy bien
   not working descompuesto/a *adj.*

English-Spanish

VOCABULARY

notebook cuaderno *m.*
nothing nada *pron.*
noun sustantivo *m.*
November noviembre *m.*
now ahora *adv.*
nowadays hoy día *adv.*
nuclear nuclear *adj. m., f.*
   nuclear energy energía nuclear
number número *m.*
nurse enfermero/a *m., f.*
nutrition nutrición *f.*
nutritionist nutricionista *m., f.*

O

oblivion olvido *m.* 1
o'clock: It's… o'clock Son las…
   It's one o'clock. Es la una.
obey obedecer *v.*; hacer caso 3
obligation deber *m.*
obtain conseguir (e:i) *v.*; obtener *v.*
obvious obvio/a *adj.*
   it's obvious es obvio
occupation ocupación *f.*
occur ocurrir *v.*
October octubre *m.*
of de *prep.*
   Of course. Claro que sí.;
     Por supuesto.
offer oferta *f.*; ofrecer (c:zc) *v.*
office oficina *f.*
   doctor's office consultorio *m.*
official oficial *adj.*
   official language lengua oficial *f.*
often a menudo *adv.*
Oh! ¡Ay!
oil aceite *m.*; petróleo *m.* 5
OK regular *adj.*
   It's okay. Está bien.
old viejo/a *adj.*
   old age vejez *f.* 4
older mayor *adj.*
   older brother, sister
     hermano/a mayor *m., f.*
oldest el/la mayor
omen presagio *m.*
on en *prep.*; sobre *prep.*
   go on sale salir a la venta *v.* 3
   keep an eye on vigilar *v.* 3
   on behalf of por *prep.*
   on the dot en punto
   on time a tiempo
   on top of encima de
once una vez
one un, uno/a *adj.; m., f.; sing. pron.*
   one hundred cien(to)
   one million un millón *m.*
   one more time una vez más
   one thousand mil
   one time una vez
onion cebolla *f.*
online en línea *adj.*

only sólo *adv.*; único/a *adj.*; no más *adv.* 3
   only child hijo/a único/a *m., f.* 4
open abierto/a *adj.*; abrir *v.*
open-air al aire libre
opera ópera *f.*
   soap opera telenovela *f.* 3
operation operación *f.*
opinion opinión *f.*
   express an opinion opinar *v.* 3
opposite enfrente de *prep.*
oppresion opresión *f.* 4
oppressed oprimido/a *adj.* 6
or o *conj.*; u *conj. (before words beginning with o or ho)*
orange anaranjado/a *adj.*; naranja *f.*
orchestra orquesta *f.*
order mandar; (*food*) pedir (e:i) *v.*
   in order to para *prep.*
orderly ordenado/a *adj.*
ordinal (*numbers*) ordinal *adj.*
other otro/a *adj.*
ought to deber *v.* (+ *inf.*) *adj.*
our nuestro/a(s) *poss. adj.; poss. pron.*
out of control descontrolado/a *adj.* 5
out of order descompuesto/a *adj.*
out of place desplazado/a *adj.* 2
outcome desenlace *m.* 2
outdoors al aire libre 5
outskirts alrededores *m., pl.* 2
oven horno *m.*
over sobre *prep.*
overcome superar *v.* 4
overpopulation superpoblación *f.*
overthrow derrocar *v.* 6
overwhelmed agobiado/a *adj.* 1
owe (money) deber *v.* (dinero)
own propio/a *adj.*
   on his/her own por su cuenta. 1
owner dueño/a *m., f.*
ozone layer capa *f.* de ozono 5

P

p.m. tarde *f.*
pacifist pacifista *adj.* 6
pack (one's suitcases) hacer *v.* las maletas
package paquete *m.*
page página *f.*
   front page portada *f.* 3
pain dolor *m.* 2
   have a pain tener *v.* dolor
paint pintar *v.*
painter pintor(a) *m., f.*
painting pintura *f.*
pair par *m.*
   pair of shoes par *m.* de zapatos
pamper mimar *v.* 4
pants pantalones *m., pl.*
pantyhose medias *f., pl.*
paper papel *m.*; (*report*) informe *m.*

Pardon me. (*May I?*) Con permiso.;
   (*Excuse me.*) Perdón.
parents padres *m., pl.*; papás *m., pl.*
park estacionar *v.*; aparcar *v.* 5;
   parquear *v.* 3; parque *m.*
parking lot estacionamiento *m.* 2
parking space aparcamiento *m.* 5
partner (*one of a married couple*)
   pareja *f.*; socio/a *m., f.*
party fiesta *f.*
   party pooper aguafiestas *m., f.*
pass pasar *v.* 6
   pass a law aprobar (o:ue)
     una ley *v.* 6
passed pasado/a *p.p.*
passenger pasajero/a *m., f.* 2
passport pasaporte *m.*
password contraseña *f.* 5
past pasado/a *adj.*
pastime pasatiempo *m.*
pastry shop pastelería *f.*
patent patente *f.*
patience paciencia *f.*
patient paciente *m., f.*
patio patio *m.*
pay pagar *v.*
   pay attention fijarse *v.* 3
   pay the bill pagar la cuenta
   pay homage to the gods
     homenajear a los dioses *v.* 4
   pay in cash pagar *v.* al contado;
     pagar en efectivo
   pay in installments pagar *v.*
     a plazos
   pay raise aumento *m.* de sueldo
pea arveja *m.*
peace paz *f.* 6
peaceful pacífico/a *adj.* 6
peach melocotón *m.*
pear pera *f.*
pedestrian peatón/peatona *m., f.* 2
pen pluma *f.*
pencil lápiz *m.*
penicillin penicilina *f.*
people gente *f.* 2
pepper (black) pimienta *f.*
per por *prep.*
perfect perfecto/a *adj.*
performance espectáculo *m.*
perhaps quizás; tal vez
permission permiso *m.*
persecution persecución *f.*
person persona *f.*
   person in charge
     encargado/a *m., f.* 5
personality carácter *m.* 4
pharmacy farmacia *f.*
phenomenal fenomenal *adj.*
photograph foto(grafía) *f.*
photographer fotógrafo/a *m., f.* 3
physical (exam) examen *m.* médico
physician doctor(a), médico/a *m., f.*
physicist físico/a *m., f.*

VOCABULARY

physics física *f. sing.*
pick up recoger *v.*
picture cuadro *m.*; pintura *f.*
pie pastel *m.*
piece pedazo *m.* 5
  piece of junk pedazo de lata
pill (tablet) pastilla *f.*
pillow almohada *f.*
pineapple piña *f.*
pink rosado/a *adj.*
place lugar *m.*; poner *v.*
plaid de cuadros
planet planeta *m.*
plan plano *m.*; planificar *v.*
plans planes *m., pl.*
  have plans tener planes
plant planta *f.*; plantar *v.* 5; sembrar *v.*
plastic plástico *m.*
  (made) of plastic de plástico
plate plato *m.*
  platter of fried food fuente *f.* de fritada
play drama *m.*; comedia *f.*; jugar (u:ue) *v.*; (*a musical instrument*) tocar *v.*; (*a role*) hacer el papel de; (*cards*) jugar a (las cartas); (*sports*) practicar deportes; poner *v.*
  play a CD poner un disco compacto
  play an instrument tocar *v.* 3
player jugador(a) *m., f.*
playwright dramaturgo/a *m., f.*
plead rogar (o:ue) *v.*
pleasant agradable *adj.*
please por favor
Pleased to meet you. Mucho gusto.; Encantado/a. *adj.*
pleasing: be pleasing to gustar *v.*
pleasure gusto *m.*; placer *m.*
  It's a pleasure to… Gusto de (+ *inf.*)
  It's been a pleasure. Ha sido un placer.
  The pleasure is mine. El gusto es mío.
poem poema *m.*
poet poeta *m., f.*
poetry poesía *f.*
poison intoxicar *v.* 5
police (force) policía *f.*
  police station comisaría *f.* 2
policeman policía *m.* 2
policewoman mujer policía *f.* 2
political político/a *adj.*
  political exile exiliado/a político/a *m., f.*
  political party partido político 6
  political refugee refugiado/a político/a
politician político/a *m., f.* 6
politics política *f.* 6
polka-dotted de lunares
poll encuesta *f.*

pollute contaminar *v.* 5
polluted contaminado/a *m., f.*
  be polluted estar contaminado/a
pollution contaminación *f.* 5
pool piscina *f.*
poor pobre *adj.*
populate poblar *v.* 2
population población *f.*
pork cerdo *m.*
  pork chop chuleta *f.* de cerdo
portable portátil *adj.*
  portable computer computadora *f.* portátil
position puesto *m.*; cargo *m.*
possessive posesivo/a *adj.*
possible posible *adj.*
  it's (not) possible (no) es posible
post office correo *m.*
postcard postal *f.*
poster cartel *m.*
potato papa *f.*; patata *f.*
pothole agujero *m.* 2
pottery cerámica *f.*
poverty pobreza *f.*
power poder *m.* 6
powerful poderoso/a *adj.* 4
practical práctico/a *adj.*
practice entrenarse *v.*; practicar *v.*
praise elogiar *v.* 6
predict predecir (e:i) *v.*
prefer preferir (e:ie) *v.*
pregnant embarazada *adj.*
premiere estreno *m.* 3
premonition presentimiento *m.*
prepare preparar *v.*; capacitar *v.*
preposition preposición *f.*
prescribe (*medicine*) recetar *v.*
prescription receta *f.*
present regalo *m.*; presentar *v.*
preserve conservar *v.* 2, 5
president presidente/a *m., f.* 6
press prensa *f.* 3; pulsar *v.* 4
  freedom of the press libertad *f.* de prensa 3
  sensationalist press prensa sensacionalista 3
pressure presión *f.*
  be under a lot of pressure sufrir muchas presiones
pretty bonito/a *adj.*; bastante *adv.*
prevent prevenir (e:ie) *v.* 5; impedir *v.* 2
price precio *m.*
  (fixed, set) price precio *m.* fijo
prior to previo/a *adj.*
pride orgullo *m.*
priest sacerdote *m.* 4; cura *m.* 6
principles ideales *m., pl.*
print estampado/a *adj.*; imprimir *v.*
printer impresora *f.*; imprenta *f.* 1
prison cárcel *f.* 6
  (prison) cell celda *f.*

prisoner preso/a *m., f.* 5
private (*room*) individual *adj.*
prize premio *m.*
probable probable *adj.*
  it's (not) probable (no) es probable
problem problema *m.*
process trámite *m.*
profession profesión *f.*
professor profesor(a) *m., f.*
profit ganancia *f.*
program programa *m.*
programmer programador(a) *m., f.*
progress progreso *m.*
prohibit prohibir *v.*
prominent destacado/a *adj.* 3
promise jurar *v.*
promotion (*career*) ascenso *m.*
pronoun pronombre *m.*
proof prueba *f.*
protect proteger *v.* 5
protected protegido/a *adj.* 5
protein proteína *f.*
protest protestar *v.*; manifestación *f.*
proud orgulloso/a *adj.* 1
prove comprobar (o:ue) *v.*
provided (that) con tal (de) que *conj.*
prune podar *v.* 5
psychologist psicólogo/a *m., f.*
psychology psicología *f.*
public público *m.* 3
  public ransportation transporte *m.* público 2
publish publicar *v.* 3
Puerto Rican puertorriqueño/a *adj.*
Puerto Rico Puerto Rico *m.*
pull tirar; sacar *v.*
  pull a tooth sacar una muela
  pull someone's leg tomar el pelo *v.*
punish castigar *v.*
punishment castigo *m.* 3
pupil alumno/a *m., f.* 6
purchase compra *f.*
purchases compras *f., pl.*
pure puro/a *adj.* 5
purple morado/a *adj.*
purse bolsa *f.*
put poner *v.*; puesto/a *p.p.*
  put (a letter) in the mailbox echar (una carta) al buzón
  put on (a performance) presentar *v.*
  put on (clothing) ponerse *v.*
  put on makeup maquillarse *v.*
  put up with aguantar *v.*; soportar *v.* 5

Q

quality calidad *f.*
quarry cantera *f.*
quarter (*academic*) trimestre *m.*
  quarter after (*time*) y cuarto; y quince
  quarter to (*time*) menos cuarto; menos quince

English-Spanish

VOCABULARY

question pregunta *f.*
quickly rápido *adv.*
quiet tranquilo/a *adj.*
quit dejar *v.*; renunciar *v.*
quiz prueba *f.*

R

rabbit's foot pata de conejo *f.* 5
race carrera *f.*
racism racismo *m.*
radio (*medium*) radio *f.* 3
   radio (set) radio *m.*
   radio announcer locutor(a) *m., f.* de radio 3
   radio station radioemisora *f.* 3
rain llover (o:ue) *v.*; lluvia *f.* 5
   It's raining. Llueve.; Está lloviendo.
raincoat impermeable *m.*
rainforest bosque *m.* tropical; selva *f.* 5
   tropical rainforest selva tropical *f.* 5
raise (*salary*) aumento de sueldo
raise (*children*) criar *v.* 4
ranch rancho *m.*
rather bastante *adv.*
reach alcanzar *v.*
   reach a goal alcanzar una meta *v.*
read leer *v.*; leído/a *p.p.*
   read e-mail leer correo electrónico
   read a magazine leer una revista
   read a newspaper leer un periódico
ready listo/a *adj.*; dispuesto/a (a) *adj.*
   (Are you) ready? ¿(Están) listos?
reality: reality show programa *m.* de telerrealidad 3
realize darse cuenta de *v.*
reap the benefits (of) *v.* disfrutar *v.* (de)
reason razón *f.*
rebellious rebelde *adj.* 4
receive recibir *v.*
recipe receta *f.* 4
recognize reconocer (c:zc) *v.*
recommend recomendar (e:ie) *v.*
record grabar *v.* 3
recreation diversión *f.*; recreo *m.*
recycle reciclar *v.* 5
recycling reciclaje *m.* 5
red rojo/a *adj.*
red-haired pelirrojo/a *adj.*
reduce reducir *v.*; disminuir *v.*
   reduce stress/tension aliviar el estrés/la tensión
refrigerator refrigerador *m.*
refugee refugiado/a *m., f.*
   political refugee refugiado/a político/a
   war refugee refugiado/a de guerra
region región *f.*

regret arrepentirse *v.* 1; lamentar *v.* 4; sentir (e:ie) *v.*
regrettable lamentable *adv.*
rehearse ensayar *v.* 3
reject rechazar *v.*
related to sitting sedentario/a *adj.*
relative pariente *m., f.* 4
   relatives familiares *m., pl.* 1; parientes *m., pl.* 4
relax relajarse *v.* 2
release (a movie) estrenar *v.* (una película)
relieve aliviar *v.* 5
relieved aliviado/a *adj.*
religion religión *f.* 4
rely (on) contar (o:ue) (con) *v.* 1
remain quedarse *v.*
remember acordarse (o:ue) *v.* (de); recordar (o:ue) *v.*
remodel remodelar *v.*
remote control control remoto *m.*
remove quitar *v.* 5
renewable renovable *adj.* 5
rent alquilar *v.*; (*payment*) alquiler *m.*
repeat repetir (e:i) *v.*
replace reemplazar *v.*
report informe *m.* 6; reportaje *m.*
   news report reportaje *m.* 3
reporter reportero/a *m., f.* 3
representative representante *m., f.*
reputation: have a good/bad reputation tener buena/mala fama *v.* 3
request pedir (e:i) *v.*
rescued rescatado/a *adj.* 6
research investigar *v.* 3
researcher investigador(a) *m., f.*
resemble parecerse (c:zc) *v.* 4
reservation reservación *f.*
reside residir *v.* 2
resign (from) renunciar (a) *v.*
resolve resolver (o:ue) *v.* 5
resolved resuelto/a *p.p.*
resources recursos *m., pl.* 5
respect respetar *v.* 4
responsibility deber *m.*; responsabilidad *f.*; compromiso *m.* 1
rest descansar *v.*
restaurant restaurante *m.*
résumé currículum *m.*
retire (from work) jubilarse *v.*
returned vuelto/a *p.p.*
review reseña *f.* 1
revolutionary revolucionario/a *adj.*
rhythm ritmo *m.* 3
rice arroz *m.*
rich rico/a *adj.*
riches riquezas *f., pl.*
ride a bicycle pasear *v.* en bicicleta
ride a horse montar *v.* a caballo
ridiculous ridículo/a *adj.*
   it's ridiculous es ridículo
right derecha *f.*
   be right tener razón

right? (*question tag*) ¿no?; ¿verdad?
right away enseguida *adv.*
right here aquí mismo
right now ahora mismo
right there allí mismo
   to the right of a la derecha de
rights derechos *m.*
ring (*a doorbell*) sonar (o:ue) *v.*
rise ascender *v.*
risk riesgo *m.* 1
rivalry rivalidad *f.*
river río *m.* 5
road camino *m.*
road sign señal de tráfico *f.* 2
roast asado/a *adj.*
   roast chicken pollo *m.* asado
rollerblade patinar *v.* en línea
romantic romántico/a *adj.*
room habitación *f.*; cuarto *m.*
   living room sala *f.*
roommate compañero/a *m., f.* de cuarto
root raíz *f.* 4
roundtrip de ida y vuelta
   roundtrip ticket pasaje *m.* de ida y vuelta
rout recorrido *m.*
routine rutina *f.*
rubble escombros *m., pl.* 2
rude malcriado/a *m., f.* 3
rug alfombra *f.*
ruin arruinar *v.*
rule regla *f.* 6
run correr *v.*; administrar *v.*
   run errands hacer diligencias 2
   run into (*have an accident*) chocar (con) *v.*; (*meet accidentally*) encontrar(se) (o:ue) *v.*; (*run into something*) darse (con) *v.*
   run into (each other) encontrar(se) (o:ue) *v.*
rush apurarse, darse prisa *v.*
Russian ruso/a *adj.*

S

sacred ritual rito sagrado *m.* 4
sacrifice sacrificar *v.* 4
sad triste *adj.*
   it's sad es triste
safe seguro/a *adj.*
safety seguridad *f.* 6
said dicho/a *p.p.*
salad ensalada *f.*
salary salario *m.*; sueldo *m.*
sale rebaja *f.*; venta *f.*
   go on sale salir a la venta *v.* 3
salesman vendedor *m.*
saleswoman vendedora *f.*
salmon salmón *m.*
salt sal *f.*
same mismo/a *adj.*

VOCABULARY

sandal sandalia *f.*
sandwich sándwich *m.*
Saturday sábado *m.*
sausage salchicha *f.*
save salvar *v.* 4; (*on a computer*) guardar *v.*
   save (money) ahorrar *v.*
savings ahorros *m., pl.*
   savings account cuenta *f.* de ahorros
saw serrar *v.* 5
say decir *v.*; declarar *v.*
   say (that) decir (que) *v.*
   say goodbye despedirse (e:i) *v.*
   say the answer decir la respuesta
scale escama *f.*
scandal escándalo *m.* 6
scant escaso/a *adj.* 5
scarce escaso/a *adj.* 5
scarcely apenas *adv.*
scared: be (very) scared (of) tener (mucho) miedo (de)
scenery paisaje *m.* 5
schedule horario *m.*
school escuela *f.*
science *f.* ciencia
   science fiction ciencia *f.* ficción
scientist científico/a *m., f.*
scold regañar *v.* 4
score (a goal/a point) marcar *v.* (un gol/un punto); anotar *v.* un gol
scream chillar *v.* 4
screen pantalla *f.* 3
scuba dive bucear *v.*
sculpt esculpir *v.*
sculptor escultor(a) *m., f.*
sculpture escultura *f.*
sea mar *m.* 5
seal foca *f.* 5
search engine buscador *m.*
season temporada *f.* 3; estación *f.*; época *f.* 1
seat silla *f.*
second segundo/a *adj.*; *m., f.*
secretary secretario/a *m., f.*
section sección *f.*
   lifestyle section sección de sociedad 3
   sports section sección deportiva 3
secure seguro/a *adj.* 1
secular laico/a *adj.* 6
security seguridad *f.* 6
sedentary sedentario/a *adj.*
see ver *v.*
   see (you/him/her) again volver a ver(te/lo/la)
   see movies ver películas
   See you. Nos vemos.
   See you later. Hasta la vista.; Hasta luego.
   See you soon. Hasta pronto.
   See you tomorrow. Hasta mañana.

seed semilla *f.* 5
seem parecer *v.*
seen visto/a *p.p.*
self-esteem autoestima *f.* 4
selfish egoísta *adj.* 4
sell vender *v.*
semester semestre *m.*
send enviar; mandar *v.*
sensationalist: sensationalist press prensa *f.* sensacionalista 3
sensitive sensible *adj.* 1
separate (from) separarse *v.* (de)
separated separado/a *adj.* 1
September septiembre *m.*
sequence secuencia *f.*
serious grave *adj.*
serve servir (e:i) *v.*
set (*fixed*) fijo *adj.*
   set the table poner la mesa
settle poblar *v.* 2
seven siete *adj.*
seven hundred setecientos/as *adj.*
seventeen diecisiete *adj.*
seventh séptimo/a *adj.*
seventy setenta *adj.*
several varios/as *adj. pl.*
sexism sexismo *m.*
shaman chamán *m.* 5
shame (*pity*) lástima *f.*; (*embarassment, remorse*) vergüenza *f.*
   it's a shame es una lástima
shampoo champú *m.*
shape forma *f.*
   be in good shape estar en buena forma
   stay in shape mantenerse en forma
share compartir *v.* 1
sharp (*time*) en punto
shave afeitarse *v.*
shaving cream crema *f.* de afeitar
she ella *f., sing. pron.*
shellfish mariscos *m., pl.*
ship barco *m.*
shirt camisa *f.*
shoe zapato *m.*
   shoe size número *m.*
   shoe store zapatería *f.*
   tennis shoes zapatos *m., pl.* de tenis
shoot disparar *v.*
   shoot a movie rodar (o:ue) *v.* 3
shop tienda *f.*
shopping, to go ir *v.* de compras
   shopping mall centro *m.* comercial
short (*in height*) bajo/a *adj.*; (*in length*) corto/a *adj.*
   short film cortometraje *m.*
   short story cuento *m.*
   short term a corto plazo *adv.*
shortage escasez *f.*
shorts pantalones cortos *m., pl.*
should (*do something*) deber *v.* (+ *inf.*)

shout gritar *v.*
show espectáculo *m.*; mostrar (o:ue) *v.*
   game show programa *m.* de concursos 3; concurso *m.*
   reality show programa *m.* de telerrealidad 3
shower ducha *f.*; ducharse *v.*
shrimp camarón *m.*
shutter persiana *f.* 2
shy tímido/a *adj.* 1
shyness timidez *f.*
siblings hermanos/as *pl.*
sick enfermo/a *adj.*
   be sick estar enfermo/a
   get sick enfermarse *v.*
   get sick (of) (*be fed up*) estar harto *v.* 1
sidewalk acera *f.* 2
sign firmar *v.*; letrero *m.* 2; pancarta *f.*; señal *f.*
silence silencio *m.*
silence callar *v.* 6
silk seda *f.*
   (made of) de seda
silly tonto/a *adj.*
similar semejante *adj.*
since desde *prep.*
sing cantar *v.*
singer cantante *m., f.* 3
single soltero/a *adj.* 1
   single room habitación *f.* individual
sink lavabo *m.*
sir señor (Sr.); don *m.*
sister hermana *f.*
sister-in-law cuñada *f.* 4
sit down sentarse (e:ie) *v.*
six seis *adj.*
six hundred seiscientos/as *adj.*
sixteen dieciséis *adj.*
sixth sexto/a *adj.*
sixty sesenta *adj.*
size talla *f.*; tamaño *m.*
   shoe size *m.* número
(in-line) skate patinar (en línea)
skateboard andar en patineta *v.*
ski esquiar *v.*
   ski mask pasamontañas *m., sing.* 3
skiing esquí *m.*
   cross country skiing esquí de fondo
   downhill skiing esquí alpino
   water-skiing esquí acuático
skirt falda *f.*
sky cielo *m.*
skyscraper rascacielos *m.* 2
sleep dormir (o:ue) *v.*; sueño *m.*
   go to sleep dormirse (o:ue) *v.*
sleepy: be (very) sleepy tener (mucho) sueño
slender delgado/a *adj.*
slim down adelgazar *v.*
slippers pantuflas *f.*
slow lento/a *adj.*
slowly despacio *adv.*

English-Spanish

337

VOCABULARY

small pequeño/a *adj.*
smart listo/a *adj.*
smell olor *m.*
smile sonreír (e:i) *v.*
smiled sonreído *p.p.*
smog smog *m.* 5
smoggy: It's (very) smoggy. Hay (mucha) contaminación.
smoke fumar *v.*
smoking section sección *f.* de fumar
(non) smoking section *f.* sección de (no) fumar
snack merendar *v.*;
afternoon snack merienda *f.*
have a snack merendar *v.*
snake serpiente *f.* 5
sneakers los zapatos de tenis
sneeze estornudar *v.*
snow nevar (e:ie) *v.*; nieve *f.*
snowing: It's snowing. Nieva.; Está nevando.
so (*in such a way*) así *adv.*; tan *adv.*
so much tanto *adv.*
so-so regular *adj.*
so that para que *conj.*
soap jabón *m.*
soap opera telenovela *f.* 3
soccer fútbol *m.*
social prejudice prejuicio social *m.* 4
sociology sociología *f.*
sock(s) calcetín (calcetines) *m.*
sofa sofá *m.*
soft drink refresco *m.*
software programa *m.* (de computación)
soil tierra *f.*
solar solar *adj. m., f.*
solar energy energía solar
sold out agotado/a *adj.*
soldier soldado *m., f.*
solution solución *f.*
solve resolver (o:ue) *v.* 5
some algún, alguno/a(s) *adj.*; unos/as *pron. m., f., pl; indef. art.*
somebody alguien *pron.*
someone alguien *pron.*
something algo *pron.*
sometimes a veces *adv.*
son hijo *m.*
song canción *f.*
son-in-law yerno *m.* 4
soon pronto *adv.*
See you soon. Hasta pronto.
soothe aliviar *v.* 5
sorry: be sorry sentir (e:ie) *v.*
I'm sorry. Lo siento.
I'm so sorry. Mil perdones.; Lo siento muchísimo.
soul alma *f.* (*but:* el alma) 1
soulmate alma gemela
soundtrack banda *f.* sonora 3
soup caldo *m.*; sopa *f.*
source fuente *f.* 5

south Sur *m.*
to the south al sur
space espacio *m.*
space shuttle transbordador *m.* espacial
Spain España *f.*
Spanish (*language*) español *m.*; español(a) *adj.*
spare (free) time ratos libres
speak hablar *v.*
special: special effects efectos *m.* especiales 3
specialized especializado/a *adj.*
species especie *f.* 5
endangered species especie en peligro (de extinción) 5
spectacular espectacular *adj.*
spectator espectador(a) *m., f.*
speech discurso *m.*
speed velocidad *f.*
speed limit velocidad *f.* máxima
spell checker corrector *m.* ortográfico 5
spelling ortografía *f.*; ortográfico/a *adj.*
spend (*money*) gastar *v.*
spirit (*soul*) alma *f.*; (*mood*) ánimo *m.* 1
spoil malcriar *v.* 4
spoiled brat niñato/a *m., f.* 4
spoon (*table or large*) cuchara *f.*
spoonful cucharada *f.* 5
in spoonfuls a cucharadas 5
sport deporte *m.*
sports club club *m.* deportivo
sports-related deportivo/a *adj.*
sports section sección *f.* deportiva 3
spouse esposo/a *m., f.*
sprain (one's ankle) torcerse (o:ue) *v.* (el tobillo)
sprained torcido/a *adj.*
be sprained estar torcido/a
sprawl expansión *f.* 5
urban sprawl expansión urbana 5
spread esparcir *v.*; difundir *v.* 2
spread news difundir *v.* 2
spread the word correr *v.* la voz
spring primavera *f.*
spy espiar *v.* 6
(city or town) square plaza *f.*
square plaza *f.* 2
stadium estadio *m.* 2
stage etapa *f.*
stained manchado/a *adj.* 2
stairs escalera *f.*
stairway escalera *f.*
stamp estampilla *f.*
stand in line hacer *v.* cola
stand (someone) up dejar *v.* plantado/a 1
standard of living nivel *m.* de vida *f.*; calidad *f.* de vida *f.* 1
star estrella *f.*
movie star estrella de cine 3
shooting star estrella fugaz

start (*a vehicle*) arrancar *v.*; (*establish*) establecer *v.*
station estación *f.* 2
bus station estación *f.* de autobuses 2
fire station estación *f.* de bomberos 2
police station estación *f.* de policía 2
radio station radioemisora *f.* 3
subway station estación *f.* del metro 2
train station estación *f.* de trenes 2
statue estatua *f.*
status: marital status estado *m.* civil
stay quedarse *v.* 2
stay in shape mantenerse en forma
stay up late trasnochar *v.*
steak bistec *m.*
steering wheel volante *m.*
step etapa *f.*
stepbrother hermanastro *m.* 4
stepdaughter hijastra *f.*
stepfather padrastro *m.* 4
stepmother madrastra *f.* 4
stepsister hermanastra *f.* 4
stepson hijastro *m.*
stereo estéreo *m.*
still todavía *adv.*
stingy tacaño/a *adj.* 1
stock market bolsa *f.* de valores
stockbroker corredor(a) *m., f.* de bolsa
stockings medias *f., pl.*
stomach estómago *m.*
stone piedra *f.*
sculpted stone piedra esculpida
stop parar *v.*; detenerse (e:ie) *v.* 2
stop (*doing something*) dejar de (+ *inf.*)
stop parada *f.* 2
bus stop parada *f.* de autobús 2
subway stop parada *f.* de metro 2
store tienda *f.*
storekeeper tendero/a *m., f.*
storm tormenta *f.*
stormy tempestuoso/a *adj.* 1
story cuento *m.*; historia *f.*
stove cocina, estufa *f.*
straight derecho *adj.*
straight (ahead) derecho
straighten up arreglar *v.*
strange extraño/a *adj.*
it's strange es extraño
strawberry frutilla *f.*; fresa *f.*
street calle *f.* 2
strengthen fortalecer *v.* 6
stress estrés *m.*
stressed (out) estresado/a *adj.*

338   Vocabulary

stretching estiramiento *m.*
   do stretching exercises hacer ejercicios; *m. pl.* de estiramiento
strict estricto/a *adj.* **4**
strike (*labor*) huelga *f.* **6**
stripe raya *f.*
   striped de rayas
stroll pasear *v.*
strong fuerte *adj.*
   to grow stronger fortalecerse *v.* **1**
struggle lucha *f.* **6**
struggle (for/against) luchar *v.* (por/contra)
student estudiante *m., f.*; estudiantil *adj.*; alumno/a *m., f.* **6**
study estudiar *v.*
stuffed-up (*sinuses*) congestionado/a *adj.*
stupendous estupendo/a *adj.*
style estilo *m.* **3**
submissive sumiso/a *adj.* **4**
subscribe (to) suscribirse (a) *v.* **3**
substitute sustituir *v.*
subtitles subtítulos *m., pl.* **3**
suburb suburbio *m.* **2**
suburbs afueras *f., pl.* **2**
subway metro *m.*
   subway station estación *f.* del metro **2**
   subway stop parada *f.* del metro **2**
success éxito *m.* **3**
successful exitoso/a *adj.*
   be successful tener éxito
such as tales como
sudden repentino/a *adj.* **2**
suddenly de repente *adv.*
suffer sufrir *v.*
   suffer an illness sufrir una enfermedad
suffocate ahogarse *v.* **5**
sugar azúcar *m.*
suggest sugerir (e:ie) *v.*
suit traje *m.*
suitcase maleta *f.*
summer verano *m.*
summon convocar *v.* **6**
sun sol *m.* **5**
sunbathe tomar *v.* el sol
Sunday domingo *m.*
(sun)glasses gafas *f., pl.* (oscuras/de sol); lentes *m. pl.* (oscuros/de sol)
sunny: It's (very) sunny. Hace (mucho) sol.
supermarket supermercado *m.*
superstitious supersticioso/a *adj.*
supply abastecer *v.*
support apoyo *m.*
   support (each other) apoyar(se) *v.* **4**
   support network red *f.* de apoyo *m.* **1**

suppose suponer *v.*
sure seguro/a *adj.*
   be sure estar seguro/a
surf (*the Internet/web*) navegar *v.* (en Internet/en la red) **3**
surprise sorprender *v.*; sorpresa *f.*
surprised sorprendido/a *adj.* **2**
surround rodear *v.* **4**
surrounded rodeado/a *m., f.*
survey encuesta *f.*
survival supervivencia *f.*
survive subsistir *v.* **2**
suspect sospechar *v.*
suspicion sospecha *f.* **3**
suspicious sospechoso/a *adj.*
sweat sudar *v.*
sweater suéter *m.*; chompa *f.* **3**
sweep the floor barrer el suelo
sweetie chato/a *m., f.* **3**
sweets dulces *m., pl.*
swim nadar *v.*
swimming natación *f.*
   swimming pool piscina *f.*
symbol símbolo *m.* **5**
symptom síntoma *m.*

T

table mesa *f.*
tablespoon cuchara *f.*
tablet (*pill*) pastilla *f.*
take tomar *v.*; llevar *v.*;
   (not) take advantage of (des)aprovechar *v.*
   take a bath bañarse *v.*
   take care of cuidar *v.*
   take a bike/car/motorcycle ride dar una vuelta en bicicleta/carro/motocicleta *v.* **2**
   take off quitarse *v.*
   take out the trash *v.* sacar la basura
   take photos tomar *v.* fotos; sacar *v.* fotos
   take a risk arriesgarse *v.*
   take (*wear*) **a shoe size** calzar *v.*
   take a shower ducharse *v.*
   take someone's temperature tomar *v.* la temperatura
   take a stroll dar un paseo *v.* **2**
   take a walk/ride dar una vuelta *v.* **2**
talented talentoso/a *adj.*
talk hablar *v.*; conversar *v.* **2**
   talk show programa *m.* de entrevistas
tall alto/a *adj.*
tank tanque *m.*
tape recorder grabadora *f.*
taste probar (o:ue) *v.*; saber *v.*
   taste like saber a
tasty rico/a *adj.*; sabroso/a *adj.*
tax impuesto *m.*

taxi taxi *m.*
tea té *m.*
teach enseñar *v.*
teacher profesor(a) *m., f.*; maestro/a *m., f.*
team equipo *m.*
technician técnico/a *m., f.*
telecommuting teletrabajo *m.*
telepathy telepatía *f.*
telephone teléfono
   cellular telephone teléfono *m.* celular
telescope telescopio *m.*
television televisión *f.*;
   television set televisor *m.*
   television viewer televidente *m., f.* **3**
tell contar *v.*; decir *v.*
tell (that) decir *v.* (que)
   tell lies decir mentiras
   tell the truth decir la verdad
temperature temperatura *f.*
ten diez *adj.*
tenderness ternura *f.* **2**
tennis tenis *m.*
   tennis shoes zapatos *m., pl.* de tenis
tension tensión *f.*
tent tienda *f.* de campaña
tenth décimo/a *adj.*
terrain terreno *m.*
terrible terrible *adj. m., f.*
   it's terrible es terrible
terrific chévere *adj.*
territory territorio *m.*
terrorism terrorismo *m.* **6**
terrorist terrorista *m., f.* **6**
test prueba *f.*; examen *m.*
text message mensaje *m.* de texto
thank agradecer *v.* **4**
Thank you. Gracias. *f., pl.*
   Thank you (very much). (Muchas) gracias.
   Thank you very, very much. Muchísimas gracias.
   Thanks (a lot). (Muchas) gracias.
   Thanks again. (*lit. Thanks one more time.*) Gracias una vez más/de nuevo.
   Thanks for everything. Gracias por todo.
that que; quien(es); lo que *pron.*
   that (one) ése; ésa; eso *pron.*; ese; esa; *adj.*
   that (*over there*) aquél, aquélla, aquello *pron.*; aquel, aquella *adj.*
   that which lo que *conj.*
   that's me soy yo
   That's not the way it is. No es así.
   that's why por eso
the el *m.*, la *f. sing.*; los *m.*, las *f., pl.*
theater teatro *m.*
   theater play obra *f.* de teatro

English-Spanish

VOCABULARY

their su(s) *poss. adj.*;
 suyo/a(s) *poss. pron.*
them los/las *pl., d.o. pron.*
 to/for them les *pl., i.o. pron.*
then (*afterward*) después *adv.*; (*as a result*) entonces *adv.*; (*next*) luego *adv.*; pues *adv.*
theory teoría *f.*
there allí *adv.*
 There is/are... Hay...
 There is/are not... No hay...
therefore por eso
these éstos; éstas *pron.*;
 estos; estas *adj.*
they ellos *m.*, ellas *f. pron.*
thief ladrón/ladrona *m., f* 6
thin delgado/a *adj.*
thing cosa *f.*
think opinar *v.* 3; pensar (e:ie) *v.*;
 (*believe*) creer *v.*
 think about pensar en *v.*
third tercero/a *adj.*
thirst sed *f.*
thirsty: be (very) thirsty tener (mucha) sed
thirteen trece *adj.*
thirty treinta *adj.*
thirty (*minutes past the hour*) *adj.*
 y treinta; y media
this este; esta *adj.*;
 éste, ésta, esto *pron.*
 This is... (*introduction*) Éste/a es...
 This is he/she. (*on telephone*)
 Con él/ella habla.
those ésos; ésas *pron.*; esos; esas *adj.*
those (over there) aquéllos; aquéllas *pron.*; aquellos; aquellas *adj.*
thousand mil *adj.*
threat amenaza *f.* 6
threaten amenazar *v.* 5
three tres
three hundred trescientos/as *adj.*
throat garganta *f.*
through por *prep.*
throughout: throughout the world
 en todo el mundo
throw away echar *v.* 5
throw out botar *v.*
Thursday jueves *m., sing.*
thus (*in such a way*) así *adj.*
ticket boleto *m.*; entrada *f.* 6;
 pasaje *m.*
tie (*clothing*) corbata *f.*; empate *m.*;
 (*link*) lazo *m.* 1; (*a game*)
 empatar *v.*
tiger tigre *m.* 5
tight-lipped parco/a *adj.*
time vez *f.*; tiempo *m.*
 have a good/bad time pasarlo
 bien/mal
 We had a great time. Lo pasamos
 de película.

What time is it? ¿Qué hora es?
(At) What time...? ¿A qué hora...?
times veces *f., pl.*
 many times muchas veces
 two times dos veces
tiny diminuto/a *adj.*
tip propina *f.*
tire llanta *f.*
tired cansado/a *adj.*
 be tired estar cansado/a
to a *prep.*
toast (*drink*) brindar *v.*
 toast pan *m.* tostado
toasted tostado/a *adj.*
 toasted bread pan tostado *m.*
toaster tostadora *f.*
today hoy *adv.*
 Today is... Hoy es...
toe dedo *m.* del pie
together juntos/as *adj.*
toilet inodoro *m.*
tolerate aguantar *v.* 5
tomato tomate *m.*
tomorrow mañana *f.*
 See you tomorrow. Hasta mañana.
tongue lengua *f.*
 mother tongue lengua materna *f.*
tonight esta noche *adv.*
too también *adv.*;
 too much demasiado *adv.*;
 en exceso
tool herramienta *f.*
tooth diente *m.*
 toothpaste pasta *f.* de dientes
tornado tornado *m.*
tortilla tortilla *f.*
touch tocar *v.*;
tour an area recorrer *v*; excursión *f.*
tourism turismo *m.*
tourist turista *m., f.*; turístico/a *adj.*
toward hacia *prep.*; para *prep.*
towel toalla *f.*
town pueblo *m.*
toxic tóxico/a *adj.* 5
toy juguete *m.*
trade oficio *m.*; comercio *m. sing.*
traffic circulación *f.*; tráfico *m.* 2
 traffic light semáforo *f.* 2
tragedy desgracia *v.*; tragedia *f.*
trail sendero *m.*
 trailhead sendero *m.*
train entrenarse *v.*; tren *m.*
 train station estación *f.*
 (de) tren *m.* 2
trainer entrenador(a) *m., f.*
translate traducir *v.*
transportation (public)
 transporte *m.* público 2
trap trampa *f.* 6
trash basura *f.* 5
travel viajar *v.*
 travel agent agente *m., f.* de viajes

travel (*around a city*) recorrer *v.* 2
traveler viajero/a *m., f.*
 (traveler's) check cheque
 (de viajero)
treadmill cinta caminadora *f.*
trembling tembloroso/a *adj.* 4
tree árbol *m.* 5
trick engañar *v.*
trillion billón *m.*
trimester trimestre *m.*
trip viaje *m.*; recorrido *m.*
 take a trip hacer un viaje
tropical forest bosque *m.* tropical
true verdad *adj.*
 it's (not) true (no) es verdad
trunk baúl *m.*; tronco *m.* 5
trust confianza *f.* 5
trust (in) confiar (en) *v.* 1, 6
truth verdad *f.*
try intentar *v.*; probar (o:ue) *v.*
 try (*to do something*) tratar de
 (+ *inf.*)
 try on probarse (o:ue) *v.*
t-shirt camiseta *f.*
Tuesday martes *m., sing.*
tuna atún *m.*
turkey pavo *m.*
turn doblar *v.* 2
 turn back voltear *v.*
 turn down rechazar *v.* 2
 turn into (*something*) convertirse
 (e:ie) en (algo) *v.*
 turn off (*electricity/appliance*)
 apagar *v.*
 turn on (*electricity/appliance*)
 poner *v.*; prender *v.*
turtle tortuga *f.* 5
 sea turtle tortuga marina 5
twelve doce *adj.*
twenty veinte *adj.*
twenty-eight veintiocho *adj.*
twenty-five veinticinco *adj.*
twenty-four veinticuatro *adj.*
twenty-nine veintinueve *adj.*
twenty-one veintiún *adj.*;
 veintiuno/a *adj.*; *m., f.*
twenty-seven veintisiete *adj.*
twenty-six veintiséis *adj.*
twenty-three veintitrés *adj.*
twenty-two veintidós *adj.*
twice dos veces
twin gemelo/a *m., f.*
 twin brother hermano
 gemelo *m.* 4
 twin sister hermana gemela *f.* 4
twisted torcido/a *adj.*
 be twisted estar torcido/a
two dos *adj.*
 two hundred doscientos/as *adj.*
 two times dos veces
type escribir a máquina *v.* 4

VOCABULARY

U

ugly feo/a *adj.*
unbearable insoportable *adj.*
unbiased imparcial *adj.* 3
uncertainty incertidumbre *f.*
uncle tío *m.* 4
under bajo *adv.*; debajo de *prep.*
understand comprender *v.*; entender (e:ie) *v.*
understanding comprensión *f.* 4; entendimiento *m.*
understanding comprensivo/a *adj.*
underwear ropa interior
unemployed desempleado/a *adj.*
unemployment desempleo *m.*
unequal desigual *adj.* 6
unethical poco ético/a *adj.*
unexpected inesperado/a *adj.* 2
unfair injusto/a *adj.* 6
unfaithfulness infidelidad *f.* 1
unforgettable inolvidable *adj.* 1
unfriendly antipático/a *adj.* 4
ungrateful desagradecido/a *m., f.* 4
union unión *f.*
   labor union sindicato *m.*
United States Estados Unidos (EE.UU.) *m. pl.*
universe universo *m.*
university universidad *f.*
unless a menos que *adv.*
unmarried soltero/a *adj.*
unsociable huraño/a *adj.* 4
until hasta *prep.*; hasta que *conj.*
up arriba *adv.*
   up-to-date actualizado/a *adj.* 3
upload subir *v.*
upset disgustado/a *adj.* 1
urbanize urbanizar *v.* 5
urgent urgente *adj.*
   It's urgent that... Es urgente que...
us nos *pl., d.o. pron.*
   to/for us nos *pl., i.o. pron.*
use usar *v.*
use up agotar *v.* 5
used for para *prep.*
useful útil *adj.*; práctico/a *adj.*
usefulness utilidad *f.* 5
user name nombre de usuario

V

vacation vacaciones *f., pl.*
   be on vacation estar de vacaciones
   go on vacation ir de vacaciones
vacuum pasar *v.* la aspiradora
   vacuum cleaner aspiradora *f.*
valley valle *m.*
value valorar *v.* 2

values valores *m., pl.*
vanguard vanguardia *f.*
various varios/as *adj. pl.*
VCR videocasetera *f.*
vegetables verduras *pl., f.*
verb verbo *m.*
very muy *adv.*
   very much muchísimo *adv.*
   (Very) well, thank you. (Muy) bien, gracias.
victim víctima *f.* 6
victory victoria *f.* 6
video video *m.*
   music video video *m.* musical 3
   video camera cámara *f.* de video
   video(cassette) video(casete) *m.*
   videoconference videoconferencia *f.*
   video game videojuego *m.*
viewer: television viewer televidente *m., f.* 3
vinegar vinagre *m.*
violence violencia *f.* 6
visit visitar *v.*
   visit monuments visitar monumentos
vitamin vitamina *f.*
volcano volcán *m.*
volleyball vóleibol *m.*
vote votar *v.* 6

W

wage sueldo *m.*
wait (for) esperar *v.* (+ *inf.*)
   wait in line hacer *v.* cola
waiter/waitress camarero/a; mesero/a *m., f.*
wake up despertarse (e:ie) *v.*; amanecer *v.*
walk caminar *v.*
   take a walk pasear *v.*;
   walk around pasear por
wall pared *f.*
wallet cartera *f.*
want querer (e:ie) *v.*
war guerra *f.* 6
   war refugee refugiado/a de guerra
warehouse almacén *m.*
warm tibio/a *m., f.* 3
warm (oneself) up calentarse (e:ie) *v.*
warming calentamiento *m.* 5
wash lavar *v.*
   wash one's face/hands lavarse la cara/las manos
   wash (the floor, the dishes) lavar (el suelo, los platos)
   wash oneself lavarse *v.*
washing machine lavadora *f.*
waste malgastar *v.* 5

wastebasket papelera *f.*
watch vigilar *v.* 3; mirar *v.*; reloj *m.*
   watch television mirar (la) televisión
water agua *f.*
   water pollution contaminación del agua
   water-skiing esquí *m.* acuático
way manera *f.*
we nosotros(as) *m., f.*
Web red *f.*
weak débil *adj. m., f.*
weakling enclenque *adj.* 4
wealth riqueza *f.*
weapon arma *f.* (*but:* el arma) 6
wear llevar *v.*; usar *v.*
   wear warm clothes abrigarse *v.* 3
weather tiempo *m.*
   The weather is bad. Hace mal tiempo.
   The weather is good. Hace buen tiempo.
weaving tejido *m.*
web red *f.*
   surf the web navegar *v.* en la red 3
website sitio *m.* web 3
wedding boda *f.*
Wednesday miércoles *m., sing.*
week semana *f.*
weekend fin *m.* de semana
weight peso *m.*
   lift weights levantar *v.* pesas *f., pl.*
weird raro/a *adj.* 6
welcome bienvenido(s)/a(s) *adj.*
well pues *adv.*; bueno *adv.*
   (Very) well, thanks. (Muy) bien, gracias.
well-being bienestar *m.* 2
well organized ordenado/a *adj.*
well-mannered (bien) educado/a *adj.* 4
west oeste *m.*
   to the west al oeste
western (*genre*) de vaqueros
whale ballena *f.* 5
what lo que *pron.*
what? ¿qué?
   At what time...? ¿A qué hora...?
   What a pleasure to... ! ¡Qué gusto (+ *inf.*)...
   What day is it? ¿Qué día es hoy?
   What do you guys think? ¿Qué les parece?
   What happened? ¿Qué pasó?
   What is today's date? ¿Cuál es la fecha de hoy?
   What nice clothes! ¡Qué ropa más bonita!
   What size do you take? ¿Qué talla lleva/usa?
   What time is it? ¿Qué hora es?
   What's going on? ¿Qué pasa?
   What's happening? ¿Qué pasa?
   What's... like? ¿Cómo es...?
   What's new? ¿Qué hay de nuevo?

English-Spanish

VOCABULARY

What's the weather like? ¿Qué tiempo hace?
What's wrong? ¿Qué pasó?
What's your name? ¿Cómo se llama usted? *form.*
What's your name? ¿Cómo te llamas (tú)? *fam.*
when cuando *conj.*
When? ¿Cuándo?
where donde
where (to)? (*destination*) ¿adónde?; (*location*); ¿dónde?
  Where are you from? ¿De dónde eres (tú)? *fam.*; ¿De dónde es (usted)? *form.*
  Where is…? ¿Dónde está...?
  (to) where? ¿adónde?
which que *pron.*; lo que *pron.*
which? ¿cuál?; ¿qué?
  In which…? ¿En qué...?
  which one(s)? ¿cuál(es)?
while mientras *adv.*; rato *m.* 6
whistle (at) silbar (a) *v.* 6
white blanco/a *adj.*
  white wine vino blanco
who que *pron.*; quien(es) *pron.*
who? ¿quién(es)?
Who is…? ¿Quién es...?
  Who is calling? (*on telephone*) ¿De parte de quién?
  Who is speaking? (*on telephone*) ¿Quién habla?
whole todo/a *adj.*
whom quien(es) *pron.*
whose? ¿de quién(es)?
why? ¿por qué?
widow viuda *f.*
widowed viudo/a *adj.* 1
widower viudo *m.*
wife esposa *f.* 4
will voluntad *f.* 1
willing (to) dispuesto/a (a) *adj.*
win ganar *v.*
  win a game ganar un partido
  win elections ganar las elecciones 6
wind viento *m.*
window ventana *f.*
windshield parabrisas *m.*,*sing.*
windy: It's (very) windy. Hace (mucho) viento.
wine vino *m.*
  red wine vino tinto
  white wine vino blanco

wineglass copa *f.*
wing(s) el ala *f.* /las alas
winter invierno *m.*
wireless inalámbrico/a *adj.*
wish desear *v.*; esperar *v.*
  I wish (that) ojalá (que)
with con *prep.*
  with me conmigo
  with you contigo *fam.*
within (ten years) dentro de (diez años) *prep.*
without sin *prep.*; sin que *conj.*
wolf lobo *m.* 5
woman mujer *f.*
womanizer mujeriego *m.*
wonderful genial *adj.* 1
wood madera *f.* 5
wool lana *f.*
  (made of) wool de lana
word palabra *f.*
work trabajar *v.*; funcionar *v.*; trabajo *m.*
  work (*of art, literature, music, etc.*) obra *f.*
  work out hacer gimnasia
  work schedule horario *m.* de trabajo
world mundo *m.*
World Cup Mundial *m.*
worldwide mundial *adj.*
worried (about) preocupado/a (por) *adj.* 1
worry (about) preocuparse *v.* (por)
  Don't worry. No se preocupe. *form.*; Tranquilo.; No te preocupes. *fam.*
worse peor *adj.*
worst el/la peor, lo peor
worthy digno/a *adj.* 4
Would you like to…? ¿Te gustaría...? *fam.*
write escribir *v.*
  write a letter/post card/e-mail message escribir una carta/postal/mensaje electrónico
writer escritor(a) *m.*, *f*
written escrito/a *p.p.*
wrong equivocado/a *adj.*
  be wrong no tener razón

X

X-ray radiografía *f.*

Y

yard jardín *m.*; patio *m.*
year año *m.*
  be… years old tener… años
yellow amarillo/a *adj.*
yes sí *interj.*
yesterday ayer *adv.*
yet todavía *adv.*
yield enough to live on dar para vivir *v.*
yogurt yogur *m.*
You tú *fam.*, usted (Ud.) *form. sing.*; vosotros/as *m., f., fam.*; ustedes (Uds.) *form. pl.*
  (to, for) you te *fam. sing*; os *fam. pl.*; le *form. sing.*; les *form pl.*
  you te *fam., sing.*; lo/la *form., sing.*; os *fam., pl.*; los/las *form., pl, d.o. pron.*
  You don't say! ¡No me digas! *fam.*; ¡No me diga! *form.*
  You are… Tú eres…
  You're welcome. De nada.; No hay de qué.
young joven *adj.*
  young person joven *m., f.*
  young woman señorita (Srta.) *f.*
younger menor *adj.*
  younger brother, sister hermano/a *m., f.* menor
  youngest el/la menor
youngster chaval(a) *m., f.* 6
your su(s) *poss. adj. form.*
  your tu(s) *poss. adj. fam. sing.*
  your vuestro/a(s) *poss. adj. form. pl.*
  your(s) suyo(s)/a(s) *poss. pron. form.*
  your(s) tuyo(s)/a(s) *poss. fam. sing.*
  your(s) vuestro(s)/a(s) *poss. fam.*
youth juventud *f.* 4

Z

zero cero *m.*

Index

A

adjectives 240
    demonstrative 248
    past participles used as 284
    possessive 246
adverbs 256
augmentatives 258

Autores
    Cutillas, Ginés S. 115
    Galeano, Eduardo 231
    Monterroso, Augusto 153
    Neruda, Pablo 35
    Sabines, Jaime 191
    Sàrrias, Mercè 73

B

become 250

C

commands 106
comparatives and superlatives 220
conditional tense 178
    conditional perfect 275

Cortometrajes
    Adiós mamá de Ariel Gordon 44
    Café para llevar de Patricia Font 6
    Desconexión Yecid Benavides 84
    Hiyab de Xavi Sala 200
    Raíz de Gaizka Urresti 162
    Sin palabras de Bel Armenteros 124

Cultura
    Chile: dictadura y democracia 162
    Corriente latina 31
    Sonia Sotomayor: la niña que soñaba 149
    Juchitán: La ciudad de las mujeres 69
    Ritmos del Caribe 111
    La selva amazónica: biodiversidad curativa 187

D

demonstrative adjectives 248
demonstrative pronouns 248
diminutives 258

E

estar 22

F

Flash cultura
    Un bosque tropical 173
    El cine mexicano 95
    De compras en Barcelona 135
    El metro del D.F. 55
    Puerto Rico: ¿nación o estado? 211
    Las relaciones personales 17
future tense 174

G

Galería de creadores
    Allende, Isabel 208
    Álvarez, Julia 14
    Belli, Gioconda 132
    Burgos, Julia de 93
    Escobar, Marisol 171
    Ferré, Rosario 92
    García Bernal, Gael 53
    García Márquez, Gabriel 170
    Guayasamín, Oswaldo 171
    Herrera, Carolina 170
    Kahlo, Frida 52
    Lam, Wifredo 92
    Littín, Miguel 209
    Lomas Garza, Carmen 15
    MATTA 209
    Morales, Armando 132
    Parra, Violeta 208
    Poniatowska, Elena 52
    Puente, Mauricio 133
    Renta, Oscar de la 93
    Rivera, Diego 53
    Rodríguez, Narciso 14
    Rodríguez, Robert 15
gustar and similar verbs 26

H

hacer
    with time expressions 278
hacerse 250

I

imperfect tense 60
    imperfect vs. the preterite 64

L

Literatura
    Cutillas, Ginés S. *La desesperación de las letras* 115
    Galeano, Eduardo *Pájaros prohibidos* 229
    Monterroso, Augusto *El Eclipse* 153
    Neruda, Pablo *Poema 20* 35
    Sabines, Jaime *La luna* 191
    Sàrrias, Mercè *Una lucha muy personal* 75
llegar a ser 250
lo 254

N

neuter form **lo** 254
nouns and articles 238

O

object pronouns 102

P

Países
    Chile 206
    Colombia 168
    Costa Rica 130
    Cuba 90
    Ecuador 168
    El Salvador 130
    Estados Unidos, los 12
    Guatemala 130
    Honduras 130
    México 50
    Nicaragua 130
    Panamá 130
    Puerto Rico 90
    República Dominicana, la 90
    Venezuela 168

Para empezar (theme-related vocabulary)
    activities 42
    animals 160
    beliefs 198
    directions 42
    ecology 160
    family 122
    feelings 4
    jobs 42, 82, 198
    laws and rights 198
    media 82

INDEX

movies and television 82
natural resources 160
nature 160
personal relationships 4
personalities 4, 122
places in the city 42
politics 198
security and threats 198
stages of life 122
passive voice 268
past participles used as adjectives 284
past perfect tense 266
   past perfect subjunctive 275
perfect tenses
   conditional perfect 275
   past perfect 266
   past perfect subjunctive 275
   present perfect 260
   present perfect subjunctive 264
pero vs. **sino** 282
ponerse 250
por and **para** 144
possessive adjectives 246
possessive pronouns 246
prepositions 286, 288
present perfect tense 260
   present perfect subjunctive 264
present tense 18
preterite tense 56
   preterite vs. the imperfect 64
progressive forms 242
pronouns
   demonstrative 248
   object 102
   possessive 246
   relative 182

Q

questions, forming
   Qué vs. **cuál** 252

R

reflexive verbs 140
relative pronouns 182

S

se constructions 270
ser 22
si clauses 274
subjunctive
   in adjective clauses 136
   in adverbial clauses 212
   in noun clauses 96
   past 216
   past perfect 275
   present perfect 264
superlatives, comparatives and 220

T

telling time 244
   with **hacer** 278
transitional expressions 280

V

verbs
   reflexive 140
verb conjugation tables 290
volverse 250

CREDITS

Credits

Every effort has been made to trace the copyright holders of the works published herein. If proper copyright acknowledgment has not been made, please contact the publisher and we will correct the information in future printings.

Photography and Art Credits

All images © Vista Higher Learning unless otherwise noted.

Cover: Iñaki B. Argazkiak/Moment Open/Getty Images.

Lesson 1: 2: Aldomurillo/iStockphoto; **3:** (b) J. Emilio Flores/Corbis Historical/Getty Images; **4:** (l) Anne Loubet; (tm) Edyta Pawlowska/Fotolia; (bm) ImageShop/Corbis; (tr) Pixland/Jupiterimages; (mr) FotoliaI/Fotolia; (br) Ant236/Fotolia; **8:** Courtesy of Network Ireland Television; **12–13:** Colorblind/Corbis; **13:** (tl) AO Images/PacificCoastNews/Newscom; (mr) Helga Esteb/Shutterstock; (ml) Noppasin Wongchum/123RF; (br) Eddie Moore/ZUMA Press/Newscom; **14:** (l) Digital Catwalk/Retna/Photoshot/Newscom; (inset left) Patrick McMullan Co./PMC/Sipa USA/Newscom; (r) From *In the Time of the Butterflies* by Julia Alvarez ©2010 by Julia Alvarez. Courtesy of Algonquin Books; (inset right) Peggy Peattie/ZUMA Press/Newscom; **15:** (t) *Earache Treatment* (1989), Carmen Lomas Garza. Alkyd and oil on canvas. 17 1/8 X 15 1/8 in. (43.4 X 38.3 cm). Hirshhorn Museum and Sculpture Garden, Smithsonian Institution, Museum Purchase, 1995. Photography by Ricardo Blanc; (b) Aldamisa Entertainment/Photos 12/Alamy; (inset) Patrick McMullan Co./PMC/Sipa USA/Newscom; **16:** (b) Philip Gould/Corbis Documentary/Getty Images; **21:** (l, r) Martín Bernetti; (m) José Blanco; **24:** Janet Dracksdorf; **25:** (tl) Ali Burafi; (tm) Janet Dracksdorf; (tr) José Blanco; (bl) Paola Rios-Schaaf; (bm) Oscar Artavia Solano; (br) Martín Bernetti; **27:** Shironosov/iStockphoto; **28:** (tl, tr, br) Martín Bernetti; (tm) PM Images/Getty Images; (bl) Paula Díez; (bm) Reed Kaestner/Corbis; **32:** J. Emilio Flores/Corbis Historical/Getty Images; **33:** Aldo Murillo/iStockphoto; **35:** Jean-Régis Roustan/Roger-Viollet/The Image Works; **36:** (foregound) Josh Westrich/Corbis/Getty Images; (background) Image Source/Corbis.

Lesson 2: 40: Don Mason/Blend Images/Corbis; **41:** (b) Todd Coleman **42:** (tl) Ferenc Szelepcsenyi/Fotolia; (tm) Lauren Krolick; (m) Paula Díez; (bl) Luis Sandoval Mandujano/iStockphoto; (bm) David R. Frazier Photolibrary, Inc/Alamy; (br) Stockbyte/Getty Images; **50:** (bl) Stockcam/iStockphoto; (br) Monica Rodriguez/Media Bakery; **50–51:** (t) Wojtek Buss/AGE Fotostock; **51:** (tl) Vario Images GmbH & Co.KG/Alamy; (mr) Grigorev Mikhail/Shutterstock; (ml) Fotointeractiva/123RF; (br) Christian Rodriguez/Bloomberg/Getty Images; **52:** (l) *Autorretrato con mono* (1938), Frida Kahlo. Oil on Masonite. Oil on Masonite, support: 16 x 12 in; framed: 19 1/2 x 15 1/2 x 1 1/2 in. Albright-Knox Art Gallery/Art Resource, NY/©2017 Banco de México Diego Rivera Frida Kahlo Museums Trust, Mexico, D.F./Artists Rights Society (ARS), New York; (r) SUN/Newscom; **53:** (t) Featureflash Photo Agency/Shutterstock; (b) Detail of *Batalla de los Aztecas y Españoles* (1929-1930), Diego Rivera. Fresco, 4.35 x 5.24 meters. Palace of Cortes, Cuernavaca, Mexico. Schalkwijk/Art Resource, NY/©2017 Banco de México Diego Rivera Frida Kahlo Museums Trust, Mexico, D.F./Artists Rights Society (ARS), New York; **54:** Buddy Mays/Corbis Documentary/Getty Images; **58:** Mark Lewis/Alamy; **61:** James W. Porter/Corbis/Getty Images; **62:** Angus McComiskey/Alamy; **70:** Todd Coleman; **71:** *Autorretrato como tehuana* (1943), Frida Kahlo. Oil on masonite, 76 x 61 cm. The Jacques and Natasha Gelman Collection of Mexican Art, Mexico City, D.F., Mexico. Erich Lessing/Art Resource, NY/©2017 Banco de México Diego Rivera Frida Kahlo Museums Trust, Mexico, D.F./Artists Rights Society (ARS), New York; **73:** Courtesy of Mercè Rodriguez; **74:** Adan Perez/EyeEm/Getty Images.

Lesson 3: 80: Franckreporter/iStockphoto; **81:** (b) Maremagnum/Photolibrary/Getty Images; **82:** (tl) Courtesy of Facebook ©2017; (tm) Tsian/Fotolia; (tr) José Blanco; (m) Damir Karan/iStockphoto; (b) Pascal Pernix; **90–91:** Ocean/Corbis; **91:** (t) Lucas Vallecillos/VWPics/Newscom; (mt) Maremagnum/Photolibrary/Getty Images; (mb) Luis Alcala del Olmo/El Nuevo Dia de Puerto Rico/Newscom; (b) Bob Krist/Corbis Documentary/Getty Images; **92:** (l) *Vegetación Tropical* (1948), Wifredo Lam. Moderna Museet. Estocolmo, Suecia. ©2017 Artists Rights Society (ARS), New York/ADAGP, Paris. (tr) Alberto Cristofari/Contrasto/Redux; (br) Jacket cover from *La Casa de La Laguna* by Rosario Ferré. Used by permission of Vintage Books, a division of Penguin Random House LLC; **93:** (l) Monica Davey/EPA/Newscom; (r) Courtesy of Ediciones de La Discreta S.L.; (inset) Graham Tim/Corbis Historical/Getty Images; **94:** Patrick Eden/Alamy; **99:** Hugh Burden/Masterfile; **104:** Alberto E. Tamargo/Sipa USA/Newscom; **110:** Goodshoot/Photononstop; **112:** (t) Patrik Giardino/Corbis/Getty Images; (bl) John Parra/

CREDITS

Wire Image/Getty Images; (bm) Comstock/Corbis; (br) Lawrence Manning; **113:** (t) Pascal Pernix; (b) Ingram Publishing/Alamy; **115:** Photo courtesy of Oriol Miralles; **116:** Chris Knorr/Design Pics/Corbis.

Lesson 4: 120: Kevin Kozicki/Media Bakery; **121:** (b) Danny Lehman/Corbis; **122:** Elena Ray/Fotolia; **123:** Randy Faris/Corbis/VCG/Getty Images; **126:** Courtesy of ECAM; **130–131:** Danny Lehman/Corbis/VCG/Getty Images; **131:** (t) Charles O. Cecil/Danita Delimont Photography/Newscom; (mr) Kent Gilbert/AP Images; (ml) Alberto Lowe/Reuters; (b) Esteban Felix/AP Images; **132:** (t) Oscar Elias/Newscom; (b) *Dos peras en un paisaje* (1973), Armando Morales. Mary-Anne Martin Fine Art/©2017 Artists Rights Society (ARS), New York/ADAGP, Paris; **133:** (t) Richard Bickel; (inset) Danny Lehman/Corbis; (b) *Caserio* by Mauricio Puente, El Salvador. Photo courtesy of Mauricio R. Puente; **134:** Joson/Media Bakery; **137:** Oleg Gekman/123RF; **140:** (both) Martín Bernetti; **142:** (all) Paula Díez; **146:** Danny Lehman/Corbis Documentary/Getty Images; **147:** Martin Norris/Alamy; **149:** Win McNamee/Getty Images; **150:** (t) AFP/Getty Images; (b) White House Press Office/ZUMA Press/Newscom; **151:** Jared Wickerham/Getty Images; **153:** Toni Albir/EPA Photo EFE/Newscom; **154:** Long10000/123RF.

Lesson 5: 158: Martín Bernetti; **159:** (b) Sipa Press Pixelformula/SIPA/Newscom; **160:** (tl) Corel/Corbis; (tm) Martín Bernetti; (tr) Janet Dracksdorf; (ml) Vrabelpeter1/Fotolia; (mr) Carsten Reisinger/Fotolia; (bl) Frank Burek/Corbis; (br) Anne Loubet; **168:** (b) Edwin de Jongh/123RF; **168–169:** (t) Martín Bernetti; **169:** (t) Martín Bernetti; (m) Paola Rios-Schaaf; (b) Daryl Benson/Masterfile; **170:** (tl) Sipa Press Pixelformula/SIPA/Newscom; (inset) Carlos Alvarez/Getty Images; (r) Piero Pomponi/Liaison/Getty Images; **171:** (tl) *President Charles DeGaulle* (1967), Marisol Escobar. Mixed media: wood, plaster and mirror. Dimensions: 107 1/4 x 86 1/4 x 31 7/8 in. Smithsonian American Art Museum, Washington, DC/Art Resource, NY/Licensed by VAGA, New York, NY; (tr) Oscar White/Corbis Historical/Getty Images; (b) AP Images; **172:** Fotos 593/Fotolia; **177:** Szefei/Shutterstock; **179:** Medioimages/Photodisc/Getty Images; **188:** Amazon-Images/Alamy; **189:** Martín Bernetti; **190:** Corbis; **191:** AP Images; **192:** Scott Picunko/Illustration Source.

Lesson 6: 196: Juan Carlos Lucas/NurPhoto/Getty Images; **197:** (b) Christophe Simon/AFP/Getty Images; **198:** (t) Gary Yim/Shutterstock; (m) Ernesto Arias/EFE/Newscom; (b) Leo Ramirez/AFP/Getty Images; **201:** (l) Katie Wade; (ml) Martín Bernetti; (mr, r) José Blanco; **206:** (bl) Lars Rosen Gunnilstram; (br) Eric Wheater/Lonely Planet Images/Getty Images; **206–207:** (t) Hubert Stadler/Corbis Documentary/Getty Images; **207:** (tl) Beyond Fotomedia GmbH/Alamy; (tr, br) Lauren Krolick; (bl) Martín Bernetti; **208:** (l) Book cover from *Hija de la Fortuna* by Isabel Allende. Copyright ©1999 por Isabel Allende. Reprinted by permission of HarperCollins Publishers; (m) Christophe Simon/AFP/Getty Images; (r) El Mercurio de Chile/Newscom; **209:** (t) Luis Hernán Herreros Infante; (m) *L'Etang de No.* (1958), MATTA. Oil on canvas, 293 x 200 cm. Musée National d'Art Moderne, Centre Georges Pompidou, Paris, France/CNAC/MNAM/Dist. RMN-Grand Palais/Art Resource, NY/©2017 Artists Rights Society (ARS), New York/ADAGP, Paris; (b) Marc Alex/AFP/Getty Images; **210:** Lauren Krolick; **215:** Prathan Chorruangsak/Shutterstock; **218:** Lauren Krolick; **222:** Martín Bernetti; **223:** (l) Ekaterina Pokrovsky/Fotolia; (r) Jorg Hackemann/Shutterstock; **226:** (l) Bettmann/Getty Images; (r) World History Archive/Newscom; **229:** Ezequiel Scagnetti/ZUMA Press/Newscom; **230:** (bird) Daniel Hernanz Ramos/Moment Open/Getty Images; (branches) Andrean Richardo/EyeEm/Getty Images.

Manual de gramática: 241: Paula Díez; **248:** (all) Martín Bernetti; **254:** Martín Bernetti; **260:** Martín Bernetti; **261:** (t) Pressmaster/Shutterstock; (b) Piranka/iStockphoto; **264:** Anne Loubet; **266:** Anne Loubet; **268:** Corbis; **270:** José Blanco; **271:** Martín Bernetti; **274:** Paula Díez; **275:** Martín Bernetti; **280:** SW Productions/Photodisc/Getty Images; **282:** (l) José Blanco; (r) Janet Dracksdorf; **283:** Paula Díez; **284:** Martín Bernetti.

Back Cover: Demaerre/iStockphoto.

Text Credits

page 36 "Poema 20", Veinte poemas de amor y una canción desesperada. © 1924, Fundación Pablo Neruda.
page 74 Courtesy of Mercè Sarrias Fornés.
page 116 Courtesy of Ginés Cutillas.
page 154 © Augusto Monterroso.
page 192 © Jaime Sabines, "La luna", reprinted by permission of the Sabines family.
page 230 From Memoria del fuego: El siglo del viento. Copyright © 1986 by Eduardo Galeano. Published by Siglo XXI de Espana Editores, S.A. By permission of Susan Bergholz Literary Services, New York, NY and Lamy, NM. All rights reserved.

Short Film Credits

page 08   Courtesy of Network Ireland Television.
page 46   By permission of IMCINE.
page 86   Courtesy of Yecid Benavides, Yecid Benavides Jr. and Johanan Benavides.
page 126   Courtesy of ECAM.
page 164   By permission of Gaizka Urresti.
page 202   By permission of Xavi Sala Camarena.

TV Clip Credits

page 33   Courtesy of Univision Communications, Inc.
page 71   Courtesy of Mariana Price.
page 113   Courtesy of Noticias SIN.
page 151   © 2013 Noticiero Univision.
page 189   Courtesy of Agencia EFE.
page 227   Courtesy of ANA INES CIBILS, MATHILDE BELLENGER/AFPTV/AFP.